LA CARTE DES MENDELSSOHN

LA VIE DE MARDOCHÉE DE LÖWENFELS, ÉCRITE PAR LUI-MÊME
roman, Sabine Wespieser éditeur, 2002 ; Le Livre de poche, 2010

LE PRISONNIER DE SAINTE-PÉLAGIE
roman jeunesse, Labor, 2003 ; Mijade, 2010

LA DAME BLANCHE DE LA BIÈVRE
roman jeunesse, Labor, 2004

RAPTUS
roman, Sabine Wespieser éditeur, 2004

LES VIVANTS ET LES OMBRES
roman, Sabine Wespieser éditeur, 2007 ; Le Livre de poche, 2009
(prix Rossel 2007, prix du Roman historique 2008)

LES VILLES DE LA PLAINE
roman, Sabine Wespieser éditeur, 2011 ; Le Livre de poche, 2015
(prix de l'A.D.E.L.F. 2012 pour la Belgique francophone)

DIANE MEUR

LA CARTE DES MENDELSSOHN

roman

SABINE WESPIESER ÉDITEUR
13, RUE SÉGUIER, PARIS VI
2015

Sommaire

STAMMBAUM DER NACHKOMMEN MOSES MENDELSSOHN'S.

Moses Mendelssohn.
Fromet Gugenheim.

Dorothea.	Joseph.	Abraham (Mendelssohn-Bartholdy).	Henriette.	Recha.	Nathan.
Veit (*später* Schlegel.)	Henriette Meyer.	Lea Salomon.		Meyer.	Henriette Itzig.

Moses. Johann. Abraham. Philipp.	Benjamin.	Alexander.	Fanny.	Felix.	Rebecka.	Paul.	Betty.	Arnold. Ottilie. Wilhelm.
Caroline Pulvi.	Rosamunde Fidler.	Marianne Seeligmann.	Wilhelm Hensel.	Cécile Jeanrenaud.	Lejeune-Dirichlet.	Albertine Heine.	Heinrich Beer.	Eduard Kummer. / Louise Cauer.

| Dorothea. Therese. Franziska. Benedicta. Friedrich. | | Marie. Marganethe. Herrmann. Adolph. Franz. Wilhelm. Alexandrine. Clara. | Sebastian. | Carl. Marie. Paul. Felix. Lilli. | Walter. Felix. Ernst. Flora. | Pauline. Katharine. Ernst. Gotthold. Fanny. | Beer. | Marie. Ernst. / Arnold. Bertha. Ottilie. Marie. Luise. |

Kinder
Enkel } Moses Mendelssohn's.
Urenkel

(Namen der Angeheiratheten.)

Un embryon de la carte : arbre généalogique tracé par Sébastian Hensel dans son livre Die Familie Mendelssohn (1879).

Chapitre 1

Au commencement

Au commencement, il y avait un homme... Eh bien non. Au commencement, il n'y a jamais un homme, ni une femme d'ailleurs, ni même un homme *et* une femme, pas plus qu'il n'y eut un premier jour et une première nuit. Ce sont des multitudes d'ancêtres dont le nom s'est perdu, de plus en plus nombreux et incertains à mesure qu'on remonte, si bien qu'on en arrive à ce constat déroutant pour les grands gosses que nous sommes : dans ce domaine, il n'y a pas de commencement.

Seules les vies ont un commencement, et encore. La vie dans l'absolu n'a ni début ni fin, seuls les maillons de sa chaîne apparaissent à notre regard, se déploient sous nos yeux, se soustraient à notre vue, sans que la continuité de la chaîne soit vraiment affectée par ces jeux de cache-cache. Mais nous parlons de Moses, de ce Moses qu'on ne peut même pas encore appeler Mendelssohn (nous verrons bientôt pourquoi), et j'admets que sa vie à lui a bien commencé quelque part : à Dessau, petite capitale du petit duché d'Anhalt. Quand ? Le 6 septembre 1729, lit-on le plus souvent. Mais on lit parfois aussi le 17 août 1728, ce qui m'a d'abord fait soupçonner qu'il était venu au monde avant le mariage de ses parents. Comme mon cher Heinrich Heine, qu'on affirma longtemps né en 1799 et non en 1797, parce que être enfant de l'amour était alors une tare à dissimuler soigneusement.

Soupçon infondé : rien, dans le couple pieux que formaient ses parents, ne laisse penser à des débordements passionnels, et à vrai dire la discordance de dates ne tient qu'à un seul chiffre. « Je suis né à Dessau en 1729, le 12 Elloul 5489 du calendrier hébraïque », écrit quelque part le philosophe allemand[1*]. Autrement dit, le 6 septembre 1729. Mais sa première pierre tombale (pourquoi la première, on le verra plus loin) mentionnait le 12 Elloul 5488, c'est-à-dire le 17 août 1728. Certains ont donc avancé l'hypothèse qu'il se serait trompé d'un an dans sa notice autobiographique – une hypothèse bien improbable, si l'on veut mon avis. Qu'il se soit embrouillé dans les correspondances entre calendrier chrétien et calendrier hébraïque, passe encore. Mais que dans la même phrase il se soit trompé dans les deux calendriers, on a du mal à le croire. Raisonnablement, la plupart des biographies retiennent donc la date de 1729, laissant conclure que l'erreur venait du graveur de sa pierre tombale. S'agissant d'un mort aussi célèbre, une telle erreur n'est pas moins surprenante. Cependant il faut bien que l'un ou l'autre se soit trompé, n'est-ce pas ? À moins qu'il n'y ait pas d'erreur ici mais une innocente tromperie, selon une troisième hypothèse que je mentionnerai pour sa simple beauté : Moses aurait sciemment modifié sa date de naissance pour la faire coïncider avec celle de Gotthold Ephraim Lessing, l'ami, l'*alter ego*, né en janvier 1729.

---

* Le lecteur trouvera à la fin du roman les sources des citations (*N. de. A.*).

Seules les histoires ont un commencement, et encore. Elles n'en ont justement qu'un, choisi parmi une infinité d'autres tout aussi pertinents. L'histoire de Moses commence-t-elle seulement lors de sa naissance à Dessau, un 12 Elloul 1728 ou 1729 ? Ne commence-t-elle pas déjà avec ses géniteurs, leurs parcours respectifs ? Dans ce cas, allons-y. Mendel père de Moses s'occupait d'écritures dans la modeste communauté juive de Dessau. On l'appelait donc Mendel Dessau, parfois aussi Mendel Heymann, c'est-à-dire Haïm, peut-être parce que son propre père s'appelait Haïm. C'est même plausible ; Haïm sera le nom donné par Moses à son premier fils, né et mort en 1766.

On n'en sait guère sur Mendel Heymann Dessau, sinon que c'était un homme pauvre venu d'ailleurs ; et que les jours d'hiver à quatre heures du matin, il juchait sur son dos le petit garçon chétif pour le mener à l'école, emmitouflé dans un manteau. J'ai sous les yeux une image de leur maison familiale. C'est une bicoque qui ne m'évoque que tristesse, humidité, manque de lumière, et où se serraient, outre le chétif Moses, au moins un frère (Saül) et une sœur (Jente). L'auteur du livre dans lequel j'ai trouvé cette image signale de plus qu'à l'époque il existait une maison mitoyenne, et que la cour « n'était pas encore pavée[2] ». Donc : moins de lumière encore, poules picorant la boue, jours d'hiver où l'on se lève à quatre heures du matin parce qu'il fera déjà nuit à quatre heures de l'après-midi.

Rapproché de ces derniers éléments, ce qu'on sait de la mère de Moses paraît en revanche trop beau pour être admis sans vérifications (des vérifications dont je me suis abstenue, autant l'avouer tout de suite). Rachel Sara née Wahl, en effet, n'aurait pas eu moins de deux ancêtres illustres : Moses

Isserles de Cracovie, grand talmudiste du XVIe siècle, et Saül Katzenellenbogen, dont la légende m'a été racontée un jour au *Canon des Gobelins* par un ami nommé Haïm dont une grand-mère s'appelait aussi Wahl. Ce Saül Katzenellenbogen, originaire de Padoue, serait devenu le protégé du prince lituanien Radziwill et en aurait si bien gagné l'estime qu'en 1587, le trône de Pologne restant vacant, Radziwill l'aurait fait élire roi à titre temporaire, d'où son surnom de Saül Wahl, du terme germanique signifiant « élection ». Peut-être. Mais peut-être aussi que *Wahl* appartient simplement à cette famille de noms qui, comme *Wellek*, *Bloch*, la *Gaule*, les *Galles*, les *Velches*, *Valaques* et *Wallons*... désignent (approximativement et tout relativement) gens et pays de l'ouest et/ou du sud. Un nom qu'on verrait bien donner, en Pologne, à un homme venu de Padoue.

En cet automne 2012 où j'explorais la descendance de Moses et la voyais s'étendre peu à peu au globe tout entier, aux milieux et métiers les plus divers, j'avais aimé l'idée que mon vieil ami sculpteur avec qui j'étais en train de boire du thé au *Canon des Gobelins* puisse être, sinon un de ses innombrables descendants, du moins un lointain cousin du côté maternel. Haïm n'est-il pas né à Leipzig, tout près de Dessau ? Mais cette histoire du roi de Pologne dont descendrait (comme lui) Rachel Sara Wahl me laisse en fait sceptique. Eu égard à la bicoque grise, aux levers à quatre heures, aux poules grattant la terre battue de la cour, elle m'apparaît plutôt comme un de ces mythes dont se berce la misère pour embellir le quotidien.

Vérité ou légende, voilà que l'histoire de Moses, au lieu de commencer au premier tiers du XVIIIe siècle, pourrait remonter à la fin voire au milieu du XVIe. Et allons plus loin. Ce prénom de Moses, d'où lui venait-il ? D'un aïeul sans doute, qui le tenait d'un autre aïeul, qui le tenait peut-être de Moses Isserles de Cracovie. Lequel – sautons quelques étapes – devait bien le tenir de Moïse en personne, qui, lui, l'avait reçu d'une fille de Pharaon trop curieuse pour voir flotter un panier sur le Nil sans regarder dedans. « Il s'appellera Moïse, parce que je l'ai retiré des eaux » : retiré des eaux, telle serait la signification du prénom hébraïque Moses. À moins de suivre Sigmund Freud, selon qui *Moses* ou *Mosis* serait un nom tout ce qu'il y a de plus égyptien et signifiant « enfant », comme dans *Touthmôsis*, « fils de Thot », ou *Ra-Moses* (Ramsès), « fils de Râ » ; Freud selon qui Moïse lui-même pourrait bien être tout ce qu'il y a de plus égyptien, et cette affaire de bébé trouvé dans un panier dérivant sur le Nil, l'explication donnée en catastrophe à ses parents par une jeune fille qui, clairement, avait cessé de l'être.

Il serait tout aussi pertinent de faire remonter l'histoire de Moses à ces temps immémoriaux. L'histoire d'un homme ne commence-t-elle pas avec celui dont il tient son prénom, ce prénom n'est-il pas, déjà, un embryon de destin ? En novembre 1777, quand les juifs de Dresde implorent l'aide du philosophe contre un décret leur donnant le choix entre une lourde taxe annuelle et l'expulsion pure et simple, c'est à un second Moïse qu'ils semblent s'adresser : « De même que Moïse étendit sa main, sa dextre nous soutiendra, et sa force se déploiera pour nous, et dans sa sagesse il sauvera la ville, la protégera et la libérera[3]... » Certes, c'est un Moïse du siècle des Lumières, dont on n'attend plus des tours de magie mais des écrits courageux, des discours convaincants adressés aux puissants :

> *Ta parole est comme tombée de la plume d'un habile scribe, tu es*
> *le sagace auteur de livres qu'on porte au palais du roi et dont les*

princes recopient des sentences. Et nous savons que le conseiller
privé Fritsch aime à voir ton visage. Quand il mentionne ton
nom, il n'a que louanges à la bouche, et se souvenir de toi est le
vœu de son âme[4].

Ce siècle des Lumières reste un monde où les nouvelles
ne vont pas très vite, car le conseiller privé Fritsch est alors
mort depuis près de deux ans. Mais, malgré cette lenteur
digne de l'Antiquité et le style biblique de la lettre, on y
mesure à quel point le contexte a changé. Car ce n'est pas
pour leur permettre de partir, *Let My People Go,* que ce
second Moïse devrait intercéder en faveur des juifs de
Dresde. C'est au contraire pour leur permettre de rester dans
cette ville où ils habitent en paix depuis plusieurs générations. Ce qui ne doit pas nous faire oublier que, sans le
premier Moïse, l'histoire de Moses aurait peut-être commencé quelque part en Égypte plutôt qu'à Dessau, petite
capitale du petit duché d'Anhalt.

Des commencements à cette histoire, on pourrait encore
en trouver des dizaines. L'histoire de Moses Mendelssohn
commence très exactement en mai 1761, lorsqu'il se met à
signer ses lettres Moses Mendelssohn, un nom qu'il s'est
choisi et transmettra à ses enfants, ouvrant la voie à l'histoire
que j'essaie d'écrire : celle *des* Mendelssohn. Mais, sous un
angle plus intellectuel, son histoire commence peut-être avec
celle de Baruch Spinoza, le philosophe excommunié dont il
admirait tant l'œuvre. Si ses coreligionnaires en détresse le
voient comme un second Moïse, lui craint surtout de devenir
un second Spinoza, et dans la chronologie qui me sert ici de
base, élaborée grâce à de patientes compilations et courant
jusqu'au début du XXIe siècle, j'ai donc fait figurer, bien

avant sa naissance, 1656, 27 juillet : la communauté juive d'Amsterdam excommunie Spinoza. Date qui est loin d'y être la première. L'histoire des Mendelssohn ayant fini par être celle d'une illustre famille protestante de Prusse, j'ai cru bon d'ajouter 1517, veille de la Toussaint : Martin Luther affiche ses 95 thèses sur la porte de l'église du château, à Wittenberg. Et s'il s'agissait là de faits avérés et datables, je n'aurais pas hésité à mettre au tout début : Moïse, selon les sources un enfant hébreu trouvé ou un bâtard égyptien de sang royal, traverse à pied sec la mer Rouge avec le peuple dont il a pris la tête.

Seules les idées ont un commencement, et encore. Quand des lecteurs me demandent : « D'où vous est venue telle ou telle idée ? », ils s'attendent sans doute à une réponse simple et claire, mais bien malin qui peut dire d'où nous viennent les idées. Alors je me borne à raconter dans quelles circonstances l'idée m'est venue : « Voilà, je regardais par la fenêtre du RER B quand soudain je me suis dit que ce roman galicien devait être raconté par une maison. » Le plus souvent, mes lecteurs s'en satisfont et c'est donc ce que je ferai ici, dans la mesure du possible.

Je savais que Felix Mendelssohn le compositeur (1809-1847) était le petit-fils de Moses Mendelssohn le philosophe (1729-1786), et longtemps je n'en ai pas pensé grand-chose, car le compositeur n'était pas vraiment de mes préférés ; quant au philosophe, quoiqu'il ait servi de modèle à Nathan le Sage dans la pièce de Lessing, je ne l'avais guère lu. Un jour pourtant, j'ai pensé à l'homme qui avait été le père du premier et le fils du second. Quel merveilleux sujet de roman, m'étais-je dit alors. Et quelle intéressante situation historique ! Être le fils d'un philosophe des Lumières mort trois ans avant la Révolution française, être le père d'un compositeur romantique mort l'année précédant le Printemps des peuples, et de cette vie placée sous le signe de l'entre-deux – entre deux génies, entre deux dates charnières –, n'avoir rien fait, ou rien de marquant. Un roman sur le vide et sur les filiations.

Mais l'idée dormait, d'autres projets prenaient le pas sur elle. Jusqu'au printemps 2010 où, sur le point de m'installer temporairement à Berlin, j'ai repensé à ma triade. Ne serait-ce pas une occasion de me documenter sur elle ? Et si, par chance, elle avait quelque chose à voir avec Berlin ? (Je n'en étais pas sûre, car Moses était de Dessau, et Felix né à Hambourg était mort à Leipzig.) C'est alors que j'ai trouvé sur Internet la trace de mon maillon intermédiaire. Il s'appelait Abraham, Abraham Mendelssohn (1776-1835), et avait été banquier. Qu'il fût né et mort à Berlin était encourageant, mais je gardais la tête froide. On peut très bien être né et mort quelque part, et avoir passé la majeure partie de sa vie ailleurs. À Hambourg par exemple, puisque son fils y était né. Hambourg et la banque, cela faisait bon ménage dans mon esprit, un esprit qui avait découvert la littérature allemande à seize ans en s'enamourant de Heine, si prompt à railler cette ville de commerce et de philistins cossus.

Un banquier avait donc servi de pont entre un philosophe des Lumières et un compositeur romantique : c'était un élément nouveau et assez perturbant. J'étais partie de la supposition qu'Abraham Mendelssohn avait été un néant entre deux génies. Il fallait maintenant accepter l'idée qu'il avait bien été quelque chose : un banquier, peut-être lui-même un philistin cossu.

Là-dessus j'ai fini par me rendre à Berlin, emportant dans mes bagages l'énigme Abraham alourdie de quelques informations supplémentaires. S'il avait effectivement été banquier, Abraham n'était pas, semble-t-il, un banquier très doué. Et, vers la quarantaine, il s'était retiré de la société fondée avec son frère Joseph pour mieux se consacrer à l'éducation de ses quatre enfants, une éducation assez poussée pour que deux d'entre eux, Felix et Fanny, deviennent d'éminents artistes.

À Berlin, cependant, rien ne s'est passé comme prévu. Dès les premières semaines, j'ai certes appris que Berlin n'avait pas quelque chose à voir, mais *tout* à voir avec les Mendelssohn. Si cette famille avait été un pays (me disais-je innocemment, sans me douter que ce pays, j'irais un jour jusqu'à en tracer la carte), Berlin en aurait incontestablement été la capitale. Moses s'y était installé à quatorze ans et n'en avait plus bougé ; ses dix enfants y étaient nés, et même morts pour la plupart, ainsi que leurs propres enfants. Ce qui faisait déjà pas mal de monde (me disais-je naïvement, sans entrevoir le danger qui me guettait déjà). Et si Berlin était sa capitale, la *Staatsbibliothek*, familièrement appelée « StaBi » et l'équivalent de notre BnF, en plus accueillant et en plus déjanté, cette StaBi où je travaillais deux ou trois jours par semaine était, de cette capitale, le cœur administratif, l'hôtel de ville, le Haut Palais. Elle détenait l'essentiel des archives Mendelssohn, des archives activement exploitées puisque, dans le hall, un comptoir entier proposait publications, CD, tourniquet de cartes postales où les portraits de Felix, de Fanny et de Moses dansaient la ronde à tous les âges de leur vie. D'Abraham, point : il n'était ni assez joli, ni assez célèbre.

Mais la vie a ses détours. Jamais je n'avais le temps. J'avais bien acheté deux cartes postales montrant Moses et Felix sous le même angle de trois quarts face et où − mêmes tempes dégagées, mêmes cheveux sombres bouclant au-dessus des oreilles − ils se ressemblaient autant qu'un homme de cinquante ans à la laideur malicieuse peut ressembler à un jouvenceau de vingt-cinq ans à la beauté rêveuse. Ils trônaient dans ma chambre et j'y jetais un regard le matin et le soir, en me disant : « Un jour je m'occuperai de vous. » J'avais aussi acheté un CD-ROM sur la généalogie de Moses, où un simple clic sur un nom faisait apparaître l'arborescence de tous ses descendants directs, et ainsi de suite jusqu'à la septième génération. Pourtant, à part m'émerveiller de la musique d'accompagnement (qui, à l'automne 2012, allait devenir pour moi une ritournelle maniaque dont je préférais couper le son) et faire joujou avec la postérité d'Abraham, sous le regard perplexe de mes enfants qui ne voyaient pas bien l'intérêt de la chose, je n'en avais rien tiré.

J'étais trop occupée à incendier une ville pseudo-antique du Proche-Orient où un « habile scribe », s'étant avisé de traduire en langue moderne le texte de la Loi, avait déclenché ce qu'on appellerait plus tard, bien plus tard, une révolution. Le fonds Mendelssohn de la StaBi devrait attendre ; pour moi, l'urgence était d'arpenter les salles du Musée égyptien et la section babylonienne du musée de Pergame. Par ailleurs, mon roman galicien était paru en traduction allemande, et pour préparer quelques lectures publiques, je me rendais parfois à l'ambassade de Belgique, au 52-53 de la Jägerstraße, en prenant soin de passer par Gendarmenmarkt qui, avec ses deux églises jumelles et le *Schauspielhaus* entre les deux, est une des plus charmantes places de Berlin.

Bref, l'année s'écoulait. Ce n'est qu'au mois de mai que j'ai eu le loisir de visiter, à la StaBi, la petite exposition permanente sur la famille Mendelssohn. J'étais surmenée, donc peu réceptive, mais un détail m'avait quand même parlé. Un des fils de Felix, Carl Mendelssohn Bartholdy, était devenu historien, auteur d'un ouvrage sur le héros de l'indépendance grecque Ioannis Kapodistrias, puis avait basculé dans la folie après la mort de sa première femme et son remariage. Quel autre merveilleux sujet de roman !... D'autant que ce pauvre Carl, avant d'être interné, avait eu le temps d'engendrer à son tour un fils : Albrecht Mendelssohn Bartholdy, et que ce juriste en exil à Oxford après 1933 avait projeté d'écrire l'histoire de sa filiation en trois volumes dont le découpage me frappait. D'après le manuscrit de la table des matières exposé dans une vitrine, le premier volume devait en effet évoquer la vie du grand-père Felix, non pas jusqu'à sa mort en 1847, mais seulement jusqu'à la naissance de Carl. Le deuxième volume serait une biographie de ce dernier qui s'achèverait en 1874, à la naissance de l'auteur, et que suivrait enfin un troisième volume autobiographique.

Les dates me suggéraient un certain lien de causalité entre la naissance d'Albrecht Mendelssohn Bartholdy et la folie de son père Carl, c'est-à-dire la fin de sa vie lucide (un lien de causalité qui, si je me souvenais bien, s'observait également chez le président Schreber dont Freud a étudié le cas : lui aussi fils d'un homme célèbre, et perdant la raison au moment de devenir père). Albrecht semblait avoir élargi ce lien de causalité en règle d'organisation générale, comme si, pour un homme, avoir un premier fils signifiait déjà mettre un pied dans le royaume des ombres.

C'était intéressant.

Je m'étonnais aussi qu'Albrecht, si hanté par les filiations, ne fasse pas remonter la sienne jusqu'à Moses lui-même, surtout à un moment de l'Histoire où son ascendance juive l'avait contraint de quitter son pays. Oui, c'était intéressant, et je m'en occuperais au cours de l'année suivante, puisque entre-temps j'avais décidé de prolonger d'un an mon séjour à Berlin. L'année suivante ou même dès le mois d'août, que je prévoyais calme et studieux, après quelques semaines de vacances en France.

Août 2011 fut studieux mais non calme. J'avais divers textes de Stefan Zweig à traduire et à préfacer, et je m'étais rendu compte qu'à moins de m'y mettre tout de suite, jamais je n'aurais terminé à temps. Je travaillais donc d'arrache-pied. Par un bel après-midi où j'avais envie de prendre l'air, j'ai pourtant décidé d'aller déposer mon roman pseudo-antique, enfin paru, à mes amies de l'ambassade de Belgique. Et pour la première fois, j'y suis allée par l'autre extrémité de la Jägerstraße. Quelle surprise de découvrir, devant le n° 51, un panneau indiquant : « Mendelssohn-Remise » ! C'était un petit musée installé au fond de la cour, dans l'ancienne remise à attelages de l'hôtel particulier où avait vécu et travaillé le banquier Joseph, frère d'Abraham. En fait, même le 52-53 de la rue avait appartenu à la famille avant d'abriter l'ambassade de Belgique. Sans le savoir, j'avais donc mes entrées chez les Mendelssohn depuis près d'un an.

J'ai erré une demi-heure dans la salle déserte, comme un oiseau de nuit ébloui par la lumière. D'innombrables portraits aux murs me regardaient d'un air indéchiffrable. À la sortie, la dame de l'accueil m'a encore laissé cinq ou six prospectus (que j'ai toujours, et dans lesquels j'ai découpé des images). L'un décrivait les activités d'une

Mendelssohn-Gesellschaft et proposait même un formulaire d'adhésion : la tête me tournait. Sans compter que sur la table étaient en vente un gros livre sur la famille Mendelssohn, et un livre plus gros encore sur Abraham Mendelssohn. Découragée, je me suis contentée de noter le nom de l'auteur, T. Lackmann, en me disant que j'allais devoir modifier mon projet. À quoi bon écrire un roman sur un homme qui avait déjà donné matière à une monographie de sept cents pages ?

L'année 2011-2012 ne fut pas très différente de l'année 2010-2011. De même que j'avais dû me projeter en Babylonie et dans l'Égypte antique pendant mes douze premiers mois à Berlin, pendant les douze suivants il me fallait, avec Stefan Zweig, vivre en pensée à Vienne, à Salzbourg et un peu au Brésil : autrement dit partout, sauf à l'endroit où j'étais. Dans ma chambre, les portraits de Moses et de Felix avaient pris la poussière. Tout ce que j'avais pu faire pour eux, c'était aller voir leurs tombes. Celle de Moses, un simulacre de tombe, dans le simulacre de cimetière juif de la Große Hamburger Straße, détruit par la Gestapo pendant l'hiver 1943-1944. Celles de Felix et de ses parents au cimetière protestant de la Trinité, près du Hallesches Tor. Un ami m'avait prise en photo, radieuse, entre les tombes d'Abraham et de sa femme Lea ; radieuse, parce que j'étais contente de les avoir enfin trouvés et que les cimetières à la belle saison sont de grands jardins pleins d'oiseaux où je me sens plutôt bien. Mais, à ce moment-là, j'en étais déjà à remplir des cartons, à résilier des abonnements et à négocier avec des déménageurs. Pour mes recherches, il était clairement trop tard.

Je suis donc revenue à Paris en rapportant dans mes bagages ces quelques photos, des prospectus, le souvenir de la maison de Felix visitée à Leipzig lors d'un séjour-éclair, et le gros livre sur Abraham, intitulé *Le Fils de mon père*, que je m'étais décidée à acheter juste avant de repartir. Et, passées les premières semaines de désorientation (c'est étonnant, comme un monde familier peut cesser de l'être après seulement deux ans d'absence), j'ai enfin commencé à m'occuper des Mendelssohn.

Alors ce fragile projet auquel je n'étais même pas sûre de tenir, ce petit filet d'eau qui se refusait à grossir depuis cinq ou six ans, s'est soudain élargi en rivière. Puis en torrent. Non seulement la vie et l'œuvre de Moses avaient tout pour me fasciner (à commencer par le fait que, tel mon scribe des *Villes de la plaine*, il avait fait scandale en initiant une nouvelle traduction de la Loi), mais l'ensemble de son entourage et de sa descendance, le *Mendelssohn-Komplex* comme je l'appellerais bientôt, recoupait toutes sortes de thèmes qui m'importaient ou m'avaient autrefois importé.

Moses avait rencontré à Hambourg le rabbin Eybeschutz, soupçonné de sympathies pour le mouvement antinomiste de Jakob Frank. L'une de ses filles était la femme de lettres romantique connue sous le nom de Dorothea Schlegel. L'un de ses petits-fils, médecin quarante-huitard, s'était rendu coupable d'un vol par dévouement pour Ferdinand Lassalle avant de mourir en exil dans l'Empire ottoman. Un jeune-hégélien avait été très amoureux de la petite sœur de Felix avant qu'elle n'épouse le mathématicien Dirichlet. J'apprenais que Heine était lié à la famille (même si Abraham, sans surprise, le trouvait imbuvable), ainsi que Wilhelm et Alexander von Humboldt, ce qui mêlait encore à cette histoire la linguistique, les sciences naturelles et les grandes explorations.

Il y avait des banquiers et des artistes, des francs-maçons et des pasteurs, des religieuses et des juristes, le fondateur de l'AGFA et un metteur en scène de la République de Weimar qui, émigré à Paris, y montait *L'Opéra de quat' sous* : sans cesse mon torrent en crue arrachait sur la rive, pour les mêler à son cours, des objets qui m'étaient depuis longtemps chers ou du moins familiers. D'ailleurs ce n'était plus un torrent mais déjà un fleuve, un fleuve assez large pour que, d'une rive, on n'en aperçoive plus l'autre. Quel rapport, en effet, entre le mouvement frankiste et *L'Opéra de quat' sous* ? Quel rapport entre une ursuline belge et un planteur de thé à Ceylan, sinon qu'ils descendaient de la même source, du même petit ruisseau sorti de terre dans la cour non pavée d'une maison de Dessau ?

Et j'ai compris que ce fleuve en train de se répandre en un immense delta était gros de toute ma nostalgie de Berlin où j'avais voulu vivre une autre vie, sans jamais réussir à être vraiment là ; de toutes mes occasions manquées, de toutes mes affections perdues, de tout ce qu'il m'était jamais arrivé de laisser derrière moi ou d'échouer à retenir. De tout ce qui passe, s'enfuit, se dilue ou se disperse sur la face du monde – et cela fait beaucoup.

C'est un garçon à l'esprit vif que le petit Moses fils de Mendel Dessau. Vers dix ou onze ans, il maîtrise assez la Torah pour passer au Talmud, qu'il étudie avec le grand rabbin David Fränkel. Mais sa précocité est loin d'être l'exception. Une génération plus tard, le Lituanien Salomon Maïmon, issu d'un milieu plus modeste encore, est à onze ans un talmudiste si réputé que deux ou trois familles se disputent la faveur de l'avoir pour gendre ; il finit par être donné en mariage à la fille d'une aubergiste qui profite du jeune âge de ce gendre pour lui donner des claques quand il lui mange son lait caillé. Au début du XIXe siècle, il n'en va pas autrement de l'Alsacien Alexandre Weill, fils d'un maquignon toujours sur les routes et d'une mère subvenant aux besoins de neuf enfants. Lui, à onze ans, possède déjà le titre de rabbin ; et, dès cinq ans et demi, raisonnait assez droitement pour demander en classe, à propos du premier verset de la Bible :

« Et qu'est-ce que Dieu a fait avant de créer le monde ?

– Malheureux, tu renieras la foi d'Israël[1] ! » s'était écrié son maître en lui administrant une volée de coups de règle.

Ce maître avait vu juste. Oui, je suis allée chercher de drôles d'exemples avec Maïmon, esprit instable et provocateur qui se fit chasser de partout pour impiété ou hérésie, et Weill qui connut une jeunesse picaresque avant de rejoindre les cercles utopistes et de devenir à Paris un compagnon de Heine. Mais il semble que les êtres aux parcours déviants, les renégats, les hommes par qui le scandale arrive, soient plus que d'autres portés à écrire leur autobiographie. Voilà pourquoi, au moment d'imaginer l'enfance et le départ de Moses (lequel ne renia jamais rien, et fut toujours un homme assez pieux), les premiers documents qui me viennent à l'esprit sont dus à la plume de ces deux mauvais sujets.

Toutefois, ce qu'étudie le jeune Moses avec rabbi Fränkel n'est pas si innocent : rien de moins que le *Guide des égarés* de Maïmonide, fleuron du rationalisme médiéval dont Fränkel vient de produire une nouvelle édition. Que cette lecture ait eu sur sa foi un effet pernicieux, rien ne permet de l'affirmer, mais de son propre aveu elle ruine sa santé : déjà mal portant, il s'épuise sur ces textes difficiles, son dos se voûte, sa parole devient embarrassée ou bégayante. N'importe ! Lorsque Fränkel en 1743 est nommé grand rabbin à Berlin, l'élève décide de l'y rejoindre.

On ne sait quasiment rien de ce voyage, et je m'en réjouis. Ce qui, dès le début, m'embarrassait dans mon projet – s'agissant de Moses, de Felix, ou même d'Abraham –, c'est qu'on en savait beaucoup trop sur toutes ces vies. L'époque étant aux correspondances assidues, on pouvait dater presque au jour près déplacements, événements, flux d'idées et processus créateurs. Comment faire un roman, là où aucune marge n'est laissée à l'imagination ? Ici j'ai par bonheur un petit espace de liberté que je vais m'empresser d'investir : il n'y en aura pas tant.

On sait que Moses a quitté Dessau à l'automne 1743, on sait qu'il est entré dans Berlin par le Rosenthaler Tor. C'est tout. La légende familiale ajoute qu'il aurait fait le voyage à pied et en cinq jours, ce que j'ai peu de raisons de mettre en doute. Entre Dessau et la Rosenthaler Platz (qui a aujourd'hui remplacé le Rosenthaler Tor), Google Maps m'indique une distance de 130 km, que même un piètre marcheur pourrait faire en cinq jours. De plus, c'est à pied que le tout-venant voyageait alors, y compris à cet âge tendre : Weill et Maïmon n'avaient pas quatorze ans lorsqu'ils prirent la route. Leurs récits nous permettent d'ailleurs de reconstituer les conditions d'un tel voyage. À l'époque, un talmudiste itinérant muni d'une lettre de recommandation de ses maîtres trouvait sans mal le gîte et le couvert chez des coreligionnaires. Salomon Maïmon évoque un rabbin de Poznan qui non seulement lui trouve des logeurs mais le rhabille de pied en cap, car ses vêtements sont en lambeaux. Alexandre Weill, lorsqu'il quitte son village pour se rendre à Metz, compte sur la même coutume charitable. Mais il change d'avis en rencontrant sur la côte de Saverne un petit joueur d'orgue de barbarie :

« Veux-tu me suivre ? lui dis-je, je chanterai, tu joueras.

– Je veux bien, répondit-il, jusqu'à Phalsbourg.

– Soit[2] ! »

Je n'insinue certes pas que Moses Dessau, lui aussi, aurait financé son voyage en poussant la chansonnette sur des places de marché. Si je cite ces lignes, c'est parce qu'elles respirent le courage et l'endurance, la joie de vivre et la faim de voir le monde, dispositions qui seront celles de notre héros pendant ses premières années à Berlin : tenace, curieux de tout, n'ayant pas un rouge liard et trouvant pourtant le moyen d'apprendre en autodidacte le latin, le français, l'anglais, les mathématiques, la géométrie, l'histoire de la philosophie, etc. Je ne crois donc pas trop me tromper en pensant à Alexandre Weill pour me représenter Moses Dessau laissant derrière lui le duché d'Anhalt et marchant sur les traces de son maître bien-aimé. Je songe également à certains héros de George Sand, adolescents purs et obstinés que leur candeur préserve des mauvaises rencontres et qui, parfois affligés d'une faible constitution physique voire d'une infirmité, n'en suivent pas moins, clopin-clopant, leur bonne étoile.

Je vois ainsi le voyageur par une belle journée de novembre 1743. Peut-être que sa mère, comme celle de Weill, lui a tenu compagnie sur les deux premières lieues. Peut-être que, dans l'une des bourgades où il a déjà passé la nuit, quelqu'un lui a proposé de le prendre dans sa charrette avec son baluchon. Mais aujourd'hui il est seul, et à pied. La pluie a cessé depuis hier : l'air est frais mais diaphane, les flaques sur la route ont eu le temps de sécher.

Il a eu un moment de mélancolie ce matin, en voyant passer dans le ciel un grand V de grues cendrées. Il a pensé à l'hiver proche, s'est dit que ces grues descendant vers Dessau survoleraient bientôt la maison de ses parents. Lui, quand les reverrait-il ? Maintenant il pense vaguement, comme on pense en marchant, à ce qui l'attend au terme du voyage : rabbi Fränkel qu'il admire, l'étude, tout un avenir incertain et tentateur, le monde... Les champs défilent entre les bouquets de bouleaux qui ne sont pas encore nus. Parfois une petite bête détale sur son passage et lui tire un sourire.

Mais voilà qu'au sortir d'un bois, une silhouette se détache au milieu du chemin : un étrange individu dont l'aspect ne lui est guère agréable, il ne saurait dire pourquoi. Glabre, le nez et le menton pointus, il est vêtu de gris depuis le chapeau cabossé jusqu'aux souliers ternis par la poussière. Gris l'habit à basques, gris les bas et les culottes qui serrent de longues jambes prodigieusement maigres.

« Agréable matinée, n'est-ce pas ? lance l'inconnu.

– Un bon temps pour marcher, répond l'adolescent avec réserve.

– Tout juste. J'arrive de Wittenberg, et c'est aujourd'hui le premier jour où je peux enfin me dire comme vous : Un bon temps pour marcher. »

L'adolescent constate sans plaisir que l'homme en gris a décidé de régler son pas sur le sien.

« Et vous, mon garçon, vous allez encore loin ?

– Jusqu'à Berlin. »

Aussitôt il regrette d'en avoir dit autant à ce quidam qui semble si bavard et se rend peut-être dans la même ville que lui. Il aurait mieux fait de répondre qu'il allait seulement jusqu'au hameau voisin et s'y laisser dépasser. Mais l'homme l'examine maintenant en silence, un examen qui enveloppe son être tout entier et particulièrement son dos.

« Est-ce mon début de bosse que vous regardez ? murmure l'adolescent. Sachez que je n'en ai point honte.

– Et vous avez raison. Il n'y a pas de honte à être bossu, cela passe même pour un signe de chance. »

Les saules brillent sous le soleil, un petit lac au loin frémit au vent d'automne. Bah ! converser en marchant fait paraître la route moins longue : il se débarrassera du bavard quand il en aura assez.

« J'en ai d'autant moins honte, reprend-il en souriant, que cette infirmité m'est venue des longues heures consacrées à l'étude.

– Vous êtes donc savant ?

– Un peu.

– Les longues heures consacrées à l'étude... Voilà une édifiante histoire, mais à laquelle je ne crois guère. Je croirais plutôt, moi, que vous avez grandi dans une demeure exiguë où le jour était rare. N'est-ce pas ?

– En effet, observe l'adolescent surpris.

– À vrai dire, ce n'est pas votre bosse que je regardais, mais cette ombre derrière vous. Savez-vous qu'elle est bien belle ?

– J'ai l'ombre que j'ai », réplique l'adolescent en fronçant le sourcil.

L'homme abaisse le buste surmontant ses longues jambes pour aller, du bout de l'index, tâter le sable de l'ornière : « Du velours. Rien de moins. Un véritable velours gris... qui est, vous l'aurez remarqué, ma couleur favorite. »

L'adolescent presse le pas ; puis, se ravisant, il s'arrête pile et pose son baluchon à terre.

« Monsieur, j'ai eu grand plaisir à m'entretenir avec vous, mais l'heure tourne et je commence à avoir faim. Voici un chêne sous lequel je serai à l'aise pour déjeuner. Et prendre du repos, car je me fatigue vite.

– Faites donc. Installez-vous. Ce chêne est bien choisi en effet, même s'il me cache cette ombre dont, trop modeste, vous n'aimez pas qu'on vous fasse compliment.

– Je vous souhaite bonne route.

– Oh, je ne suis pas pressé. Ni fâché de souffler, moi aussi, quelques instants en votre compagnie. Je ne vous dis pas bon appétit : je vois que vous n'en manquez pas. C'est plaisir de vous voir mordre dans ce quignon de pain et ce morceau de fromage.

– Serviteur.

– Du pain et du fromage pour tout déjeuner... Votre bourse doit être légère.

– Elle l'est, s'agace l'adolescent.

– Eh là, mon jeune ami, ne montez pas sur vos grands chevaux. Pauvreté n'est pas vice. Ce qui l'est, c'est l'excès de fierté. Vous n'irez pas loin dans la vie, si vous vous rebiffez ainsi à la moindre observation, à la moindre proposition pourtant honnête et généreuse.

– Je ne sache pas que vous m'ayez proposé quelque chose.

– J'allais y venir. Cette ombre que vous possédez, de bonne facture quoique de faibles dimensions...

– Eh bien ?

– Je vous en donnerais beaucoup, si vous acceptiez de vous en défaire.

– Pardon ?

– Ah ! vous vous méfiez. Vous pensez qu'un pauvre diable comme moi n'a pas grand-chose à offrir et qu'il s'agit d'un marché de dupes, hein ? Apprenez, mon garçon, à ne pas vous arrêter aux apparences. »

La main qui tenait le quignon reste suspendue en l'air ; on dirait que cette bouchée a besoin de tout son temps pour laisser place à la suivante.

« J'ai en échange plusieurs objets qui pourraient vous tenter », continue l'homme en tapotant sa poche. « Une bourse en cuir, par exemple, qui a sur la vôtre l'avantage de ne jamais se vider.

– Je serais curieux de savoir », coupe l'adolescent avec ironie, tout en s'irritant d'être repris par son bégaiement des mauvais jours, « comment vous procéderiez pour me séparer de mon ombre.

– Rien de plus simple. Il me suffirait (avec votre consentement, bien sûr) d'asperger votre ombre d'eau, d'une eau spéciale que j'ai dans cette fiole. L'ombre ainsi traitée devient souple, ductile, et se laisse aisément décoller du sol. Je la plierais avec soin et la rangerais dans ma poche, où je conserve déjà plusieurs de ses pareilles. Voulez-vous les voir ?

– Non. »

Il a ponctué son refus en mordant dans son pain et mâche ostensiblement, tout en sentant sur lui ce regard qui ne le lâche plus.

« La bourse inépuisable n'a pas l'air de vous tenter.

– Mon père et ma mère m'ont recommandé de ne jamais accepter d'argent d'un inconnu.

– Je comprends. Dans ce cas, aimeriez-vous mieux une bague magique qui vous ferait aimer et de Dieu et des hommes ? » Sa voix lente semble épouser les expressions changeantes de l'adolescent qui regarde toujours devant lui. « ... Ou un petit nid d'oiseau qui, tenu dans vos mains, vous rendrait invisible ? Je suis sûr qu'avec votre bosse, et votre costume un peu particulier, vous attirez l'attention dans nos villages. N'avez-vous jamais envie d'aller tranquille sans que les chiens de ferme aboient, sans que les fils de paysans vous montrent du doigt et vous galopent derrière ? »

Ne pas ciller. Continuer à fixer ce buisson dans ce champ, et les quelques oiseaux qui y picorent des baies.

« Alors ? Qu'en dites-vous ?

– J'en dis », énonce l'adolescent en levant enfin les yeux vers l'homme gris toujours debout à son côté, « que je préfère garder mon ombre. » Et il laisse échapper le souffle qu'involontairement il retenait jusque-là dans ses poumons.

« C'est dommage, murmure l'autre avec un hochement de tête. Vous ne savez pas reconnaître vos vrais amis. Un triste défaut, mais dont on guérit parfois avec le temps. Qui sait ? Cette rencontre n'est peut-être pas la dernière. Moi qui suis d'un naturel optimiste, j'ai bon espoir que nous nous recroiserons.

– Nous verrons. »

Oui, ils vont se recroiser, et plus d'une fois. Mais je laisserai au lecteur le soin de reconnaître l'homme en gris sous ses divers déguisements. Je précise seulement que cette jolie petite ombre dont la cession aurait pu valoir à notre héros fortune et réussite, faculté de passer inaperçu dans son monde ambiant et de s'y fondre, il ne s'en défera jamais.

Cependant le voilà parvenu au Rosenthaler Tor, tout au nord de Berlin. Pourquoi ce détour alors qu'il arrivait du sud ? De nouveau, c'est Salomon Maïmon qui nous l'explique. La capitale prussienne étant interdite aux mendiants et colporteurs juifs, les notables de la communauté avaient fait bâtir aux portes de la ville une maison où leurs coreligionnaires étaient interrogés et filtrés en amont. Maïmon atterrit là parmi « un ramassis de racaille », relate-t-il dans son parler savoureux. Il finit cependant par tomber sur un voyageur lettré à qui, pour passer le temps, il montre son propre commentaire du *Guide des égarés*. Mal lui en prend. Plus tard, lorsqu'il explique devant la commission être venu à Berlin pour étudier la médecine, les notables rejettent aussitôt sa demande : le lettré en question, un « orthodoxe zélé », serait entre-temps allé les prévenir de ses « tendances hérétiques », et son abominable projet d'étudier les sciences n'aurait rien arrangé [3].

Faut-il lui ajouter foi ? Lorsqu'il arrive au Rosenthaler Tor une trentaine d'années auparavant, Moses interrogé dans des conditions probablement similaires explique qu'il vient en ville pour « étudier ». Auprès de qui ? « Du rabbin David Fränkel[4] », répond-il, c'est-à-dire de l'auteur d'un tout récent commentaire du *Guide des égarés*. On le laisse pourtant entrer sans autre forme de procès.

Avant de le suivre dans ce Berlin de 1743 qui est une si petite ville par rapport à l'agglomération tentaculaire où j'ai vécu deux ans, je voudrais observer que l'histoire de Moses est jalonnée de plusieurs autres anecdotes « portières ». Un des grands moments de sa vie, sa réception à Sans-Souci en 1771, est précédée d'une scène aux portes de Potsdam qui mériterait presque un chapitre à part entière. En août 1776, c'est aux portes de Dresde que le philosophe désormais connu dans toute l'Europe se voit exiger la taxe de 20 groschens, que l'on impose alors aux juifs comme aux têtes de bétail. Ayant appris cela, le bibliothécaire municipal obtient ensuite qu'on lui restitue la somme assortie d'excuses officielles. Mais Moses préférera en faire don à la caisse des pauvres de Dresde, en l'arrondissant à 200 groschens : un assaut de bonté et de délicatesse digne de *Nathan le Sage*.

En une dernière occasion, vers 1779, c'est lui qui joue le rôle de portier, de portier bienveillant. Lorsque le jeune Salomon Maïmon (encore lui ! mais il fallait bien que nous évoquions la rencontre réelle entre ces deux personnages) finit par être admis à Berlin, il se dépêche d'entrer en contact avec le philosophe alors au sommet de sa gloire. Ce dernier l'invite à venir le voir chez lui. Mais, raconte Maïmon, *j'étais très intimidé par les mœurs berlinoises, tant et si bien qu'une fois arrivé devant une si belle demeure je n'osai pas y pénétrer. M'étant enfin résolu à ouvrir la porte et à entrer dans la maison, je tournai aussitôt les talons dès que j'aperçus Mendelssohn entouré d'autres personnalités distinguées évoluant dans de belles pièces meublées avec goût ; m'ayant remarqué, Mendelssohn vint me chercher au-dehors pour me conduire dans la pièce [5]...*

C'est le début d'une protection qui rapidement tourne court. Les deux hommes ne se comprennent guère, Maïmon trouve Mendelssohn trop prudent dans sa critique de la religion, quand il ne l'accuse pas à demi-mots de tenir un double langage. Cela ne donne que plus de poids à l'éloge qu'il fait de ses qualités morales : sensibilité et empathie, art de ne pas écraser un interlocuteur moins intelligent mais au contraire, de le hisser à son niveau. Avant d'en terminer avec Salomon Maïmon – car, très concrètement, je dois bientôt rendre le livre à la bibliothèque –, voici un petit extrait de son portrait de Moses :

Il savait découvrir les points fondamentaux du caractère de chacun qui lui permettaient d'expliquer et, dans une certaine mesure, de prévoir tout le reste. Il pouvait mettre à nu les mobiles d'un être humain et démonter les rouages de son être ; il connaissait admirablement bien la structure de l'âme humaine. Toutes ces qualités n'étaient pas perceptibles seulement dans ses contacts avec autrui, on les retrouve même dans ses travaux d'érudition [6].

Eh bien, cela me plaît beaucoup. Pourquoi ? D'abord parce qu'une telle capacité de « démonter les rouages » des êtres parle forcément à une romancière. Ensuite parce que, d'après Maïmon, Moses ne se privait pas de procéder par induction (qu'est-ce que « découvrir les points fondamentaux » et « prévoir tout le reste », s'agissant de travaux d'érudition ?). Or je serai bien obligée de l'imiter, vu la masse écrasante des documents sur la famille Mendelssohn, si je ne veux pas que ce roman m'occupe pendant quinze ou vingt ans de plus. Forte d'une telle autorité, je me sens plus de courage pour lui emboîter le pas au seuil du Rosenthaler Tor qu'il est en train de franchir, et son ombre avec lui.

CHAPITRE 3

DANS LA FORÊT OBSCURE

À L'ÉPOQUE où je traçais l'arbre généalogique des Mendelssohn, Mendelssohn-Bartholdy, von Mendelssohn Bartholdy, Mendelssohn Bartholdy et autres von Mendelssohn, dans l'idée de raconter leur histoire depuis 1729 jusqu'à la fin du xxᵉ siècle, je me souviens d'avoir pensé : Ça risque d'être bien pire que la famille Buendia dans *Cent Ans de solitude*. J'ai même relu *Cent ans de solitude*, une mise en condition que je dois encore compléter par la relecture de *Joseph et ses frères*, de *Danube* et de *La Vie mode d'emploi*. Je voulais en effet déterminer à quel moment on cessait de se repérer dans cette lignée Buendia qui, après tout, n'est pas si nombreuse et ne se déploie que sur un petit siècle. À la page 85 de l'édition Points, qui en compte 461, j'ai noté au crayon : « Je commence à m'y perdre. » Je m'étais alors demandé si tout le monde s'y perdait au même endroit, ou si certains lecteurs doués d'une mémoire individuante hors norme (la norme pour le nombre d'éléments que l'esprit est capable de prendre simultanément en compte se situerait entre 5 et 9, selon une loi de la psychologie cognitive dite « sept, plus ou moins deux ») continuaient à voir dans chacun de ces Buendia, Aureliano, José Arcadio,

Aureliano Secundo, etc., des figures précises qu'ils locali-
saient parfaitement dans la constellation familiale.

Avec mes digressions sur Moïse, Luther, Alexandre Weill
et Maïmonide, à ne surtout pas confondre avec Salomon
Maïmon, je crains d'avoir égaré le lecteur avant que mon
jeune patriarche ne soit en âge de procréer, et il est temps de
réagir. Ce chapitre sera limpide, rectiligne, rigoureusement
chronologique ; à toute velléité d'écart, je jure d'être à
moi-même un censeur impitoyable.

Entré à Berlin par le Rosenthaler Tor, Moses Dessau se
rend probablement tout droit chez David Fränkel, le seul
garant de son droit de séjour en ville, pour lui qui, étudiant
juif mineur et sans ressources, n'est même pas un sujet prussien. Il redevient son élève à l'école talmudique et s'établit
dans une mansarde du 3, Probstgasse, à côté de la petite
Nikolaikirche (*où, à quelques années de là, le jeune Lessing*... non,
chaque chose en son temps). Cette mansarde est mise à sa
disposition par une famille aisée qui loge plusieurs autres
étudiants et, deux jours par semaine, les nourrit à sa table.

Durant les six ou sept années qui suivent, telle est son
existence. Il étudie le Talmud, survit grâce à des travaux de
copie, mange convenablement quelques jours par semaine
et, le reste du temps, se contente de peu ; ce n'est sûrement
pas en ces temps-là qu'il prend goût au café, sa boisson
favorite, qui est alors une denrée luxueuse d'usage assez
récent. (*Anticipation ? Non pas. Si l'on regarde la phrase de près,
je m'en suis strictement tenue au présent.*) Son appétit de savoir est
sans limites. Sans mettre jamais les pieds dans un amphithéâtre, il acquiert toute la culture d'un honnête homme à
l'époque des Lumières. (*Lumières ? Mais oui, il faut au moins que*

je mentionne qu'en mai 1740 le fruste Frédéric-Guillaume Ier de Prusse a laissé la place à son fils Frédéric II, un jeune homme assez malmené par la vie et qui, sur l'arbitraire, en connaissait déjà un bout.) Avec un Galicien nommé Samoscz, il s'initie à la philosophie judéo-andalouse de Yehuda Halevy. Avec un étudiant en médecine pragois, il apprend le latin et peut bientôt lire les œuvres latines de Locke à l'aide d'un dictionnaire. En 1746, il se lie avec Aaron Gumpertz, un condisciple de l'école talmudique qui lui enseigne, lui, rien de moins que le français, l'anglais, les mathématiques et la géométrie. Gumpertz est par ailleurs secrétaire de Boyer d'Argens, marquis français qui, embauché par le nouveau roi de Prusse, dirige le département d'histoire et de philologie de l'Académie des sciences. (*Un contact qui se révélera...* Pas maintenant.)

En parlant d'histoire, cette matière est la seule pour laquelle Moses n'éprouve que de l'ennui : « je bâille, écrit-il, dès que je dois lire quelque chose d'historique, sauf si le style est là pour réveiller mon intérêt. [1] » Au risque de faire sourire, j'avoue lui envier cette salutaire aversion. L'histoire est une jungle humide où l'on perd vite pied et, pour garder les idées claires, mieux vaut s'en tenir à distance, ou tout au plus élaborer des *philosophies de l'histoire* sans trop regarder ce qu'il y a dedans.

Comme on avance vite quand on évite toute digression ! Nous voici déjà en 1746, et pour aller encore plus droit je pourrais suivre tout bonnement mon fichier « Chronologie » − telle qu'il se présente aujourd'hui, car il s'accroît chaque jour de plusieurs lignes. 1747 : après deux ans de travaux, l'architecte Knobelsdorff achève le château de Sans-Souci. − 1748, novembre : le jeune Lessing s'installe au 68 de la Spandauer Straße. − 1749 : Lessing écrit sa comédie *Les Juifs,*

dont le héros, noble et vertueux, est inspiré d'Aaron Gumpertz.
– 1750, courant d'année : Moses quitte la Probstgasse pour
devenir précepteur chez le négociant Isaak Bernhard, au 14 de la
Bischofsstraße. Le voilà donc à deux pas de chez Lessing,
mais je n'ai pas le droit d'en parler, n'est-ce pas ? puisqu'ils
ne feront connaissance que trois ou quatre ans plus tard.
1750, 17 avril : Frédéric II promulgue le Privilège général, décret
qui classe les juifs de Prusse en six catégories et limite considérablement leurs libertés. Précepteur privé, Moses se retrouve
dans la sixième et dernière catégorie, celle des domestiques,
dont le droit de séjour est directement subordonné à leur
emploi. 1750, 27 juillet : arrivée de Voltaire à Berlin. 28 juillet :
mort de Bach à Leipzig.

... Franchement, j'en ai assez. Je ne vais pas recopier toute
ma chronologie, qui fait déjà 240 000 signes et court jusqu'à
mars 2013, c'est-à-dire il y a deux mois. Elle n'est pas un récit
et ne saurait le devenir : les enchaînements, les causalités ne
peuvent être montrés sans retours en arrière ni anticipations,
et le choix de ranger dans l'ordre tout ce qui arrive, au nom de
la clarté, apporte finalement une autre forme d'obscurité.
Pourquoi mentionner l'arrivée de Voltaire à Berlin, on le voit à
peu près puisqu'il s'agit ici de philosophie des Lumières. Mais
pourquoi parler de Bach ? il faudrait, pour le comprendre, en
être déjà arrivé à Felix Mendelssohn, qui sera initié à la
composition par un admirateur de Bach et, à vingt ans, fera
sensation en dirigeant la *Passion selon saint Matthieu*, œuvre
tombée entre-temps dans une certaine disgrâce.

Ma chronologie (que j'écrirai désormais « Chronologie »
pour éviter les confusions) m'est certes extrêmement utile,
à moi. D'abord elle me sert à mesurer l'épaisseur du temps.
Cet oubli relatif dans lequel tombera Bach, par exemple, je le

touche du doigt quand je tourne les vingt-huit pages de ma Chronologie séparant sa mort et le concert dirigé par Felix à la *Sing-Akademie*, le 11 mars 1829. Il y a autre chose. Un livre sur les Lumières en Europe évoquerait sans doute l'arrivée de Voltaire à Berlin, un livre sur la musique allemande du XVIIIe siècle mentionnerait bien sûr la mort de Bach. Mais le fait que Bach soit mort à Leipzig le lendemain du jour où Voltaire arrivait à Berlin, deux événements sans relation aucune, voilà qui me donne l'impression, en le lisant, de nager dans l'Histoire comme dans un grand bain où tout est mélangé, connexe et de plain-pied.

Or cette image du grand bain m'incite à redoubler de prudence. Car elle m'évoque irrésistiblement Internet, que j'utilise en permanence pour les besoins de ce livre. Eh oui. Je n'aurais pu, sans cela, agglomérer autant de faits en une unique Chronologie, consulter des dizaines d'éditions originales, voir à quoi ressemblaient des immeubles berlinois détruits depuis un siècle, situer géographiquement la commune lituanienne où est née la fille adoptive d'un tel, chercher les occurrences du prénom Énole dans les textes français antérieurs à 1827, etc. – à moins d'y consacrer le reste de ma vie. Et pour commencer, je n'en aurais même pas eu l'idée. Internet ne fait pas que se plier aux vagabondages d'une pensée humaine dans ses associations d'idées, ses bonds de lièvre et ses sauts de cavalier : il les suscite. Ce sont des bottes de sept lieues pour arpenter le monde, comme Peter Schlemihl dans le conte romantique d'Adelbert von Chamisso :

Je me trouvais sur le haut plateau de l'Asie, et le soleil, qui peu d'heures auparavant s'était levé pour moi, s'inclinait vers son couchant.

> *Je devançai sa course en traversant l'Asie d'orient en occident ; j'entrai en Afrique par l'isthme de Suez, et je parcourus en différents sens ce continent, dont chaque partie excitait ma curiosité. Passant en revue les antiques monuments de l'Égypte, j'aperçus près de Thèbes, aux cent portes, les grottes du désert qu'habitèrent autrefois de pieux solitaires, et je me dis aussitôt :*
> *« Ici sera ma demeure [2]. »*

Un outil enivrant que ces bottes de sept lieues, mais leur usage impose certaines précautions. Dès qu'il découvre les pouvoirs de celles qu'il a aux pieds, Peter Schlemihl, on le voit, n'a rien de plus pressé que de se trouver une *demeure*. Pour lui qui, en quelques enjambées, passe maintenant des sables du Sahara aux glaces du Groenland, l'urgence est de se donner un point fixe, un port d'attache qu'il puisse appeler « chez lui » et qu'il choisit à l'écart du monde, parce que (ayant vendu son ombre à un homme vêtu de gris) il ne supporte plus la méfiance et l'hostilité de ses semblables. Son second soin est de se procurer des pantoufles freinantes à passer sur ses bottes, quand il veut explorer une région dans des conditions plus normales. Mais cela ne suffit pas, bientôt c'est l'accident : après une chute dans des eaux arctiques qui l'oblige à bondir en pleine Libye pour se réchauffer, puis une insolation qui le rejette vers le Grand Nord pour se rafraîchir, le malheureux succombe à une sorte de fièvre bipolaire et passe du chaud au froid, du jour à la nuit, de l'Occident à l'Orient, sans plus pouvoir s'arrêter.

Nous ne prendrons pas ce risque, et nous ferons bien attention avec les bottes de sept lieues. Au placard, sauf en de rares occasions. Pas trop de promenades supersoniques d'un point du globe à l'autre, d'une date à une autre qui en est séparée de cent ans : le danger est réel. Mieux vaut renoncer à ces enjambées formidables et avancer à petits pas dans la forêt obscure, la selve des destins humains s'entrecroisant à l'infini pour faire la grande Histoire, si l'on ne veut pas se retrouver, comme Peter Schlemihl, dans un lit d'hôpital.

Voici donc Moses Dessau devenu précepteur des enfants d'Isaak Bernhard qui, depuis 1752, est à la tête d'une soierie. Peu après, il fait la connaissance de Lessing. Quelques années plus tôt, ce fils de pasteur avait abandonné ses études de médecine et de théologie pour devenir publiciste à Berlin, fuyant aussi les dettes qu'impécunieux et imprévoyant, il sème partout sur son chemin. En mai 1754, Lessing publie sa comédie *Les Juifs*. En juin, le linguiste Johann David Michaelis en dénonce l'irréalisme : des juifs tels que la pièce les montre, pleins de vertu et de noblesse d'âme, n'existent pas et n'existeront jamais. Piqué, Moses réplique par une lettre ouverte publiée dans la revue *Die theatralische Bibliothek* que dirige Lessing.

Ainsi débute une amitié qui ne s'achèvera qu'avec leur vie. Les deux jeunes gens s'affrontent aux échecs, discutent philosophie, écrivent à quatre mains un pamphlet, *Pope, un métaphysicien !*, libre contribution à un concours dont le sujet avait été choisi dans le but de marginaliser les disciples de Leibniz. Moses noue aussi d'autres contacts : loin des institutions officielles qui lui resteront toujours fermées, il fréquente cafés et cercles où se retrouvent de façon informelle mathématiciens, physiciens, médecins, théologiens, artistes et philosophes, membres de l'Académie prussienne des sciences.

Il publie un premier livre où il montre ce que Leibniz devait à Spinoza, puis un traité sur les sensations, lance un hebdomadaire en langue hébraïque qui se veut la voix des Lumières juives mais s'arrête après deux numéros. Un compositeur rencontré au cercle lui donne des cours de clavecin, qu'il abandonne en avril 1756, parce que sa mère vient de mourir et que, pour respecter son deuil, il ne peut pendant toute une année ni faire ni écouter de musique. En 1756 toujours, il traduit pour l'éditeur Voss le *Discours sur l'origine et les fondements de l'inégalité parmi les hommes,* que Rousseau a fait paraître peu auparavant.

Il n'est plus précepteur, car ses élèves ont grandi. Il est devenu comptable à la soierie d'Isaak Bernhard, où il a dans son bureau une petite bibliothèque pour lire à ses moments perdus. Il n'a pas repris le clavecin après son année de deuil ; en revanche, il s'est mis au grec avec un proviseur de lycée de sa connaissance... Tout ça ne va nulle part ? Et votre vie à vous, vous savez où elle va ? Laissez-moi raconter comme je peux, c'est déjà assez difficile.

D'autant plus que j'ai sauté des événements cruciaux. J'ai oublié de dire que Voltaire, reparti depuis longtemps, avait écrit *Candide,* où il réglait ses comptes avec l'Allemagne et avec Leibniz qu'il considérait (à tort) comme un âne. J'ai oublié de dire que la guerre de Sept Ans avait éclaté et qu'on verrait bientôt des soldats russes patrouiller dans Berlin. Cela n'empêche pas le roi de Prusse, pourtant si occupé, de publier chez le même Voss ses *Poësies diverses* dont Moses livre en avril 1760 un compte rendu quelque peu ironique. « Quelle perte pour notre langue maternelle [3] », écrit-il, que le souverain ait choisi le français pour nous dévoiler sa belle âme ! (Plaisant reproche, venant d'un homme dont les premières langues avaient été le yiddish et l'hébreu.) Quant aux menues incohérences de ses poèmes philosophiques, on les lui pardonne, ce ne sont que licences : ainsi quand il met en doute l'immortalité de l'âme. Comme si le grand Frédéric pouvait sérieusement douter de l'immortalité !... Moi, il m'intrigue, ce grand Frédéric alternant faits du prince et désir d'être traité en simple citoyen de la république des lettres.

Cependant, à huit cents kilomètres de là, de sombres histoires agitent le district polonais de Kamenets. Une secte d'hérétiques juifs, autour d'un certain Jakob Frank, appelle au rejet des prescriptions religieuses et reconnaît la Trinité, ce qui entraîne de nombreuses excommunications et, par endroits, de vraies échauffourées. Les autorités catholiques s'en mêlent, car d'un côté ce syncrétisme leur semble porter atteinte aux dogmes chrétiens ; d'un autre côté elles y entrevoient la promesse de conversions en masse, moyennant quelques efforts de catéchisation. En 1757, elles organisent une grande « disputation » entre frankistes et juifs orthodoxes, au terme de laquelle les accusations d'hérésie sont déclarées sans fondement, et le Talmud, brûlé en place publique. Suit une vague de baptêmes, couronnée en novembre 1759 par celui de Jakob Frank lui-même, juste avant qu'il ne soit arrêté pour exercice de la magie et croyance en la métempsycose – oui, l'affaire est passablement ténébreuse, l'hérésiarque ajoutant encore à son actif des pratiques censées bafouer la Loi pour précipiter la venue rédemptrice du Messie : bamboche ostentatoire lors des grands jours de jeûne, orgies sexuelles, etc.

Rien de commun, évidemment, entre cet équivoque gourou et le pieux Moses, qui renonça au clavecin pour respecter le deuil de sa mère. Je voulais seulement rappeler le climat d'ébullition et de fermentation dans lequel commence sa vie publique. Ce siècle de la Raison voit aussi pulluler

illuministes et illuminés, persister les procès en sorcellerie et
les espoirs millénaristes. Sans grande rigueur, on s'envoie à
la tête l'accusation d'hérésie, tout comme celle de « spinozisme » qui, pour beaucoup, est synonyme d'athéisme. Des
monarques éclairés rêvent en secret d'assimiler leurs minorités religieuses, des prosélytes chrétiens applaudissent aux
critiques rationalistes de la religion quand elles viennent
d'un penseur juif. Alliances instables, soutiens ambigus et
querelles personnelles se mêlent en un écheveau où il est
bien malaisé de distinguer des « camps », dès qu'on y regarde
de trop près... Une forêt obscure, l'Histoire. Mais c'est particulièrement vrai du siècle des Lumières, et je suis soulagée
de parvenir à la clairière de l'année 1761.

CHAPITRE 4

LE PHILOSOPHE AMOUREUX

SI J'ÉTAIS EN TRAIN D'ÉCRIRE l'histoire du philosophe des Lumières Moses Mendelssohn, il serait d'assez mauvais goût que je consacre tout un chapitre à ses douze mois de fiançailles, après avoir expédié dans le précédent ses dix-huit années de formation intellectuelle, entrecoupées de digressions sur Internet, Jakob Frank et les bottes de sept lieues. Mais l'histoire que j'écris est celle *des* Mendelssohn ; et que seraient-ils sans la rencontre de Moses, au printemps 1761, avec Fromet Gugenheim ?

Commençons par la fable, retranscrite un bon siècle plus tard par Berthold Auerbach, une vieille connaissance à moi. Berthold Auerbach n'a rien d'un historien rigoureux, c'est un polygraphe brouillon qui, entre mille autres choses, publiait des recueils d'anecdotes à l'usage des familles. Tel est le cadre dans lequel il relate la rencontre en question.

En cure à Bad Pyrmont, Moses se lie avec le marchand Gugenheim dont la fille encore célibataire admire beaucoup le philosophe ; pourquoi ce dernier ne viendrait-il pas leur rendre visite à Hambourg ? Bien que complexé par sa « triste difformité », Moses se laisse tenter, fait le voyage, est présenté à la demoiselle. Le lendemain il retourne voir le père qui, avec embarras, finit par lui avouer :

« Vous êtes un philosophe, un homme sage et avisé. Vous ne lui en voudrez pas, à cette petite. Elle s'est dite effrayée en vous voyant, à cause de...

– À cause de ma vilaine bosse. »

Gugenheim acquiesce.

« Je m'en doutais, dit Moses, mais je veux quand même lui faire mes adieux. »

Il la trouve en train de coudre, ils échangent quelques mots sans qu'elle lève les yeux. Puis elle lui demande :

« Vous aussi, vous pensez que les unions se décident au Ciel ?

– Certainement ! et dans mon cas il s'y est ajouté une circonstance particulière. Vous savez que selon une légende talmudique, quand un enfant naît, une voix proclame au Ciel : Il épousera une telle. C'est ce qui est arrivé lors de ma naissance, mais la voix a précisé que ma promise serait affligée d'une bosse monstrueuse. Mon Dieu, ai-je dit alors, une jeune fille sans beauté devient souvent amère et dure. Mon Dieu ! donne-moi sa bosse, et fais que ma promise soit belle et enjouée. »

À peine lui avait-il tourné ce pieux madrigal qu'elle lui sauta au cou. « Et elle devint sa femme, et ils furent heureux ensemble et eurent de beaux et braves enfants, dont certains descendants vivent encore aujourd'hui [1]. »

... À part les trois dernières lignes, il n'y a quasiment rien de vrai dans cette histoire (que j'ai pourtant retrouvée sur divers sites édifiants consacrés à l'amour conjugal). Moses était marié depuis onze ans la première fois qu'il a pris les eaux à Bad Pyrmont. Il n'a rencontré le père de Fromet que plusieurs mois après leurs fiançailles. La seule source fiable sur la naissance de cet amour, ce sont les soixante-huit lettres à sa fiancée publiées à Berlin en 1936, par un éditeur non dépourvu de courage. Les réponses de la jeune fille, elles, se sont malheureusement perdues.

Donc, reprenons. Au printemps 1761, le trentenaire s'est installé dans son existence de comptable philosophe. Une miniature sur ivoire de cette époque nous montre un homme à la physionomie engageante, au regard ouvert, au sourire discrètement ironique ; mais, bossu et de santé fragile, il s'est apparemment résigné au célibat et y trouve son bonheur. Il l'avouera plus tard à sa fiancée :

> *Avant de vous connaître, mon amour, la solitude était pour moi un jardin d'Éden. Maintenant elle me devient insupportable. [...] L'étude garde pour moi de grands attraits, mais elle ne peut combler tout le vide de mon âme, et je sens que je ne retrouverai pas le repos tant que je ne vous aurai pas, très chère Fromet, sans arrêt sous les yeux. Mais à quoi riment ces pensées mélancoliques ? Adieu, ma très tendre, mon excellente Fromet ! Je constate que l'amour rend puéril. Je vous embrasse avec la plus ardente tendresse et suis vôtre pour toujours [2].*

Créer un manque terrible là où tout allait bien, tel est l'inquiétant pouvoir de ce sentiment universel dont le jeune philosophe va faire l'expérience pour la première fois. L'amour nous rend puérils, oui : émerveillés et inventifs comme des enfants, mais comme eux désarmés, dépendants, vulnérables.

Cet homme en son jardin d'Éden, qui n'avait pas quitté Berlin depuis ses quatorze ans et ne s'en portait pas plus mal, part donc au printemps 1761 voir son ami Aaron Gumpertz, en séjour à Hambourg dans la famille Gugenheim. Abraham Gugenheim est alors absent pour affaires, mais sa femme Vogel et leurs enfants font fête à Gumpertz, récemment diplômé en médecine, qu'ils s'amusent à appeler « *Herr Doktor* ».

Dans ce joyeux foyer, les visites de Moses avec sa bosse, son don pour l'amitié, son intelligence aimable qui, nous disait Maïmon, a l'art de se mettre au niveau de ses interlocuteurs, ne semblent avoir causé ni la réserve ni l'embarras : d'après ses lettres à Fromet et les fréquents post-scriptum à la petite sœur Brendel Gugenheim, c'étaient au contraire des réunions où l'on riait beaucoup. Il se peut qu'au premier regard, la jeune femme de vingt-trois ans ait effectivement été « effrayée » par le physique de Moses. Il se peut aussi qu'à un moment ou un autre, il lui ait raconté cette jolie histoire des unions qui se décident au Ciel et de la bosse qu'il aurait prise pour la lui épargner. Mais, s'il lui avait vraiment inspiré du dégoût, qui croira que cela aurait suffi à la convaincre ?

De toute manière, aucune conversation de ce genre n'a lieu pendant les quatre semaines que Moses passe à Hambourg. Paralysés de timidité, les tourtereaux ne se disent rien de sérieux. L'essentiel doit quand même transpirer dans leurs regards, car, juste avant de repartir, Moses réussit à voir Fromet seule dans une cabane du jardin et finalement à l'embrasser, sans en retirer d'ailleurs beaucoup de joie.

Aux baisers mêmes que je volais sur vos lèvres se mêlait une certaine amertume, car la séparation imminente me rendait sombre, et incapable de goûter un plaisir pur. De plus j'étais fâché d'avoir été assez sot pour vous aimer quatre grandes semaines sans parler en tête-à-tête* *avec vous. Quelles belles*

heures n'ai-je pas gâchées ! laissées s'envoler sans rien en faire.
C'est maintenant, me disais-je, maintenant que le postillon peut
t'appeler à tout moment, que tu saisis la première occasion de te
déclarer à celle que tu aimes. Cela me paraissait on ne peut plus
stupide. Bref, au milieu de ces fâcheuses réflexions s'est également
envolée la dernière heure que je passais à Hambourg, et voilà que
j'étais dans le coche à côté de rabbi Itzig Eisenstatt [3].

C'est donc un amoureux frustré qui s'en retourne à Berlin,
mais non un amoureux inquiet. Et la lettre qu'il se dépêche
d'envoyer à Lessing est celle d'un homme déjà sûr de son
bonheur :

Très cher ami ! [...] Je ne vous aurais certes pas tenu si longtemps
sans nouvelles si je n'avais fait un voyage à Hambourg qui m'a
causé mille distractions. Je suis allé au théâtre, j'ai rencontré des
érudits, et, ce qui ne vous étonnera pas peu, j'ai commis la sottise,
dans ma trentième année, de tomber amoureux. [...] La femme
que j'ai l'intention d'épouser n'a pas de fortune, n'est ni belle ni
savante, et pourtant, fou que je suis, j'en suis tellement épris que
je crois pouvoir vivre heureux avec elle [4].

Qu'il soit né en 1729 ou en 1728, il devrait avoir largement
passé sa trentième année. Mais passons sur cette nouvelle
énigme de dates : un tournant majeur vient ici de se produire.
Moses a « rencontré des érudits », notamment Jonathan
Eybeschutz, l'une des plus grandes autorités rabbiniques du
pays ; et, tombé amoureux, a reçu des preuves d'amour assez
claires pour envisager déjà une vie commune.

C'est peut-être sous le coup de ces deux événements que
le 7 mai, encore à Hambourg, il adresse (à l'éditeur Nicolai)

sa première lettre signée MOSES MENDELSSOHN. L'homme enivré d'avoir trouvé l'amour, ce qu'il n'espérait plus, y aurait-il puisé l'ambition de se faire littéralement « un nom » ? Ou alors, son entretien avec rabbi Eybeschutz le 4 mai lui aurait-il inspiré des sentiments plus ambigus qu'il ne l'admet ? À la suite de cette rencontre, le grand rabbin lui avait remis un certificat d'érudition allant jusqu'à le comparer, déjà, au Moïse de la Bible. Mais par ailleurs il refusait au philosophe le titre de *morenu*, c'est-à-dire de maître ès études talmudiques. Peut-être ce dernier tire-t-il les conséquences de ce désaveu trois jours plus tard, en adoptant un nom différent de celui qu'on lui donnait dans sa communauté et dont il continuera de signer certaines lettres privées : MAUSCHE MI-DESSAU (« Moses, natif de Dessau »).

Quoi qu'il en soit, il quitte Hambourg aimant et aimé. Sa toute première lettre à Fromet nous apprend déjà deux choses : entre eux l'affaire est entendue (« nous n'avons pas eu besoin de marieurs [5] »), et la correspondance qu'ils inaugurent n'a rien de clandestin, puisqu'il ajoute quelques lignes pour la petite sœur Brendel.

Dès le 2 juin, il répond à une lettre de Vogel Gugenheim où, suivant les instructions de son mari toujours à Vienne, elle lui parlait longuement... contrat de mariage, oui, nous en sommes déjà là. Décidément, dans cette histoire, rien ne se passe selon les règles. De même qu'ils n'ont pas eu besoin de marieurs pour se choisir et s'aimer, de même Moses ne veut pas entendre parler de ces négociations futiles, et vexantes pour lui. Que ce soit bien clair, écrit-il à sa future belle-mère : il se considère déjà comme leur gendre, sa décision ne dépend pas de ce qu'ils ont à lui proposer, et il apprécierait qu'on lui rende la politesse. On veut qu'il reconnaisse fictivement avoir touché une dot de 2 500 guldens, dot que les Gugenheim n'ont pas les moyens de lui verser... soit, si leur bonne réputation est en jeu. Mais lui dicter ce qu'il doit laisser à Fromet en cas de veuvage ? *« Liebe Madame ! »* Ce ne sont pas des juristes qui vont lui apprendre ses devoirs à l'égard d'une femme aimée. Quant à fixer d'avance la valeur des cadeaux à lui faire, c'est une injure : « Votre mari a dû s'oublier au moment d'écrire ça[6]. » Ce sont pourtant des clauses banales dans un contrat de mariage ; mais Moses, plutôt respectueux des prescriptions religieuses, l'est moins des traditions et des usages sociaux.

Dans le même courrier, il s'excuse auprès de Fromet pour son emportement. « Je dois vous avouer une faiblesse, je m'échauffe rarement, sauf quand on n'a pas confiance en moi : dans ces cas-là je perds vite patience[7]. » C'est aussi qu'il redoute les atermoiements que promettent ces tractations écrites entre Hambourg, Vienne et Berlin. Au moins Abraham Gugenheim pourrait signer une procuration, et tout irait plus vite !

Il semble que son coup de colère, au lieu de refroidir les parents Gugenheim, ait dissipé leurs doutes : dès le 16 juin, il l'écrit triomphalement à *mam'selle kallo*, mademoiselle sa fiancée. Comme souvent, un petit post-scriptum à l'espiègle Brendel, qu'il imagine occupée avec sa sœur à recevoir les congratulations de toute la parentèle :

> *Ma très chère sœur Brendel ! Je vous remercie fraternellement pour vos félicitations si sororales. Je veux bien le croire, que vous tenez maintenant un rôle de premier plan. Quelle affaire ! Tant de visites à recevoir, tant de messieurs à* railler **, de jeunes filles dont* moquer ** la toilette[8]...*

Railliren, moquiren : comment rendre la saveur de cette prose allemande entrelardée de termes hébraïques et de gallicismes à la Frédéric II ? Comment rendre aussi, sans longueurs, le délicieux effet de répétition ? Ces fiancés sont partis pour une séparation de plusieurs mois qui en deviendront douze, car Fromet la Hambourgeoise doit d'abord obtenir son autorisation de séjour en territoire prussien. Or on est en guerre, la cour est absente de Berlin, et à son retour dans le courant de l'hiver, ce sont les notables de la communauté, chargés de transmettre la requête, qui font des difficultés : l'installation en ville de nouveaux coreligionnaires sans le sou ne les enchante pas. Donc les fiancés s'écrivent deux courriers par semaine, au rythme des postes entre Hambourg et Berlin. Et on y lit le manque, la douleur de l'absence, les bouderies pour une lettre trop courte, les inquiétudes après un mot trop vif, la nécessité de perpétuer l'échange, constamment et sous tous les prétextes, car leur amour dans l'immédiat n'a pas d'autre réalité.

> 29 mai 1761 : *Très chère Fromet, il n'est personne au monde à qui j'aie plus à dire qu'à vous, et pourtant, chaque fois que je dois vous écrire, je suis un peu gêné. À Hambourg ce n'était pas mieux. Quand je n'étais pas avec vous, j'avais mille choses à vous dire, et à peine étais-je sous votre toit que tout me sortait de l'esprit* [9].

> 28 juillet : *Continuez, ma très chère et très tendre, de me réjouir par vos lettres adorables. Je me rends compte qu'il m'est presque impossible de ne pas vous écrire un jour de courrier, ou d'être réjoui un jour de courrier où je n'ai pas eu de vos lettres. Et qu'est donc l'être humain sans joie ? Non, aussi longtemps que*

nous devrons rester séparés, donnons-nous autant d'occasions que possible de penser l'un à l'autre. Pour moi ce n'est pas une mince joie que de pouvoir penser : En ce moment Fromet lit mes lettres, en ce moment elle m'écrit, en ce moment elle est contrariée parce qu'on la dérange, en ce moment elle est heureuse d'avoir trouvé le mot qu'il faut [10]...

31 juillet : *Croyez-moi, mon amour, il vous sied aussi peu de vouloir être méchante qu'à notre sœur Brendel de vouloir moraliser. Dans votre dernière lettre vous vous donniez du mal pour paraître fâchée de mes lettres si courtes et de ma pitoyable excuse d'avoir bien peu à raconter. Vous aviez raison d'être fâchée. [...] Mais d'où tirez-vous cette astuce d'attraper une douleur au doigt quand vous ne voulez plus écrire ? [...] Très bien ! Vous aurez ce que vous voulez, je serai si bavard que vous me supplierez d'écrire des lettres plus raisonnables et plus courtes. Mais ne me dites plus que vous avez mal au doigt* [11].

14 août : *Vous m'annoncez seulement que vous n'êtes pas d'humeur à écrire, sans m'en dire la cause. [...] Ignorez-vous donc qu'un cœur sensible, dans ces cas-là, se fait mille idées angoissantes, qui sont peut-être toutes sans fondement mais, angoissantes, ne le sont pas moins ? Oh vous êtes trop tendre, vous m'aimez trop pour ne pas le sentir. Alors contez-moi ce qui vous chagrine, mon amour, contez-moi au long vos pensées secrètes tout comme elles vous viennent. Elles seront aussi bien gardées que dans votre cœur* [12].

Une autre fois, Moses a commenté un peu sévèrement un avis qu'avait porté Fromet sur un tiers. Elle s'affole de lui avoir déplu, il se dépêche de lui répondre :

Fromet chérie, d'où vous viennent ces étranges idées ? Il faudrait que je vous aime bien peu pour qu'une telle bagatelle puisse me mettre en colère. [...] Qui se laisse intimider ainsi ? D'autres femmes l'auraient pris de haut, m'auraient marqué la même froideur pour affirmer leur pouvoir. [...] Mais vous ? Chez vous il y a trop près du cœur à la bouche. Adieu, ma sincère et si chère Fromet ! Et soyez assurée que rien au monde ne peut m'irriter contre vous [13].

Post-scriptum à Vogel Gugenheim :

Chère belle-maman ! Votre Fromet n'entend rien à la politique féminine. Elle rend trop vite les armes. Auriez-vous la bonté de lui donner un petit cours ? Cette fois il y avait bel et bien malentendu, car je ne songeais nullement à me fâcher. [...] Mais à l'avenir il faut que Fromet sache mieux affirmer son pouvoir, n'est-ce pas, chère belle-maman [14] *?*

Ce sont des envois de cadeaux, des conseils de lecture, des questions sur les progrès de Fromet en français : pour l'épouse d'un intellectuel, il est hors de question de ne pas maîtriser cette langue, et Moses lui a donc offert les leçons particulières d'un certain M. Bode, un maître qui laisse à désirer, car souvent il ne vient pas. Ce sont aussi des nouvelles concernant la demande d'autorisation de séjour (*kiyyumim*). Le financier Veitel Heine Ephraim pourrait éventuellement l'appuyer :

Mais vous ne pensez pas qu'il va directement * *m'obtenir les kiyyumim, je ne puis en espérer autant de sa prétendue amitié. Vous avez l'âme trop noble pour vous faire une juste idée de ce qu'est un riche Berlinois. Si j'ai le bonheur de vous voir ici et de* *vivre avec vous [...], il vous faudra éviter de fréquenter nos grandes fortunes, car votre caractère ne ferait pas bon ménage avec leur tournure d'esprit* [15].

Pourquoi tant de hargne ? Il faut savoir que fin 1761, pour financer la guerre, Frédéric II a chargé ses deux principaux financiers (Daniel Itzig et le V. H. Ephraim en question) de procéder à une refonte-dévaluation de la monnaie prussienne. On a proposé au philosophe de s'associer à cette entreprise potentiellement lucrative, mais malgré les pressions de sa future belle-famille, et le fait que Lessing lui-même y participe, Moses a refusé : il ne trouve pas cela éthique. Comme il lui faut bien de l'argent pour monter son foyer, il a préféré accepter l'offre de son employeur et réaliser pour son compte quelques ventes d'étoffes et de teintures. En mai 1762, alors que le coût de la vie flambe et que la misère s'étend à Berlin, il s'en désole avec Fromet dont il connaît le bon cœur. « Mais ce qui doit nous consoler, mon amour, c'est que nous n'y avons en rien contribué, un reproche que bien d'autres ont à se faire [16]. »

À cette date les fiançailles touchent à leur fin, le mariage est en vue : ce sera pour le 22 juin. Moses multiplie les aménagements dans son logis de garçon, peut-être un peu inquiet à l'idée de voir débarquer chez lui la jeune fille qu'il n'a plus revue depuis plus d'un an, conscient en tout cas qu'une période s'achève, et regrettant déjà ce dialogue épistolaire dont ils ont rempli tant de pages.

Une fois mariés, ce que nous nous écrirons pendant de brèves absences [...] ne méritera pas le nom de « lettres », car elles contiendront plus de rapports domestiques que de juvéniles pensées amoureuses. Vous m'obligeriez donc beaucoup, Fromet chérie, en me faisant pleinement apprécier vos dernières lettres avant notre mariage, c'est-à-dire en évoquant davantage vos occupations et passe-temps. Jusqu'ici vous parliez toujours de moi, jamais de vous[17]*...*

En effet, après les noces, le flot des lettres se tarit, pour la bonne raison que les deux époux n'ont presque plus jamais été séparés. Citons-en encore une, de 1773, écrite par Fromet pendant que Moses prenait les eaux après une grave maladie :

Porte-toi bien mon Mausche, comme tu vois je ne manque pas de compagnie mais je t'assure quand tu n'es pas là, je n'ai de goût pour rien ! Si tu avais, à être loin de moi, la moitié de la peine que j'ai à être loin de toi, tu ne nous quitterais sûrement plus une seule heure de toute notre vie. Vraiment je compte les jours, en me réveillant je voudrais être au soir, et le soir je souhaite que le jour soit déjà là. Mes seuls moments de joie depuis ton départ, c'était quand tu m'écrivais, et ce n'est encore arrivé que deux fois. Passe un excellent séjour mon Mausche et aime
Ta Fromet[18]*.*

Voilà comment lui écrit la fiancée de Hambourg, après onze ans de mariage et la venue de six enfants.

Peu avant que je n'écrive ce chapitre, un débat houleux agitait l'arrondissement berlinois de Friedrichshain-Kreuzberg. Il s'agissait de baptiser la place devant le Musée juif. Certains suggéraient « Place Moses-Mendelssohn », parce que Moses n'avait encore à Berlin aucune rue à son nom et que, ancien immigré, il refléterait bien le caractère multiculturel du quartier de Kreuzberg. Soucieuse de parité, la municipalité préférait « Place Regina-Jonas », du nom de la première femme rabbin. Un troisième groupe proposait comme solution de compromis « Place Fromet-et-Moses-Mendelssohn », proposition rejetée par la *Mendelssohn-Gesellschaft* qui trouvait bancal et disharmonieux ce monstre de neuf syllabes.

Je n'ai pas laissé mon avis sur le site de la *Mendelssohn-Gesellschaft*. Je n'étais plus berlinoise, il me semblait que je ne devais pas prendre parti dans un débat local. Si je l'avais fait, ç'aurait été pour de mauvaises raisons, trop personnelles, trop sentimentales. Mais je peux bien le dire maintenant : je suis très heureuse que la solution de compromis l'ait emporté et que Moses et Fromet, comme de leur vivant, restent perpétuellement unis grâce à ce monstre toponymique.

Chapitre 5

Sept, plus ou moins deux

Avant de reprendre le fil de l'histoire de Moses (reprendre le fil ! ricanent certains qui ne croient plus à mes promesses de Gascon), je vais marquer une petite halte prospective. Car, si j'évoque les naissances au sein de son foyer entremêlées aux complexes étapes de sa carrière intellectuelle, je crains qu'on ne s'y retrouve pas. Voici donc, en deux pages, une sorte d'aide-mémoire.

Moses et Fromet se marient en juin 1762. Le 29 mai 1763 naît Sara, dont la courte vie s'achève en avril 1764. À cette date, le couple attend déjà son deuxième enfant qui naît le 24 octobre : une fille encore, prénommée Brendel comme la sœur de Fromet. Haïm, lui, vient au monde le 19 février 1766 et s'éteint le 3 avril, quelques semaines avant le vieux père de Moses. Le 14 juillet 1767 naît une troisième fille, Recha (ou Reikl). Le 28 janvier 1769, c'est un garçon qui voit le jour et reçoit les prénoms de ses deux grands-pères, Mendel Abraham ou, selon les sources, Abraham Mendel. Encore dix-huit mois et arrive Joseph, le 11 août 1770.

Une pause intervient alors, correspondant à la grave maladie de Moses. Puis, fin août 1775, vient une nouvelle fille qu'on appelle Jente (du nom de la sœur de Moses), mais qui devient vite Henriette ou « Jette ». À peine un mois plus tard, la famille perd Mendel Abraham, l'aîné des garçons alors âgé de six ans. Joseph, qui en a cinq, se trouve propulsé dans le rôle de premier-né masculin, un rôle qu'il saura dignement remplir à l'âge adulte.

Le 10 décembre 1776 naît de nouveau un garçon, qu'on appelle de nouveau Abraham. Mais oui, c'est bien *mon* Abraham, celui qui fut « le fils de son père » puis « le père de son fils », celui de qui (pour moi) tout est venu. Pour l'instant dors bien, petit Abraham ! Je crois mieux comprendre ton caractère saturnien, sachant que tu fus nommé en mémoire d'un frère mort, et ayant l'expérience de ce qu'est un mois de décembre à Berlin : saison de nuits presque perpétuelles et qui s'allongent, s'allongent encore, si bien qu'un être impressionnable peut croire qu'on est en train de marcher pour tout de bon vers une fin des temps.

Le 8 juin 1778, Fromet à quarante ans met encore au monde une fille qu'on appelle Susgen, Sise, ou Sisa, mais qui ne vit que jusqu'au 15 septembre. Enfin le 8 décembre 1781 (même remarque sur les fins d'automne à Berlin) voit le jour un dernier garçon nommé Nathan, en hommage à Lessing mort au début de l'année. Ce tardillon n'aura guère connu son père. Mais on raconte que celui-ci aimait jouer avec le petit garçon qui, dès l'âge de la parole, se désignait lui-même comme « Nathan le sage [1] ».

En relisant ce livret de famille, je m'aperçois que j'ai manqué mon but. S'il donne une idée du rythme auquel venaient les enfants dans un ménage uni et de la fragilité des existences sous l'ancien régime démographique, il échoue complètement dans son rôle d'aide-mémoire. Qui, parmi vous, en a retiré un tableau clair de la descendance de Moses et de Fromet ? Personne sans doute, sinon quelque phénomène taillé sur le modèle d'Ireneo Funes, ce héros d'une nouvelle de Borges qui, à la suite d'un accident, avait acquis une faculté de dénombrement presque pathologique, au point de percevoir « tous les rejets, les grappes et les fruits qui composent une treille [2] ». Or nous en sommes seulement à la deuxième génération ; à peine peut-on parler d'une grappe ou même d'un grappillon, et l'expansion des Mendelssohn ne fait que commencer.

Essayons autrement. D'abord soyons pragmatiques (la mémoire est le règne du pragmatisme, et une bonne mnémonique n'a qu'une loi à observer : *Whatever works*), soyons aussi cruels que la nature, et oublions les enfants morts en bas âge, dont on ne sait pas grand-chose et auxquels il n'arrivera plus rien. Restent Brendel, Recha, Joseph, Jette, Abraham et Nathan. Cela va déjà mieux avec six, n'est-ce pas ? Je vous l'avais bien dit : « sept, plus ou moins deux ». Mais ce n'est pas tout. Comme aux statues de divinités païennes, qu'il serait impossible de distinguer sans leurs attributs – qui un trident, qui un casque –, accrochons-leur une vignette qui fera, de ces six éléments, six *individus*. Six individus dont procéderont d'ici un demi-siècle quatre grands blocs de descendants.

Il y a d'abord Brendel l'aînée, qui passe pour avoir été la fille préférée de Moses. Contrairement à la rieuse Brendel Gugenheim dont elle a reçu le prénom, c'est un caractère tourmenté, difficile, perpétuellement insatisfait. Son union avec le banquier Simon Veit est encore l'œuvre de son père, une œuvre qui n'est pas de ses plus brillantes : refusant à sa

fille le mariage d'amour qu'il avait lui-même connu, il lui fait
épouser un brave homme qu'elle trouve affreusement terne.
Il leur naît cependant quatre fils en six ans : Moses (1787),
Jonas (1790), Abraham (1791) et... Philipp (1793), oui, nous
entrons dans des temps où le monde change vite, et je
repense ici à un roman de Jonathan Coe où un couple a trois
filles qu'il baptise successivement Foi, Espérance, et Brenda.
– Brendel, quant à elle, change son prénom pour
« Dorothea », devient la maîtresse du jeune Friedrich
Schlegel, divorce avec fracas.

C'est une exaltée, une excessive qui fait tout en grand. Il
arrive qu'on ait un fils peintre, n'est-ce pas ? Elle, elle en aura
deux, Jonas et Philipp Veit ; peut-être en aurait-elle eu quatre
si les autres avaient vécu plus vieux. Il arrive également
qu'on se convertisse, c'est même fréquent à cette époque,
nous le verrons bientôt. Mais il faut que Brendel se convertisse deux fois : au protestantisme en 1804, pour devenir
Mme Schlegel après quelques années d'amour libre entre Iéna
et Paris ; et au catholicisme quatre ans plus tard, en même
temps que son nouveau mari, lors du tournant conservateur qui porte plusieurs romantiques allemands vers la nostalgie du Moyen Âge et de l'Église romaine. Comme ses deux
fils peintres l'ont imitée, le « bloc Brendel » aura la particu-
larité d'être massivement catholique, avec des Italiens, des
Autrichiens, des Allemands du Sud et – c'est assez piquant,
si l'on repense à leur aïeule et à son goût du scandale – un certain nombre de religieuses, dont une ursuline née en 1859 et
signalée dans un couvent belge sous le nom de Mère Hélène.

Plutôt qu'un bloc, Recha n'a fondé qu'une lignée qui
tourne court. Elle aussi a été mariée ou fiancée du vivant de

son père, à Mendel Meyer, un ami de la famille ; elle aussi divorce au bout de quelques années, mais sans grand bruit. Quand sa mère veuve s'installe à Altona, elle l'y accompagne et y ouvre en 1802 un pensionnat de demoiselles. L'unique fille issue de son mariage, Rebecka dite Betty, nous laisse espérer un destin moins incolore lorsqu'en 1818 elle s'enfuit avec Heinrich Beer, le neveu du compositeur Meyerbeer. Mais c'est pour l'épouser aussitôt et en avoir un fils, Ludwig Beer, qui meurt avant onze ans.

C'est maigre en ce qui concerne Recha, j'en conviens. Pour étoffer un peu, j'ajouterai que Lessing pensait peut-être à elle en écrivant *Nathan le Sage* en 1778. En effet, Nathan a dans la pièce une fille adoptive qu'il a appelée Recha. En appelant son dernier-né Nathan, Moses aurait ainsi bouclé la boucle onomastique trois ans plus tard.

J'intervertis l'ordre des naissances pour traiter dans la foulée un autre destin discret, celui de Jette. La portion la plus saillante de sa vie se joue à Paris, où elle devient la gouvernante des enfants Fould puis de Fanny Sébastiani, la fille d'un général napoléonien. Bien que convertie au catholicisme, elle reste très attachée à son frère Abraham (devenu, lui, protestant), et c'est près de chez lui qu'elle revient habiter à Berlin lorsque son élève parisienne finit par se marier. De tous les enfants de Moses, Jette était celle qui lui ressemblait le plus, physiquement et intellectuellement. Mais elle a aussi hérité de lui une santé fragile : à Berlin, elle ne connaîtra plus qu'un lent déclin avant de mourir comme lui à cinquante-six ans, au terme d'une vie un peu triste, non sans avoir fait ce qu'elle pouvait pour réconcilier ses frères avec la brebis galeuse Dorothea.

Joseph, devenu fils aîné par les hasards de la vie, s'est
rapidement posé en homme sérieux de la famille, en pilier de
la tradition : il est le seul des trois garçons à ne pas s'être
converti, et le premier à avoir fait fortune. Par ailleurs, il
injecte dans la famille un germe de prolificité assez puissant
pour sauter une génération : lui-même n'a que deux fils,
dont l'un mort sans descendance. Mais l'autre fils a eu huit
enfants, tous parvenus à l'âge adulte, et là commence
l'explosion du bloc Joseph. Un bloc marqué par une durable
réussite grâce à la banque Mendelssohn qui, fondée en 1804,
continuera de prospérer jusqu'à son aryanisation en 1938.

J'ai longtemps tenu Joseph pour un personnage austère et
monolithique : oncle à héritage répondant sèchement aux demandes financières de ses neveux fauchés, grand frère agaçant
à qui tout réussit, même la paternité (tandis qu'Abraham se
débat dans des relations passionnelles et compliquées avec
ses propres enfants), patriarche vivant jusqu'à près de quatre-
vingts ans, une longévité record dans sa fratrie. Il m'a fallu
revoir cette image lisse, mais chaque chose en son temps.

Et voici Abraham, qu'on ne présente plus. Nous évoque-
rons plus loin sa jeunesse parisienne, ses velléités artistiques,
auxquelles il renonce pour devenir un banquier peu doué,
avant de se consacrer à sa progéniture avec plus de succès :
Fanny et Felix seront des musiciens prodiges, Rebecka
épousera le premier mathématicien de l'arbre généalogique, Paul rejoindra la banque familiale pour devenir une
sorte de second Joseph solide et responsable qui, outre ses
cinq enfants, élèvera deux ou trois neveux et nièces restés
orphelins. Ajoutons qu'Abraham a adjoint à leur patronyme
celui de Bartholdy, d'où, au sein de son bloc, une double

lignée de « Mendelssohn Bartholdy » (descendance de Felix) et de « Mendelssohn-Bartholdy » (descendance de Paul).

Abraham est une personnalité intéressante, et après avoir lu sa volumineuse biographie par Thomas Lackmann, j'ai pu comprendre qu'on se passionne pour lui. Taraudé par la question des dialectiques historiques, c'est un esprit à la fois pénétrant et stérile dont les seules œuvres auront été son fils Felix et, par ricochet, le mythe Mendelssohn.

Par son parcours en effet, Moses Mendelssohn est certes devenu une légende, un peu comme Rousseau. « Herr Moses » aussi bien que « Jean-Jacques » est un de ces auteurs pour qui la postérité a gardé, même sans les avoir lus, une sympathie presque familière. Mais le fait qu'un philosophe des Lumières ait engendré une lignée de banquiers prospères sur plus de deux cents ans ne suffit pas encore à fonder un mythe. Il a fallu pour cela la rencontre de deux légendes : celle du petit infirme de Dessau devenu le Socrate allemand, et celle du jeune compositeur plus précoce que Mozart, du chef d'orchestre adulé que la reine Victoria reçut en audience privée pour lui interpréter, tremblante, trois de ses propres lieder. Et cette rencontre, c'est à Abraham qu'on la doit, Abraham qui fit donner à son fils une formation musicale hors pair et l'incita à devenir artiste professionnel ; à l'époque, cela n'allait pas de soi dans les milieux bourgeois. Sans Abraham, pas de mythe Mendelssohn, pas de *Mendelssohn-Gesellschaft* organisant des concerts (où l'on joue du Felix) dans une ancienne remise de la Jägerstraße, pas de CD-ROM développant la généalogie de Moses sur sept générations, pas de tourniquet à cartes postales dans le hall de la StaBi. Sans Abraham, au fond, je ne serais pas en train d'écrire ce livre.

Ne reste que Nathan – et, en commençant ainsi, il me semble avoir mis le doigt sur la clé de sa personnalité. Nathan sera éternellement le petit dernier qui reste : reste encore à la maison quand tout le monde est parti, reste encore sur la touche quand ses aînés, d'une façon ou d'une autre, ont déjà trouvé leur voie. Ce Nathan-là n'est pas si sage, c'est plutôt un esprit chimérique, non sans talent d'ailleurs : un talent pour l'industrie et la technique qu'encourage le naturaliste Alexander von Humboldt, ami de la famille.

Mais les initiatives de Nathan tournent court, impitoyablement. Quand Humboldt, en 1806, lui suggère d'établir à Berlin un atelier où (grâce à son talent) il produira des instruments de physique, d'astronomie et de géodésie, l'occupation française fait fuir la cour et chasse vers la Prusse orientale ses clients potentiels. Nathan se rabat sur un projet d'armurerie en Provence, projet qui à son tour avorte. Au début des années 1820, c'est en Basse-Silésie qu'il tente sa chance, à Bad Reinerz où l'on a découvert des sources radioactives et des gisements de fer. Il y bâtit une fonderie avec l'appui financier de ses frères, au lieu-dit de la « Gueule du dragon » *(Drachenschlung)*, l'endroit étant très fréquenté par les vipères... Est-ce moi, ou y a-t-il réellement une cohérence occulte dans ce parcours ? Prénommé en hommage à Lessing – auteur de *Nathan le Sage* mais aussi d'*Ernst et Falk*, dialogues maçonniques –, le benjamin de Moses est le seul de sa famille à avoir été franc-maçon ; à s'être intéressé aux instruments de précision, dignes avatars du compas et de l'équerre, avant d'aller fondre des métaux à proximité toponymique d'un gros serpent qui me paraît tout droit sorti de la *Flûte enchantée*. « *Zu Hilfe ! Zu Hilfe !... »*

Mais la fonderie de Nathan connaît le même sort que ses précédentes entreprises. Inquiétudes dès le début, quand les autorités sanitaires de Bad Reinerz – aujourd'hui Duszniki en Pologne, près de la frontière tchèque – évoquent le risque que pourrait faire courir l'extraction du minerai à la qualité des sources, car la bourgade est aussi une ville d'eaux. Fausse alerte, le rapport de la commission est rassurant. En août 1827 cependant, la petite rivière proche de l'usine entre en crue et provoque des dégâts. On s'en remet, jusqu'à juillet 1829, où toute la région subit des inondations catastrophiques (au point que Felix, alors en Angleterre, organise un grand concert de bienfaisance au profit des victimes). Cette fois, la fonderie silésienne n'y survit pas.

Dans ma mnémotechnie personnelle, j'ai surnommé Nathan « *Tubalcaïn, père des forgerons* ». Mais au lieu de construire « *une ville énorme et surhumaine* », et de pénétrer ainsi dans la légende des siècles, Nathan ne construit plus rien du tout, se retranche dans des postes de la petite administration de province et, en fait de forgerons, n'est père que de dix enfants dont pas moins de sept succombent en bas âge. Les trois survivants, comme lui, allient le goût des sciences et la fatalité. Sa fille Ottilie épouse un mathématicien, mais meurt à vingt-neuf ans d'une fièvre nerveuse. Son fils Arnold se rend jusqu'à Jérusalem, mais ce n'est pas pour y rebâtir le temple de Salomon : médecin quarante-huitard, il y est en exil, et toujours en exil il mourra du typhus dans l'armée ottomane, pendant la guerre de Crimée ; tandis que son frère Wilhelm, chimiste puis machiniste, mourra du choléra pendant la guerre austro-prussienne.

Le bloc Nathan, qu'on devine déjà rabougri et bizarre, compte divers médecins, mathématiciens, ingénieurs

ferroviaires, et même un haut responsable du BVG (l'équivalent berlinois de la RATP) sous la République de Weimar ;
égaré parmi eux, un compositeur de musique religieuse et
militaire, appelé lui aussi Arnold Mendelssohn, que je
connais moins pour ses harmonies que pour sa préface à un
opuscule de 1917 intitulé, je n'invente rien, *La Solution de la
question juive dans l'Empire allemand.*

J'avais omis de dire qu'en 1809 Nathan s'était converti
au protestantisme pour épouser Henriette Hitzig, une
petite-fille du financier Itzig (voir l'affaire des monnaies
pendant les fiançailles de Moses). Ce qui fait de lui une
sorte d'oncle par alliance d'Adelbert von Chamisso.
Chamisso en effet prendra pour femme la fille adoptive
du frère d'Henriette, Julius Eduard Hitzig, qui était son
ami et son éditeur. Pourquoi parler de ça ? Parce que
l'auteur de *Peter Schlemihl* ne cesse de s'inviter sous ma plume
pendant que j'écris ce livre, et que je suis contente d'avoir
trouvé à sa présence un prétexte généalogique, si mince
soit-il.

... Et nous voilà de nouveau partis bien loin, de sorte
que mes vignettes sont devenues illisibles. Bon, réduisons
encore : un distique pour chacun. Et peu importe si je me
répète, une autre règle mnémonique est le ressassement.

> *La première, la scandaleuse, c'est Brendel alias Dorothea,*
> *Celle qui veut tout deux fois et fonde une dynastie de nonnes.*

> *La deuxième, c'est Recha, directrice de pension,*
> *Qui s'allie par sa fille au clan des Meyerbeer.*

Le troisième, homme solide,
Est Joseph le banquier doué.

Jette, triste quatrième sans enfants ni amours,
Sert chez des Parisiens et revient mourir chez elle.

Abraham le cinquième donne aux siens la musique
Et le nom de Bartholdy, si chèrement payé.

Et le sixième, c'est Nathan, Tubalcaïn de Silésie,
À qui tant d'idées viennent et qui n'y gagne rien.

CHAPITRE 6

L'AFFAIRE LAVATER

NOUS EN ÉTIONS À L'ÉTÉ 1762, un été de bonheur et d'exaucement pour Moses qui, le 4 juillet, écrit au jeune historien Thomas Abbt :

> *Depuis quelques semaines je n'ai pas parlé ni écrit à un ami, je n'ai ni pensé, ni lu ou écrit une ligne, seulement batifolé, festoyé, observé de saintes coutumes, accepté de me montrer tantôt ici, tantôt là, et dû passer mon temps à mille autres importantes bagatelles ; car l'heure est venue, mon excellent ami ! [...] Une jeune fille aux yeux bleus que j'appelle désormais ma femme a fait fondre en sentiments le cœur glacial de votre ami, et entraîné son esprit dans mille distractions dont il tente à présent de s'extraire peu à peu. Pour me ressaisir et revenir à moi, je prends cette feuille, et j'écris [1].*

Fromet la Hambourgeoise avait donc les yeux bleus. Quant au « cœur glacial », rassurons-nous, ce n'est qu'une allusion à une critique de *La Nouvelle Héloïse* où Moses affirmait que toutes les plaintes de l'amoureux Saint-Preux l'avaient laissé froid ; là-dessus son adversaire Hamann lui avait ironiquement souhaité de rencontrer bientôt une paire d'« yeux noirs [2] » capables de faire naître le printemps dans son cœur hivernal.

Je dois l'avouer, il m'est agréable qu'un philosophe, un homme sérieux dont le métier est de prendre la pensée pour objet de sa pensée, reconnaisse ici les effets produits sur elle par la fin de son long célibat. Les « mille distractions » d'un amour qui se consomme, la sensation d'un cœur qui fond, la dispersion d'esprit qui rend incapable ne serait-ce que de lire, ou d'écrire une lettre, voilà qui, ces jours-ci, éveille en moi bien des échos. *(« Toi tu es la vie, tu es le bonheur, tu as ouvert mon horizon », me disait cette nuit un jeune homme dont les yeux ne sont pas bleus.)* À mon tour donc, je prends au figuré une feuille, et j'écris.

J'écris, parce qu'il faut bien, que la guerre de Sept Ans est en train de s'achever. C'est chose faite en février 1763, et, le mois suivant, la communauté juive de Berlin prie Moses de rédiger le texte d'un sermon sur la paix qui sera lu dans la synagogue de la Heidereutergasse.

« Nous louons le Seigneur, et les cris des meurtriers et des mourants ne profanent plus nos prières », lit donc solennellement le grand rabbin de Berlin, successeur de feu David Fränkel, le 12 mars 1763. « Notre joie ne dépend plus de l'affliction d'autrui, notre salut ne dépend plus du malheur de nos voisins. » Et c'est heureux, puisque Dieu nous commande d'aimer notre prochain comme nous-mêmes, ce qui fait de la guerre un état visiblement contraire à ses desseins. Grâces soient rendues au souverain de la Prusse qui n'a fait que son devoir en chassant l'ennemi, ramenant ainsi la paix, « but dernier de la Création [3] » !

Peut-être pour ce rôle de porte-parole de sa communauté, Moses en reçoit dans les semaines suivantes une faveur rare :

on l'exonère de l'impôt religieux. C'est que sa situation matérielle est précaire, pour un homme qui va bientôt devenir père. (« *Tu sais ce qui me touche le plus chez toi ? Tu as l'air d'une fille de quinze ans qui n'aurait encore jamais connu l'amour.* ») Sa situation administrative ne l'est pas moins. On se souvient que, aux termes du Privilège général classant les juifs prussiens en six catégories, Moses n'était que toléré en ville, avec une autorisation de séjour temporaire et liée à son emploi. Peu avant l'accouchement de Fromet, il adresse donc un placet au souverain pour demander le statut de « juif protégé ». Le placet est personnellement remis à Frédéric II par le marquis Boyer d'Argens, mais reste sans réponse.

Beaucoup de choses se préparent pour Moses en ce printemps 1763. Un étudiant en théologie zurichois se trouve alors à Berlin. Il s'appelle Lavater, Johann Caspar de ses prénoms. (« *La première fois que je t'ai vue, c'était comme le matin de Noël.* ») Avant que je n'entame ces recherches, Lavater n'était pour moi que l'inventeur de la « physiognomonie », science dont se réclame Balzac dans certaines envolées un tantinet fumeuses de *La Comédie humaine*. Mais c'est aussi un être de chair et d'os qui en 1763, dans l'exaltation de ses vingt et un ans, ne veut pas manquer l'occasion de rencontrer le célèbre Mendelssohn, un de ses maîtres à penser. En avril, il va le voir à la soierie d'Isaak Bernhard et en ressort plus admiratif que jamais. C'est tout pour l'instant ; mais la rencontre, pour Moses, sera lourde de conséquences.

Quelques jours après la naissance de Sara, l'Académie royale des sciences décerne à l'heureux père le premier prix de philosophie spéculative pour son *Traité de l'évidence dans les sciences métaphysiques* ; le traité soumis par Kant, lui, n'a obtenu qu'une mention du jury. Fort de cette distinction,

Moses réitère sa demande de « privilège » auprès du souverain, et Boyer d'Argens l'accompagne cette fois d'une note :

> *Un Philosophe mauvais catholique supplie un Philosophe mauvais protestant de donner le privilège à un Philosophe mauvais juif. Il y a trop de Philosophie dans tout ceci pour que la raison ne soit pas du côté de la demande*[4].

Le bon mot fait mouche : dès octobre, la demande est honorée au moins en partie. Sans accéder au statut envié de « juif protégé ordinaire » (deuxième catégorie), Moses se trouve hissé dans la troisième catégorie et obtient un droit de séjour illimité, malheureusement non transmissible à ses enfants.

Un autre pas dans l'histoire de la famille est franchi en 1764. Le philosophe publie son *Traité de l'évidence* et, pour la première fois, le signe de son nouveau nom, qu'il orthographie cependant MENDELSOHN. *(« Redis-moi que tu m'aimes, si, maintenant. Sinon je vais penser que tu m'aimes seulement pendant qu'on fait l'amour. »)* Cette variante orthographique reste sans suite, dorénavant il s'en tiendra au double *S* et ses descendants n'en dévieront plus : près d'un siècle plus tard, son petit-fils Wilhelm fait établir par acte notarié que son patronyme est bien MENDELSSOHN, et non MENDELSOHN comme il avait été porté par erreur dans le registre des baptêmes. Le notaire de Ratibor, aujourd'hui Racibórz en Pologne, lui facture 2 thalers 25 groschens d'argent la jouissance de ce second *S* devenu entre-temps distinctif.

En 1764 toujours, Lavater avant de quitter Berlin rend au philosophe une dernière visite où il lui demande, à titre privé, ce qu'il pense de Jésus. *(« Est-ce que tu vas continuer de m'aimer ? J'ai besoin de toi, jure-moi de ne pas me quitter. »)* Assuré que ses propos resteront entre eux, Moses apporte une réponse nuancée au jeune théologien : tant qu'il ne se donne pas pour un être divin ni un objet d'adoration, tant qu'il ne prétend pas abolir la religion de ses pères, le Jésus historique a toute son estime du point de vue moral. Lavater met cela dans sa poche et s'en retourne en Suisse.

Sur ces entrefaites s'éteint la petite Sara et naît une petite Brendel au foyer des Mendelssohn, désormais établi au n° 68 de la Spandauer Straße. Par une touchante coïncidence, c'était aussi l'adresse de Lessing à l'époque où il écrivait *Les Juifs*. De cet immeuble aujourd'hui disparu, une photo est reproduite dans le livre de S. Tree qui traîne en permanence sur ma table de travail[5]. Elle date de 1886, cent ans après la mort de Moses. Côté gauche, la devanture affiche le nom d'un certain Wilhelm Stein qui, si je déchiffre bien, s'occupe lui aussi de soierie. Côté droit, c'est l'officine de K. Conrad, coiffeur. Une troisième porte plus basse doit être celle de la cave à charbon. Une plaque en marbre rappelle que le philosophe a vécu dans ces lieux ; ajoutons qu'il y est même mort.

Il fallait être un étudiant dépenaillé comme Salomon Maimon pour y voir une « belle demeure[6] ». Mais la famille nombreuse y avait ses aises, et Moses disposait d'un bureau au-dessus du salon, avec une vaste bibliothèque. Le matin dès cinq heures, après s'être fait un café, il montait y travailler jusqu'à huit ou neuf heures avant d'aller à la soierie commencer sa journée. C'est là qu'il dut écrire son commentaire du *Traité de logique* de Maïmonide (1765), prendre des notes sur l'*Ajax* de Sophocle (1766), puiser dans Platon la substance de son futur *Phédon* (1767).

En avril 1768, la roue tourne à nouveau. Isaak Bernhard étant mort, Moses devient l'associé de sa veuve à la soierie qu'il va rapidement agrandir, portant le nombre de métiers à cent deux. Et, comme un coup de tonnerre annonçant l'orage, Lavater publie le premier volume de ses *Vues sur l'éternité*, où il appelle de ses vœux la conversion massive des juifs, condition préalable au retour du Messie. Ses vœux pourraient ne regarder que lui, mais ils résonnent fâcheusement dans un contexte où les minorités religieuses sont souvent privées de droits ou en butte à diverses tracasseries, même dans les monarchies éclairées. Fin mars 1769, alors que Fromet vient de donner à son mari un nouveau fils, un édit de Frédéric II oblige les « juifs protégés » d'acquérir pour 300 thalers de porcelaines à la naissance de leur premier enfant, et pour 500 thalers à la naissance des suivants, avec interdiction de les revendre à l'intérieur du territoire prussien. C'est une taxe déguisée, rendue plus humiliante encore par le choix des sujets : beaucoup de ces porcelaines représentent des singes.

Puis vient octobre 1769. L'infatigable Lavater, qui a traduit en allemand et préfacé les *Recherches philosophiques sur les preuves du christianisme* du naturaliste Charles Bonnet, se dépêche d'en envoyer à Moses un exemplaire, tout frais sorti de presse et non encore relié. En lisant la préface, ce dernier découvre avec un profond malaise que Lavater non seulement lui a dédié ce travail, mais y évoque ses déclarations privées sur le christianisme ou, pour reprendre les termes fleuris du diacre zurichois, « *l'estime philosophique que dans un des plus heureux moments de ma vie, vous avez témoignée pour le caractère moral de son Fondateur* [7] ». Le but de cette indiscrétion est une mise en demeure. Puisque le philosophe estime tant Jésus, qu'il prenne connaissance des arguments de Bonnet en faveur du christianisme et soit les réfute publiquement, soit, s'il les trouve incontestables en raison, qu'il se convertisse.

Sous le ton d'amitié et de déférence, c'est un défi lancé à tous les juifs des Lumières, qui va beaucoup affecter le Socrate allemand.

Avec l'aval du consistoire, celui-ci rédige en quelques semaines une réponse courtoise mais ferme. Voilà déjà longtemps qu'il compare les religions, y écrit-il à Lavater, et c'est en connaissance de cause qu'il reste fidèle à la sienne, même si (comme les autres) elle comporte des « *inventions humaines & des abus*[8] » qui l'entachent. D'autre part, il est injuste de faire ainsi pression sur une minorité déjà en position de faiblesse. Lavater était bien bon de venir le voir à Berlin, mais si lui, Moses, voulait lui rendre la pareille en allant le voir à Zurich, il n'en aurait pas le droit : la ville est interdite aux juifs. Ce que le diacre lui propose n'est donc pas un combat rationnel à armes égales, comme il voudrait s'en persuader. Et ce combat n'a d'ailleurs pas lieu d'être : dans leur version éclairée, les différentes religions ont suffisamment en commun pour se tolérer les unes les autres.

Malgré cette riposte mesurée, la polémique enfle début 1770. Lessing et Nicolai prennent parti, ainsi que Michaelis, Herder, Hamann et d'autres. Bonnet fait savoir que la dédicace avait été imprimée sans son accord et précise que son livre n'avait rien d'hostile aux juifs. Lavater, lui, adresse à Moses une lettre conciliante : s'il y maintient ses idées de fond, il dit aussi regretter son procédé. Moses répond à son tour, et les deux hommes publient cette correspondance afin de calmer le jeu.

Mais d'autres voix plus agressives s'élèvent. Un certain Kölble, juriste francfortois, accuse le philosophe d'avoir passé sous silence les écrits rabbiniques exprimant *« la haine juive aussi injuste qu'invétérée contre le Christianisme[9] »*. Un anonyme renchérit sur *« la noire envie, & cette haine implacable »* que les juifs portent aux autres nations, sans oublier d'autres traits typiques qu'il décèle dans la réponse de Mendelssohn à Lavater : flatterie, bassesse, *« façon de penser vile & rampante[10] »*, etc. Signe du retentissement qu'a eu la polémique, j'ai pu citer tous ces documents dans une édition française parue dès 1771. L'affaire a donc tourné au scandale d'ampleur européenne, et Moses se voit reprocher par ses coreligionnaires d'avoir attisé l'antisémitisme en intervenant mal à propos dans le débat public.

Tel est le contexte tendu dans lequel Fromet, le 11 août 1770, donne le jour à Joseph Mendelssohn − seul fils de Moses, notons-le, à ne pas s'être converti.

J'essaie de me représenter la venue d'un nouveau-né dans un foyer où s'ébattent déjà trois enfants de moins de six ans, et où l'on en a précédemment perdu deux autres en bas âge. J'imagine les bruits de pleurs, la fatigue de la mère, les angoisses à la moindre fièvre, pâleur, respiration hachée du nourrisson. Et tout cela au domicile d'un quadragénaire à la santé fragile, actuellement aux prises avec le monde entier ; un homme dont on a trahi la confiance, déformé les propos, qui peut-être veille, pendant les courtes nuits de l'été berlinois, pour affûter les arguments de sa prochaine lettre ou de sa prochaine défense.

L'affaire Lavater a tant marqué les esprits que, en plein XIXe siècle encore, un peintre en a tiré la matière d'un tableau[11]. Autres temps, autres mœurs : là où je me représente un homme noircissant feuille après feuille sur un fond sonore de cris de bébé, le peintre Moritz Oppenheim en

1856 s'est représenté une scène de joute intellectuelle hautement symbolique et d'ailleurs tout imaginaire, car dans la réalité elle n'a eu lieu que par écrit. *(« Si tu décides de ne plus me voir, tu vas faire du mal à des personnes que tu ne connais même pas. Parce que je ne pourrai plus jamais aimer une femme, tu comprends ? »)* Dans ce qui est peut-être le salon du 68, Spandauer Straße, sous un lustre à trois branches où manquent les bougies, Moses, accoudé comme un soir de Seder, écoute en caressant sa barbiche un Lavater en habit noir d'ecclésiastique, dont l'attitude insistante − une main attrapant le bras du philosophe, une jambe repliée en arrière comme pour se donner de l'élan − évoque la bête s'apprêtant à fondre sur sa proie. Cette proie, c'est une âme, une âme qu'on assiège avec les armes de la pensée : le livre ouvert que tient à plat l'autre main.

Nez et menton pointus, lèvres minces souriant à peine, yeux perçants sous des paupières tombantes, le visage de Lavater se détache crûment au centre de l'image. Sa solide canne posée obliquement sur une chaise au premier plan, et parallèle à sa jambe droite, ajoute une note de menace à cette scène de persuasion. Sur la table derrière eux, un échiquier avec ses pièces. Debout contre le mur, Lessing, reconnaissable à sa bouille ronde de bon vivant. Et par la porte du fond, une Fromet aux yeux gravement baissés apporte sur un plateau des boissons chaudes, seule silhouette douce parmi ces combattants, nimbée d'une lumière dorée presque hollandaise.

Bien avant d'avoir inspiré ce tableau à Moritz Oppenheim, l'affaire Lavater a inspiré à Lessing sa pièce *Nathan le Sage* (1781). J'en parlerai plus loin ; notons seulement que, transposée pendant les Croisades et à la cour de Saladin, elle culmine dans une scène où le marchand juif Nathan, sommé par le sultan de départager les trois religions du Livre, n'est pas très loin de les comparer déjà aux *trois branches d'un lustre où manquent les bougies* – la flamme de la Raison.

Cette dure partie d'échecs a bien éprouvé Moses. Mais après tout, il l'a gagnée. Personne n'a pu le forcer à se convertir, il a gardé son âme, son ombre, résisté aux pressions. Et la polémique avec Lavater n'a pas terni son prestige : témoin, l'invitation reçue du duc de Brunswick et de sa femme (une sœur de Frédéric II) à leur rendre visite dans leurs États à l'automne 1770. Il se trouve que le duc vient de nommer Lessing directeur de la bibliothèque de Wolfenbüttel, une petite ville toute proche de Brunswick. Les deux amis se revoient, et le philosophe – qui n'est pas polémiste par goût, mais au contraire un esprit enjoué et sensible – y retrouve un peu de paix et de sérénité.

Une autre bonne nouvelle tombe début février 1771. L'Académie royale des sciences l'élit membre du département de philosophie, tout en s'excusant de ne pouvoir dans l'immédiat lui verser de pension. En fait, Frédéric II refusera de ratifier cette nomination ; mais Moses, au printemps, ne le sait pas encore. Tout semble donc s'arranger pour lui, et c'est pourtant peu après qu'il subit le vrai contrecoup de l'affaire Lavater. Il tombe gravement malade, avec des accès de paralysie dont il donnera par la suite une description presque médicale :

> *j'avais toute ma conscience, j'étais capable de suivre avec ordre et clarté chaque enchaînement de pensée qui me venait ; simplement j'étais incapable de tout mouvement volontaire ; je ne pouvais ni remuer une partie de mon corps, ni émettre le moindre son, ni*

ouvrir les yeux, et chaque effort pour mouvoir un de mes membres non seulement restait vain, mais ne faisait qu'accroître l'épouvantable sensation dont s'accompagnait mon état. Il me semblait en effet qu'une substance brûlante, descendant de mon cerveau le long de ma colonne vertébrale pour inonder mon corps, y rencontrait des résistances, ou que quelqu'un me flagellait la nuque avec des verges brûlantes[12].

Des chercheurs ont récemment évoqué une dysautonomie héréditaire, maladie propre aux juifs d'Europe centrale qui comporte souvent des atteintes à la moelle épinière[13]. Mais elle n'était pas encore connue à l'époque, et le médecin Markus Bloch ne diagnostique qu'une « congestion cérébrale » pour laquelle il prescrit au malade des saignées à la cheville, des bains de pieds et de tête, l'absence de toute activité intellectuelle. Moses suspend pour deux mois son travail à la soierie, son ami éditeur Nicolai renonce à des visites qui le stimuleraient trop. Astreint à une diète sévère – ni viande, ni tabac, ni alcool, ni café hélas ! –, il est trop faible pour simplement monter à son bureau du deuxième étage. Une seule fois il s'y traîne avec l'aide de Fromet, en redescend plus démoralisé encore par le spectacle des étagères à livres, dont sa femme s'est entre-temps servie pour stocker des confitures. Une longue dépression s'installe dont il se soignera, dit-on, en traduisant les Psaumes.

Nouveau revers : en septembre 1771, l'Académie royale renonce à le maintenir sur la liste de ses candidats, car le souverain a refusé une deuxième fois de valider sa nomination. Les motifs de ce refus ne sont pas très clairs (le poste restera d'ailleurs vacant jusqu'en 1783), mais, en lisant cela dans une biographie de Moses à l'automne 2012, j'en avais retiré une fâcheuse impression de ce monarque capricieux, aux antipathies irraisonnées. C'est l'époque où je m'asseyais à la table du dîner en déclarant :

« Mes enfants, Frédéric II est un jean-foutre. »

Stupeur, questions, émoi de ma fille musicienne pour qui un roi joueur de flûte traversière ne saurait être foncièrement mauvais. Le lendemain soir, après une nouvelle séance en bibliothèque, je les ralliais à mon point de vue en leur racontant la réception de Moses au château de Sans-Souci, qui a lieu juste après. Car, loin d'être la réparation de ce premier camouflet, elle en occasionne un autre : le roi de Prusse ne daigne même pas se montrer à son invité qu'il n'a fait venir qu'à la prière du baron von Fritsch, un diplomate saxon des Lumières.

Mais reprenons par le menu. Un beau jour de septembre 1771 parvient au 68, Spandauer Straße une lettre du souverain convoquant « le célèbre M. Moses Mendelssohn » à Sans-Souci pour le lendemain. Or c'est un jour de fête juive, Moses ne devrait normalement se déplacer qu'à pied, et Google Maps m'indique, entre la Spandauer Straße et l'orangerie de Sans-Souci, une distance de 39,5 ou de 37,3 km selon l'itinéraire ; distance qui, même en automobile, réclamerait au minimum 50 min. Consultés sur ce cas, les notables de la communauté estiment que Moses ne peut décliner l'invitation royale et, eu égard à sa mauvaise santé, l'autorisent à prendre le coche jusqu'aux portes de Potsdam, à condition qu'il fasse à pied le reste du trajet.

Le lendemain, 30 septembre, le voilà qui se présente au Berliner Tor de Potsdam.

« Où est-ce qu'il va, le juif ? » demande la sentinelle méfiante. Survient un officier à qui l'on fait lire la convocation royale, et qui s'étonne. Par quels talents le visiteur s'est rendu si « célèbre » qu'on le convoque à la cour ? Sortant de son sérieux habituel, Moses est pris d'une foucade et répond en montrant ses poches :

« Par mes tours de passe-passe [14] ! »

Relatée en 1789 par son ami Nicolai, l'anecdote a beaucoup contribué à sa légende, ainsi qu'un dessin reproduit en gravures dès 1792 : *L'Examen de Moses Mendelssohn au Berliner Tor de Potsdam* [15], de Daniel Chodowiecki. À droite de l'image, la sentinelle, un interminable gaillard encore prolongé par un bonnet de grenadier et une baïonnette. À gauche, l'officier, un officier comme les choisissait Catherine de Russie pour réchauffer sa couche : grand, mince, joli de figure, il soulève son tricorne avec un doux sourire après avoir pris connaissance du pli signé de son monarque. Les deux ne semblent là que pour faire paraître plus chétif, plus contrefait, le petit bossu en noir qui s'affirme connu pour ses « tours de passe-passe ». À l'arrière-plan s'éloigne entre deux rangées d'arbres le coche qui l'a déposé là.

Et, bien qu'elle frise la caricature, l'image est infiniment sympathique. C'est la force et la beauté s'inclinant devant l'humour et l'intelligence ; c'est le triomphe de l'esprit sur les chicanes et l'appareil des grands. La gravure est restée si populaire qu'en mars dernier mes amis berlinois m'en ont montré une parodie datant de la RDA. La scène est identique, si ce n'est qu'à l'arrière-plan, à côté du fouet du cocher, se dresse dans le ciel la grande tour d'Alexanderplatz [16].

L'entrevue à Sans-Souci avec le baron von Fritsch, curieusement, est beaucoup moins documentée. À vrai dire, ma seule autorité ici est une émission télévisée dont mon ami Haïm m'a fourni une copie. Un peu distrait, il m'avait d'abord envoyé par mégarde un DVD vierge. Le second, qui était le bon, porte donc la mention manuscrite suivante :

« Cette fois-ci Moses vérifié sortira d'Égypte. Bises, H. »

Je ne l'avais pas ressorti depuis l'automne dernier, et je me rends compte maintenant que cette plaisanterie de Haïm m'a sans doute inspiré mes digressions d'un goût douteux sur les roseaux du Nil et la fille de Pharaon, au chapitre 1er. *(Je digresse, je dévie, je me fourvoie. J'ai dû laisser derrière moi le jeune homme dont les yeux ne sont pas bleus, mes nuits sont désormais muettes, et au lieu de se ressaisir, ma pensée tourne en rond et de plus en plus vite, projetant des gouttelettes dans toutes les directions.)* Haïm ne m'a pas noté le titre de cette émission, qu'on devine cependant allemande. Il y manque aussi les séquences d'ouverture. Cela commence en pleine partie d'échecs – encore ! – entre le vieux baron à perruque blanche et à jabot, et un Moses tout vêtu de noir, mais grand, athlétique, sans l'ombre d'une bosse. Le commentaire en *off* explique qu'ils sont en train de parler de la tolérance religieuse, sans que j'aie pu déterminer sur quelle source il s'appuyait. À la fin de la partie, que Moses a apparemment gagnée, von Fritsch écarte l'échiquier pour glisser vers le philosophe ravi l'un de ses livres qu'il aimerait se faire dédicacer. Digne retournement du tableau de Moritz Oppenheim où, devant un échiquier, Lavater poussait vers Moses un livre qu'il lui avait lui-même dédié, sans son accord et bien loin de le ravir.

Avec assez de raison, on a donc interprété la réception à Potsdam comme le point final de l'affaire Lavater. Ce que corrobore, tenez-vous bien, un témoignage rendu à Iéna, en *mai 1860,* par un certain Carl Wilhelm von Knebel, major à la retraite alors âgé de soixante-trois ans.

Le témoin y rappelle que son père, le poète Karl Ludwig von Knebel, avait été dans sa jeunesse garde royal à Potsdam. Il était donc bien placé pour savoir comment s'était déroulée la rencontre – ici le major à la retraite s'embrouille, car il confond von Fritsch avec Seckendorff, autre diplomate saxon qui ne sera en poste à Berlin qu'après 1775. Mais sa version comporte un épilogue intéressant. À la fin de l'entrevue, le diplomate se serait retourné pour lancer à Moses :

« Monsieur M., je n'arrive pas à concevoir qu'un esprit philosophique aussi clair ne se soit pas converti au christianisme. » Et Moses, en « idiome juif », lui aurait rétorqué (qu'on me pardonne ces graphies à la Gobseck, mais comment rendre en français l'irruption d'« idiome juif » dans un texte allemand ?) :

« Esquizéi, Exellenze, mais porqva je fèrais crédit au fils, si le pèrr vit encore [17] ? »

On reste perplexe devant la nécessité intérieure qui a poussé le major von Knebel à porter par écrit et à revêtir de sa signature une information aussi mince. On peut également s'interroger sur la valeur d'un témoignage rendu quatre-vingt-neuf ans après les faits par un homme qui les tenait de son père, lequel père n'avait pas assisté en personne à l'entretien. S'il prouve une chose, c'est à quel point « Herr Moses » était devenu un mythe, rendant le public friand du moindre détail supplémentaire, fût-il douteux, fût-il (comme j'en ai l'impression) la simple transcription d'une assez bonne blague.

Mais, quand même ce serait le cas, les bonnes blagues jouent toujours sur une part de vérité. Peu importe que Moses ait ou non dit cela, à ce moment-là, et dans cet

idiome-là. *Pourquoi faire crédit au Fils, si le Père vit encore* –
n'est-ce pas un parfait résumé de son attitude dans l'affaire
Lavater, ou de ce que la postérité en a retenu ?

Chapitre 7

Signes apparents de la mort

Il y a dix jours encore, je me demandais avec inquiétude comment j'allais pouvoir continuer ce livre sur la perte, sur l'adieu à Berlin, sur la contemplation morose de tout ce qui passe, alors que mon cœur était maintenant orienté plein ouest et qu'en fait de perte j'avais reçu un tel cadeau de la vie. Vaines craintes ! Mon livre vient de trouver de nouveaux aliments, bien au-delà de mes besoins. Ah, tu allais oublier ce que c'est de perdre quelque chose ? Eh bien, voici d'abord trois semaines de bonheur et d'amour fou, et juste après, plus rien. Maintenant remets-toi à ton livre et ne t'inquiète plus pour la suite : la source de son inspiration n'est pas près de se tarir.

Signes apparents de la mort, donc. Si l'on s'attend à du macabre, à du lugubre, je me demande bien pourquoi. Je n'ai jamais compris cette réticence à entendre parler de la mort, surtout chez ceux qui prétendent le plus aimer la vie. La mort n'est-elle pas, outre le terme de la vie, sa principale définition ? Par quoi définit-on un être vivant sinon par le fait qu'il est voué à mourir ? Et, pour aller plus loin : nos sociétés humaines mériteraient-elles encore le nom de sociétés sans la proximité avec leurs morts ? Non seulement la mort, comme échéance inéluctable, est ce qui donne tout son prix à nos brèves petites vies, mais les morts, nos morts, tous les morts du passé sont ce dont notre monde tire à chaque époque sa nouvelle forme ; sans eux il n'avancerait pas, ne changerait pas, serait resté je ne sais quelle plaine antique ou banquise glaciaire, figée dans un présent permanent qu'empoisonneraient de forts problèmes de surpopulation.

Si j'étais si radieuse le jour où un ami parisien me prit en photo au cimetière de la Trinité, devant les tombes d'Abraham et de Lea Mendelssohn, ce n'était pas seulement parce que j'étais « contente de les avoir enfin trouvés », comme je l'affirmais plus haut, ni parce que les cimetières en été sont pleins de jolies feuilles et d'oiseaux gazouillants. Mais parce qu'ils sont, en toute saison, des lieux de l'idéal. Leurs longs murs gris clair, leurs colonnes brisées, leurs pleureuses de pierre effeuillant le myrte ou la bruyère sur leurs cuisses parfaites ne nous parlent que d'espérance, d'héroïsme, d'amour plus fort que la mort ; tous les hommes y sont bons pères ou époux regrettés, toutes les femmes y sont objet de souvenir éternel, ce dont elles n'auraient pas rêvé de leur vivant. Les cimetières nous offrent à voir ce qu'il y a de plus beau dans la vie, et qui ailleurs est si fragile, si menacé, toujours éclipsé par les sordides calculs et les mesquines querelles du quotidien. C'est le spectacle de la vie, telle qu'elle devrait être.

Mais revenons-en au fait que nous sommes tous mortels, et pour cela remontons de quelques années dans la vie de Moses. C'est au printemps 1764 que le philosophe s'était penché une première fois sur l'idée consolante de l'immortalité de l'âme, après avoir perdu à onze mois sa première-née Sara. « Mon ami ! », relatait-il avec émotion au jeune Thomas Abbt, *ces onze mois, l'innocente créature ne les a pas vécus en vain. En ce court laps de temps, son esprit avait connu des progrès tout à fait surprenants. D'un petit animal qui pleure et dort, elle était devenue le germe d'un être rationnel. [...] Elle montrait de la pitié, de la haine, de l'amour, de l'admiration, comprenait le langage humain et s'efforçait de faire connaître ses pensées à d'autres. Et de tout cela, il ne resterait aucune trace dans la nature entière* [1] ?*

Non, il ne peut croire que nous soyons sur cette terre «comme l'écume sur la vague», aussitôt dissipée. Une réflexion que va encore enrichir la funeste année 1766. Cette année-là, on s'en souvient, meurt le 3 avril le premier fils du couple, Haïm, à peine âgé de six semaines. Le 10 mai s'éteint Mendel Dessau, le vieux père de Moses. Le 3 novembre, Thomas Abbt qui allait sur ses vingt-huit ans succombe à un mal particulièrement humiliant et cruel dont je n'ai pu savoir au juste s'il s'agissait d'une occlusion intestinale ou d'un cancer colorectal.

Moses réagit à ces deuils en philosophe : il relit le *Phédon* de Platon, qui contient les derniers dialogues de Socrate sur sa mort imminente et le récit de son exécution. Et dans la foulée (le texte paraît dès 1767), il en livre une version moderne, c'est-à-dire adaptée aux idées des Lumières mais aussi à la sensibilité de l'époque : on y sanglote, on s'y tord les mains, le ton y est aussi tendre et pathétique que dans certains romans épistolaires ou la plupart des drames bourgeois.

Ce qui m'a le plus touchée dans ce texte, c'est la première partie dans laquelle Moses, par la voix de Socrate, décrit la chaîne infinie du vivant.

Dès la naissance de l'animal, la mort & la vie commencent à lutter l'une contre l'autre. [...] La déperdition s'accroît peu à peu

*& par des degrés imperceptibles ; enfin l'édifice tombe en ruine
& se résout en ses plus petites parties. Mais qu'arrive-t-il ? Ces
parties n'éprouvent-elles plus aucun changement ? Cessent-elles
d'agir & de souffrir ? Vont-elles être absolument perdues ?*

Pas du tout. La nature ne peut ni créer ni détruire – un
constat remontant à Anaxagore et que reformulera, pas si
longtemps après Moses, le naturaliste Lavoisier.

*Les parties dissoutes continuent d'être, d'agir, de souffrir, de se
composer & de se décomposer [...]. Les unes deviennent poussière, les autres humidité ; celles-là montent dans l'air, celles-ci
entrent dans une plante, passent de la plante dans un animal
vivant* [2].

Rien ne se perd, rien ne se crée, tout se transforme. Moses
a beau s'étendre ensuite sur la permanence de l'âme, substance inétendue, non composée, donc échappant à la dissolution et à la dispersion, c'est la permanence de la matière qui
me parle, à moi. Je ne crois pas à l'âme, du moins dans ce
sens-là. Mais le fait que la matière de notre corps subsiste
après la mort, dans des plantes, des animaux, dans nos
enfants ; que la matière de notre esprit (si j'ose cet oxymore)
subsiste elle aussi, dans les idées que d'autres reprennent
ou contestent, dans le souvenir que nous laissons, dans
l'héritage humain que nos descendants recueillent ou rejettent – patronymes, religions, éventuellement fortunes et
biens... voyons, si ce fait-là me laissait froide, serais-je en
train de scruter la lignée d'un philosophe allemand jusqu'à
la septième ou huitième génération ?
    Je viens de citer le *Phédon* de Moses dans une traduction
française de 1772 dont le mari de mon éditrice, il y a

quelques mois, m'avait envoyé en .jpg la page de titre et le frontispice ; l'exemplaire, précisait-il, avait appartenu à Raymond Poincaré. Malgré ma curiosité, je n'ai pas demandé à Jacques où il les avait dénichés, car j'avais peur que cela ne me mène trop loin : à introduire Raymond Poincaré dans ma Chronologie, ou à prendre en chasse tous les exemplaires subsistants des anciennes éditions de Moses. Mais je ne crains pas d'aller trop loin en reproduisant cette page de titre, simplement amputée d'une longue citation :

PHÉDON,
OU
ENTRETIENS
SUR LA SPIRITUALITÉ
ET
L'IMMORTALITÉ DE L'AME.
Par M. Mosès Mendels-Sohn, Juif à Berlin.

Traduit de l'Allemand,
par M. Junker, de l'Académie des Belles-Lettres de Gœttingen.

[citation de Cicéron]

Prix, 3 livres 12 sols, broché.
A PARIS.
Chez Saillant, Libraire, rue S. Jean de Beauvais.
ET A BAYEUX.
Chez Lepelley, Libraire.

M. DCC. LXXII.
Avec Approbation & Privilège du Roi.

Ayant consulté le Rochegude-Clébert, j'apprends en outre que la rue Jean-de-Beauvais fut longtemps la rue des imprimeurs, et je ne m'étonne plus qu'elle ait été la première adresse des éditions Wespieser, qui en ont plusieurs fois changé.

Le frontispice nous montre un Socrate renversé sur sa couche, les yeux levés au ciel, tandis que sa femme éperdue s'accroche à lui et qu'un de ses disciples, voûté par la douleur, semble boire sur ses lèvres une parole de consolation. Au plafond, des draperies poussiéreuses et funèbres cachent à demi une fenêtre par laquelle on ne voit rien : c'est une *Prison* de Piranèse, au-dessus d'une scène de Greuze.

Pourquoi tous ces détails ? Mais n'a-t-on pas compris que dans tous ces détails, précisément, s'incarne aussi pour moi l'immortalité des êtres, de leurs œuvres et de leurs idées, une immortalité qui n'a rien d'immatériel et peut aller se nicher jusque dans la double page ouvrant un exemplaire d'une traduction française de 1772 ayant plus tard appartenu à Raymond Poincaré, et dont le mari de mon éditrice détient mystérieusement la photo numérique ?

En fait d'immortalité, le *Phédon* a beaucoup contribué à asseoir celle de Moses. Outre cette traduction française de 1772, l'ouvrage paraît notamment en italien, en anglais, en néerlandais et en hébreu dans les années suivantes. Quant à l'édition originale, son premier tirage est épuisé en quatre mois, et le livre est réédité onze fois du vivant de son auteur. Il est l'œuvre qui a valu à ce dernier son surnom de « Socrate allemand » et, pour ses contemporains, reste attachée à sa mémoire. En 1800, lorsqu'un proche des Mendelssohn commande au peintre J. G. Schadow un *Socrate au cachot*[3], c'est en hommage à Moses qui apparaît d'ailleurs, à demi caché et en habits XVIIIe siècle, parmi les disciples en toge écoutant le discours de Socrate. Le style de ce lavis sépia sur dessin à la plume n'a plus rien à voir avec celui d'un Greuze, nous sommes déjà entrés dans les eaux froides du néo-classicisme, et toutes les attitudes sont étonnamment figées. Seul le visage de Moses, tourné vers nous, tranche par son expressivité : à l'évidence il est toujours vivant, lui.

Deux ans après le *Phédon,* c'est Lessing qui publie le bel essai *Comment les Anciens représentaient la Mort* (1769). Le point de départ en est une controverse iconologique pointue : s'appuyant sur l'interprétation de bas-reliefs, de fragments archéologiques et de sources gréco-latines, Lessing conteste la thèse selon laquelle la figure du squelette dans l'Antiquité ait pu être une allégorie de la Mort. Mais à travers cette démonstration fort érudite s'affirme un humanisme assez tonique et apaisant pour renvoyer aux oubliettes les danses macabres, les goules armées de faux et autres épouvantails dont le christianisme a cru bon d'entourer ses promesses de vie future.

Les Anciens, rappelle Lessing, considéraient seulement la Mort comme la jumelle du Sommeil, et les représentaient souvent reposant ensemble dans les bras de la Nuit. N'est-ce pas qu'il n'y a guère, dans cette image, de quoi nous faire trembler ? Sur d'autres reliefs on trouve « un adolescent ailé, méditatif » et tenant dans sa main « une couronne avec un papillon[4] ». La couronne est une couronne funéraire, le papillon est un symbole classique de l'âme séparée du corps : aucun doute, cette douce et belle figure est celle de la Mort. Quant aux squelettes qui apparaissent sur certains monuments, ce ne sont que des *larves* au sens antique : âmes des méchants qui continuent d'errer sur terre pour effrayer les

vivants, tandis que les âmes des bons deviennent, elles, des
lares, dieux protecteurs de leurs descendants et de leur foyer.
(Ah, ce portrait de Moses souriant sur lequel je tombai dans
une ancienne villa de Franz von Mendelssohn ! J'en parlerai
plus tard, dans mon Journal de Berlin.)

Bien sûr, observe Lessing, les Anciens connaissent aussi,
en littérature, des allégories du trépas violent. C'est alors une
femme « pâle, blafarde, livide[5] », monstrueusement grande,
qui porte un glaive, montre des dents voraces, marque ses
victimes de ses ongles sanglants. Mais, si le trépas peut être
atroce, « être mort n'a rien d'atroce en soi ». Quelles sont les
seules caractéristiques constantes de l'état de mort, « sinon la
quiétude et l'insensibilité[6] ? » Un papillon voletant près d'un
adolescent songeur, voilà comment dans leur sagesse les
Anciens se figuraient l'âme séparée du corps, sous la garde
d'une Mort toute semblable au sommeil.

Entre le dialogue socratique de Moses et l'étude iconologique de Lessing, s'élabore un même message d'antique
sérénité que résumera le graveur Jakob Abraham dans une
œuvre de 1774 : une médaille en argent montrant, côté face,
le portrait de Moses, côté pile un crâne surmonté d'un
papillon.

On en a assez des cachots, des caveaux, des bas-reliefs
funéraires ? Une petite excursion au vert pour nous changer
les idées : il me suffit pour cela de suivre ma Chronologie où,
je l'ai dit, les événements les plus disparates cohabitent de
plain-pied. Pendant que les deux amis dialoguent sur la mort,
1771 : Daniel Itzig rachète à la municipalité une laiterie des
faubourgs, ancienne propriété d'un maire de Cölln appelé
Christian Heinrich Bartholdi. Daniel Itzig est ce financier de
Frédéric II dont il a été question en 1761 dans l'affaire des

monnaies. Et Cölln n'a rien à voir avec Cologne, c'est un village des bords de la Sprée aujourd'hui englobé dans la ville de Berlin. La laiterie rénovée par un certain Zelter servira de maison de campagne où la nombreuse famille Itzig passera ses étés. Aucun rapport avec Moses, pour l'instant. Mais attendez qu'Abraham Mendelssohn ait épousé une petite-fille du financier ! et surtout gardez bien en mémoire ce nom de Bartholdi.

Cinq ans après avoir publié son *Phédon* où il évoquait la doctrine philosophique, et païenne, d'une interpénétration constante entre le mort et le vivant, voilà que Moses se trouve ramené aux religions monothéistes. Lesquelles en la matière n'admettent pas un tel flou : soit un homme est vivant, soit il est mort, et il faut alors procéder à son ensevelissement.

De tradition, les juifs comme les musulmans inhumaient leurs défunts dans les vingt-quatre heures après le décès, sauf circonstances exceptionnelles. Mais nous sommes au siècle des Lumières. Les progrès de la médecine, le développement de l'esprit scientifique imposent de mettre en doute les « signes apparents de la mort », qui peuvent recouvrir un simple coma ou une léthargie. C'est donc en souverain éclairé que, le 30 avril 1772, le duc de Mecklembourg-Schwerin promulgue dans ses États un décret interdisant toute inhumation avant trois jours révolus.

Les juifs de Schwerin y voient une loi *ad hoc* visant à attaquer leurs coutumes et, pour les justifier par des arguments tirés des Écritures, en appellent à l'expertise de Jakob Emden, alors rabbin d'Altona. Mais celui-ci décline : il ne se sent pas de taille à croiser le fer avec un prince, il parle trop mal l'allemand. Dans un second temps, ils se tournent alors

vers Moses Mendelssohn pour qu'il prenne leur défense. Or
voici ce qu'il leur répond le 9 juin 1772 :

> *J'apprends que votre prince et souverain vous impose de conserver*
> *vos morts trois jours avant de les enterrer, et que vous, messieurs,*
> *en êtes très affectés, comme si, Dieu nous en garde, on voulait*
> *vous détourner de votre religion ou vous amener à transgresser un*
> *commandement biblique ou un précepte de nos rabbins. Pour*
> *moi, en toute bonne foi, j'ignore pourquoi vous voyez les choses*
> *ainsi et à quel sujet vous vous tracassez tant* [7].

Les sages du Talmud ont prévu que, dans certaines circonstances – quand il fallait le temps de se procurer un
cercueil et un suaire, ou de faire venir la famille –, l'inhumation pouvait être reportée. S'ils l'admettent pour des motifs
aussi secondaires, n'est-il pas plus légitime encore de sus-
pendre l'ensevelissement s'il y a le moindre doute sur l'état
de décès ?

> *Voyons, tous les sages de l'art médical vous expliqueront*
> *aujourd'hui qu'ils ne possèdent pas de signe clair de la mort, et*
> *que parfois un homme perd connaissance au point que son pouls*
> *s'arrête et que son souffle se suspend complètement, et on le*
> *croirait mort [sans que ce soit] le cas* [8].

Puis vient un argument qui n'est plus médical mais tiré
de la Michnah, codification de la loi orale. Le corps d'un
homme ou d'une femme morts en état d'impureté (écoulement génital, menstrues) est considéré comme impur « tant
que la chair n'a pas commencé de se décomposer [9] ». C'est
bien la preuve, argumente le philosophe, que les autres
signes étaient déjà tenus pour trompeurs par les rabbins

antiques. En ces temps reculés, la coutume était d'ailleurs de disposer les corps dans des grottes ou des niches de pierre, où l'on pouvait surveiller un éventuel retour à la vie.

Là-dessus, Jakob Emden et Moses comparent leurs réponses respectives à la communauté de Schwerin, et constatent qu'ils ne sont pas d'accord du tout. Pour Emden, la remise en cause d'usages si vénérables est tout simplement un scandale. Pour Moses, ces usages ne reposent sur rien de clair, et il serait curieux d'apprendre (lettre du 30 juin) par quelles autorités Emden les justifie. Sous les formules aimables, le ton s'envenime rapidement. Emden (lettre du 3 juillet) tance avec fermeté celui qu'il considère comme son élève. Quelles autorités ? Mais la Bible et les prophètes, rien de moins. Les réfuter par un argument de la Michnah isolé de son contexte, c'est au pire une impiété ou, dans le meilleur des cas, une grave étourderie.

> *Dieu nous en préserve, mon cher fils, tu as laissé échapper de ta plume une erreur, sans relire tes sources ni vérifier ce que tu avançais. Mon fils, n'écoute que l'enseignement de ton père, ne t'écarte pas des paroles de ma bouche, et ne t'en remets pas aux avis des médecins idolâtres* [10].

Les sages antiques, rappelle Emden, étaient formels : quand aucun souffle ne s'échappe plus du nez, on est mort et c'est tout. Si à l'époque on déposait les corps dans des niches de pierre, ce n'était pas pour les surveiller mais simplement parce que le pays était rocheux, accidenté, et que la terre y était rare. Plus tard, dans les pays de plaine où les a menés l'Exil, les juifs ont pu adopter la coutume de l'ensevelissement immédiat, qui est meilleure, car plus distinctive par rapport aux Gentils. Ceux-ci en effet, adeptes de nécromancie, conservaient parfois leurs morts pendant de longues semaines – je pense qu'Emden, même s'il n'en parle pas de façon explicite, a ici en tête le repoussoir suprême qu'est l'embaumement pratiqué par les Égyptiens.

Celui qui s'écarte « d'un cheveu » de prescriptions aussi claires et admises dans toute la diaspora, c'est « comme s'il quittait la vie [11] ». Façon de dire qu'il se rendrait apostat (car on porte le deuil d'un apostat comme s'il était réellement mort). On le voit, l'accusation portée par le rabbin est grave.

Or l'affaire Lavater ne remonte qu'à un an. Un an après avoir dû batailler contre un prosélyte chrétien qui l'exhortait à se convertir au nom de la Raison, Moses doit se défendre contre l'accusation d'apostasie lancée par un rabbin orthodoxe ! La situation est si inconfortable qu'il en retombe malade pour plusieurs semaines, non sans avoir répondu avec vivacité à la diatribe d'Emden. Dans une nouvelle lettre du 14 août, ce dernier commence donc par se réjouir que le « vénéré et vénérable, le noble esprit, l'érudit, le sage à l'esprit pénétrant » soit de nouveau sur pied, loué soit le Miséricordieux, et puisse reprendre la controverse. Mais, enchaîne-t-il, Moses s'est mépris sur ses intentions, qui étaient purement amicales.

Que t'ai-je fait, en quoi t'ai-je blessé, dis-le-moi ? toutes mes paroles étaient exprimées avec mansuétude. [...] Tu me fais penser à ces élèves d'aujourd'hui (qu'à mon avis tu abhorres au plus profond de ton cœur) qui s'emploient à couper les cheveux en quatre et tordent tout ce qui est droit dans le seul but d'avoir gain de cause, chose qui me dégoûte profondément [12].

Emden revient sur la coutume antique de déposer les morts dans des grottes. Non seulement il ne s'agissait pas de surveiller les corps, mais cela n'aurait même pas été possible, car on les recouvrait de terre ou de pierres pour accélérer la décomposition. De plus, à suivre le raisonnement de Moses, tous les juifs de la diaspora enfreindraient des commandements divins en enterrant leurs défunts sans attendre que la chair se corrompe. Affirmation absurde !

> *En vérité, mon cher, tu t'es donné, mon fils, beaucoup de mal, et tu as probablement passé de nombreux jours à préparer cette défense. Mais c'était peine perdue, personne ne t'écoute, et je crains que tu n'endures d'insupportables railleries, ce qui ne sied pas à un érudit.*

Des railleries, et pire. Sans reprendre son accusation d'apostasie, Jakob Emden se dit inquiet pour son élève :

> *je veux seulement préserver ton bien-être, et éviter que des esprits acrimonieux ne s'en prennent à toi en apprenant que tu épouses l'erreur des Gentils et projetes de modifier une coutume d'Israël, de tout le peuple saint* [13].

Le rabbin d'Altona avait vu juste : il va se trouver des « esprits acrimonieux » pour attaquer le philosophe dans les années suivantes, sur ce sujet ou sur d'autres. Cependant nous ne sommes plus à l'époque de Spinoza, où toute une communauté faisait bloc pour mettre un philosophe au ban. À l'époque des Lumières, Moses a ses détracteurs mais aussi ses partisans, des partisans nombreux et qui verront dans cette affaire une de ses batailles les plus emblématiques. L'année après sa mort, le médecin et philosophe Marcus

Herz lui rend hommage en publiant un essai contre *L'Inhu-mation précoce chez les juifs*, assez remarqué pour être réédité en 1788 avec une vignette de Wilhelm Chodowiecki [14].

Wilhelm est le fils du Daniel Chodowiecki à qui nous devions *L'Examen de Moses Mendelssohn au Berliner Tor de Potsdam*, et la vignette en question présente le même mélange de caricatural et d'émouvant. Dans un cimetière juif éclairé par la lune, un promeneur contemple mélancoliquement la pierre tombale de Moses tandis que, derrière lui, dépassent d'un tas de terre le visage et les bras d'un faux mort enseveli trop tôt. Il ne peut pas bouger, ses yeux et ses mains jointes implorent le promeneur comme s'il essayait de dire : De grâce, sors-moi de là.

J'ignore si le monarque éclairé de Schwerin a accepté la solution de compromis proposée par le philosophe (déposer les corps pendant trois jours dans des niches funéraires, ou les ensevelir sans délai si un médecin a dûment constaté le décès). Ce que je sais, c'est que du philosophe est né Abraham Mendelssohn, devenu Mendelssohn Bartholdy après sa conversion ; que d'Abraham Mendelssohn Bartholdy est né Paul Mendelssohn Bartholdy, devenu Mendelssohn-Bartholdy vers 1870 pour éviter les confusions avec son neveu homonyme ; que de Paul Mendelssohn-Bartholdy est né Ernst Mendelssohn-Bartholdy, devenu von Mendelssohn-Bartholdy après son anoblissement par Guillaume II en 1896 ; que d'Ernst von Mendelssohn-Bartholdy est née Énole von Mendelssohn-Bartholdy, et que cette fille de famille protestante et désormais aristocratique a épousé en 1897 Albert Konstantin von Schwerin. Ce dernier n'est plus le « prince et souverain » d'aucun État mais, en 1897, un jeune juriste de vingt-sept ans dont j'aurais aimé qu'il m'explique la législation sur les délais d'inhumation à l'heure de l'unité allemande.

Noms, lieux, idées, frontières, titres et conditions sociales... Rien ne se perd, rien ne se crée, tout se transforme, et les signes de la mort ne sont jamais qu'apparents.

Chapitre 8

Visite de famille

Sur le manteau de la cheminée, une pendule sous verre égrène les minutes au-dessus d'un petit feu crépitant. Il crépite et ne chauffe guère, songe Mme Schlegel en resserrant son châle. Sonner la bonne pour lui demander d'y ajouter une bûche ? Est-ce bien raisonnable ? Elle attarde ses yeux sombres sur le panier à côté de l'âtre : il est presque vide. Et dans la resserre, elle ne le sait que trop, leur provision d'hiver touche à sa fin. C'est qu'on est en avril, même s'il fait froid encore... Elle se lève, va jusqu'à la fenêtre, observe le ciel gris au-dehors, un ciel rhénan qui menace pluie. Non, pas de nouvelle bûche, décide-t-elle. Pas de nouvelle bûche, et vite se rasseoir à son petit bureau où l'attend une première livraison de *Corinne ou l'Italie*.

Ah, l'Italie.

Elle fait pourtant un détour par le miroir ovale suspendu au mur, s'étudie d'un œil critique. Elle vieillit, c'est indéniable. Où sont passés le velouté de ses yeux en amande, le moelleux de ses joues ? Un pincement au cœur en découvrant dans sa chevelure un fil gris – un de plus. Heureusement qu'elle a encore tout le temps d'arranger cela d'ici le retour de Friedrich, en visite chez Mme de Staël dans les environs de Paris.

Si on lui faisait dire le fond de sa pensée, elle admettrait que, un matin comme celui-ci, elle préfère que Friedrich ne soit pas là pour la voir avec, sur la joue, ce pli amer laissé par l'oreiller (il faudrait qu'elle s'astreigne à s'endormir sur le dos et à n'en plus bouger, mais ses nuits sont toujours pleines de rêves troubles qui l'agitent), ce teint marqué de rougeurs. Les absences de Friedrich sont toujours une souffrance, et un répit. Une souffrance dont elle s'enivre, projetant cette ivresse dans de longues lettres à l'aimé, au frère de l'aimé, à ses amies de jeunesse, à la terre entière. Et un répit, celui d'être seule à constater les ravages du temps dans ce visage qui d'ailleurs n'a jamais été très beau...

« Mais qu'est-ce qui me manque, à la fin ! » se semonce-t-elle en pensée.

Et une petite voix intérieure lui répond :

« Ce qui te manque ? Tout. Friedrich te manque, qu'il soit en voyage ou ici à Cologne, avec toi. Avoue-le, même quand il est près de toi, tu n'es jamais sûre, jamais absolument sûre que son cœur t'appartient. Il n'a que trente-cinq ans, lui, et c'est un homme. Un homme de trente-cinq ans est presque encore un jeune homme, une femme de quarante-trois ans est déjà plus que mûre... Et puis tes fils te manquent, Jonas que tu auras à peine vu grandir, Philipp qu'on t'a laissé garder avec toi dans ta vie de bohème, bien que tu n'aies pas respecté les règles (te souviens-tu du jugement de divorce de janvier 1799 ? *pas de remariage, et pas de conversion*), mais que tu as finalement dû renvoyer à son père, ce père si faible et si bon. Ils te manquent, tous les deux, ce matin entre tous. Sous l'œil d'un fils une mère n'est jamais vieille, elle a seulement mauvaise mine ou elle a mal dormi, ce n'est pas pour autant qu'il cessera de l'aimer.

Et s'il faut te rappeler ce qui te manque encore, regarde autour de toi ce logis étriqué. Regarde ces factures qui s'entassent et sur lesquelles tu as posé des livres pour ne plus y penser, parce que tu n'as pas de quoi les régler et que ta traduction de *Corinne* ne suffira peut-être même pas à boucher les voies d'eau. Oui, ton Friedrich est certes un génie, mais un génie méconnu. Non seulement sa jeunesse qui t'a séduite t'inquiète, mais tu dois presque le nourrir, non contente de l'aider dans ses travaux, d'écrire sous sa dictée quand il a mal aux yeux...

« Assez ! »

Quelque part dans l'immeuble, un coup de sonnette a déchiré le silence. Plusieurs minutes passent ; puis elle hausse les épaules, sourit d'un sourire mélancolique qui est, devine-t-on, l'expression native de son visage dès qu'il est au repos. Et se rasseyant à son bureau, elle conclut ainsi sa lettre à Friedrich, à Friedrich qui doit bientôt rentrer :

> *Bien sûr j'aimerais savoir quel jour exactement tu arriveras, mais ce ne sera sans doute pas possible. Comme le cœur me battra, chaque fois qu'on sonnera chez nous ou qu'un pas inconnu montera l'escalier ! Que Dieu t'accompagne et te ramène sain et sauf, et heureux, dans mes bras* [1].

Cependant, un pas bien trop connu ébranle le plancher du couloir. Un frappement à la porte, et la bonne entre, tortillant le nœud de son tablier.

« Qu'est-ce donc ? questionne sa patronne avec humeur. Vous venez pour le courrier ? C'est trop tôt, voyons, je n'ai pas terminé.

– Non, madame. Mais il y a là un homme qui veut parler à madame. »

Un créancier sans doute. Pénible matinée.

« Eh bien, qu'il entre.

– C'est que, je ne suis pas sûre que madame voudra le recevoir au salon. Il a sonné à la porte de service, et j'ai même cru d'abord que c'était un colporteur. Cependant il insiste, c'est madame qu'il veut voir.

– Où est-il à présent ?

– Dans la cuisine.

– Soit, tranche Mme Schlegel en se mettant debout, j'irai le voir dans la cuisine. »

Elle s'engage dans le couloir, un reniflement l'oblige à se retourner :

« Quoi encore ? Voyons, ma fille, vous avez l'air tout drôle.

– Je voudrais quand même prévenir madame, c'est un... Madame verra que...

– Ahh ! si vous pouviez perdre cette habitude de ne jamais finir vos phrases ! »

Aussi exaspérée qu'elle peut l'être à ses heures, elle ouvre la porte de la cuisine d'un geste brusque... et reste en arrêt. Devant elle se tient un vieillard affublé d'un bonnet et d'une longue houppelande faite d'un assemblage de peaux de lapin. Longue est aussi sa barbe, comme poudrée d'une poussière de siècles, dont les boucles vont se perdre dans les poils du manteau. Et à la main il tient un bâton de voyageur qu'il soulève en un geste de salut théâtral.

« Ciel », souffle Mme Schlegel.

La barbe, en fait, semble fausse ; l'œil, plus juvénile qu'il ne devrait, s'allume à présent d'une étincelle de gaieté.

« Tu n'aimes pas mon déguisement, Brendel ? »

Elle cille. Il y a des années qu'on ne l'a plus appelée ainsi.

« Pas vraiment, balbutie-t-elle. Je le trouve outré et, pour tout dire, de mauvais goût.

– Tu es dure. Ce costume d'errant, je l'ai pourtant choisi en pensant à toi, ma fillette vagabonde qui cherches en vain ton havre. Berlin, Iéna, Paris... Ici à Cologne, tu aimes entendre carillonner les cloches des églises, me suis-je laissé dire. Est-ce que ce sera assez pour te retenir, cette fois ? »

Elle cille encore. Toujours, toujours il la regardait de ce regard aimant mais trop perspicace pour ne pas être critique, et elle éprouve le même sentiment d'impuissance et de révolte qu'autrefois, un sentiment pourtant noyé dans un océan de tendresse.

Le voyageur s'assied, hoche la tête.

« Les cloches, l'encens, les statues de saints et d'animaux fleurant bon le Moyen Âge... n'est-ce pas que tout cela te parle beaucoup ces derniers temps, Brendel ? C'était une autre raison pour moi de choisir ce costume. Je pensais te plaire, vêtu en personnage de légende médiévale. Le fameux Juif errant !

– Père, implore-t-elle tout bas.

– Nieras-tu que tu envisages de te convertir à nouveau ?

– Je ne sais pas, réplique-t-elle, absorbée. J'y pense. Nous y pensons, Friedrich et moi.

– Il y a pourtant trois ans à peine que tu épousais à Paris la foi luthérienne, pour pouvoir l'épouser, lui. Sais-tu que tu as beaucoup chagriné ta mère en faisant cela ?

– Les vivants voient moins loin, se défend-elle avec chaleur. Mais j'avais la conviction que vous, père, vous m'approuviez depuis votre au-delà. Au moment où l'on me baptisait, dans la petite chapelle de l'ambassade de Suède, il m'a semblé que votre image flottait à côté de l'autel comme pour me bénir. »

Pour toute réponse, il ôte son bonnet et en inspecte la coiffe. Puis, se recouvrant :

« Tu étais donc contente de toi. Et maintenant ?

– Maintenant, cette foi qui me paraissait plus proche de la nôtre, de la vôtre, ne me satisfait plus. Ce n'est qu'un code moral plein de froideur et de raison. Mon cœur est trop grand, trop chaud pour le protestantisme, comprenez-vous ? Il me faut palpiter, m'abandonner, et croire, *croire parce que c'est absurde...* »

Elle a fermé les yeux, les rouvre cependant, car les ongles du voyageur pianotent sur la table. Et il murmure :

« J'ai du mal à vous comprendre, toi et ton Friedrich. À notre époque, nous rêvions d'air pur et de lumière, nous espérions chasser à tout jamais le préjugé et la superstition. Vous, vous ne vous plaisez que dans les ténèbres enfumées. Et quand tu emploies le mot "Raison", ta bouche se tord comme si tu suçais des herbes amères. L'air pur et la lumière, tu sais, nous avons dû assez nous battre pour en avoir notre part... As-tu déjà visité, Brendel, le ghetto de Dessau ?

– Père, appelez-moi Dorothea comme tout le monde », coupe-t-elle. Puis, la voix adoucie par une légère ironie : « Ce nom à consonances grecques devrait vous plaire, au fond.

– Tu as toujours été fine mouche, sourit le Socrate allemand. Et moi j'ai toujours été, Brendel, un homme assez têtu.

– Père, êtes-vous revenu dans le seul but de me taquiner, de me chercher querelle ? Que voulez-vous apprendre de moi ? On dirait que vous suivez déjà toutes mes pensées les plus secrètes.

– Bien sûr que non. Vous êtes nombreux, bien plus que tu ne peux encore le prévoir, et j'ai donc fort à faire ailleurs. Mais je pense souvent à toi. Me croiras-tu, si je te dis qu'il m'arrive de regarder par-dessus ton épaule quand tu écris ? »

Elle laisse échapper un sourire enfantin, celui de la fille aînée qu'un geste d'affection, dans les pièces trop peuplées du 68, Spandauer Straße, pouvait jadis illuminer. Mais comme jadis, elle se rembrunit vite, murmure, les yeux humides :

« Non, je ne le crois pas. Je le sentirais.

– C'est pourtant la vérité. Je regarde par-dessus ton épaule, et ce que je lis m'inquiète parfois un peu. Tu es ta pire ennemie, Brendel. Chaque joie, tu t'en fais un tourment. Même la joie d'être mère, tu la retournes en angoisse égocentrique. Souviens-toi de ta lettre à ton ami Brinckmann, quelques mois après la naissance de ton troisième garçon : *"Depuis que je suis mère, je ne puis plus penser avec calme à ma mort... Les quitter, avec calme ? abandonner avec calme, et pour l'éternité, ces chers petits encore mineurs* [2] *?"* N'est-ce pas plutôt pour ce fragile nouveau-né qu'il s'agissait de trembler ? Sont-ce là les pensées d'une jeune mère de vingt-sept ans que ne menaçait aucun danger, aucune maladie ? Fillette, je me fais du souci pour toi. »

Les larmes qui vacillaient le long de ses cils débordent, elle s'écrie dans un sanglot :

« Vous vous faites du souci pour moi ? Il n'est que temps. Vous vous en faisiez moins quand vous m'avez jetée dans les bras du premier venu, sans réfléchir, parce qu'il fallait bien me marier !

– Tt, tt, interrompt-il en soulevant une main. Simon Veit n'était pas le premier venu. C'était, c'est encore un bon garçon, un homme d'affaires solide. Et un esprit assez ouvert pour venir suivre avec ton frère Joseph et le jeune Wessely mes petites leçons de philosophie, le matin à la maison. Il y montrait du zèle, de la sensibilité. Or je sentais ma fin proche, et il me semblait que...

– Il vous semblait peut-être que cela suffirait à la fille d'un père tel que vous ? Vous, vous aviez du feu, de l'intelligence, l'amour de grandes causes que je ne partage plus, mais dont le souffle était passé sur moi. Que pensiez-vous faire en m'enfermant à dix-huit ans dans un ménage insipide avec ce pauvre Simon ? Oh, je dois reconnaître qu'il m'aimait, lui. Mais être aimée d'un homme comme lui, c'était un esclavage. Nous aurions un enfant, puis un autre, et encore un autre, voilà comment il voyait toute sa vie avec moi. Je ne faisais que veiller des berceaux, écouter des cris, des babillements, voler d'une tâche à une autre, mon esprit s'étiolait...

– Ce fut pourtant la vie de ta mère, Brendel.

– Mais ma mère vous aimait ! Savez-vous ce que vous avez fait en m'obligeant à épouser un homme que je ne pourrais jamais aimer ? Vous m'avez menée à ma perte, tout simplement. La première fois que j'ai vu Friedrich (mon Dieu, quand je pense que c'était il y a dix ans déjà), il m'a semblé qu'un gouffre s'ouvrait devant mes pieds : c'était la passion, que je reconnaissais sans l'avoir jamais connue. Le sommeil me quitta, je savais que ce gouffre allait me prendre et m'engloutir, mais je ne pouvais pas reculer. Car derrière moi il n'y avait rien, entendez-vous ? rien, rien, seulement Simon qui pleurait et soupirait : "Ah, tu n'es pas heureuse avec moi, je le vois bien..."

– Et heureuse, l'es-tu à présent ? »

Elle accuse le coup, une ride se creuse au milieu de son front.

« Dans mon souvenir, père, vous me parliez autrefois avec plus d'affection.

– Fillette, que dis-tu là ! » s'exclame-t-il en attrapant par-dessus la table son poignet, caresse immatérielle qu'elle voit sans la sentir. « Voyons, penses-tu que j'aie fait tout ce chemin pour venir t'accabler, jouer contre toi une vilaine partie d'échecs ? Voyons, Dorothea, tu sais que tu as tou-jours été ma fille préférée.

– ... Et qui aime bien, châtie bien, plaisante-t-elle avec un pauvre sourire.

– Mais non. Vous ai-je jamais châtiés ? C'est sans méchan-ceté et par pure sollicitude que je te demande, encore une fois, si aujourd'hui tu es heureuse.

– Je suis libre, répond-elle en évitant son regard. Ou je l'ai été pendant quelques années, quelques mois qui resteront peut-être les plus beaux de ma vie.

– Libre, sourit-il. Tu n'aimes pourtant guère ce mot : la liberté.

– Ah ! père, c'est que vous ignorez quels monstrueux emplois en ont été faits peu après votre mort. La liberté ? Ce fut un drapeau que brandirent les Français, puis un spectre sanguinaire exprimant les désirs les plus vils de la populace, réclamant la tête des rois, le massacre de toute tradition et de toute piété...

– Laisse donc les Français et leurs rois, coupe-t-il douce-ment. C'est de toi que je parle, de toi et de ton bonheur.

– Mon bonheur, répète-t-elle, apaisée mais sceptique.

– Ton bonheur, oui. Non pas celui du genre humain, qui est pour moi une belle chimère comme mon ami Lessing

aimait à en forger. Car le bonheur est la chose plus indivi-
duelle qui soit, et dépend pour l'essentiel de notre caractère.
Tu as lu plusieurs de mes œuvres, Brendel. N'as-tu pas
remarqué que j'y parlais souvent de consolation, de paix
d'esprit ? C'étaient les œuvres d'un homme qui avait réfléchi
au bonheur et même le cultivait. J'ai eu une vie heureuse,
oui, malgré les maladies, les deuils, les attaques dont j'ai été
l'objet. C'est que je savais combattre en moi les passions
chagrines : ressentiment stérile, regret de ce qui ne peut plus
être changé, impatience qui nous fait prendre en haine le
temps pourtant si précieux... »

Elle l'interrompt d'un grand soupir :

« Brider ses colères, ronger son frein, prendre garde de ne
pas désirer trop ardemment... Quelle est cette sagesse de
pauvre et de convalescent ?

– C'est la mienne, observe-t-il avec un peu de sécheresse.
Celle d'un homme qui fut longtemps pauvre, et souvent
convalescent.

– Eh bien, non ! Moi je veux aimer à m'en consumer, haïr
de toutes mes forces, douter à m'en déchirer le foie, comme
Prométhée, et rompre mes chaînes, au risque d'être blessée
par leurs éclats tranchants. Voilà comment je veux vivre, vivre,
entendez-vous ? Notre vie terrestre est si vite passée... »

À nouveau il hoche la tête.

« Oh oui, je t'ai vue à l'œuvre. Quand tu as quitté ton mari
pour ce jeune génie, que tu l'as suivi à Iéna avec Philipp
(mon petit-fils !), que vous avez cohabité avec le frère de ton
amant, d'autres futurs grands esprits et leurs femmes ou
maîtresses... Je ne te reproche même pas le scandale de ce
ménage à sept ou huit. Mais quel bienfait en as-tu retiré ? Ce
n'étaient que disputes, rivalités, adultères, suicides !

– Nous essayions une forme d'existence nouvelle. Nous avons échoué, mais je ne regrette rien.

– Et maintenant vous voilà, novateurs d'hier, à conspuer les novateurs que nous avions été bien avant vous. À adorer l'ordre le plus inique, à encenser les dogmes et les pouvoirs héréditaires, à maudire les idéaux de l'émancipation qui ne mèneraient qu'au chaos et aux bains de sang... Ne crois-tu pas, petite, qu'il faille pour en juger un peu plus d'une ou deux décennies ?

– Cessez de me faire la leçon. Et pour en revenir aux caractères, n'essayez pas de me convaincre que vous avez été vous-même un homme sans passions. Vous aviez la passion de la vérité et de la justice. La malveillance des autres vous affectait si fort qu'elle vous rendait malade et que vous deviez garder le lit. N'êtes-vous pas mort d'une dernière indignation, parce qu'on salissait la mémoire de Lessing et qu'il vous fallait réagir, à tout prix et au plus vite ? Au fond, vous étiez aussi bouillant que moi... »

Il a eu un geste vif de la tête qu'elle connaît bien.

« C'est juste, concède-t-il. Mais toujours j'ai cherché en moi-même le remède à cette ébullition. Toi, Brendel, tu le cherches perpétuellement ailleurs. Dans l'amour d'un homme dont tu attends tout, dans le soin de tes fils pour qui tu espères tout, dans une foi censée combler tous tes manques, mais qui n'est jamais assez pure, assez absolue, assez définitive pour toi... Ne vois-tu pas que cela te condamne à une course sans fin ? »

Il a repris son bâton en main, il se lève. On dirait que ses contours s'estompent peu à peu, et le bariolage de sa houppelande n'est plus qu'une clarté inégale dans la pénombre ambiante.

« Ah, père, murmure Dorothea. Je vous aimerai toujours, mais nous ne nous comprendrons jamais. »

Une dernière lueur malicieuse flotte à hauteur de regard, une dernière phrase s'envole d'une bouche qu'on ne voit plus :

« C'est la marche de l'Histoire, petite fille, que tu viens de résumer là. »

L'affaire de Schwerin a valu à Moses la réputation d'esprit fort. Dans les années à venir, il aggravera son cas en lançant une formidable entreprise de retraduction et de commentaire de la Bible (désignée plus tard sous le titre *Bi'ur*) qui amènera certains à voir en lui un second Luther, un Luther juif.

Mais dans l'immédiat, il s'agit surtout pour lui de recouvrer la santé. Plusieurs notables de la communauté de Berlin l'y aident. Pour sa convalescence à l'été 1772, le soyeux Eisik Dessau lui prête sa datcha au Tiergarten. Ce n'est qu'à trois ou quatre kilomètres de la Spandauer Straße, et cela reviendrait pour un Parisien du xviiie siècle à fuir l'île de la Cité en allant respirer l'air frais au village de Chaillot − je suis enchantée des cinq minutes perdues à faire ce calcul à l'aide d'un double décimètre, d'un plan de Paris, et de mon plan de Berlin qui (nostalgie, nostalgie !) commençait à s'empoussiérer dans ma boîte à souvenirs.

L'été suivant, le fils du financier Ephraim l'emmène prendre les eaux à Bad Pyrmont, en Basse-Saxe ; en route, le philosophe en profite pour revoir son vieil ami Lessing. Fromet, qui n'a jamais été séparée de lui aussi longtemps, lui écrit à cette occasion la lettre maladroite et touchante que j'ai citée plus haut.

À l'été 1774, c'est avec une fille Ephraim qu'il retourne prendre les eaux. Il y fait la connaissance du comte et de la comtesse zu Schaumburg-Lippe, qui viennent de perdre un enfant et puisent du réconfort auprès de l'auteur du *Phédon*. Parmi leur suite, Johann Gottfried Herder, avec lequel Moses aura plus tard maille à partir.

Les cures portent leurs fruits, comme le prouve un an après la naissance de la petite Jente. Moses revient à la vie publique en soutenant la fondation, dans son Dessau natal, d'un institut d'enseignement aux principes d'avant-garde, le *Philanthropinum*. Chez lui, il initie Mendel Abraham et Joseph à l'étude de la Torah. Pour commenter le texte aux deux petits garçons, il doit le leur traduire en mots allemands simples, et ainsi serait né le grand projet du *Bi'ur*.

Celui-ci ne sera pas achevé de sitôt. Retraduire intégralement la Bible hébraïque est une tâche de longue haleine pour laquelle sont sollicités de nombreux collaborateurs ; avec le cortège de retards et de frictions qu'entraîne tout projet collectif. Il faut trouver des fonds, des souscripteurs, ce à quoi s'emploie le jeune Lituanien Salomon Dubno. Il faut obtenir de plusieurs rabbins des autorisations d'impression, et nous verrons bientôt que cela ne va pas de soi. Dubno en a décroché trois en 1779, alors que le projet est déjà bien avancé. Mais voilà qu'il se froisse parce qu'on veut réduire considérablement son commentaire de l'Exode, et il se retire du projet, ce qui oblige Moses à refaire son travail. Parmi les collaborateurs, citons encore Herz Homberg (précepteur des enfants Mendelssohn), le poète Hartwig Wessely, et même un frère de Moses, Saül

Dessau, dont on ne sait pas grand-chose sinon que Fromet se plaignait de sa susceptibilité et de ses bizarreries : il n'était peut-être pas facile d'être le frère obscur du Socrate allemand.

Le *Bi'ur* obéit notamment à une logique assimilatrice. Dans la communauté juive, les langues véhiculaires restent le yiddish et l'hébreu. Or Moses ne rêve pas seulement de faire des juifs des sujets comme les autres, grâce à la patiente conquête de leurs droits civils, mais de faire en sorte qu'ils parlent *le même allemand* que les autres. Et quel meilleur moyen pour cela que de leur fournir dans cette langue leur texte religieux de référence ?

Cependant toute traduction est une élucidation, un exercice d'esprit critique, et à ce titre le *Bi'ur* éveille dans plusieurs États autant d'hostilité qu'en son temps la traduction de la Bible par Luther. En territoire danois, l'intransigeant grand rabbin d'Altona (pour qui le simple fait de se raser la barbe et de porter perruque est déjà un péché digne d'excommunication) parle de l'interdire. Les traducteurs y parent grâce à l'intervention d'un haut fonctionnaire danois qui fera figurer parmi les souscripteurs quelques princes du royaume. En territoire autrichien, c'est Ézéchiel Landau, le grand rabbin de Prague, qui émet des réserves. À quoi bon cette traduction ? Sa langue est si raffinée que, pour l'apprécier, un élève devrait passer le plus clair de son temps à étudier la grammaire allemande :

« Notre Torah en est ravalée au rôle de servante, employée à répandre la langue allemande parmi nous [1]. »

Ces réserves cachent des soupçons plus sérieux sur l'orthodoxie de Moses, que rabbi Landau a déjà exprimés en privé à propos d'une affaire dont nous reparlerons. On ne touche pas impunément aux mots d'un texte sacré, fût-ce pour les traduire, Luther en avait déjà fait l'expérience : l'accusation d'impiété ou d'hérésie ne flotte jamais très loin. Notons que Moses considère sans horreur ce célèbre précédent. Dans un avant-propos aux Psaumes par exemple, il explique avoir étudié le travail de ses prédécesseurs, comme tout traducteur confronté à un texte ancien, canonique et déjà plusieurs fois traduits. Finalement, c'est du « Dr Luther » qu'il est resté le plus proche dans ses choix de traduction[2].

Ce n'est pourtant pas le *Bi'ur* qui déclencherait de sanglantes guerres civiles. Enfin publié entre 1780 et 1783, il reste assez confidentiel, peut-être parce qu'il ne va pas, typographiquement, jusqu'au bout de sa logique assimilatrice : il est entièrement imprimé en caractères hébraïques, y compris la portion de traduction allemande qui occupe le haut de chaque page, au-dessus des gloses grammaticales et du commentaire rédigés, eux, en hébreu. L'éditeur Nicolai tentera certes une réédition en caractères latins, mais elle n'ira pas au-delà de l'Exode.

Dans son contenu même, le *Bi'ur* ne trouve pas forcément ses lecteurs. Les plus traditionnalistes (les moins germanisés) achoppent sur les subtilités du texte allemand ; les juifs des Lumières, s'ils n'ont pas fait d'études rabbiniques comme Moses, ont du mal à suivre les gloses et le commentaire en hébreu. N'importe, certains insuccès sont des victoires à retardement. Soixante-dix ans plus tard, Heine n'hésite pas à décrire en ces termes l'exploit ici mené :

> *Comme Luther l'avait fait avec la papauté, Mendelssohn renversa le Talmud, et ce de la même manière, c'est-à-dire en rejetant*

la tradition, et en en traduisant la partie la plus importante. Ce faisant, il détruisait le catholicisme juif comme Luther avait détruit le catholicisme chrétien[3].

Une autre œuvre a contribué à lui valoir ce titre de Luther juif ou de Luther des juifs. Elle tire son origine d'une affaire presque aussi retentissante que l'affaire Lavater. Pour mieux la situer, il nous faut faire un détour par l'Autriche où, à peine monté sur le trône, Joseph II a engagé en 1781 une série de réformes allant de l'abolition du servage à la restriction des prérogatives du clergé. L'« édit de tolérance » affirme également les droits des minorités religieuses, tout en les soumettant à un contrôle étatique accru, en particulier sur les contenus de l'enseignement.

Or Hartwig Wessely – le plus célèbre, après Moses, des co-auteurs du *Bi'ur* – est enthousiasmé par la nouvelle politique joséphinienne. Début 1782, il publie en hébreu un manifeste où il appelle ses coreligionnaires à se rallier aux Lumières. Le texte provoque une levée de boucliers chez les rabbins orthodoxes, qui voient dans l'édit de tolérance une menace pour leur enseignement. À Prague, Ézéchiel Landau prononce des prêches virulents contre Wessely. Dans les villes polonaises de Lissa, Vilna et Poznan, le manifeste est interdit ou brûlé dans la cour des synagogues. Choqué par ces atteintes à la liberté d'expression (qui seraient allées jusqu'aux menaces de mort), Moses entre dans la bataille.

En mai 1782, il se joint à six personnalités berlinoises, parmi lesquelles le vieux Daniel Itzig, pour adresser aux notables de Lissa et de Poznan un ferme ultimatum. Les attaques de leurs rabbins contre Wessely sont inadmissibles ; s'ils n'y mettent pas bon ordre, les « Sept de Berlin » en appelleront aux pouvoirs publics, en portant éventuellement l'affaire jusque devant le roi de Pologne.

Cette prise de parti confirme les soupçons des orthodoxes contre le philosophe, et Landau écrit alors dans une lettre privée :

> *Je vois maintenant que tout ce que nous reprochions à cet homme était vrai ; il a lui-même montré qu'il se moquait du Dieu d'Israël et de Sa Torah. Il n'a pas seulement ouvert la voie à une situation où chacun peut faire ce qu'il veut, il a aussi fait imprimer ses paroles en langue étrangère et dénoncé les érudits juifs auprès des monarques* [4].

Mais la polémique s'envenime encore avec l'intervention d'August Friedrich Cranz, un publiciste des Lumières. S'il défend Wessely contre « les abus du pouvoir spirituel en matière de foi », dans un second temps il somme également Moses de clarifier sa position. Comment peut-il se dire aussi attaché à la Loi de ses pères, et s'insurger contre les sanctions prononcées par les autorités rabbiniques au nom de cette même Loi ? Qu'il s'explique... ou qu'il aille un peu plus loin dans sa démarche, et se fasse chrétien.

Défié une nouvelle fois de se convertir au nom de la Raison, Moses s'attelle à une ambitieuse riposte, aujourd'hui considérée comme son œuvre majeure : *Jérusalem ou Pouvoir religieux et judaïsme* (1783). Il commence par y réaffirmer sa position rationaliste, qui n'a rien d'incompatible, souligne-t-il, avec le judaïsme : contrairement au credo fondant la religion chrétienne, rien dans la loi mosaïque ne décrète ce qu'il faut « croire ou ne pas croire », mais uniquement ce qu'il faut « faire ou ne pas faire [5] ». Son respect n'exclut donc pas que l'on défende la liberté d'opinion, que ni l'Église ni l'État ne sont fondés à entraver.

L'idée même de sanctions et de récompenses est d'ailleurs étrangère au véritable esprit de la religion. Une bonne action, si elle ne vient pas d'une « libre inclination de l'âme [6] », n'est qu'un jeu vide, et la puissance des clergés qui condamnent ou mettent au ban n'est pas toujours assurée d'avoir Dieu de son côté :

> *Lecteur ! Quelle que soit ton appartenance à une Église visible, Synagogue ou Mosquée, cherche si tu ne trouves pas plus de véritable religion dans la maison des bannis que dans la plus grande maison de leurs juges [7] !*

L'esprit de la religion tient en bien peu de mots − et Moses de citer Hillel l'Ancien, à qui un païen demandait par bravade de lui expliquer la Loi en aussi peu de temps qu'il tiendrait en équilibre sur une seule jambe. Telle fut la réponse de ce sage, l'une des plus vieilles autorités du judaïsme :

« Fils, *aime ton prochain comme toi-même.* Voilà le texte de la Loi ; tout le reste est commentaire [8]. »

Ce message émancipateur déborde le cadre du seul judaïsme, et c'est d'ailleurs des penseurs chrétiens Hamann et Michaelis que Moses reçoit les réactions les plus hostiles. De Kant en revanche, il reçoit à propos de son *Jérusalem* une lettre très élogieuse.

> *Je tiens ce livre pour l'annonce d'une grande réforme qui, même lente et très progressive, touchera non seulement votre nation mais aussi d'autres. Vous avez su allier votre religion avec un degré de*

liberté de conscience dont on ne l'aurait pas crue susceptible et dont aucune autre ne peut se vanter [9].

Nous sommes alors en août 1783. Six ans se passeront encore avant que l'initiateur de cette grande (R)éforme soit réellement qualifié de Luther juif ou de « Luther des juifs » – qualification d'ailleurs posthume, et dont j'ignore ce qu'il en aurait pensé de son vivant. Elle apparaît sous la plume d'un pasteur des Lumières, dans une notice biographique parue en 1789 :

> *Mendelssohn racontait que son père, en plein hiver, le portait à l'école enveloppé dans un manteau de fourrure. Luther aussi rendait grâce au sien de l'avoir porté à l'école dans ses propres bras. Ainsi c'est par leurs pères, pourrait-on dire, que le* Luther des juifs *(qu'a été Mendelssohn pour cette nation, en effet, sinon le porte-flambeau des Lumières ?) et le Luther des protestants ont été voués à la grande tâche que leur avait à tous deux assignée la Providence* [10].

Assignée ou non par la Providence, la tâche de Moses à cette date a pris fin. Il nous reste à voir dans quelles circonstances, au cours de quelle ultime bataille ce Socrate devenu Luther a laissé orphelins ses six enfants et des milliers de disciples.

Chapitre 10

Mourir pour Lessing

La dernière fois que nous avions croisé Lessing, c'était sur la route de Bad Pyrmont en 1773. Vibrion pétulant, panier percé, adepte de jeux d'argent et de hasard (en une occasion au moins, il retarde son départ de Berlin pour attendre un tirage du loto, nous apprend Eva Engel [1]), le fils de pasteur est entré dans des eaux plus calmes depuis qu'il dirige la Bibliothèque ducale de Wolfenbüttel. Il y restera en fonction jusqu'à sa mort, soit plus de dix ans, ce qui est considérable pour ce nomade-né. Mais surtout il est tombé amoureux, lui aussi. D'Eva König, la veuve d'un de ses amis, qu'il a d'abord aidée dans ses affaires successorales avant de se fiancer avec elle. Ces fiançailles se prolongent sur une demi-décennie, car Eva König doit faire plusieurs séjours à Vienne pour régler la succession pendant que Lessing, lui, escorte dans un long tour d'Italie le prince Leopold de Brunswick.

Enfin les noces ont lieu en octobre 1776. Déjà plusieurs fois mère, la mariée a quarante ans passés et notre bon Lessing, mine de rien, quarante-sept. Tel est le couple mûr, mais heureux et épris, qu'abrite à Wolfenbüttel la charmante petite maison jouxtant la Bibliothèque ; par une porte latérale, Lessing peut même accéder à son lieu de travail en traversant le jardin.

C'est encore en pleine idylle que les trouvent Moses et Fromet un an plus tard, en revenant d'un séjour à Hanovre. Le 21 décembre 1777, Lessing, dont je vois d'ici l'air de fierté ingénue, montre aux deux Berlinois l'extraordinaire collection de livres rares et de manuscrits anciens qu'il gère. Nous le savons, car ils ont signé le livre d'or de la Bibliothèque : en dessous de la signature de Moses se détache en grosses lettres montantes le nom de « FROMET MENDESSOHN [2] ». Le *L* manque, ce n'est pas une coquille. Je n'avais pas précisé dans mon chapitre 4 que la correspondance entre les deux fiancés (comme la traduction du *Bi'ur*) était rédigée en allemand mais en caractères hébraïques, et peut-être que Fromet maîtrisait mal les caractères latins liés.

Lors de cette rencontre, dont les deux amis ignorent évidemment qu'elle sera la dernière, il a sans doute été question de la franc-maçonnerie. Lessing y avait adhéré quelques années plus tôt et vient d'y consacrer les cinq dialogues *Ernst et Falk*. Moses a déjà réagi par lettre à la lecture du manuscrit, sur un ton amical mais très sceptique et critique ; leur discussion de vive voix a dû être animée. Cette discussion, je peux me la figurer grâce au dessin[3] reproduit dans une brochure achetée sur place en mars dernier. Bien qu'il n'ait rien d'un document historique (il date de 1875), il est évocateur et c'est pour moi l'essentiel.

Devant le portail coquet de l'actuelle Lessing-Haus, les deux porte-flambeaux des Lumières allemandes marquent une pause en plein débat. Tricorne sur la tête, à peine plus empâté que lors de l'affaire Lavater, Lessing s'explique apparemment sur un point délicat : la canne levée, la main gauche s'agitant dans les airs, il se retourne à demi vers

Moses en tricorne lui aussi, mais vêtu de noir, et dont le dessinateur n'a pas cherché à flatter particulièrement le physique, même si les bras ramenés dans le dos permettent d'escamoter la bosse. Deux autres personnages au premier plan les observent avec goguenardise. Je leur trouve quelque chose de mauvais augure, et au chien noir qui les accompagne, un petit air faustien. Pour moi, ça ne fait pas de doute, ces deux-là sont des ennemis des Lumières. Mais je me laisse peut-être suggestionner par les événements à venir.

Pendant que les messieurs parlent franc-maçonnerie, il se peut que les dames parlent layette et couches, car toutes deux sont enceintes. Eva Lessing est à quelques jours du terme : les vieux jeunes mariés, après cinq ans de fiançailles, n'ont eu besoin que de six mois pour mettre un enfant en route. Et Fromet Mendelssohn, elle, attend la petite Susgen qui naîtra en juin suivant. On imagine combien les deux couples sont contents de passer du temps ensemble, en ce solstice d'hiver 1777.

Hélas, ce sont pour Lessing les derniers jours heureux de sa vie. Juste après le départ de leurs amis berlinois, sa femme est délivrée aux forceps d'un garçon que l'on baptise Traugott, et qui meurt dans les quarante-huit heures ; la mère le suit aux premiers jours de janvier, emportée par une fièvre puerpérale. L'idylle conjugale de Lessing n'aura duré qu'un peu plus d'un an.

Miné par le chagrin, il n'en perd pas pour autant son esprit combatif ni son inspiration. La même année, il fait paraître plusieurs *Fragments* dont le dernier, une critique radicale du Nouveau Testament, est mis à l'Index par l'Église ; lui-même est interdit de publication dans le domaine de la théologie.

C'est en réaction à cela, mais aussi en hommage à Moses dans l'affaire Lavater, qu'il conçoit alors *Nathan le Sage* (1779), son chef-d'œuvre et son chant du cygne.

L'intrigue en est campée à Jérusalem sous le règne de Saladin, pendant la troisième croisade. Le marchand Nathan, qui revient d'un voyage d'affaires à Babylone, apprend que sa fille Recha a été sauvée d'un incendie par un Templier souabe retenu prisonnier à la cour du sultan. Le jeune homme, à qui il voudrait exprimer sa gratitude, décline brutalement : que ce juif le laisse en paix, il n'a sauvé la fille que par réflexe et, si c'était à refaire, « laisserait brûler ce qui brûle » (acte I, scène 6).

Pendant ce temps à la cour, la sœur de Saladin prend prétexte d'une partie d'échecs pour adresser à son frère de tendres reproches : sa générosité le perdra, les caisses de l'État sont vides alors que la guerre va reprendre. Pourquoi ne pas convoquer le riche Nathan pour lui emprunter des fonds ? S'il refuse, on l'y contraindra ; non par le feu ni par le glaive, mais en mettant à l'épreuve sa sagesse, tout aussi proverbiale que le sont ses richesses.

Sur ces entrefaites, le Souabe se découvre amoureux de Recha et se réconcilie avec Nathan. Mais un mystère demeure : pourquoi Saladin laisse-t-il la vie sauve à un Templier, un des soldats du Christ les plus féroces et acharnés dans la croisade ? On en apprendra bientôt la raison. Ce Curd von Stauffen ressemble étonnamment à un frère cadet du sultan, le regretté Assad.

Entre-temps a eu lieu la réception de Nathan à la cour, vrai sommet de la pièce (acte III, scène 7). Pour mettre en difficulté le marchand et mieux l'intimider, le sultan lui pose une question théologique à haut risque : des trois religions du Livre, laquelle estime-t-il être la vraie ? Plutôt que de répondre (que répondre, en pleine guerre sainte, à une telle question ?), Nathan entreprend de raconter au sultan une « petite histoire » – en fait la Parabole des trois anneaux, que Lessing a reprise de Boccace. Elle commence comme un conte :

> *À l'aube des temps vivait à l'orient un homme*
> *Qui possédait une bague d'inestimable valeur,*
> *Cadeau d'une main chère. La pierre était*
> *Une opale aux cent belles couleurs,*
> *Ayant le pouvoir de faire aimer de Dieu*
> *Comme des hommes celui qui la portait*
> *En y ajoutant foi.*

À chaque génération le possesseur de cette bague la lègue à son fils préféré, faisant de lui le chef de sa maison ; jusqu'au jour où elle échoit à un père de trois fils qu'il chérit également. Comment choisir entre eux ? Dans son indécision, il fait réaliser deux copies de l'anneau, si parfaites que lui-même ne parvient plus à les distinguer. Chaque fils reçoit la sienne, et se considère d'avance comme l'héritier légitime.

« ... Écoutes-tu, sultan ?

– J'écoute, j'écoute ! », murmure Saladin qui commence à entrevoir le mot de la fin.

À peine le père mort, les trois fils se déchirent. Chacun, à bon droit, affirme être le successeur désigné, produit l'anneau et accuse ses frères de tromperie. On porte l'affaire devant un juge, qui se déclare d'abord incompétent. Comment trancherait-il, si rien ne distingue la vraie bague des deux fausses ?

Mais attendez ! On m'a dit que l'anneau véritable
Donnait la faculté magique de se faire aimer
Et de Dieu et des hommes. Un critère décisif !

À ce qu'il constate, pourtant, aucun des trois fils n'est plus aimé que les autres. Chacun d'entre eux n'aime que soi ; leurs trois bagues sont donc fausses, et ces trompeurs trompés n'ont plus qu'à mettre tout en œuvre pour mériter, par leurs actes, le statut d'héritier légitime. Que par leur douceur, leur charité, leur bienfaisance, leur sincère dévouement à Dieu, eux-mêmes et les enfants de leurs enfants fassent apparaître en eux les vertus de la bague ; dans quelques milliers d'années peut-être, il se trouvera pour les départager un homme plus sage que lui.

« ... Ainsi parla le juge, achève Nathan. Penses-tu être, Saladin, cet homme plus sage dont il nous promettait la venue ?

– Nathan, mon cher Nathan ! » s'écrie le sultan, bouleversé. Lui, jouer le rôle de juge ? Qui est-il pour départager les trois religions du Livre, ces trois fils d'un même Père dont aucun n'a encore beaucoup fait pour se distinguer des deux autres par sa plus grande bienfaisance ? Dans son émotion, le souverain veut libérer le marchand sans lui demander autre chose que son amitié ; et c'est Nathan lui-même qui lui propose de puiser dans sa fortune, s'il en a besoin pour financer la guerre.

Pour achever de faire de ces conflits interreligieux une histoire de famille, il apparaîtra aux deux actes suivants que le Templier est réellement le fils d'Assad, donc le neveu de Saladin. Recha, que l'on croyait fille de Nathan, se révèle être une jeune chrétienne qu'il a adoptée après avoir perdu sa femme et ses enfants dans un pogrom. Non seulement elle est née chrétienne, mais elle est aussi la sœur du Templier, dont la flamme devra donc s'épurer en amour fraternel. Le rideau tombe sur tous ces personnages qui viennent de se reconnaître et s'embrassent tour à tour, muets d'attendrissement.

On le voit, la pièce n'a rien d'un brûlot nihiliste et athée. Mais, en cet âge des Lumières marqué par les crispations identitaires et les sursauts de fanatisme, elle fait un tollé. On accuse Lessing de bafouer le christianisme, ainsi ravalé au rang de simple « frère », ni meilleur ni pire que les deux autres. Plutôt pire, car essentiellement incarné dans la pièce par un moine tortueux et par l'inquisitorial Patriarche de Jérusalem, qui parle d'envoyer Nathan au bûcher pour avoir élevé une chrétienne dans le judaïsme. L'idée même de guerre sainte est dénoncée comme contraire au véritable esprit de la religion :

« Se battre pour *son* Dieu ! » s'indigne Recha à propos des croisés (acte III, scène 1). « Qu'est-ce qu'un Dieu qui appartient à un homme, et a besoin qu'on se batte pour lui ? »

Avec les tirades déistes qui émaillent la pièce, et les scabreux liens de parenté entre ces supposés ennemis, tous les éléments sont réunis pour provoquer un scandale. En Autriche et en Saxe, *Nathan le Sage* est purement et simplement interdit. Lessing lui-même est l'objet d'attaques si violentes que, cette fois, elles ont raison de lui : après toute une vie de lutte à la force de la plume, il s'éteint à Brunswick le 15 février 1781.

C'est pourtant après sa mort que débute la campagne de diffamation la plus odieuse, dans des cercles proches de

Lavater (grand ennemi du déisme devant l'Éternel). Le *Messager clérical des amis de la religion* publie à l'automne 1782 une série de « lettres tout à fait dignes de foi » qu'un correspondant anonyme aurait adressées à sa rédaction au cours de l'année écoulée. Les derniers instants du polémiste y sont relatés à chaud, avec un luxe de précisions triviales :

> *Lessing est mort hier soir, de façon assez imprévue, même s'il se sentait malade depuis quelques mois. [...] Le médecin venait souvent le voir. Vers la fin, Lessing lui a demandé : « Est-ce que je vais plus mal ? – Non ! a répondu l'autre, si c'était le cas, j'aurais fait venir le pasteur. – Oh, celui-là, épargnez-le-moi ! »*
> *[...] À huit heures et demie Lessing est pris de nausées, rend des matières par le haut et par le bas ; à neuf heures, c'était fini*[4].

Pour conclure cette première lettre, l'anonyme rapporte les rumeurs qui circulent dans le peuple. Lessing ne serait pas « *mort d'une bonne mort : soit il s'est tué, soit le d*** l'a emporté ! Il avait cinquante-deux ans* [5] ». Le doux Lessing, en cheville avec le diable ? Si cela nous fait sourire, l'accusation est grave en cet automne 1782. À Glaris (Suisse), une servante accusée de sorcellerie vient d'être décapitée en place publique, échappant de peu au bûcher grâce aux doutes que laissaient subsister ses aveux faits sous la torture.

Revenons au correspondant du *Messager clérical*, qui reprend l'offensive après un mois de silence :

> *La dernière croyance de Lessing fut la métempsycose, doctrine selon laquelle les âmes migrent dans des corps de plus en plus délicats. Souhaitons-lui de s'être réincarné en femme, par exemple en belle juive ! puisque les Israélites étaient sa nation favorite et qu'il n'avait que leurs louanges à la bouche. Dans l'une de ses*

dernières pièces, Nathan le Sage, *le héros est... un juif : tous les chrétiens y sont des vauriens et des canailles* [6], etc.

Un autre mois passe, nouvelle livraison :

Récemment est morte la mère de Lessing, une brave femme, veuve d'un pasteur. Elle était inconsolable d'avoir donné le jour à un fils dont les égarements avaient ébranlé la religion, et est morte presque désespérée, en implorant vainement Dieu pour le salut de son fils [7].

Quelques détails supplémentaires sur les débauches de Lessing, ses fréquentes visites chez un particulier *« où l'on buvait de l'eau-de-vie dans de grands verres »*. Puis, dans une dernière lettre, l'anonyme revient sur les causes de sa mort. Plein de charité chrétienne, il ne reprend pas à son compte l'hypothèse populaire selon laquelle le diable serait venu toucher son dû. Mais il s'emploie à suggérer que les ennuis bien mérités de Lessing l'ont probablement poussé au suicide – une accusation grave aussi, car les suicidés, voués à la damnation, n'avaient alors pas le droit d'être inhumés dans un cimetière.

Ses derniers jours ont été pleins de chagrins ; il souffrait du mépris et de la haine qu'il s'était attirés par ses Fragments. *[...] Sa situation financière ne le tourmentait pas moins. Bien que jouissant d'un bon revenu, il n'avait jamais d'argent, car il dépensait en un jour ce qui aurait dû le faire vivre un mois. Comme il avait aussi des dettes, ses créanciers le harcelaient ; des canailles abusaient de sa bonté. Bref, les circonstances qui ont provoqué sa mort étaient si nombreuses qu'elles auraient suffi à tuer vingt hommes moins sensibles* [8]...

Pour ma part, je suis sensible à ce que, parmi tant de calomnies haineuses, l'auteur n'ait pu éviter de mentionner la *bonté* de Lessing, seul fait infalsifiable, qui ressort intacte de ce bain d'acide comme une parcelle de métal précieux.

Mais la campagne posthume contre Lessing fait lentement son chemin. Un an plus tard, Moses, qui depuis la mort de son ami songe à lui consacrer un livre, fait part de ce projet à sa correspondante Elise Reimarus. La dame le répète à Friedrich Heinrich Jacobi, auteur de romans philosophiques quelque peu werthériens, et d'ailleurs proche de Goethe. Dans sa réponse, Jacobi la met en garde. Le grand Mendelssohn sait-il qu'il s'aventure là sur un terrain fangeux et risque de s'y salir ?

> *Vous savez peut-être — et si vous ne le savez pas, je vous le confie ici sous le sceau de l'amitié — que Lessing dans ses derniers jours était un spinoziste convaincu. Il serait possible qu'il se soit ouvert de ces opinions à d'autres ; et dans ce cas il serait nécessaire que Mendelssohn, dans l'hommage qu'il veut lui rendre, passe entièrement sous silence certains éléments, ou du moins qu'il les traite avec une extrême prudence[9].*

Le ton est plus mesuré, le style est moins grossier, mais sur le fond ces insinuations hérissées de conditionnels ne sont pas si éloignées de celles du *Messager clérical* : « spinoziste » en est venu à signifier impie voire athée, une accusation qui ne peut laisser Moses indifférent. Mis au courant, ce dernier réclame des explications de Jacobi. Lequel lui adresse alors le volumineux compte-rendu d'un dialogue qu'il aurait eu en 1779 avec l'auteur de *Nathan le Sage* et qui confirmerait ses dires. Bientôt les deux hommes entament une controverse épistolaire sur Spinoza et Lessing, que le jeune Jacobi prétend avoir mieux compris en quelques mois que Moses, en toute une vie.

D'abord courtoise dans ses formes, elle vire à l'aigre et débouche en 1785 sur une crise ouverte. Moses publie ses *Morgenstunden*, transcription des leçons de philosophie qu'il donne chaque matin à son fils Joseph, à son gendre Simon Veit et à un neveu de Hartwig Wessely. Comme il y est abondamment question du spinozisme, c'est une pierre dans le jardin de Jacobi. Ce dernier publie, lui, ses *Lettres à Moses Mendelssohn sur la doctrine de Spinoza* et y réitère ses attaques en se réclamant de Lavater – Lavater dont il semble avoir repris la fâcheuse habitude de publier, sans demander l'avis de personne, des conversations ou correspondances privées.

Le 16 octobre 1785, très irrité, Moses écrit à Kant pour critiquer l'ouvrage de Jacobi, ce monstre qui a « la tête de Goethe, le corps de Spinoza et les pieds de Lavater[10] ». Sans y voir malice, Kant montre sa lettre au poète mystique Hamann, établi comme lui à Königsberg. Le « Mage du nord » ne partage pas l'estime de Kant pour Moses. Il s'empresse d'adresser à Jacobi l'assurance de son soutien « face aux confédérés et aux séides du rabbin berlinois[11] ». Puis la polémique s'étend à Weimar, d'où Goethe envoie également à Jacobi un message de soutien :

> *Que dis-tu des* Morgenstunden, *et des astuces juives auxquelles recourt le nouveau Socrate ? Avec quelle adresse il s'est servi de Spinoza et de Lessing ! Oh pauvre chrétien, quel sort sera le tien quand il aura peu à peu entortillé dans sa toile tes petites ailes bourdonnantes ! Vas-tu riposter ? Et comment[12] ?*

Nous sommes alors en décembre, et depuis plusieurs semaines Moses travaille à une riposte qu'il pense intituler *Aux amis de Lessing*. Sa santé est de nouveau moins bonne, malgré d'heureux événements comme les récentes fiançailles de sa fille Recha. Mais il tient absolument à ce que le texte paraisse aux premiers jours de 1786. Le 30 décembre, qui est un vendredi, il y met la dernière main. Respectant l'interdiction de traiter toute affaire pendant le sabbat, il attend le lendemain soir, ou plutôt (la nuit tombe tôt à Berlin un 31 décembre) le lendemain après-midi, pour aller remettre lui-même le manuscrit à son éditeur Voss.

Voss est installé dans la Breite Straße, entre deux bras de la Sprée. Venant de la Spandauer Straße, Moses n'a que l'eau à passer ; mais une eau qui en cette saison, je le sais d'expérience, peut charrier de gros glaçons, et d'où montent vers les ponts des bourrasques sibériennes. Pourquoi, dans sa hâte, laisse-t-il chez lui son gros manteau qui, d'après Stephen Tree[13], est encore celui dont son père l'emmitouflait jadis pour le conduire à l'école sur son dos ? Au retour, le philosophe a pris froid et doit s'aliter. Le 2 janvier, il est examiné par le médecin Marcus Herz, qui ne constate qu'une forte toux et une faiblesse générale. Le 3 janvier, la toux se complique de douleurs dans la poitrine ; Herz trouve son vieil ami prostré sur un sofa en dessous d'un buste de Lessing, et tellement faible qu'il n'arrive plus à expectorer.

Le 4 janvier, après une mauvaise nuit, Herz est rappelé dès sept heures du matin, car l'état du malade est devenu critique. Moses est toujours sur son sofa, mais le buste de Lessing a été déplacé sur la commode d'en face. Est-ce pour qu'il puisse mieux le voir ? Après quelques minutes de conversation, Herz très inquiet passe dans la pièce voisine pour informer Fromet. Il entend du bruit derrière lui, revient, découvre Moses affaissé, la tête rejetée en arrière, avec un peu d'écume aux lèvres ; « sans souffle, sans pouls, sans vie [14] ».

Il semble que ces signes apparents de la mort aient été probants, même pour le futur auteur de *L'Inhumation précoce chez les juifs*, car Moses est enterré dès le lendemain au cimetière de la Große Hamburger Straße, en présence d'un millier d'amis, savants et hommes de lettres.

Chapitre 11

Celui de qui tout est venu

Historiquement, bien sûr, c'est du patriarche Moses que tout est venu, et il fallait donc bien que je commence par sa vie. Mais pour moi tout est venu d'Abraham, ce néant entre deux génies qui m'intriguait tant. Aussi ma première lecture sur les Mendelssohn fut-elle sa volumineuse biographie par Thomas Lackmann, lecture entamée avant même d'avoir quitté Berlin : je me revois notant quelques idées de scènes (je pensais encore, à l'époque, écrire un roman sur lui) à la bibliothèque municipale de Schöneberg où je me réfugiais pour oublier mes cartons de déménagement à remplir. C'était en juillet 2012, et cela me paraît extraordinairement loin.

Je me revois aussi avançant dans cette lecture après ma réinstallation à Paris, et gagnée peu à peu par la perplexité et le découragement. Fourmillant de dates, de références, l'ouvrage de Lackmann ne laissait aucune zone d'ombre dans la vie d'Abraham et renvoyait à une multitude d'autres vies qu'il me faudrait également étudier : celles de ses frères et sœurs, de ses parents par alliance, de ses quatre enfants et de leurs propres descendants. Pour ne pas m'y perdre, j'avais dû me confectionner dès alors un petit arbre généalogique dont je me sers encore parfois, bien qu'il soit ridiculement maigre par rapport à la carte des Mendelssohn élaborée depuis.

De plus, ce livre de 720 pages comptait 133 pages de notes et 24 de bibliographie. J'y découvrais avec terreur que le *Mendelssohn-Komplex* avait déjà alimenté de nombreux travaux, articles, ouvrages, remontant pour certains au xixe siècle, bref que j'avais affaire à un véritable champ. Il y avait même une revue, les *Mendelssohn-Studien*, dont le numéro 1 était paru l'année où je soufflais ma deuxième bougie ; c'était vertigineux. Ce champ semblait non seulement exploré mais largement connu. Par moments, Lackmann se montrait si allusif que je devais supposer en face de lui un vaste public de mendelssohnomanes ou de mendelssohnologues avertis. Et à la lecture d'un passage relatant un épisode non daté, dont les protagonistes étaient désignés par une simple initiale, il m'est arrivé d'écrire rageusement dans la marge :

« Mais je ne comprends rien ! À qui t'adresses-tu ? »

La vérité, c'est que je voyais de moins en moins comment tirer de cela un roman. Si l'Histoire (dans son mouvement, sa dynamique et ses causalités) est pour moi une matrice de la fiction, je me sens incapable d'écrire une fiction à partir de faits historiques réels. J'ai besoin de personnages qui vivent, moi, vivent leur vie de personnages, laquelle n'est pas encore écrite au départ et dont je ne sais pas tout. S'il s'agit seulement de broder sur un canevas donné d'avance, je n'ai plus rien à faire là.

J'ai passé quelques semaines enlisée dans ces problèmes de création romanesque, à imaginer des solutions toutes plus fumeuses les unes que les autres ; jusqu'à ce que je commence à me passionner pour mon sujet sans plus me demander ce que j'allais en faire. Le livre serait ce qu'il serait : moi, je voulais *savoir*.

Et c'est seulement en mars 2013, lors d'un bref retour à Berlin, que j'ai compris que je n'écrirais pas le roman des Mendelssohn mais le roman vécu de ma recherche sur les Mendelssohn, dont je serais le seul personnage répondant à mes critères du personnage de fiction, puisque je ne connais pas d'avance ma propre vie (façon de vous dire que j'ignore absolument où, quand et comment finira ce livre). Un personnage trottant en bottes de sept lieues dans un parc temporel de deux ou trois cent ans, bondissant en avant, en arrière ou en diagonale sur l'échiquier de la Terre, car le *Mendelssohn-Komplex* couvre quatre des cinq continents.

Mais revenons à Abraham de qui tout est venu. Lorsqu'on enterre son père le 5 janvier 1786, il n'est âgé que de neuf ans. Il a deux grandes sœurs en puissance de mari (Brendel et Recha), un frère et une sœur adolescents (Joseph et Jette), un cadet tout jeune (Nathan), et l'on peut affirmer sans grand risque d'erreur que, dans la famille, il n'occupe pas beaucoup de place. De plus, cette famille est encore sous le coup de sa perte récente : la querelle autour de Lessing jette ses derniers feux, amis et ennemis y ajoutent leur grain de sel, en mai on joue à Berlin une *Cantate pour la mort de Moses Mendelssohn* composée par Bernhard Wessely, le neveu de Hartwig... Survient là-dessus une mort bien plus illustre : Frédéric II n'a pas survécu huit mois à son philosophe local qu'il snobait si opiniâtrement. Son successeur, Frédéric-Guillaume II, a l'élégance d'accorder à Fromet le Privilège, ce qui la fait passer dans la 1re catégorie et lui confère un droit de séjour illimité et héréditaire en ville. Mais, signe de son accablement et de sa désorientation, elle préfère se retirer peu après dans la bourgade de Neustrelitz où vivent Recha et sa belle-famille.

Il se trouve que j'ai traversé Neustrelitz en avril 2012, en emmenant mes enfants voir la Baltique à Stralsund et manger des petits pains à l'anguille fumée dans les troquets du port. Ignorant encore que c'était un lieu mendelssohnien, je n'avais accordé qu'un regard distrait à sa gare, mais je me souviens que les environs m'avaient frappée par leur beauté un peu mélancolique – paysages de bois et de marais où, me disais-je, il devait y avoir beaucoup de moustiques l'été. C'est donc là qu'Abraham passe le reste de son enfance avec sa mère, sa grande sœur Jette et son petit frère Nathan.

Il se produit beaucoup de choses dans le monde, entre 1787 et le milieu des années 1790, mais peut-être pas à Neustrelitz. Pour le jeune Abraham, les principaux événements doivent être les nouvelles de la famille à Berlin. Brendel leur donne un premier neveu, un deuxième, un troisième, un quatrième. Joseph, désormais l'homme de la famille, est devenu comptable dans une banque et consacre son temps libre à des activités associatives : la mise sur pied d'une « Fondation 1791 » honorant la mémoire de Moses, puis, en 1792, celle de la « Société des amis » qui entend lutter pour l'émancipation, contre la misère et l'ignorance, bref perpétuer les valeurs des Lumières – au nombre desquelles l'amitié elle-même, je pense l'avoir montré, figurait en bonne place. Abraham y adhérera lui aussi à l'âge de seize ans.

Pendant ce temps grandit à Berlin sa future femme Lea Salomon, une petite-fille de Daniel Itzig. On se souvient que Moses à l'époque de ses fiançailles jugeait avec sévérité ces riches Berlinois, leur mentalité et leur mode de vie. Mais à mesure qu'il connaissait une relative ascension sociale, des liens se sont tissés entre lui, ses enfants et plusieurs enfants du financier. C'est ainsi que Joseph travaille à la banque Itzig, que Jette et Brendel fréquentent Lea Salomon.

Lorsque, adolescent, il revient vivre Berlin, Abraham fait la connaissance d'un personnage haut en couleur qui, lui aussi, a quelque chose à voir avec les Itzig : Karl Friedrich Zelter, dont le père a réaménagé la laiterie Bartholdi en maison de campagne pour la famille du financier. Autodidacte, Zelter le jeune est féru de musique et de littérature. Il correspond avec Schiller et Goethe (qu'il a mis en musique), est membre directeur de la *Sing-Akademie*, une chorale d'amateurs éclairés comptant certains parents de l'éditeur Nicolai, du graveur Chodowiecki, du peintre Schadow, tous noms que nous connaissons déjà. Sous ce patronage, l'adolescent intègre la *Sing-Akademie* en 1796, et pendant de longues années à venir Zelter lui sert un peu de père ou de mentor artistique.

L'été suivant, c'est pour Abraham le début de la vie active : il s'en va faire son apprentissage dans une banque parisienne, non sans cueillir en route les roses de la haute culture. À Iéna (grâce à son mentor) il rencontre Schiller, et à Francfort, au théâtre, il tombe par hasard sur Goethe.

« Vous êtes un fils Mendelssohn [1] ? » lui demande tout à trac le grand homme, une familiarité qui enchante le jeune voyageur. C'est donc la tête pleine de rêveries artistiques, et de pièces répétées à la *Sing-Akademie*, qu'il parvient dans le Paris postrévolutionnaire et y devient caissier à la banque Fould, Oppenheim & Cie.

Là, il ne manque aucune occasion d'aller au théâtre et à l'opéra. S'il donne satisfaction en tant que banquier en herbe, il cache au fond de lui un tempérament d'artiste, et ce clivage restera toujours en lui un foyer d'instabilité et d'incertitude qui se traduira dans sa vie adulte par une bougeotte permanente. Les années parisiennes auront été la belle époque de sa vie, celle où ses rêves n'étaient pas encore morts : dans ses lettres, il se montre alors si francophile que Brendel moqueuse le surnomme (en français) « Abraham *le citoyen*[2] ». Il fait d'ailleurs une émule. Jette, jusque-là préceptrice à Vienne, décide de le rejoindre pour devenir en 1801 la gouvernante des enfants Fould. Au même moment, Lea Salomon vient passer quelques jours à Paris et reprend contact avec son amie. Voilà probablement dans quelles circonstances Abraham et Lea se rencontrent pour la première fois.

Ce n'est pas un coup de foudre, du moins en ce qui le concerne. Même si la petite-fille du financier Itzig est un très bon parti, on ne peut pas dire qu'Abraham saisisse la chance aux cheveux. Il hésite, atermoie. Épouser Lea, n'est-ce pas renoncer définitivement à l'art ? Au bout de deux ans, Jette en est encore à le questionner sur ses travaux d'approche et à lui suggérer d'y mettre un peu plus de conviction :

> *J'aimerais partager tes espoirs de succès, mais je t'avoue qu'il me semble presque impossible que tu réussisses, vu la manière dont tu t'y prends. [...] À ton âge on n'est que trop porté à méconnaître le bonheur, même quand il se présente réellement sur notre route ; on pense toujours que l'on va trouver mieux, et entre-temps il est déjà loin et hors de portée ! J'espère lire dans ta prochaine lettre que tu as parlé à Lea ; plus tu parleras avec elle, plus tu comprendras que tu ne retrouveras pas souvent une femme comme elle*[3]...

Certes Abraham est moins pressé de se lancer dans la vie adulte que Joseph, qui s'est marié dès l'âge de vingt-trois ans avec Henriette Meyer, la sœur du mari de Recha ; a pieusement racheté l'immeuble familial du 68, Spandauer Straße (mais, pour une raison ou une autre, l'a revendu trois ans plus tard) ; et, au début de l'année 1800, a cofondé sa toute première banque.

Qu'en pense Fromet ? Fromet est un peu hors-jeu, pour l'instant. À Neustrelitz, le mariage de Recha a été un échec, la voilà divorcée tout comme Brendel, sans que les liens avec la famille Meyer s'en trouvent pour autant rompus. Lorsque l'ex-beau-père de Recha part s'installer à Altona, Fromet et sa fille l'y suivent. Altona n'étant qu'à quelques kilomètres de Hambourg, c'est pour la veuve de Moses une sorte de retour au pays natal.

Résumons le diagramme familial, à l'aube du XIXe siècle. Brendel-Dorothea a quitté son mari pour Friedrich Schlegel, obtenu la garde de son fils cadet Philipp, et vit à Iéna dans une sorte de phalanstère romantique rassemblant les deux frères Schlegel ainsi que Tieck, Schelling et Novalis (« une république de purs despotes », écrit-elle au bout de trois mois, déjà désenchantée [4]). Fromet est à Altona avec Recha qui va bientôt y ouvrir un pensionnat de demoiselles. Joseph est à Berlin, banquier et marié. Jette et Abraham vivent tous deux à Paris rue Richer, dans une dépendance de l'immeuble où habitent les Fould. Sur Nathan, je ne sais que dire. Il n'apparaît dans ma Chronologie qu'en 1805 à Londres, où il publiera dans une revue savante un compte-rendu technique sur l'utilisation de la pompe à air.

Le diagramme se modifie en 1802, lorsque Dorothea débarque avec homme et enfant à Paris et, aussitôt, y fait des vagues. Toujours à court d'argent depuis son divorce, elle demande à Abraham d'intercéder auprès de leurs frères et sœurs pour lui obtenir une avance d'hoirie, sous le prétexte qu'elle veut se séparer de son amant et qu'il lui faut de quoi vivre. Abraham évente le stratagème et refuse fermement : elle coupe alors les ponts avec ce « barbare sans cœur » qui, se plaint-elle dans une lettre à Schleiermacher, ne vaut pas mieux que n'importe quel « juif berlinois [5] ».

Elle garde cependant des contacts avec Jette, même après ce jour d'avril 1804 où elle se convertit au protestantisme et, séance tenante, devient Mme Schlegel. Lorsque, deux semaines après, le couple part précipitamment pour Cologne où Friedrich est invité à donner des cours, c'est Jette qui se charge de leur envoyer une série d'objets oubliés dans leur logement parisien de la rue de Clichy : la boîte de couleurs du petit Philipp (futur peintre), un livre de cuisine, un guide des monuments de Paris et – bel exemple de ce qu'on appellera beaucoup plus tard un acte manqué – les documents remis par le pasteur après la double cérémonie.

« Ils sont si importants pour moi, je me giflerais de les avoir oubliés [6] ! », écrit Dorothea à une amie. Tu peux te gifler, Dorothea, cela ne te réconciliera pas avec ta mère : celle-ci est si choquée par la conversion de sa fille qu'elle ne la reverra plus jamais.

Le diagramme s'est donc à nouveau modifié au printemps 1804, avec le départ des Schlegel pour Cologne. L'année ne s'achève pas sans un autre changement de taille. Abraham, qui va sur ses vingt-huit ans, regagne Berlin pour y fonder avec Joseph la banque J. & A. Mendelssohn. Le 26 décembre, il épouse enfin Lea Salomon, et le jeune couple ainsi que Joseph et sa femme s'établissent à Hambourg, où est créée dans les jours suivants une filiale de la banque. Tout ce petit monde habite le même immeuble du 14, Große Michaelis-straße. Joseph et Henriette ont déjà deux garçons nommés Benjamin et Alexander ; Lea, elle, accouche d'une Fanny le 14 novembre 1805. Abraham est fou de joie, mais plante là mère et fille trois jours après la naissance, pour un énième indispensable voyage d'affaires à Paris.

Tel est le nouveau diagramme familial au moment de la bataille d'Ulm. Seule Jette est restée à Paris dans son emploi de gouvernante. Abraham, Joseph et leurs familles respectives se trouvent à Hambourg, à quelques encablures de leur mère et de leur sœur Recha ; ils ne vivent pourtant pas dans le même pays, car Altona appartient encore au royaume du Danemark. Nathan est retourné à Berlin où Jonas Veit, le fils aîné de Dorothea, vit toujours chez son père ; Dorothea elle-même, son second mari et le petit Philipp Veit vivent, eux, à Cologne, où ils tirent le diable par la queue.

... Je sens que ce système de diagrammes ne fonctionnera pas longtemps : vingt ans après la mort de Moses, les Mendelssohn se sont déjà tellement multipliés et dispersés que j'en regretterais presque l'époque où tout se jouait sur les deux étages et demi du 68, Spandauer Straße. Restons-en donc à Abraham, de qui tout était venu.

Les choses vont bien pour Abraham. Si ce n'est qu'il ne tient pas en place, même une fois devenu père, on peut dire qu'il se range et que cela lui réussit. C'était une considérable promotion que cette alliance avec la famille Itzig, qui a déjà ses lettres de noblesse sociales. Elle a aussi ses brebis galeuses, comme Jacob Salomon, frère cadet de Lea. Célibataire endurci, amateur d'art, grand joueur à ce qu'on dit, il

achève alors un ouvrage sur la Grèce contemporaine et,
pour faire carrière dans le droit et la diplomatie, se convertit
au protestantisme la même année 1805. À cette occasion, il
adopte également un second nom, pimpant et bien sonnant :
celui de la laiterie familiale sur les bords de la Sprée, dont
il a simplement modifié l'orthographe de BARTHOLDI en
BARTHOLDY.

En 1806, la grande Histoire nous rattrape. Après Auster-
litz, Napoléon forme la Confédération du Rhin qui rassemble plusieurs États allemands favorables à la France. Très
alarmé, le roi de Prusse − nous en sommes déjà à Frédéric-
Guillaume III − décrète la mobilisation, mais subit dès
octobre une cuisante défaite à Iéna. Pendant ce temps,
Hambourg se trouve occupée par les Français et « Abraham
le citoyen », de francophile qu'il était, devient rapidement un
ardent francophobe. C'est que les affaires périclitent avec
l'instauration du Blocus continental qui coupe les relations
économiques, traditionnellement fortes, entre Hambourg et
l'Angleterre. Sur les quelques kilomètres séparant Altona de
Hambourg (et Fromet Mendelssohn, de ses deux fils aînés)
se développe à présent une intense contrebande.

Politiquement aussi, la France a cessé d'être un phare de
l'émancipation. De même qu'en 1802 le premier consul
Bonaparte avait rétabli l'esclavage dans les colonies antillai-
ses, en 1808 l'empereur Napoléon revient sur les droits
civiques accordés aux juifs par la Révolution, avec un décret
entravant leur liberté d'établissement et de profession : le
« décret infâme », comme l'appellent ses détracteurs.

C'est dans ce contexte de guerre et de réaction que nous
assistons dans la famille à une première vague de baptêmes.
Dorothea et Friedrich Schlegel (eux-mêmes à la pointe de la

réaction, et ayant enterré les expériences libertaires de leurs jeunes années) se convertissent au catholicisme dans une petite église de Cologne, avant de s'installer à Vienne où Friedrich occupe des fonctions officielles. Deux ans plus tard, Jonas et Philipp Veit suivent l'exemple de leur maman.

Nathan Mendelssohn, lui, choisit le protestantisme en avril 1809, juste avant d'épouser une autre petite-fille de Daniel Itzig convertie, elle, depuis longtemps et qui, comme son frère Julius Eduard, avait modifié son nom de famille en HITZIG. C'est que *hitzig* est un respectable adjectif allemand signifiant « fougueux », tandis qu'*Itzig* est une variante d'Isaac. Quarante ans après, alors que Julius Eduard Hitzig est désormais une notabilité de la vie publique allemande, Heine se gausse encore de ce changement de nom :

> *Alors qu'il était un Itzig*
> *Il rêva un jour que son nom*
> *Se trouvait écrit dans les cieux,*
> *Précédé de la lettre H.*

Il n'en faudrait pas plus pour se croire devenu *Heiliger Itzig*, saint Itzig.

> *Un bien beau titre, mais hélas,*
> *Comment le porter à Berlin ?*
> *Il prit alors le nom d'Hitzig*
> *Mais n'informa que ses amis*
> *De son identité de saint* [7].

Incorrigible moqueur ! Tout cela pour un petit *H*. Le changement de nom envisagé par Abraham Mendelssohn sera bien plus radical, mais nous n'en sommes pas encore là.

Pour l'instant, dans cette ville de Hambourg occupée par les
Français qui viennent de promulguer le « décret infâme »,
Abraham a seulement eu, après Fanny, un fils. Un fils qu'il
nomme Felix et, selon toute apparence, ne fait pas circoncire. Dorothea lance même la rumeur selon laquelle il l'aurait
d'ores et déjà fait baptiser, mais la suite des événements
l'infirme (Dorothea n'est pas une source très fiable, surtout
pour ce qui touche à une branche de la famille avec laquelle
elle est alors brouillée). La seule chose certaine, c'est que la
communauté juive de Hambourg-Altona n'a pas gardé trace
dans ses registres de la naissance d'un Felix Mendelssohn le
3 octobre 1809 [8].

Et je vais clore ce premier chapitre consacré à Abraham,
car ici commence pour lui une seconde vie, une vie où le
« fils de son père » est devenu le père de son fils. S'il ne le sait
pas encore, c'est peut-être la date la plus importante de toute
son existence.

AH, CE JOSEPH, il m'a donné du mal. De tout ce que j'avais lu dans la biographie de son frère, je n'avais retiré de lui qu'une image lisse, monolithique, le type de personnalité à l'intérieur de laquelle une romancière serait incapable de se glisser, faute de faille, pour *voir avec ses yeux*. Jusqu'au bout, c'était le parcours irréprochable d'un homme prenant toujours la bonne décision pour parfaire l'œuvre de sa vie : son empire banquier. Fondation d'une première mini-banque à l'âge de vingt-cinq ans. Peu après, association avec son ami Moses Friedländer, puis partenariat avec Abraham et extension vers Hambourg. En 1806, nouvelle association avec un de ses neveux par alliance, qui apporte 30 000 thalers à la branche berlinoise et 75 000 à la branche hambourgeoise. Rapatriement-éclair des activités vers Berlin pendant l'occupation française et, dès lors, *success story* d'une banque d'abord sise au palais Ephraim (j'espère qu'on n'a pas oublié Veitel Heine Ephraim, l'autre financier de Frédéric II), puis au 51 de la Jägerstraße, lieu mythique dont j'ai déjà parlé et où nous retournerons.

Outre ce talent pour les affaires, fidélité à ses origines − Joseph ne se convertit pas − et dévouement à la collectivité grâce à des fondations d'écoles, d'orphelinats, d'institutions charitables, sans parler des multiples corporations, unions de commerce et sociétés d'assurance auxquelles il aura donné vie. Quelques concessions à la *dolce vita* romantique avec l'acquisition d'un vignoble à Horchheim, sur les coteaux près de Coblence, où l'on verra passer le jeune et beau Felix Mendelssohn lorsqu'il dirigera des festivals musicaux dans la région rhénane. Mais sans cela, pensais-je, un parcours un peu ennuyeux parce que trop prévisible. Joseph, sans même y être poussé par son père (déjà mort), épouse sans surprise la fille de Nathan Meyer, vieil ami de la famille. Joseph n'a rien à dire à Dorothea la scandaleuse jusqu'en 1830, lorsque vieille, veuve et toujours désargentée, elle revient faire la paix avec ses frères dans ses dernières années. Joseph finance les études d'Arnold, un autre de ses neveux, mais répond sèchement à une nouvelle demande d'argent du jeune diplômé dont il désapprouve les sympathies socialisantes :

> *Le bon Dieu, parmi toutes les qualités qu'il t'a accordées et qui, employées comme il faut, te mèneraient au but que tu souhaites, t'a refusé le zèle et l'amour du travail. Vaincre les difficultés, te donner de la peine et lutter contre le destin, ce n'est pas pour toi* [1].

Arnold ferait mieux de s'appliquer à sa carrière, au lieu d'envier les membres de sa famille plus riches que lui ; quant à lui avancer 250 thalers, c'est niet.

Vraiment ce n'est pas un tel Joseph, eût-il eu onze frères, qui aurait inspiré à Thomas Mann une fascinante tétralogie romanesque dont on tourne chaque page en se demandant quel éclair d'ingéniosité ou quel vertigineux retournement du sort va sauver le héros – ce Joseph biblique qui est certes l'élu de la Providence, mais sait aider la Providence et confirmer cette élection par sa connaissance des êtres et son universelle séduction. Dans les semaines d'octobre 2012 où je me demandais que tirer de cette histoire déjà écrite qu'est celle des Mendelssohn, je dois dire que le précédent de *Joseph et ses frères* était une grosse épine dans mon pied. Comment ! Thomas Mann n'avait pas rechigné à faire du roman, et quel roman... ! avec une vie que l'on connaît par cœur : Joseph vendu par ses frères à des Ismaélites, qui l'emmènent en Égypte, où il entre au service de Putiphar, refuse les avances de la femme de Putiphar, est néanmoins accusé de viol et jeté en prison, puis en sort et devient ministre de Pharaon grâce à une interprétation de ses songes, les sept vaches grasses et les sept vaches maigres, etc. ; et moi je tortillais, je n'y arrivais pas, je ne voyais pas comment m'y prendre ?... Un peu de courage, que diable ! me sermonnais-je, très irritée contre moi-même.

Toutefois (me suis-je dit par la suite), si Thomas Mann avait eu pour point de départ non pas les quelques pages de la Genèse, chapitres 37-49, mais des kilogrammes de documents, portraits, livres de comptes, extraits d'état civil, correspondances bihebdomadaires entre Jacob, ses deux épouses, ses deux concubines et ses douze fils Ruben, Siméon, Lévi, Juda, Issacar, Zébulon, Dan, Naphtali, Gad, Aser, Joseph et Benjamin ; des biographies consacrées à tel d'entre eux ou de leurs descendants, et des articles, accessibles dans n'importe quelle bibliothèque universitaire, sur des sujets aussi pointus que – mettons – « Le détournement d'un droit d'aînesse : archives du procès Ruben/Juda », ou « Les problèmes d'organisation dans un foyer polygame, d'après une lettre inédite de Rachel à Léa »... franchement, aurait-il encore eu la possibilité ou même l'envie d'en faire du roman ?

Sur Joseph Mendelssohn, estimais-je donc, il n'y avait pas grand-chose à dire. Et pourtant il fallait bien que je parle de lui. Je ne pouvais pas sauter à pieds joints par-dessus un élément aussi crucial dans l'histoire ultérieure de la famille. Heureusement, cette image trop statique a commencé à vibrer grâce à certains détails. Parfois tardifs. En 1840, à soixante-dix ans, Joseph adresse à son neveu Felix une demande qui m'a d'abord laissée perplexe : pourrait-il lui traduire en allemand quelques sonnets de Boccace et d'autres poètes du xive siècle italien ? Rappelons qu'à cette date Felix Mendelssohn n'est pas un étudiant désœuvré, mais un des compositeurs les plus actifs d'Europe, directeur du *Gewandhaus* de Leipzig, et accessoirement père de deux enfants en bas âge. Le directeur du *Gewandhaus* s'exécute néanmoins. Ayant reçu une vaste éducation humaniste qui le rend capable de produire de magnifiques aquarelles comme de lire couramment l'italien ou le grec ancien, il adresse bientôt à son oncle les traductions demandées. Mais, précisait ma source, Joseph choisira finalement d'autres traductions pour cet ouvrage d'érudition publié dans l'année.

Je me souviens de m'être alors gratté la tête. De quoi s'agissait-il, et depuis quand le banquier Joseph Mendelssohn, de la banque Mendelssohn, publiait-il des traités savants sur la poésie italienne ? Comme les bibliographies m'indiquaient parfois en nom d'auteur (le livre lui-même n'est pas signé) un certain JOSEF MENDELSSOHN avec *F*, j'avais même cru à une confusion. Il m'a fallu poser la question à Thomas Lackmann – mais oui, un jour viendra où je rencontrerai vraiment Thomas Lackmann, dans un café berlinois proche de Stuttgarter Platz – pour être tirée de mes doutes : c'était bien notre Joseph qui avait écrit ce texte.

Quand j'en ai eu le temps, il va de soi que je me suis jetée dessus. Moi qui ai passé plusieurs années de ma jeunesse à traduire les *Écrits sur Dante* d'Erich Auerbach, autre juif berlinois, je brûlais de savoir ce qu'un fils Mendelssohn écrivait cent ans plus tôt sur *Les Perspectives de Rossetti pour une réinterprétation de Dante et des poètes de son temps* [2]. Gabriele Rossetti, je m'en souvenais vaguement, était de ceux qui voyaient dans *La Divine Comédie* une œuvre politique cryptée, exprimant des convictions antipapales sous forme d'allégories : parmi les vilaines bêtes croisées dans une forêt obscure au premier chant de *L'Enfer*, le lion représentait la France, la louve incarnait la Curie romaine, et la panthère, la ville de Florence. Je me souvenais aussi qu'Auerbach écartait d'un revers de main ces interprétations qu'il tenait pour simplistes : considérer par exemple Béatrice comme une simple allégorie de la dignité impériale, c'était passer à côté du *réalisme* dantesque où, dans un au-delà peuplé de symboles, les grandes figures de l'Histoire et de la vie de Dante gardent néanmoins une présence sensible, une intensité bien terrestre qui font toute la force poétique et l'immortalité de l'œuvre.

Joseph Mendelssohn, dans sa propre étude, ne taisait pas les vives critiques que s'était attirées Rossetti dès la publication de son essai à Londres en 1832 (c'était un patriote italien en exil, ai-je appris à cette occasion) ; mais il lui plaisait d'en défendre la thèse. Et tout cela commençait à lui faire prendre vie à mes yeux, à me le rendre presque sympathique. Joseph n'était pas seulement un banquier pète-sec refusant des avances à ceux qu'il n'en estimait pas dignes. C'était un authentique casse-pieds, réclamant des traductions de poésie italienne à un neveu débordé pour finalement en préférer d'autres meilleures ; et une forte tête, capable d'aller exhumer et défendre un ouvrage savant que tout le monde, dix ans plus tôt, avait tourné en ridicule.

Joseph, découvrais-je aussi en lisant son essai, avait également une belle plume et l'esprit clair. En quatre-vingt-deux pages au style fluide, il rendait parfaitement intelligibles les accidents de la carrière de Dante, qui m'étaient pourtant restés assez obscurs même après de longs mois passés à traduire Auerbach. Si je voyais à peu près ce qu'étaient les guelfes et les gibelins, je pataugeais dans les luttes florentines entre le parti « noir » et le parti « blanc ». Grâce à Joseph, cela devenait bête comme chou.

Et d'ailleurs son intérêt pour le xivᵉ siècle italien faisait sens. Je m'en avisais bien tard, mais Joseph Mendelssohn n'était pas né banquier. Auparavant il avait été l'élève de son père pendant ces heures matinales où le philosophe enseignait aux jeunes gens de son entourage familial. Il n'avait pas seulement appris de Moses à lire la Torah, il en avait aussi reçu les valeurs des Lumières, parmi lesquelles la contestation du pouvoir des Églises. Qu'il s'intéresse en sa vieillesse aux convictions antipapales de Dante, de Pétrarque et de Boccace – Boccace de qui Lessing avait repris la Parabole des trois anneaux – n'avait rien de saugrenu.

Oui, tout cela faisait sens. Y compris l'autre volet de cet antipapisme médiéval : la défense d'un pouvoir impérial fort, capable de s'opposer au pape dans le domaine séculier. En explorant le gibelinisme de Dante, Joseph me fournissait le chaînon manquant entre un Moses apôtre de la liberté de conscience, et ses propres descendants qui vers la fin du xixe deviendraient pour beaucoup d'ardents Prussiens adeptes d'un État autoritaire, bons sujets de l'empereur, parfois même anoblis.

D'autres anecdotes dataient au contraire de ses toutes premières années. Joseph adolescent, apprenais-je dans la correspondance de Moses, était fier et timide : de passage à Hambourg, il avait refusé de rendre visite à Elise Reimarus, amie de son père, sans une recommandation écrite de ce dernier. Par ailleurs, il s'intéressait aux sciences et en particulier à la physique, ce qui pendant un temps donna à Moses l'idée d'en faire un médecin ou un savant, malgré ses piètres capacités en langues. Quelques mois avant sa mort, le philosophe allait pourtant devoir renoncer à ces projets pour son aîné ; dans l'état actuel du monde, ils n'étaient pas réalistes.

Je regrette sincèrement de devoir le détourner des sciences pour en faire un valet de Mammon. La médecine ne lui dit rien ; et en tant que juif, s'il ne devient pas médecin, il n'a d'autre choix que de devenir soit marchand, soit mendiant [3].

Dans la tradition hébraïque, Mammon le démon de l'argent et des possessions matérielles : on sent chez Moses une certaine amertume. Son fils aîné deviendra donc un valet de Mammon. Mais, comme on le voit par sa publication tardive sur Rossetti et les poètes de la pré-Renaissance italienne, son goût de l'étude ne l'a pas quitté et il s'y adonne à nouveau sur le tard, à un âge où, professionnellement, il est peut-être moins occupé.

La finance et les sciences : ces deux talents réunis en la personne de Joseph vont se répartir entre les deux fils qu'il a eus de sa femme Henriette. Benjamin Mendelssohn, né en 1794, commence par étudier la médecine, seul cursus alors ouvert aux juifs, puis – après les guerres napoléoniennes et l'assouplissement temporaire des lois prussiennes – la géographie et la géologie, matières plus à son goût. Il se convertit à temps au protestantisme, sous le nouveau prénom de Georg, juste avant que l'enseignement universitaire soit à nouveau fermé aux juifs. Pourtant, sa carrière ne décollera jamais vraiment.

On pourrait certes le croire en 1835. Il publie alors *L'Europe germanique*, essai de géographie historique teinté de considérations raciales, et est nommé professeur à la faculté de Bonn. Mais, en 1847, sa titularisation fait débat parmi ses pairs : elle n'a pas été ratifiée localement par la faculté, et puis Georg Mendelssohn est trop jeune, n'a pas assez publié, c'est de surcroît un mauvais orateur qui n'attire guère d'élèves et dont les cours sont souvent annulés, etc. De plus son second ouvrage, *L'Institution corporatiste dans l'État monarchique* (1846), n'a pas réussi à le lancer. Ses idées réactionnaires, qui au départ étaient simplement dans l'air du temps, s'y font excessives, anachroniques : c'est le reproche que lui adresse Alexander von Humboldt, naguère élogieux sur *L'Europe germanique*. À l'heure où percent partout la liberté politique et l'idée nationale, il ne s'agit plus de défendre la monarchie des provinces et des corps de métiers, objecte Humboldt, mais la « patrie dans son ensemble [4] ».

Marginalisé par ses origines, qu'il essaie de compenser par un conservatisme outrancier, Benjamin Georg Mendelsson finit en 1851 par renoncer à toute activité d'enseignement.

Dans ma Chronologie, je ne le retrouve plus avant 1863, lorsqu'il crée avec son frère une institution charitable destinée à doter des orphelines : la « Fondation Henriette », ainsi nommée en hommage posthume à leur mère. Lui-même s'éteint en 1874 à Horchheim, sans laisser d'autre enfant qu'une fille adoptive née Betsy Thormann, laquelle meurt à son tour, sans descendance connue, en novembre 1905.

Alexander, lui, est d'emblée voué à Mammon et s'en porte plutôt bien. En 1822, lorsque l'oncle Abraham quitte la banque Mendelssohn pour voler de ses propres ailes, il y reprend sa place aux côtés de son père. À cette date, il a déjà épousé Marianne Seeligmann, une nièce de Lea Salomon, et leur union se révèle d'une prolificité digne de la Bible ou d'un conte de fées : il leur naît huit enfants, quatre garçons et quatre filles qui tous parviendront à l'âge adulte. S'ils les font tous les huit baptiser à la naissance, eux-mêmes restent de confession juive et sont d'ailleurs les derniers à le rester dans toute la descendance de Moses. Lorsqu'on enterre Marianne Seeligmann à l'été 1880, c'est, pour beaucoup de leurs parents, la première cérémonie juive à laquelle ils assistent.

Alexander lui aussi accomplit un parcours sans faute. À la mort de son père fin 1848 (il est symbolique que Joseph, homme d'ordre, n'ait pas survécu à la chienlit du Printemps des peuples), il reprend la direction de la banque et la mène au pinacle, notamment par des prêts accordés à la Russie tsariste. Cette banque florissante, qui a toujours son siège dans la Jägerstraße, s'est donné un bien joli emblème : une grue à la patte relevée. « JE VEILLE », dit la devise. Une allusion au fait que ces oiseaux, pendant leur repos nocturne, désignent en leur sein des guetteurs qui doivent rester éveillés et pour cela tiennent un petit caillou dans leur patte : en cas d'endormissement, sa chute les réveillerait. L'emblème est judicieusement choisi. Quoi de plus rassurant pour un client de la banque que ce sage oiseau veilleur, attentif au moindre bruissement dans le taillis des marchés ?

Digne héritier de son père, Alexander se montre aussi fidèle à son œuvre charitable et associative. Non seulement il est un membre actif de la Société des amis fondée par Joseph en 1792, non seulement il dote des orphelines grâce à la Fondation Henriette, mais cette fondation est elle-même rattachée à l'Institut Moses-Mendelssohn pour l'instruction des orphelins, dont il est un administrateur. Quant à la Fondation Marianne créée avec son épouse, elle accueille des domestiques âgées dans une belle villa de Charlottenburg, reconvertie en foyer.

C'est avec la descendance d'Alexander – Marie, Margarete, Hermann, Adolph, Franz, Wilhelm, Alexandrine et Clara – que le fleuve Mendelssohn s'élargit en delta comparable à celui du Danube. Marie, ayant épousé le banquier Robert Warschauer, a elle-même six enfants. Margarete, mariée au magistrat Otto Georg Oppenheim, en a sept. Hermann Mendelssohn, éditeur-libraire qui publiera à titre posthume la correspondance de son illustre cousin Felix, en a cinq : quatre enfants légitimes et, avant son mariage, une fille naturelle répondant au nom d'Elga Ernestine Johanna Kalbfleisch. Wilhelm, propriétaire terrien (appelons-le Wilhelm Mendelssohn II pour ne pas le confondre avec Wilhelm Mendelssohn I, fils de Nathan et frère d'Arnold le médecin socialiste), n'a que deux fils ; l'un, Wilhelm Mendelssohn III, meurt en bas âge, mais l'autre donne naissance à quatre enfants, etc. Clara est donnée en mariage au conseiller médical Carl Westphal et élève avec lui sept enfants. Alexandrine épouse en 1852 le marchand Joe Horsfall et nous emmène en Angleterre où naissent la plupart de leurs six enfants, apportant aux générations suivantes un parfum délicieusement britannique, avec un fonctionnaire des Indes, un planteur de thé à Ceylan, une Dorothy Horsfall qui convole avec l'employé de ministère Rupert Keenlyside et en a quatre filles : Jane, Pamela, Bridget et Ann.

En fait de delta, nous voilà déjà en pleine mer, n'est-ce pas ? une mer où seule la subjectivité discerne encore quelques objets flottants auxquels se raccrocher. Elga Kalbfleisch m'a sans doute frappée par son destin cruel : si son père l'avait reconnue, elle se serait appelée Mendelssohn, faute de quoi elle porte un nom qui signifie « viande de veau ». Par ailleurs, c'est probablement mon goût pour les romans anglais campés dans des foyers riches en filles (ah, les trois sœurs Dashwood de *Raison et sentiments*, les cinq sœurs Bennett d'*Orgueil et préjugés* !) qui a focalisé mon attention sur les demoiselles Keenlyside, respectivement nées en 1914, 1916, 1917 et 1922. J'ai donc tressailli le jour où, à la médiathèque voisine, j'ai trouvé parmi les CD de Felix Mendelssohn une version de l'oratorio *Elias* dont la partie de baryton était tenue par l'Anglais Simon Keenlyside. J'ai aussitôt vérifié s'il avait quelque chose à voir avec mes quatre demoiselles, mais je crains bien que non : quoique prénommée Ann, sa mère est née Hirsch. À moins que son père Raymond Keenlyside ne soit un neveu de Rupert ?... Arrivée là, je me suis dit qu'il était temps de lâcher l'affaire. À supposer que je décèle des liens de parenté entre les Mendelssohn et la moitié de l'humanité, cela m'en apprendrait moins sur les Mendelssohn que sur l'humanité elle-même.

Un autre objet flottant est le peintre Horsfall, dont j'ai retrouvé la trace sur un forum consacré aux beaux-arts. En janvier 2003, un certain « Davealarms » y demandait des informations sur le peintre Chris Horsfall dont il possédait un pastel : actif, précisait-il, vers 1915-1930, et ayant probablement vécu à Oxford et à Berlin. D'autres internautes lui indiquaient qu'il devait plutôt s'agir de Charles Horsfall, auteur de deux copies au pastel du portrait de Felix Mendelssohn enfant par Carl Joseph Begas. « Scriptor », le mieux informé, lui citait une entrée de l'*Allgemeines Lexikon der bildenden Künstler* (1924) sur Charles Mendelssohn Horsfall : né dans les années 1860, élevé en Prusse, exposé maintes fois à Berlin et en 1914 au Salon de Paris, auteur d'un portrait de Lord Kitchener. Mort en 1942, précisait Scriptor, le peintre avait probablement dû quitter l'Allemagne après 1933, Mendelssohn étant « un nom judéo-allemand principalement associé à une grande famille de mécènes et d'artistes [5] » ; le fait qu'il ait réalisé deux copies d'un portrait de Felix Mendelssohn Bartholdy l'incitait même à penser qu'il était un de ses descendants.

Bon, il est un peu vexant pour la philosophie que, dans la jungle du Net, MENDELSSOHN soit désormais le nom d'une « grande famille de mécènes et d'artistes », et non plus celui d'un homme qui, à trente-trois ans, souffla à Kant un premier prix de philosophie spéculative. Et Charles n'est pas exactement un descendant de Felix. Mais, à ces détails près, Scriptor a sans doute vu juste : avec deux grands-parents juifs (Alexander et Marianne), le peintre était effectivement en danger dans l'Allemagne nazie, qu'il ait été protestant comme sa mère allemande, ou anglican comme peut-être son père anglais.

Et pourquoi n'ai-je rien dit d'Adolph et de Franz Mendelssohn, respectivement quatrième et cinquième de cette substantielle fratrie ? Je les gardais pour la bonne bouche, pardi.

À vingt-trois ans, Adolph qu'on destine à prendre un jour la succession de son père à la banque épouse Énole Biarnez, fille d'un négociant en vin bordelais. Je m'étais promis de faire des recherches généalogiques sur cette demoiselle Biarnez au mystérieux prénom d'Énole ; d'autant que j'ai sa date de naissance, le 6 octobre 1827 à Bordeaux, et que je passe souvent l'été dans la région. Je me demandais en particulier si, épousant un jeune luthérien prussien de parents juifs, elle n'était pas elle-même une calviniste du Sud-Ouest, ou une lointaine descendante de marranes portugais émigrés à Bordeaux. Je reviendrai plus tard sur ce prénom d'Énole, mais je dois reconnaître que je n'ai rien trouvé sur les origines religieuses de la famille. Tout ce que j'ai déniché grâce à Google Books, c'est un poème lyrique de Pierre Biarnez, père d'Énole, sur *Les Grands Vins de Bordeaux* (1849). Allons, citons-en quelques vers. Une petite gorgée de Château-Kirwan avant de reprendre notre voyage en mer :

Nos lèvres ont à peine effleuré le calice,
Qu'en notre sein déjà la volupté se glisse ;
C'est un velours liquide, un sucre parfumé,
Qui réjouit d'abord le palais embaumé,
Et va, tout doucement, porter, avec sa flamme,
Le plaisir, la gaîté dans le fond de notre âme [6].

De « plaisir et de gaîté », Énole Biarnez n'en connaîtra
guère dans cette union. Elle épouse le jeune banquier le
6 mars 1850. Dix mois plus tard naît Pierre Joseph Stephan
Mendelssohn. Mais Adolph est tuberculeux. Dès l'automne
1851, il meurt à Pau où on l'avait peut-être envoyé en cure ;
et en février 1852 c'est le petit Stephan qui, à Bordeaux,
succombe au même mal.

Un tableau d'Eduard Magnus peint la même année nous
montre la jeune veuve accoudée à une table sur laquelle,
memento mori, se fanent quelques fleurs. Elle est en tenue de
deuil relevée aux manchettes et au col par des dentelles
blanches. Sous les bandeaux bruns extraordinairement
brillants, séparés par une raie bien droite, son visage plein
exprime autant de mélancolie que de sérénité, comme si
cette solide fille du Sud devinait que sa vie de femme n'allait
pas s'arrêter là.

En effet, arrive ensuite ce qui arrivait alors fréquemment
dans la grande bourgeoisie où un mariage était aussi une
transaction financière entre deux familles, délicate à annuler
en cas de veuvage : après cinq ans de deuil, Énole est donnée
en secondes noces à son beau-frère Franz Mendelssohn.
L'union se consomme sous de meilleurs auspices, bénie par
la naissance de deux garçons qui seront des piliers de
l'empire banquier fondé par leur aïeul Joseph. Comme la
famille est anoblie en 1888, la fille de Pierre Biarnez achèvera
sa vie sous le nom d'Énole von Mendelssohn, mère d'un
Robert von Mendelssohn et d'un Franz von Mendelssohn
que nous appellerons Franz von Mendelssohn II pour ne
pas le confondre avec son père.

Si elle n'était morte en janvier 1889, elle aurait été touchée
de voir Robert, fidèle à sa part de sang bordelais, acquérir

en 1903 le château Desmirail à Margaux, mê   llait en
être exproprié dès 1914 après l'entrée en gue   aurait
également été touchée d'avoir eu deux fils a   . Chacun, en effet, donnera le prénom de son frère   remier
descendant mâle, si bien que nous aurons ens   Robert
fils de Franz (Robert von Mendelssohn II), e   nz fils
de Robert. Mais tout le monde appelle Franc   enfant
de mère italienne, ce qui nous épargne l'introduction d'un
Franz von Mendelssohn III.

Une figure marquante que ce Francesco von Mendelssohn :
violoncelliste, élève de Casals, plus tard metteur en scène
sous la République de Weimar, il affiche son homosexualité,
roule en Lancia, donne des soirées dignes de Gatsby le
Magnifique, avant d'aller défrayer la chronique de l'exil après
1933 et de s'éteindre finalement à New York, malade et
alcoolique, en 1972.

Alors c'est tout, pensez-vous peut-être ? Bien sûr, quand
on s'attache à quelques individualités saillantes, en s'en
tenant essentiellement à la ligne masculine directe, le bloc
Joseph n'est pas si compliqué. Mais songez à ce que serait ce
chapitre si j'étais restée exhaustive. Songez qu'à la génération
6, nous avons déjà (outre des Mendelssohn) des Passini, des
Warschauer, des Oppenheim, des Steffen, des Gusserow,
des Gramich, beaucoup de Horsfall, des Kossel, des
Sonnenburg, des Westphal, des Boedeker ; qu'à la génération 7 s'y ajoutent des von Hermann, des Fuld, des Solmsen,
des Thévoz, des Block, des Petersen, des Ulrich, des Opton,
des von Stosch, des von Rosenberg-Lipinsky, des von
Simson, des Schlepegrell, des Knaus, des Friedrich, des Witt,
des von Haimberger, des Kempner, des Bohnke, des Barton,

des Keenlyside bien sûr, des Schultze, des Kircher, et des Weiss et des Kleinmann et des Hoffmann. Plutôt qu'à un bloc, n'a-t-on pas affaire dès lors à une infinité de miettes gardant entre elles un lien des plus vagues, que la plupart ont oublié, et qui ne signifie plus rien ?

CE N'EST PAS ABRAHAM qui oublierait, lui, qu'il descend de Moses Mendelssohn. Chez lui c'est même une source d'interrogations rongeuses, de contorsions dialectiques dont il peine à se dépêtrer. Nous l'avions laissé penché sur le berceau de Felix, le 3 février 1809. Il est temps d'aller l'y retrouver, et d'expliquer comment « celui de qui tout est venu » a pu devenir pour moi « l'homme qui a vendu son ombre », par le biais de Chamisso.

Chamisso voletait déjà dans mon esprit quand je lisais la biographie d'Abraham : parce que nous étions à l'époque romantique, et que Thomas Lackmann évoquait les liens entre la famille Mendelssohn et les frères Humboldt. La banque avait notamment renfloué Alexander von Humboldt, explorateur et naturaliste, après sa ruineuse expédition aux Amériques, et cela m'avait fait penser à Chamisso, non seulement écrivain romantique, mais naturaliste et explorateur lui aussi. Je m'étais donc réjouie de pouvoir l'introduire dans ma Chronologie en apprenant qu'en février 1810, de passage à Paris, il avait rendu une visite à Jette Mendelssohn.

Je ne sais quel drame intime a frappé Jette en sa prime jeunesse, pour qu'elle mette ainsi en garde son petit frère

Abraham contre la légèreté avec laquelle on laisse échapper le bonheur « même quand il se présente réellement sur notre route [1] ». Quel qu'ait été pour elle ce bonheur perdu, elle ne l'a plus jamais retrouvé. Plusieurs hommes apprécient sa culture et son esprit, mais cela reste platonique, et Chamisso après sa visite note « la forte dose de désespoir qu'elle a dans le sang, et qui l'empêche de croire ou d'espérer quoi que ce soit en cette vie [2] ».

Il écrit cela à son ami éditeur Julius Eduard Hitzig, trois ans avant que ce dernier ne publie *L'Étrange histoire de Peter Schlemihl*. C'est également une correspondance entre eux qui ouvre l'histoire en question – selon les conventions littéraires de l'époque, où les récits fantastiques se donnaient souvent pour d'authentiques confessions recueillies d'un inconnu ou autres manuscrits trouvés à Saragosse. Dans cet échange de lettres (évidemment fictif), Chamisso s'adressant à Hitzig parle de son héros comme d'une connaissance commune :

> *Toi qui n'oublies personne, tu te souviendras encore d'un certain Pierre Schlemihl, que tu as vu quelquefois chez moi, voilà de longues années ; un garçon aux longues jambes, que l'on croyait maladroit parce qu'il était gauche, et paresseux parce qu'il était nonchalant. Je l'aimais [3].*

Il raconte ensuite comment ce Schlemihl, après avoir longtemps disparu, est revenu un jour, presque méconnaissable sous sa barbe et ses vêtements usés, pour déposer chez lui le récit de sa vie : sa jeunesse pauvre, la rencontre d'un homme en gris qui lui acheta son ombre en échange d'une bourse toujours pleine, faisant de lui un paria dans toutes les sphères de la société. Car personne ne veut d'un homme sans ombre, même riche à millions.

Ce texte m'enchantait déjà à l'âge qu'a aujourd'hui ma fille, mais je n'en connaissais pas les circonstances de rédaction. Elles sont frappantes. ADELBERT VON CHAMISSO est né LOUIS-CHARLES-ADÉLAÏDE DE CHAMISSOT DE BONCOURT, gentilhomme champenois. Il a huit ans lors de la prise de la Bastille, émigre avec sa famille pendant la Terreur. En 1796, il se retrouve à Berlin où il devient élève d'un établissement fondé au XVIIe siècle par d'autres émigrés, protestants, après la révocation de l'édit de Nantes : le Collège français (comme Erich Auerbach ! c'est amusant). Il fait son service militaire dans l'armée prussienne mais, en 1813, n'est pas autorisé à combattre pour son pays d'adoption, et traverse alors une crise de désarroi qui l'incite à se retirer loin du monde, dans le petit village de Kunersdorf. Voilà où il rédige l'étrange histoire de l'homme sans ombre, que − fréquentant à Berlin les milieux juifs éclairés − il baptise *Schlemihl* : un mot yiddish, expliquera-t-il plus tard à son frère chargé de la traduction française, dont on désigne les poissards, les gens « maladroits ou malheureux à qui rien en ce monde ne réussit [4] ».

Il n'est pas anodin que cette histoire d'ombre perdue soit sortie du cerveau d'un homme en pleine perte d'identité, et soumis depuis l'enfance à des conflits de loyauté presque insoutenables. Un homme qui, pendant son séjour parisien de 1810, expliquait déjà à Mme de Staël :

> *Je suis Français en Allemagne et Allemand en France, catholique chez les protestans, protestant chez les catholiques, philosophe chez les gens religieux, et cagot chez les gens sans préjugés ; homme du monde chez les savans, et pédant dans le*

monde, Jacobin chez les aristocrates, et chez les démocrates un noble, un homme de l'ancien régime &c. &c. &c. Je ne suis nulle part de mise, je suis partout étranger [5] ...

Rien d'étonnant si son héros, devenu « partout étranger » et condamné à l'errance par son absence d'ombre, opte pour une vie d'explorateur solitaire que lui rendent possible ses bottes de sept lieues. Rien d'étonnant si Chamisso lui-même, deux ans après avoir écrit son histoire, l'imite en rejoignant l'expédition qui, à bord du navire russe *Rurik*, va sillonner le monde à la recherche du légendaire passage du Nord-Ouest, liaison maritime entre l'Europe et le Pacifique par le nord du continent américain.

J'ai sursauté en apprenant cela à l'automne dernier, car un ami philosophe venait de me conseiller, pour étayer théoriquement mon projet romanesque encore informe, la lecture d'un essai de Michel Serres intitulé *Le Passage du Nord-Ouest*. Il s'ouvre sur une merveilleuse carte de cette région polaire prise dans les glaces neuf ou dix mois par an, et enchaîne sur la description suivante :

> *Le passage du Nord-Ouest fait communiquer l'océan Atlantique et le Pacifique, par les parages froids du Grand Nord canadien. Il s'ouvre, se ferme, se tord, à travers l'immense archipel arctique fractal, le long d'un dédale follement compliqué de golfes et de chenaux, de bassins et détroits, entre le territoire de Baffin et la terre de Banks. Distribution aléatoire et contraintes régulières fortes, le désordre et les lois* [6].

Celui qui ne voit pas le rapport entre ce « dédale follement compliqué » et ce que je suis en train de faire, qu'il relise simplement le présent chapitre depuis le début. Ou qu'il songe à la manière dont je suis obligée de raconter cette histoire familiale où se conjuguent des lois d'airain (celles de la chronologie et des faits historiques) et un aléatoire extrême (quoi de plus aléatoire, en effet, que la naissance et le destin d'un être, surtout démultipliés sur sept ou huit générations ?). Il n'aura plus qu'à me souhaiter de ne pas rester prise dans les glaces, pour un long hivernage auquel une expédition arctique ne survit pas toujours.

Le *Rurik*, quant à lui, revient entier en rade de Saint-Pétersbourg à l'automne 1818, après trois ans de voyage. Il n'a pas découvert le passage du Nord-Ouest, mais Chamisso a pu étudier les massifs coralliens du Pacifique, la flore des Aléoutiennes et de la Californie, et laisser son nom à une île minuscule au large de l'Alaska.

Le rapport avec Abraham ? Eh bien, dans la masse d'informations déjà passées en revue à son propos, j'avais lu que quelqu'un, en une occasion, l'avait comparé au Peter Schlemihl de Chamisso. Je n'en avais malheureusement pas pris note, comme il arrive souvent au cours d'une recherche. On accumule des données d'un intérêt limité : le nom d'une Mme Dumont, d'Eisenach, propriétaire en 1926 d'un portrait au pastel de Dorothea Veit, ou la cote du témoignage autographe dans lequel le major von Knebel racontait que son père avait entendu dire que Moses avait sorti une blague en idiome juif au château de Sans-Souci. Mais *le* détail qui nous frappe, se grave dans notre esprit et y germe, nous n'en avons pas pris les références, parce qu'il nous paraissait trop infime pour constituer un fait.

Malgré tous mes efforts, je n'ai pu retrouver cette lettre ou anecdote dans laquelle Abraham était comparé à Peter Schlemihl. Sur Google Books, j'ai cependant trouvé une autre anecdote où il apparaît lui-même comme l'auteur de la comparaison. Elle est relatée par Maximilian Heine (frère de Heinrich), qui avait fréquenté les Mendelssohn Bartholdy à l'époque où Felix était encore, écrit-il, un petit garçon « aux yeux pleins de poésie ». Bien des années plus tard, alors que Maximilian est devenu médecin militaire en Russie, il revoit Abraham qui se trouve en visite à Saint-Pétersbourg. Et ce dernier lui confie :

> *Vous avez bien fait d'être venu en Russie. Ici, vous vous êtes fait un nom à vous. En Allemagne, malgré tous vos mérites, vous seriez toujours resté [...] le frère de Heinrich Heine. C'est ce qui m'est arrivé. Quand j'étais jeune, je n'étais que le fils de Moses Mendelssohn, et en vieillissant, je n'ai plus été que le père de Felix Mendelssohn. Tels sont les vrais Peter Schlemihl, qui ne possèdent pas d'ombre*[7].

Si tan   est que l'anecdote soit exacte, on ne peut s'empêcher de   trouver le rapprochement étrange. Peter Schlemihl est un homme qui a *perdu* son ombre, à l'image d'un auteur en plein flottement identitaire. Ce que décrit Abraham, c'est un homme qui n'a jamais pu *acquérir* un nom à lui ; et qui, plutôt que d'un manque d'ombre, souffre surtout de ne jamais en être sorti – écrasé par la célébrité de son père d'abord, de son fils ensuite. Il s'agit chez lui d'une carence identitaire, bien plus que d'un flottement.

Et cette carence identitaire dont Abraham affecte ici de se plaindre, il l'étalait avec complaisance et en toute occasion.

« Autrefois on me connaissait comme le fils de mon père, aujourd'hui on me connaît comme le père de mon fils[8]... » Ce bon mot trouvé en 1828 et souvent répété exprime bien moins l'amertume que, me semble-t-il, une modeste fierté. J'avance donc l'hypothèse que l'allusion à Peter Schlemihl était un lapsus d'Abraham : rapportée sans grande logique à sa *carence identitaire*, et révélant malgré lui le *flottement identitaire* dont il souffre après s'être défait de son ombre, comme le héros de Chamisso.

Je veux parler de sa conversion. Certes il n'est pas le seul à s'être converti : Dorothea, Nathan, Jette l'ont fait avant lui, sans se poser autant de questions. Mais Abraham le vit mal. On peut le déduire des justifications qu'il ne cesse d'en donner à soi-même ou aux autres, des périlleux paradoxes par lesquels il explique que la vraie fidélité à la pensée de Moses – qui refusa toujours le baptême – consiste trente ou quarante ans plus tard à changer de religion.

Et de nom, car les deux sont liés.

J'ai déjà dit qu'à la naissance de son premier fils en 1809, dans un contexte de réaction où reculaient les droits des minorités religieuses et les droits de l'homme en général, Abraham s'était probablement abstenu de le faire circoncire. La naissance suivante, en 1811, ne pose pas le même cas de conscience : c'est une fille, qu'on prénomme Rebecka. La naissance de Paul en octobre 1812, à Berlin où la famille s'est désormais installée, intervient dans un contexte différent. Un décret vient d'accorder aux juifs prussiens les pleins droits civils et l'accès au fonctionnariat (sauf pour l'armée et l'administration), à condition qu'ils adoptent des patronymes stables. Cela ne suffit pas à rassurer Abraham. Ou alors il a déjà entamé le cheminement intérieur qui l'amènera à faire convertir ses enfants, puis à se convertir lui-même ainsi que son épouse.

Jette n'avait attendu que la mort de sa mère, en mars 1812, pour se convertir au catholicisme et prendre le prénom de Marie, en devenant à Paris la préceptrice de Fanny Sébastiani. Abraham, qui est marié, est freiné par la figure de sa belle-mère Bella Salomon, dont tout le monde dans la famille redoute les réactions sur ce terrain sensible. C'est donc dans le plus grand secret que, le 21 mars 1816 à Berlin, Abraham et Lea font baptiser leurs quatre enfants par le pasteur Staegemann, un homme qu'ils connaissent bien, car ils logent alors chez lui dans la Markgrafenstraße. Fanny, onze ans, y acquiert le prénom additionnel de Cäcilia ; Felix, sept ans, ceux de Jacob Ludwig (comme le frère de Lea depuis sa propre conversion) ; Rebecka, cinq ans, celui d'Henriette, et le petit Paul — ce prénom étant fréquemment adopté à l'état civil par les juifs dont le prénom hébraïque est Saül — reçoit en prime le solide prénom germanique d'Hermann.

Dans une lettre à son beau-frère, Jacob Ludwig Salomon Bartholdy applaudit à ce quadruple baptême et dissipe les scrupules dont Abraham, apparemment, s'était ouvert à lui.

> *Penses-tu avoir fait quelque chose de mal en donnant à tes enfants la religion que tu estimes la meilleure pour eux ? [...] c'est tout simplement un hommage que tu rends [...] aux efforts de ton père pour imposer les vraies Lumières ; et lui-même aurait fait ce que tu as fait pour tes enfants, voire ce que j'ai fait pour mon propre compte. On peut rester fidèle à une religion opprimée et persécutée ; on peut l'imposer à ses enfants comme la perspective d'un martyre à vie — tant qu'elle est à nos yeux la seule à apporter le salut ; mais dès lors qu'on ne le croit plus, c'est un péché[9].*

Voilà de quelle source Abraham tirera plus tard ses arguments, laissant toutefois sans réponse, comme Jacob Ludwig
Salomon Bartholdy, une question cruciale : si les efforts de
Moses allaient vraiment dans ce sens, pourquoi ne s'est-il
pas converti de son vivant ? « Mon conseil », enchaîne le
frère de Lea,

> serait que tu adoptes le nom de Mendelssohn-Bartholdy, pour te
> différencier des autres Mendelssohn ; tes enfants, quand ils seront
> adultes et s'ils le trouvent bon, pourront ensuite laisser tomber le
> « Mendelssohn », ce qui me sera d'autant plus agréable que c'est
> une façon de perpétuer mon souvenir en eux [...]. Ainsi tu
> atteindras ton but, sans rien faire d'inhabituel ; car en France et
> partout, il est fréquent qu'on ajoute le nom des parents de sa
> femme au sien, pour se différencier [10].

Contrairement à l'homme en gris qui offrait à Schlemihl
une bourse inépuisable, Jacob Ludwig Salomon Bartholdy
n'a à offrir que son nom. Il n'en est pas un tentateur
moins redoutable : retournant à 180 degrés les scrupules
d'Abraham (ce qui serait un péché, ce serait de ne pas
vouloir le bien de ses enfants), et banalisant l'adoption d'un
nouveau patronyme, chose qui se fait « en France et partout ». Comme si, d'un Mendelssohn, devenir un
Mendelssohn-Bartholdy était aussi anodin que de devenir,
d'un Dupont, un Dupont-Durand ou un Dupont de la
Motte.

Abraham succombe à la tentation : quelque temps après,
lui et Lea font inscrire dans le registre paroissial que leurs
quatre enfants baptisés adjoindront désormais à leur
patronyme le second nom de BARTHOLDY.

Ils doivent se sentir confortés dans leur démarche lorsqu'en 1819 éclate en Allemagne une vague de pogroms qu'on a appelés les émeutes Hep-Hep (sans doute par référence au vieux slogan de croisade *Hierosolyma Est Perdita*, « Jérusalem est perdue »). Dans plusieurs villes, des ghettos sont saccagés, leurs habitants molestés ou tués, et sur les pressions de Bella Salomon, la famille envisage un moment d'émigrer en France ou aux États-Unis. Ces émeutes, dont le nombre de victimes n'est pas exactement connu, ont sans doute joué aussi dans le parcours intérieur d'Abraham.

Un an après, son aînée Fanny fait sa confirmation protestante. De Paris où il est alors en déplacement, il lui adresse une longue lettre pour la féliciter et lui exposer ses vues en matière religieuse.

> *Qu'est-ce que Dieu ? Une part éternelle de notre être survit-elle à la disparition de l'autre part, et si oui, où et comment ? Je l'ignore, et c'est pourquoi je ne t'ai jamais rien enseigné à ce propos. Mais je sais qu'il y a en moi, en toi et en chaque être humain un penchant éternel vers le bon, le vrai et le juste [...]. Je le sais, j'y crois, je vis dans cette foi et elle est ma religion* [11].

Jusqu'ici, un déisme qui reste dans la droite ligne des Lumières. Mais Abraham va plus loin :

> *Ta mère et moi, nous avons été mis au monde et élevés par nos parents dans le judaïsme, et nous avons su obéir au Dieu qui est en nous et à notre conscience sans avoir à changer cette forme. Toi, tes frères et ta sœur, nous vous avons élevés dans le christianisme, car c'est la confession qui prévaut [aujourd'hui] chez les gens comme il faut* [12].

En somme, les formes de la religion importent peu, elles sont une convention sociale, et il faut vivre avec son temps : tel est le message assez ambigu qu'Abraham adresse à sa fille de quinze ans, en une circonstance où elle est pourtant censée confirmer son attachement à une religion particulière.

Bientôt grandit chez les parents le désir de se mettre eux-mêmes en phase avec l'esprit du temps. L'événement – car c'en est un, même s'il reste secret pendant deux années de plus – est préparé de longue date, et précédé par une grande réjouissance familiale. Pendant trois mois d'été, le couple et ses quatre enfants s'en vont visiter les Alpes, passant de Schaffhausen au lac de Constance, de Saint-Gall à Lucerne, de Berne au lac Léman, de Ferney à Chamonix : un voyage qui restera pour eux tous un souvenir enchanté. Le talentueux Felix, treize ans, en rapporte une quarantaine de dessins, la romantique Fanny tente d'apercevoir l'Italie toute proche où, hélas, elle ne pénétrera pas encore cette fois-ci.

Et à Francfort sur la route du retour, le 4 octobre 1822, les deux parents se convertissent enfin. Abraham y acquiert le second prénom d'Ernst, « sérieux ». Est-ce pour damer le pion à son aîné Joseph, homme sérieux s'il en fut ? Quant à Lea, comme si cette conversion à la foi de ses fils faisait désormais d'elle leur fille en religion, elle choisit la forme féminisée de leurs prénoms respectifs : Felicia Pauline. Dans la foulée, le 7 octobre, cette nouvelle famille 100 % protestante est reçue à Weimar par Goethe, avec qui les liens ont eu le temps de se resserrer grâce à Karl Friedrich Zelter. Fanny lui interprète du Bach, et des poèmes à lui qu'elle a mis en musique. Felix aussi se met au piano ; Goethe, charmé, le compare au jeune David apaisant de sa harpe les tourments du roi Saül.

Abraham aurait peut-être préféré qu'il le compare à
Orphée, mais il n'en dit pas mot. Son esprit est ailleurs. Il lui
tarde d'endosser son nouveau statut de protestant prussien,
avec ses avantages : le droit de porter un patronyme chrétien. Le 13 février 1823, il fait enregistrer leur baptême
à l'état civil berlinois sous son nouveau nom d'ABRAHAM
ERNST MENDELSSOHN BARTHOLDY. Bien sûr, il n'est pas
question d'annoncer cela à la terrible Bella Salomon dont
ils dépendent financièrement et chez qui ils habitent :
depuis trois ans, elle leur laisse un étage de son immeuble au
7, Neue Promenade. En relatant leur baptême à une cousine,
Lea prend soin de préciser : « Que cela reste entre nous, à
cause de maman [13]. » Dans une autre lettre, toutefois, elle
limite la portée de cette démarche :

> *Il faut que tu saches que mes enfants, depuis l'âge le plus tendre,*
> *sont de religion chrétienne et n'ont jamais été juifs, pas plus que*
> *les tiens. Nous adoptons la même religion, pour être le moins*
> *possible séparés d'eux, et aussi parce que mon mari en tant que*
> *juif n'avait pas le droit d'ajouter à son nom celui de Bartholdy, ce*
> *qui est désormais le cas. Mes deux belles-sœurs Dorothée et*
> *Henriette se trompent pourtant du tout au tout si elles pensent*
> *que cette démarche a modifié nos opinions profondes [14].*

Ce n'était donc qu'une simple formalité, il n'y a aucun
problème. Surtout après la mort de Bella Salomon en mars
1824. Dès lors, la nouvelle peut quitter le petit cercle de leurs
parents déjà convertis.

Le problème, même s'il n'y en a pas, va renaître lorsque
leur fils aîné arrive à l'âge adulte. Bien qu'à l'aise dans la

religion qu'on lui a fait adopter – il travaille même, depuis fin 1828, à sa grande symphonie *Réformation* dont le dernier mouvement est une variation sur le plus célèbre des chorals luthériens –, Felix est moins à l'aise avec le nom de Bartholdy. Il n'est pas le seul. Dans la fratrie, si l'on en croit une lettre de Fanny, « personne n'aime » ce second patronyme [15]. Abraham pourtant les encourage à le porter, est allé jusqu'à faire graver pour son aîné des cartes de visite au nom de FELIX M. BARTHOLDY, lors d'un séjour parisien en 1825. Mais l'adolescent renâcle, et en 1829 éclate une vraie petite crise entre ce père et ce fils qui s'aiment tant. C'est l'année où Felix a fait rejouer à la *Sing-Akademie*, après des décennies d'oubli, la *Passion selon saint Matthieu* de Bach – on apprécie maintenant la portée symbolique de cet événement musical. C'est aussi l'année où il part pour une première tournée en Angleterre, fait sensation aux Argyll Rooms en se servant d'une baguette de chef d'orchestre (une nouveauté à l'époque) et en créant l'Ouverture du *Songe d'une nuit d'été*. Or Abraham, resté sur le Continent, lit la presse et reçoit les affiches des concerts de son fils ; il est ulcéré de voir que ce dernier y est appelé MENDELSSOHN tout court. Le résultat est une semonce bien sentie à son fils de vingt ans, qui n'est donc pas encore majeur.

> *Je suis très mécontent, et si c'est venu de toi, tu as eu grand tort. Un nom n'est certes qu'un nom, mais [...] tant que tu restes placé sous l'autorité paternelle, tu as la simple et indispensable obligation de supposer que ton père ne fait pas ce qu'il fait sans mûre réflexion ni bonnes raisons* [16].

Lesquelles ? Accrochons-nous, car elles sont complexes et sinueuses jusqu'à frôler le sophisme.

> *Le père de mon père s'appelait Mendel Dessau. Quand son fils,*
> *mon père, fut entré dans le monde [...], quand il conçut la noble*
> *et infiniment louable décision de s'arracher lui-même et d'arra-*
> *cher ses coreligionnaires au profond abaissement où ils étaient*
> *tombés, en propageant parmi eux une culture plus élevée, il sentit*
> *que [cela] lui serait difficile [...] sous le nom de Moses Mendel*
> *Dessau : sans craindre de manquer ainsi de respect à son père, il*
> *prit le nom de Mendelssohn* [17].

Jusqu'ici ce n'est pas faux, le choix de ce premier nom avait bien été pour Moses, commente Thomas Lackmann, un « pas vers l'interculturalité [18] », une ébauche d'assimilation – l'usage traditionnel étant plutôt de se désigner par le prénom du père et/ou par la ville d'origine. Mais rien ne laissait attendre l'audacieux retournement qui suit :

> *De même que mon père avait été conduit à modifier son nom*
> *pour le rendre conforme à sa situation, j'ai vu à la fois un acte de*
> *piété et un devoir de sagesse dans le fait de modifier le mien. [...]*
> *Je le devais à mon père. [...] Il faut donc que tu te fasses appeler*
> *Felix Bartholdy, parce que le nom est un vêtement et que ce*
> *vêtement doit être adapté à l'époque, aux besoins et à la condi-*
> *tion sociale, si l'on ne veut pas qu'il soit un obstacle ou nous rende*
> *ridicule. [...] Je te le répète, il n'y a pas plus de Mendelssohn*
> *chrétien que de Confucius juif. Te faire appeler Mendelssohn,*
> *c'est par là même être juif, et cela ne te convient nullement, ne*
> *serait-ce que parce que ce n'est pas vrai* [19].

Voilà qui est très clair, pas d'objection possible. Le fils ainsi chapitré ne parvient dans sa réponse qu'à bredouiller des excuses et alléguer un malentendu. Mais, s'il s'astreint dorénavant à porter le nom de Bartholdy, jamais il ne « laissera tomber », comme l'espérait son oncle maternel, celui de Mendelssohn.

À ce petit détail près, non, il n'y a pas de problème. Felix et Fanny sont de jeunes luthériens modèles qui épouseront l'un et l'autre des enfants de pasteur. Leurs compositions font la part belle au registre religieux : motets, *Te Deum*, oratorios sur le Christ ou saint Paul, le plus zélé des convertis. L'Ancien Testament apparaît certes dans leurs œuvres, avec des mises en musique des Psaumes et, pour Felix, un autre oratorio sur le prophète Élie. Mais tout cela appartient de longue date à la tradition protestante, et de là à y voir un attachement secret à la religion de leur grand-père, il y a un pas que rien ne permet de franchir. C'est au point que Heine – lui-même converti en 1825 – s'agace des « afféteries chrétiennes » *(Christeln)* dans lesquelles Felix, à ses yeux, galvaude ses extraordinaires dons. « Si j'avais la chance d'être un petit-fils de Moses Mendelssohn, je n'emploierais pas mon talent à mettre en musique cette pisse d'agneau[20] », raille-t-il dans une lettre à Ferdinand Lassalle. Tout le monde n'est pas de cet avis, et les compositions religieuses de Felix sont fréquemment jouées à la prestigieuse *Sing-Akademie* dirigée par Zelter.

Tout va donc bien pour Abraham. Il a payé son écot à l'esprit du temps et en tire maintenant les bénéfices à travers ses enfants. Leurs succès ne sont-ils pas la preuve qu'il a opéré les bons choix, judicieusement sublimé ses velléités artistiques en les reportant sur eux, judicieusement opté pour la religion dominante en s'autorisant (moyennant quelques acrobaties) de la piété filiale ?

Quelques incidents, toutefois, troublent sa paix d'esprit. Il
apparaît qu'être protestant n'est pas encore ne plus être juif.
Quand meurt Zelter en 1832, Felix est écarté de la succession à son poste : la *Sing-Akademie*, argumentent certains responsables, « est une institution chrétienne, et il serait inouï
qu'on en nomme directeur un jeune juif [21] ». *No comment.*
Felix n'y tenait pas tant que ça, ce n'est donc pas un drame.
Mais l'année suivante amène un événement plus fâcheux.
Goethe étant mort à son tour, on publie sa correspondance
avec Zelter. En en prenant connaissance, les Mendelssohn
Bartholdy sont consternés de découvrir sur quel ton les deux
hommes y parlaient d'eux. Non seulement le mari de Fanny
est qualifié par Goethe de peintre médiocre, mais les lettres
de Zelter fourmillent d'indiscrétions et de propos peu déli-
cats. Pour annoncer au maître qu'il lui présenterait bientôt le
plus doué de ses élèves, voici comment il lui décrivait le petit
Felix à l'âge de douze ans :

> *Bien sûr c'est un fils de juif, mais il n'est pas juif lui-même. Le
> père a eu la remarquable abnégation de ne pas faire circoncire ses
> fils et les élève comme il faut ; ce serait vraiment* eppes Rores
> *qu'un fils de juif devienne artiste* [22].

Eppes Rores, « quelque chose de rare » ou du jamais vu : on
est surpris d'apprendre que les correspondants de Goethe
s'amusaient à employer des tournures en yiddish, mais cela
ne rend pas l'affaire plus drôle. Quand on sait qu'Abraham
avait toujours considéré Zelter comme un père de substitu-
tion et l'avait ensuite choisi pour enseigner la composition à
ses propres enfants ; que Zelter était presque devenu un membre de la famille, au point qu'Abraham, né un 10 décembre,

avait pris l'habitude de fêter son anniversaire le 11 pour le faire coïncider avec le sien, et que Fanny lui avait demandé d'être parrain de son fils – ce ton de mépris est vraiment odieux.

C'est l'heure d'un amer bilan pour le quinquagénaire. En cherchant à se défaire de l'héritage paternel (le nom de Moses et sa religion), il s'est défait de son ombre, mais comme Peter Schlemihl il n'a obtenu en échange ni le bonheur ni la considération. Ses propres enfants « n'aiment pas » le nom de Bartholdy. Devenu chrétien parmi les juifs, il reste un juif chez les chrétiens, n'est nulle part à sa place. Son flottement identitaire est plus aigu que jamais ; après cinq décennies marquées par la bougeotte, il n'a pourtant plus le recours, lui, de parcourir le monde en bottes de sept lieues. Cette même année 1833 apparaissent ses premiers troubles visuels : un début de cataracte qui évolue peu à peu vers une cécité presque complète. Comme si, s'accusant d'avoir symboliquement tué son père, il en perdait la vue tel un nouvel Œdipe.

Et, peut-être parce qu'il y voit mal, il ne cesse de tomber, d'avoir des accidents. Il se blesse au genou en juillet 1833, en visitant les docks de Londres avec Felix ; à Horchheim chez son frère, sur la route du retour, il trébuche contre un clou et s'abîme le pied. Pendant l'hiver 1834-1835, une nouvelle chute l'oblige à passer huit semaines au lit. Il n'est pas vraiment vieux, mais se montre quinteux comme un vieillard, trouve à redire à tout : à l'*Ave Maria* de Felix, qu'il trouve trop fleuri, trop orné pour une œuvre sacrée ; au jeu du comédien Karl Seydelmann, qu'il va entendre en avril 1835 dans le rôle de Nathan le Sage et, quelques semaines

plus tard, dans celui de Shylock ; au bavardage de Karl
Varnhagen (un familier de la maison) qui au cours d'une
réception compare Karl Gutzkow et Heinrich Laube, jeunes
pamphlétaires victimes de la censure prussienne, à Lessing
autrefois. Comme si ces deux godelureaux pouvaient être
comparés au meilleur ami de son père !

La dispute avec Varnhagen a lieu le 15 novembre 1835,
notre Schlemihl aveugle est alors très enrhumé. Trois jours
plus tard, son état s'aggrave, une forte toux l'empêche de
dormir et sa fille Rebecka doit le distraire en lui lisant la
« Profession de foi du vicaire savoyard ». Au lendemain de
cette mauvaise nuit, il parle avec difficulté et montre des
signes de confusion mentale. Il veut savoir de quoi il souffre,
le médecin évoque une irritation des nerfs. L'explication ne
le satisfait pas :

« Ça doit bien avoir un nom [23] ! »

Il prononce une dernière phrase sibylline, puis survient
une mort qui, noteront ses proches, ressemble beaucoup
à celle de Moses quasiment au même âge. Dans sa dernière
lettre à Felix, il lui recommandait d'achever l'oratorio
Saint Paul.

Chapitre 14

La carte des Mendelssohn

J'EN ÉTAIS LÀ IL Y A UN AN, c'est-à-dire que j'avais fini de lire la biographie d'Abraham par Thomas Lackmann, quand m'est venue l'idée qui allait faire basculer ce projet *a priori* raisonnable dans le cauchemar et la fantasmagorie : j'ai décidé de tracer la carte des Mendelssohn.

Je me revois vers la mi-octobre, pleine d'énergie et d'enthousiasme. J'avais retrouvé mes marques à Paris et, faute de savoir où me mènerait mon projet, je me laissais la bride sur le cou, m'autorisais à aller dans toutes les directions, dans l'espoir que surgiraient de ce chaos un axe thématique et une idée de forme.

« Ça va en ce moment, Diane ? me demandaient les amis qu'il m'arrivait de croiser.

– Ça va très bien ! » lançais-je, réponse catégorique qu'en femme superstitieuse je ne donne habituellement jamais ; avant de regarder ma montre et de m'excuser, car je devais filer au Collège de France pour un colloque Ernest Renan. À Tréguier lors d'un Salon du livre, je venais en effet de visiter sa maison natale transformée en musée, d'y renouer avec le rationalisme médiéval, d'apprendre quels troubles publics avaient provoqués, à Tréguier et ailleurs, ses travaux historiques sur la figure de Jésus : mon scribe des *Villes de la plaine* n'aurait pas rêvé mieux. D'autre part, deux organisateurs du Salon m'avaient confié être respectivement l'arrière-arrière-petite-fille et l'arrière-arrière-petit-fils de Renan. Ils n'y attachaient pas grande importance, mais cela m'intéressait : toutes les positions possibles par rapport à un ancêtre illustre (ou non) m'intéressaient, depuis le culte béat jusqu'à l'indifférence totale. Y compris le fait que, malgré cette indifférence, le descendant et la descendante de Renan avaient finalement choisi de se marier ensemble, entre arrière-petits-cousins.

Mais, je devais le reconnaître, cela restait assez loin de mon sujet.

À la Société des gens de lettres en revanche, où j'avais assisté à un autre colloque sur les usages littéraires d'Internet, il me semblait en être beaucoup plus près. Je commençais à m'en rendre compte : ce qui me fascinait dans cette généalogie de Moses, c'était l'aspect de réseau, de rhizome, de maillage, et même ma façon de réfléchir en était contaminée. Au lieu de suivre linéairement un individu ou un thème, je le rattachais à tous les autres individus ou thèmes qu'il m'évoquait, je ne pensais que grille, trame, arborescence, entrelacement de nœuds et de liens... Et je me demandais si j'aurais raisonné ainsi quinze ans plus tôt, quand Internet n'avait pas encore à ce point envahi notre vie.

« Tu es sûre que ça va, Diane ?

– Et comment ! Je ne me suis plus senti autant de curiosité intellectuelle depuis mon hypokhâgne. Ces deux années à Berlin ont été un vrai bain de jouvence. » Les deux années à Berlin, oui, et la lecture d'Édouard Glissant, dont un ami berlinois m'avait offert le *Tout-monde* juste avant mon départ.

La bride sur le cou, je lisais des articles sur Jack Goody, sur la grille syllabique qui avait permis le déchiffrement du linéaire B ; je lisais la thèse d'habilitation de mon ami Henri, géographe, qui y retraçait l'histoire de la cartographie depuis ses balbutiements jusqu'à la naissance de Google Maps. La projection plane de la surface d'une sphère, quel problème stimulant ! m'avisais-je pour la première fois de ma vie. Mais là-dessus, je lâchais mes lectures pour aller assister au lancement en librairie d'une réédition de Daniel Halévy. D'abord parce que j'avais rencontré l'éditeur à Tréguier et que nous avions un projet de traduction ensemble. Mais aussi parce que les Halévy étaient une autre grande famille judéo-protestante, ayant même quelques points de contact avec les Mendelssohn. Pendant sa jeunesse allemande, Élie Halévy (1760-1826) avait quelque part croisé la route de Moses, si je me souvenais bien. Ses deux fils Léon et Jacques-Fromental Halévy avaient rencontré Abraham et Felix à Paris, l'année des cartes de visite. Léon, homme de lettres et secrétaire de Saint-Simon, avait donné à l'adolescent un petit cours de latin ; Jacques-Fromental, futur compositeur, avait dû lui parler musique. Pour en revenir à Daniel Halévy, petit-fils de Jacques-Fromental et grand-père de Pierre Joxe (j'espère qu'on suit), je notais avec intérêt que, auteur d'un ouvrage sur Proudhon, il avait également cultivé des liens d'amitié avec des paysans du Bourbonnais, ce qui me rappelait que... Mais je m'égare. Et la carte, alors ?

En fait, j'y arrivais. Car de cette rencontre entre Proudhon, Saint-Simon et la thèse d'un ami géographe, était née l'envie de lire un peu Élisée Reclus, ce que je m'étais toujours promis de faire un jour. Un grand géographe du xixe siècle, idéologiquement aux antipodes de Benjamin Mendelssohn, voilà ce qu'il me fallait pour construire l'espace géographique de mon futur roman. Car mon blocage sur ce projet ne venait pas seulement d'une surabondance de documents et de protagonistes, avais-je maintenant compris. Éclatée entre tant de lieux et d'époques, l'histoire des Mendelssohn ne pouvait se rattacher à aucune spatialité unique. Or, pour écrire un roman, j'ai besoin d'être *quelque part* : dans une ville antique de la plaine, dans un manoir de Galicie, un microduché du Saint Empire germanique ou du moins le débarras d'un appartement parisien, grenier à névroses et à secrets de famille.

Ici, aucun lieu romanesque à investir.

C'est donc en lisant l'*Histoire d'une montagne* d'Élisée Reclus que j'ai eu cette révélation : mon lieu romanesque, ce serait la famille elle-même dans ses différentes strates, avec ses sommets illustres, ses blocs erratiques, ses combes ténébreuses. Et pour m'approprier ce lieu encore abstrait, il allait falloir que j'en dresse un relevé topographique. Que j'en trace la carte, que je m'en fasse une représentation concrète sur un plan embrassable d'un seul coup d'œil. Une fois cette tâche accomplie, il devrait bien se passer quelque chose, en naître du roman.

Alors un sentiment de paix descend en moi. Après ces semaines de frénésie théorisante et de dispersion tous azimuts, je vais enfin pouvoir me recentrer, passer à des travaux pratiques avec de la colle et des ciseaux. Cela s'annonce comme de petites vacances. Le 12 novembre 2012, un lundi matin, je me rends chez monsieur Richard, le papetier du coin, et lui achète deux bristols gris clair de 65 x 50 cm, le plus grand format qu'il ait en boutique. Je les dispose sur la

table du salon. Maintenant, à nous deux, les Mendelssohn !
Puis je lance le CD-ROM généalogique [1]. Jusqu'ici, je n'y avais
fait que de brèves incursions. Je m'amusais à suivre une
lignée jusqu'aux générations 5, 6, 7, avec un léger frisson
quand j'arrivais dans les profondeurs peuplées d'individus
lambda dont on ne connaissait plus que la date de naissance ;
avant de vite refermer le disque et de retourner à mes
moutons. Cette fois, il va s'agir de suivre tous ces fils,
méthodiquement et exhaustivement.

Premier obstacle, le CD-ROM se refuse aux copier-coller. Je
suis obligée de reporter noms et dates à la main sur des
feuilles, avant de les taper à l'ordinateur en mode Tableau.
Mais — réfléchis-je au moment de les taper —, pour que mon
relevé soit réellement une carte, il devrait contenir d'autres
informations. Déjà il faudrait signaler les changements de
religion dans la famille. J'opte pour un code-couleur : selon
la religion dans laquelle est né et mort un individu, j'inscris
ses dates de naissance et de mort en bleu foncé pour le
judaïsme, en orange foncé pour le catholicisme, en violet
pour le protestantisme (couleurs sans signification particulière, c'étaient celles qui ressortaient le mieux), avec éventuellement entre les deux une troisième date, celle de la
conversion. Sous le nom de *Rebecka Mendelssohn (Bartholdy)*,
j'aurai par exemple un *1811* bleu foncé, un *1816* violet et un
1858 violet également. J'espère ainsi voir se dessiner de
vastes zones de couleurs, ou au contraire un bariolage. La
descendance de Brendel promet d'être très orange avec toutes ces nonnes, mais ailleurs je ne sais pas encore. Et
verrai-je ressurgir du bleu foncé quelque part ? Suspense.

Ce n'est pas tout : il me faut un autre code-couleur pour
les métiers. Comme je compte tracer l'arbre en plaçant

toujours les aînés à la gauche des puînés, et ce à chaque génération, j'espère aussi voir se matérialiser quelques lois générales sur l'orientation professionnelle rapportée au rang de naissance. Les aînés auraient-ils comme Joseph Mendelssohn une prédilection pour la banque ou l'industrie, tandis que les cadets seraient, comme Abraham, plus portés vers les arts ? À côté des dates de naissance et de mort, j'indique donc la profession quand mon CD-ROM la mentionne : en noir, mais surlignée d'une autre couleur plus claire.

N'étant pas aussi rigoureuse que l'Insee, j'ai simplement fait avec ce que j'avais (dans la famille), en opérant des regroupements quelque peu subjectifs. Médecins, chimistes, mathématiciens et ingénieurs se retrouvent pêle-mêle sous un surlignage vert : *Sciences, technique, médecine. Banque et industrie* côtoient la propriété foncière sous un surlignage jaune. Les compositeurs Felix et Fanny partagent leur bleu ciel avec des philologues, des photographes, des journalistes et même un designer né en 1952, au sein des *Professions artistiques et intellectuelles. L'Armée* est grise et c'est très bien comme ça. *Droit, diplomatie et administration* apparaissent en vieux rose, parce que Jacob Ludwig Salomon Bartholdy était le premier sur la liste et que je m'étais imaginé des choses (à tort) sur ce célibataire attiré par la Grèce et regrettant de ne pas avoir d'enfants à qui laisser son nom.

Il y a aussi que je n'avais plus beaucoup de choix, car il me fallait trouver des couleurs distinctes des couleurs confessionnelles ; sauf pour les membres du clergé et les théologiens, que j'ai surlignés dans celle de leurs religions respectives. Mais ces teintes étant trop foncées pour surligner du noir, la profession se trouve ici notée en blanc. L'effet ne manque pas d'un certain chic sacerdotal : j'ai ainsi une ursuline et un bénédictin blancs sur orange, et toute une collection de pasteurs blancs sur violet.

Certains individus panachent plusieurs couleurs professionnelles, à commencer par Moses : philosophe (bleu) et manufacturier (jaune). D'autres m'ont soumise à des cas de conscience. Quand on appartient au directoire d'IG Farben comme Kurt Oppenheim, est-on encore chimiste (vert) ou industriel (jaune) ? J'ai opté pour la seconde solution.

Mais j'anticipe beaucoup. Le soir du 12 novembre 2012, je n'en suis encore nulle part. J'ai à peine débroussaillé la génération 2, celle des enfants de Moses et de leurs conjoints respectifs, avec un petit bout de l'arbre généalogique des Itzig qui se noue à celui des Mendelssohn en plusieurs points. Et j'ai commencé à descendre dans les sous-sols du bloc Brendel, pour en remonter terrifiée : ça ne va pas être possible, il y en a vraiment trop, et à quoi bon recenser des gens sur lesquels on ne sait rien ?

L'autre problème m'apparaît au moment de ranger. J'ai passé des heures à copier des noms en mode Tableau, à découper les feuilles imprimées en autant d'étiquettes, à disposer celles-ci sur mon premier bristol. Mais il était trop tôt pour les coller, je serai sans doute amenée à les déplacer plusieurs fois. Or, la table du salon est celle sur laquelle nous mangeons, il faudra donc que je la débarrasse chaque soir. Au cours de cette opération, les étiquettes glissent ; et saurai-je encore le lendemain quelle était leur place, surtout quand j'en aurai non plus vingt ou trente, mais cent, peut-être deux cents ? Je ne trouverai que plus tard la solution à ce problème, dans une papeterie spécialisée : un dévideur de colle repositionnable, qui dépose sans bavure un film de quelques millimètres de large au dos de mes

étiquettes. Non seulement je peux ainsi les fixer provisoirement et les recoller ailleurs, mais j'acquiers grâce à cet
instrument un geste précis et technique dont je ne suis pas
peu fière.

Avant cela, j'aurai pourtant traversé plusieurs jours d'accablement. Il m'est arrivé dans le bloc Brendel de lâcher le fil
et de noter simplement sous un nom : « Huit enfants sans
profession ni descendance connues ». Et, parvenue au bout,
j'ai découvert que Brendel n'était nullement une exception, le
bloc Joseph est presque pire encore. En outre, même l'habitude venant, je ne vais pas plus vite, tout continue de me
prendre un temps infini : copier chaque descendance à la main
sur des feuilles de brouillon, au risque de mal me relire car
j'écris comme un chat, taper les résultats en mode Tableau, les
imprimer, découper tout cela en étiquettes et les disposer au
bon endroit sur les deux bristols (le premier est déjà plein), en
revenant alors au CD-ROM pour vérifier que je ne me suis pas
trompée dans ma transcription. Si l'on se souvient que je dois
aussi colorer les dates de naissance et de mort, ajouter et surligner la profession du descendant ou, quand c'est une épouse
au foyer, la profession de son mari, on mesure à quel point
l'ensemble est fastidieux et chronophage.

Le vendredi de cette première semaine, j'attends pour
ranger mon bazar que mes enfants soient rentrés de l'école.
Je n'en peux plus de ce dénombrement de morts en solitaire,
j'ai besoin d'échanger avec d'autres êtres vivants.

Leurs réactions à la carte sont représentatives. Ma fille
qui, outre ses talents de flûtiste, possède un solide bon sens,
n'y jette qu'un œil critique et s'en va prendre son goûter.
Mon fils aîné, esprit porté à la rêverie et à la spéculation, s'y
absorbe au contraire pendant de longues minutes. Serait-ce

qu'elle lui rappelle ses dessins d'enfant où il faisait tenir, sur une feuille A3, quatre-vingts samouraïs tous différents jusque dans le détail de leurs armures et de leurs sabres ? Il me questionne, veut savoir pourquoi une troisième date figure parfois entre naissance et mort, ce que signifient les différentes couleurs. Rien ne lui échappe de ce qui m'a également arrêtée : ni la religieuse Franziska Veit qui, à quarante-cinq ans, a rompu ses vœux pour épouser le veuf de sa sœur (quel roman ! on aimerait en savoir plus), ni la quantité de hauts officiers à partir des générations 5 et 6 (signe d'ascension sociale ?), ni le nombre de pays – j'indique aussi le pays de résidence quand mon CD-ROM le mentionne – déjà concernés par l'expansion des Mendelssohn : l'Allemagne évidemment, mais aussi l'Italie, l'Autriche-Hongrie, la Belgique, le Canada.

Candide et circonspect, mon fils cadet reste à distance et pose la seule question à laquelle je n'ai pas envie de répondre :

« Ça sert à quoi ? »

Son grand frère se récrie : ce n'est pas là pour servir à quelque chose, c'est intéressant, voilà tout. Je suis heureuse d'avoir un si bon avocat dans la famille, mais je reste déstabilisée. À ces adolescents en plein devenir, je donne peut-être une étrange idée de ce qu'est le monde actif des adultes. Pendant qu'eux avalent de l'algèbre et des déclinaisons, leur mère passe ses journées à coller des bouts de papier multicolores sur des bristols géants : c'est donc ça, le sérieux de la vie dont on leur rebat les oreilles ? Ne suis-je pas en train de saper mon autorité parentale ?

La sérénité me revient après un week-end de repos, et j'entame la deuxième semaine sur de meilleures bases.

D'abord – parce que j'avais grossièrement sous-estimé mes besoins –, je cours acheter trois nouveaux bristols chez monsieur Richard. Ils n'ont pas tout à fait la même teinte ni le même grain que les premiers, la colle repositionnable y adhère moins bien, mais ce n'est pas grave. Ensuite, ayant compris que les générations 5 et 6 vont prendre beaucoup plus de place que les précédentes, je commence à m'orienter vers une forme en éventail. Pour ne pas m'y perdre, je trace au crayon sept bandes parallèles d'environ 7 cm de large, correspondant chacune à une génération. Je pourrai y caser en colonnes légèrement obliques les innombrables rejetons de la 6, sans manger trop d'espace en largeur. N'oublions pas que je n'en suis encore qu'au bloc Joseph, le fils aîné de Moses !

Autre chose. Jusqu'ici, dans l'idée simplette d'aller plus vite en besogne, j'avais d'emblée inscrit les femmes sous leur nom d'épouse. En pratique, c'est une insanité. Je m'embrouille au moment de coller les étiquettes, car les filles ne portent plus le nom de leurs parents. Et le principe lui-même est absurde : bon sang, on ne naît pas avec le nom de son mari accroché autour du cou ! (Sauf dans la légende talmudique racontée par Moses à Fromet pour lui faire sa cour.) Désormais je change donc de système, mais il faudra que je refasse toutes les étiquettes féminines antérieures, pour unifier.

Enfin je ne peux pas laisser des choses comme « Huit enfants sans profession ni descendance connues ». Soit je renonce à tracer cet arbre généalogique, soit je m'obstine, et dans ce cas toutes les branches doivent y figurer jusqu'au bout, même sans profession ni descendance connues. Mais, alors que je viens de prendre cette courageuse décision, j'en prends une autre directement contraire. En plein milieu du bloc Joseph, effarée, débordée, je décide de *supprimer* tout bonnement les enfants morts avant l'âge de deux ans. Pas ceux de Moses, bien sûr, ils me sont trop familiers ; ni le petit Stephan d'Énole Biarnez, mort de la tuberculose juste après son père Adolph. Mais, partout ailleurs, c'est un massacre des Innocents que je perpètre non sans mauvaise conscience, même s'il me rassure aussi : cette concession à la paresse et à l'à-peu-près me prouve que je suis bien un être humain et non pas un robot.

Car je commençais à en douter. Cette besogne répétitive se révèle exténuante, et j'ai compris qu'il fallait me ménager. Par exemple en coupant le son du CD-ROM : les *Mélodies sans paroles* de Felix Mendelssohn finissaient par me taper sur les nerfs, à se remettre en marche chaque fois que je relançais le disque. Et même sans musique, c'est une tâche qu'il faut savoir judicieusement fragmenter. Y passer une journée entière est dangereux, je l'ai appris à mes dépens : mes enfants en rentrant de l'école me trouvaient hagarde, les paupières clignotantes, dans un état de surchauffe qui me rappelait *Le Joueur d'échecs* de Zweig. Je m'arrête désormais en début d'après-midi, et surtout j'intercale dans la semaine un ou deux jours où je sors lire en bibliothèque la biographie de Felix Mendelssohn par Larry Todd, pour étoffer encore ma Chronologie.

Malgré ces précautions, j'observe en moi d'inquiétants effets secondaires. Non seulement la tâche m'épuise mais elle me mine, elle me fait peur, comme si je m'adonnais à quelque chose de morbide et de malsain. Pourquoi, grands dieux ? Il ne s'agit que d'un arbre généalogique, et dans l'absolu il est plutôt réjouissant qu'un philosophe célèbre, un homme intéressant et sympathique, ait laissé sur terre des centaines de descendants. Pourtant, c'est manifeste, un air mauvais souffle chez nous dès que je ressors la carte. Dans mon journal, je note des impressions étrangement négatives : *Dément. Pharaonique. Mauvais pour la santé. – Je joue avec le feu. Vertige. – Ils ont tous les mêmes prénoms. Trop d'enfants, un par an. – Un travail pour des mormons.* On parle beaucoup des mormons en ce moment, à cause des élections américaines. *Les étiquettes se décollent, sentiment de la vanité de toute chose. – Froid dans le dos. Ne plus y toucher pendant quelques jours.*

Sabine Wespieser, à qui j'ai envoyé une photo de mon *work in progress*, n'est pas du tout inquiète, elle. « C'est dingue, on dirait une carte IGN ou un relevé de fouilles archéologiques... À quand le vernissage ? » Si elle savait dans quel état me met ce relevé de fouilles. Si elle savait que je l'appelle en privé « le monstre », ou même « le tableau de chasse », parce que ces morts rangés dans l'ordre me font parfois penser à un alignement de cerfs, de sangliers et de lièvres un soir de Saint-Hubert.

Tous ne sont pas morts, cependant. Je trouve des von Mendelssohn, encore berlinois, qui ont mon âge. C'est alors que, rompant avec mes habitudes (je parle rarement de mes projets romanesques à d'autres qu'à mes proches), je décide d'écrire à Roger David Servais, un peintre belge germanophone que j'avais rencontré à Berlin par mes contacts à l'ambassade. C'était juste avant mon retour à Paris et j'avais beaucoup regretté que cela arrive si tard : non seulement Roger était adorable mais il connaissait énormément de monde, et sa fréquentation aurait sûrement atténué la relative solitude de mon séjour. Notre première rencontre, par un après-midi très chaud et très lourd de juillet 2012, avait d'ailleurs été marquée par un petit incident saugrenu. Roger m'avait accueillie chez lui avec un gâteau de sa confection, m'avait présentée à sa seconde femme – « une fille de junkers », précisait-il gaiement –, puis elle était partie faire des courses et il m'avait alors montré son atelier et ses tableaux. Comme nous venions de contempler son œuvre en cours, un Jacob luttant avec l'ange, j'étais sortie sur le balcon pour regarder des fleurs, et soudain je ne m'étais pas sentie bien. Mes oreilles bourdonnaient, le ciel m'hypnotisait, de plus en plus jaune et plombé comme dans un film de Tarkovski... L'instant d'après, Roger m'avait rattrapée à bras-le-corps et me halait vers le canapé du salon, sans se départir de son calme ni de sa bonne humeur.

« Pas grave. Ma mère et ma sœur aussi avaient des chutes de tension, ça me connaît. »

Voilà un homme avec qui tout était simple, me disais-je un peu plus tard en sirotant un verre d'eau fraîche, les pieds dûment surélevés, tandis que Roger reprenait la conversation comme si de rien n'était. Au lieu de laisser de la gêne entre nous, l'incident avait été le ciment d'une solide amitié et nous échangions fréquemment des messages depuis mon retour à Paris.

Si quelqu'un pouvait m'aider à joindre les von Mendelssohn, c'était bien Roger, avec son épouse fille de junkers et son carnet d'adresses.

Lorsque je lui écris pour lui parler de mes recherches, il ne me répond certes pas que sa femme est une descendante de Moses, comme je m'y attendais presque. Mais il m'apprend que Stephen Tree, un de ses amis, a publié une monographie récente sur le philosophe et m'en envoie un exemplaire, avec un mot gentil orné d'un ange de profil qui me dit « *Grüße aus Berlin* ».

Désormais je travaille donc sous la protection d'un ange berlinois et sous l'œil malicieux de Moses en couverture du livre de Stephen Tree. Ils me soutiennent dans cette aride routine où, à 8 h 30, je lance le CD-ROM, coupe le son, recopie des listes de noms et de dates, les tape en mode Tableau et en corps 10, puis, quand j'en ai rempli une page A4 (tenter d'en faire plus en une demi-journée est contre-productif, je m'en suis aperçue), la découpe et place mes étiquettes. Ce placement me prend à lui seul plus d'une heure, car il pose des problèmes de géométrie sans cesse renouvelés. Au départ, les dix enfants de Moses se trou-vaient coude à coude en haut de mes deux bristols. Mais, à mesure que la base de la pyramide s'élargit, je dois les écarter et tasser un peu plus les descendants déjà en place ; certaines étiquettes ont été décollées et recollées tant de fois qu'elles ne tiennent plus du tout. J'en retrouve sur le tapis, dans le canapé, prises aux poils de mes pulls, et alors je cède à la panique. Combien en ai-je peut-être perdues ainsi ? Et, nom d'un chien, qui était ce Rainer Schütze et où dois-je le remettre ? Quand j'aurai terminé, je repasserai toutes les étiquettes à la colle permanente.

Un après-midi où j'avais dû sortir en laissant le monstre en plan, mon fils cadet m'accueille avec un grand sourire :

« Tu vas être contente, j'ai mis de l'ordre.

– Ah bon ?

– J'ai jeté tous les petits bouts de papier qui traînaient sur la table. » Je me sens pâlir. « C'est une blague ! » rigole-t-il.

Bien sûr, il y a ces intermèdes folâtres, mais mes problèmes de forme m'obsèdent. Il n'est pas si facile de construire une figure courbe à l'aide de bristols rectangulaires, d'autant plus que je dois faire avec ce qui est déjà là : pas question d'arracher toutes mes étiquettes pour repartir de zéro, j'y perdrais trop de temps. J'ai donc amorcé une sorte d'éventail sur la gauche, en retranchant deux triangles sur la moitié supérieure de mes bristols, que j'ai ensuite insérés sur la moitié inférieure. Il va falloir que j'amorce un autre virage sur la droite car, si je continue à développer l'arbre horizontalement, il finira par être plus long que la pièce : alors, même en le faisant passer par la porte du bureau, il ne sera plus possible de l'embrasser « d'un seul coup d'œil », ce qui était mon but premier. Mais si je prends mon virage trop tôt ou trop sec, le cercle se refermera sans que j'aie pu caser les descendants de Nathan. Il s'agit de bien réfléchir.

« Comment va la carte ? s'enquiert au téléphone Henri le géographe.

– J'en bave. C'est comme essayer de représenter un chou-fleur en projection plane, si tu vois ce que je veux dire.

– Pas tout à fait. Tu devrais me montrer ça. »

C'est alors que je m'avise d'un problème supplémentaire : la carte est intransportable. Les étiquettes sauteraient si je roulais mes bristols dans un tube, et la forme en éventail rend impossible l'emploi d'un carton à dessins rectangulaire. Pour voir mon travail, Henri devra venir dîner ici, ce qui en soi est agréable ; mais je viens de comprendre que le monstre ne sortira plus de chez moi et cette pensée m'oppresse.

Car je me sens de plus en plus mal, après trois semaines passées en sa compagnie. Certains soirs, cela va jusqu'à la nausée et aux étourdissements. Pour ne pas trop me fatiguer les yeux, j'ai changé l'ampoule du plafonnier pour une ampoule de 400 watts. Notre salon est maintenant éclairé comme une salle d'opération, ce qui est commode pour moi, mais peu convivial. Au beau milieu, il y a notre table, dont je tire chaque matin une des rallonges. Et, dessus, le corps à opérer.

« On dirait que tu fais de la magie noire », murmure ma fille, qui m'a surprise en pleine action, entourée de mes instruments − colle, ciseaux, dessin d'ange et portrait de Moses. Je vois bien ce qu'elle veut dire, je le ressens depuis le début : outre que c'est visiblement mauvais pour la santé, il y a quelque chose de transgressif dans ce que je fais, mais quoi ? Je dors mal, dans mes rêves je cherche des moyens de serrer encore un peu plus les descendants de la génération 6, ou alors je me bats avec un rapporteur pour tracer des angles et découper des triangles qui ne sont jamais aux bonnes dimensions.

Un samedi, je décide d'aller voir *Lili Marleen* de Fassbinder pour me détendre. Horreur ! Non seulement je trouve le film fâcheusement contaminé par le kitsch nazi qu'il entend montrer, mais le juif de service, dirais-je, rejeton suisse d'une famille évidemment banquière, s'appelle Robert Mendelsson. *Of all names !* Malgré la formidable Hanna Schygulla, je me tortille dans mon fauteuil, transpire quand la Gestapo enferme Robert et lui fait entendre en boucle les premières mesures de la fameuse chanson, qui se brisent toujours au même endroit. Moi au moins, quand je laisse le son du CD-ROM, le morceau va jusqu'au bout et enchaîne sur un autre.

Au retour, je ne peux m'empêcher de vérifier si je n'ai pas dans le tas un Robert Mendelsso(h)n. En fait de détente, c'est un échec.

À quelques jours de là a lieu le dîner avec Henri, qui ne me détend qu'au début, quand nous mangeons joyeusement tous les cinq en parlant de la fin du monde. On nous l'annonce pour le 21 décembre 2012, c'est-à-dire très bientôt. Excellente raison pour se resservir de tarte !... Mais ensuite nous débarrassons la table, je replie la nappe, tire la rallonge, les enfants disparaissent dans leurs chambres ; puis j'apporte mes bristols maintenant au nombre de six, et assemble la carte, qui commence à ressembler à un champ de course depuis que j'ai amorcé mon virage de droite. Un lourd silence s'abat.

« C'est spécial », lâche Henri.

Il faut dire qu'il découvre la carte au pire moment. Les branches de l'arbre ne sont pas encore tracées, les bandes générationnelles sont séparées par de simples traits de crayon, ces centaines d'étiquettes ont l'air d'être là en vrac. L'aspect de champ de course en construction n'arrange rien : il rappelle l'énorme spirale inachevée dans *La Tour de Babel* de Bruegel, qui, je ne sais pourquoi, est bien plus effrayante ainsi que si elle était finie.

Tandis que le silence se prolonge, un malaise palpable se répand dans le salon. L'ampoule de 400 watts grésille, le gros chat roux des voisins est pris de hoquets et vomit sous la table. Je vais chercher une serpillière, ce qui laisse à Henri le temps de se reprendre. Mais, au final, son commentaire n'est pas fait pour dissiper le malaise :

« On dirait l'organigramme d'une théorie du complot. »

Tout en expulsant le chat par la porte-fenêtre, je tente de me défendre. Qu'est-ce qu'Henri va chercher là ? Ce n'est que la famille d'un philosophe des Lumières, bon dieu de bois ! Un voltairien comme lui, il devrait se sentir en pays de connaissance ! Alors Henri fait taire ses réserves et me pose des questions.

« Pourquoi ce bout-là est vert alors que tout le reste est gris ? Ça veut dire quelque chose ? »

Non, ça ne veut rien dire. Monsieur Richard n'ayant plus de bristols gris, j'ai dû choisir les deux derniers vert amande et rose saumon.

« Et c'est quoi, *Gef.* ?

– *Gefallen*. Mort au combat, mort pour la patrie, quoi. J'avais besoin de place, et *Gef.*, c'est plus court que *mort pour la patrie*.

– Ah, je vois. Beaucoup de morts de la Première Guerre mondiale. Mais attends...

– Oui, ça m'a frappée moi aussi, il y en a presque autant de la Seconde Guerre mondiale.

– "Morts pour la patrie" pendant la Seconde Guerre mondiale, c'est-à-dire...

– Dans la Wehrmacht, eh bien oui, il faut croire. Regarde celui-là, mort en 1942 en Russie. Et cet autre, mort en 1945 dans les Vosges... » Parmi ces soldats, il y en a qui portaient encore le nom de Mendelssohn ou de Mendelssohn-Bartholdy, alors que tant d'autres membres de la famille avaient dû quitter l'Allemagne à cause de leur ascendance juive. Notre malaise se complique d'un sentiment d'absurdité, mieux vaut changer de sujet.

« Ça te dit quelque chose, le prénom Énole ?

– Connais pas. »

Je lui relate l'ouverture bordelaise de la famille et l'affaire du remariage d'Énole avec le frère d'Adolph. Je lui montre aussi les deux enfants Wach, plus jeunes que nous, qui sont nés à Bombay d'une mère indienne ; sans le moindre lien d'ailleurs avec les Horsfall colons britanniques aux Indes. J'attire son attention sur des drames : Marie Fuld, son mari

Edgar et leur benjamine Milly, tous trois morts le 21 octobre 1948 (accident d'avion). Ou sur le petit roman que j'entrevois dans le bloc Brendel, quand la religieuse Franziska Veit rompt ses vœux pour épouser Jean Claude Longard, le veuf de sa sœur Theresia.

Cette histoire de nonne mariée tire d'Henri un ricanement qui me ramène aux chansons anticléricales de mon enfance, mais il n'a peut-être rien compris. Qui sait si Franziska n'avait pas conçu une passion secrète pour le fiancé de sa sœur ? Ou alors ils s'aimaient tous les deux, mais la famille avait décidé qu'on marierait Theresia la première. Deux cœurs brisés. Chacun se rabat sur l'existence qu'on lui a imposée. Franziska prend le voile, Jean Claude Longard fait onze enfants à Theresia. Mais voilà qu'après onze grossesses, celle-ci meurt en 1870. Pouvant enfin s'aimer librement, Franziska et Jean Claude convolent en 1871, sans doute dès la fin de leur deuil officiel. Il a cinquante et un ans, elle en a quarante-cinq. Quelle belle histoire !

Il y a aussi Cécile von Mendelssohn Bartholdy qui épouse en 1920 le juriste Benoit Oppenheim, de vingt ans son aîné, et en a deux enfants. Mais elle divorce pour se remarier en février 1938 avec Gillis Grafström, un patineur suédois de son âge. Le plus curieux est que ce patineur meurt deux mois après les noces. Fatalité ? Crime parfait commis par le premier mari jaloux, ou par les Mendelssohn Bartholdy eux-mêmes, honteux de ce qu'ils considèrent comme une mésalliance ? Il faudra que je me renseigne sur les circonstances exactes du décès de Gillis Grafström.

En revanche, je ne parle pas à Henri de la demoiselle Baum qui a épousé en 1966 un monsieur Jacobi. Henri ne connaît pas grand-chose aux Lumières allemandes, j'ai pu le constater, et il lui serait bien égal qu'une arrière-arrière-arrière-arrière-petite-fille de Moses ait peut-être épousé un arrière-arrière-arrière-arrière-petit-fils de Friedrich Heinrich Jacobi, l'homme qui, par ses prétendues révélations sur Lessing, avait indirectement poussé le philosophe dans la tombe. Je ne lui parle pas non plus de Thomas Lackmann, un inconnu pour lui.

C'est vrai, j'avais oublié d'évoquer cette fracassante découverte faite en garnissant le bristol vert amande, dans la courbe de droite. Descendant lentement la lignée d'Abraham, j'étais parvenue jusqu'aux Du Bois-Reymond, dont l'une avait épousé en 1920 un certain Erwin Horwitz, pasteur de son état. Un clic de plus, et je découvrais que l'une des filles Horwitz avait à son tour épousé un certain Max Lackmann. Coup de tonnerre. L'auteur de la biographie d'Abraham serait-il un de ses descendants ? Vite, trouver une notice biographique sur Thomas Lackmann ! En effet, il était bien le fils de Max – ma première incursion dans la génération 8, et je me suis alors empressée de tracer un embryon de huitième bande au bas de mon bristol vert.

Soudain, tout s'éclairait. Je ne m'étonnais plus que Thomas Lackmann ait consacré sept cents pages à la vie d'un personnage aussi mineur, ni traité son matériau de façon si allusive, comme s'il s'adressait à un public parfaitement au courant. Ce public, ce n'était pas seulement la communauté des mendelssohnologues et mendelssohnomanes. C'était la foule des autres descendants de Moses encore en vie, dont je ne pouvais exactement estimer le nombre, puisque mon CD-ROM s'arrêtait à la génération 7.

Puis ma surexcitation était brutalement retombée. Dans quoi avais-je mis les pieds ? Certes pas dans l'organigramme d'une théorie du complot (quel farceur, cet Henri ! et un tantinet germanophobe, comme tout bon voltairien : à propos de mon CD-ROM, ne m'avait-il pas déclaré que ces histoires de sang et de filiation sentaient mauvais, surtout venant d'Allemands ?). Sans aller jusque-là, j'avais mis les pieds dans la vie de personnes réelles, un terrain neuf et inquiétant.

Bien sûr, Moses, Dorothea, Felix, Fanny, etc. étaient aussi des personnes réelles. Mais une chose est de réfléchir, à partir de sources publiées, sur des figures historiques ayant vécu au XVIIIe ou au XIXe siècle. Autre chose est de scruter l'état civil de gens qui vivent encore, ou dont les enfants vivent encore, et de me faire des romans à leur sujet. Des gens qui peut-être n'apprécieraient pas que je soupçonne leur grand-père d'avoir commandité l'assassinat de Gillis Grafström, ou leur arrière-grand-tante religieuse, d'avoir nourri une attirance coupable pour son beau-frère Jean Claude. Ils pouvaient être blessés, furieux, me traîner en justice, au lieu d'être flattés qu'on s'intéresse à leur famille. Dans tous les cas, j'étais sortie d'un simple travail d'écriture pour entrer dans le domaine des relations interhumaines. Mon sujet de livre avait pris vie, me regardait, me parlait presque, et je ressentais tantôt l'émerveillement du sculpteur Pygmalion quand sa statue devient une femme de chair et d'os, tantôt la terreur du Dr Frankenstein qui, ayant cousu ensemble des petits morceaux de cadavres pour fabriquer un être vivant, découvre que cet être veut sa mort et va le poursuivre de sa haine jusqu'au bout de la terre.

« Non, décidément, je n'aime pas ton CD-ROM. Et la musique est à chier », ajoute Henri (cette fois je n'avais pas coupé le son). Je ne relève même pas. Quand on est voltairien, on peut difficilement aimer la musique romantique, ce serait plutôt un truc pour les rousseauistes comme moi. Toutefois je devine qu'Henri, sous ces propos bougons, m'exprime son inquiétude. Il me voit sans doute en Frankenstein plutôt qu'en Pygmalion et se fait du souci pour moi.

« Cela dit, je vois que tu as presque fini ? »

Presque fini, non, dois-je lui expliquer. Dans le bloc Abraham, j'ai traité la descendance de Fanny, de Felix et de Rebecka, mais il me reste celle de Paul et elle n'a pas l'air mince. Après quoi j'aurai à traiter le bloc Nathan, auquel je réserve mon bristol rose saumon. Et quand tout sera terminé, il me faudra encore résoudre certains problèmes, comme celui des mariages consanguins ou autres cas de figure où un individu est rattaché en plusieurs points différents à cet immense maillage. Lorsque deux sœurs ont successivement épousé le même homme, ou deux frères la même femme, cela reste assez simple. Mais quand Felix Wach (petit-fils de Felix) se marie avec sa petite-cousine Käthe von Mendelssohn-Bartholdy (petite-fille de Paul), sous quelle forme représenter leur lien ? Ces époux seront séparés par des distances énormes, ils appartiendront même à des bristols différents. Dois-je dédoubler leurs étiquettes ? Hors de question. Les étiquettes en sont venues pour moi à incarner les êtres : les dédoubler serait comme cloner l'être lui-même ou lui donner le don d'ubiquité. De plus, ces époux consanguins ont souvent eu des enfants. Je ne vais pas aussi cloner ces enfants et leurs propres enfants, je n'ai pas tant de place.

« Du fil à coudre, peut-être ? » dis-je d'une petite voix, consciente que mon idée n'est pas très convaincante. « Relier les consanguins par un fil piqué dans le bristol, avec un nœud au dos pour que ça tienne bien ?

– Tu verras. » À cette brève réponse, je devine qu'Henri en a assez. Nous sommes tous deux blêmes de fatigue sous l'éclairage infernal du plafonnier, je m'aperçois qu'il est déjà 1 h30, et mon invité qui vient de penser à son dernier métro s'en va en catastrophe, d'assez mauvaise humeur.

D'assez mauvaise humeur, je le suis moi aussi. Cette première démonstration de la carte n'a pas été un succès. J'avais sous-estimé son pouvoir anxiogène, même sur un esprit posé qui ne partage pas mes sensibleries d'artiste. Il est clair que j'ai fait passer à Henri une soirée glauque et que ma créature lui a inspiré un dégoût violent. De plus, ses objections ont chatouillé mon amour-propre, je vais y réfléchir en attaquant ma dernière ligne droite. C'est le cas de le dire, car la carte prend décidément la forme d'un hippodrome dont Moses et Fromet occuperaient l'oblong terre-plein central.

Les deux semaines suivantes se passent donc à terminer, mais aussi à me justifier en pensée et à élaborer du sens. D'abord (pour répondre à mon fils cadet), ce que je fais sert bien à quelque chose. Et ma manière de le faire, qui au début me semblait consternante d'inefficacité – à l'ère du numérique, recopier les données d'un CD-ROM à la main, puis à nouveau sous forme numérique, pour ensuite découper à la main le tirage imprimé et coller ces segments sur du papier – n'a rien d'absurde, c'est la seule possible. Quel écran d'ordinateur me permettrait d'embrasser *d'un seul coup d'œil* quelque deux mètres carrés de noms et de dates serrés en corps 10 ?

Le temps que j'y aurai passé n'était pas perdu non plus. De rapides copier-coller ne m'auraient pas donné une telle familiarité avec mon sujet. Tous ces noms que j'ai minutieusement notés, tapés, colorés, découpés et placés se trouvent maintenant dans ma mémoire vive. Et lorsqu'en bibliothèque je feuillette un catalogue de l'exposition Mendelssohn qui a eu lieu à Wolfenbüttel en 1986, et lis que l'objet n° 83 (un portrait de Moses par Daniel Chodowiecki) a été prêté par Marianne et Johannes Zilkens, de Cologne, je dresse mes antennes. Zilkens ? ce nom-là me dit quelque chose. Effectivement, Marianne Zilkens née Mendelssohn est fille d'Ernst qui est fils d'Alexander qui est fils de Wilhelm qui est fils d'un premier Alexander qui, ai-je besoin de le rappeler, est le second fils de notre vieux Joseph.

Ils sont tous là dans mon esprit, et je me souviens à peu près de leur place sur la carte. Une carte où, depuis la visite d'Henri, j'ai pris l'habitude de me repérer comme sur une carte du monde telle qu'on les édite dans nos contrées, avec l'Europe et l'Afrique en axe médian.

Grâce au travail des dernières semaines, la famille Mendelssohn est bien devenue un espace pour moi. Le temps même s'est comme spatialisé. Toutes ces petites étiquettes, me dis-je parfois, ce sont les briques dont est faite l'histoire humaine, sa matière première : des myriades d'individus qui sont nés, ont vécu et puis sont morts. Mais, dans le même temps, la notion de famille s'est peu à peu vidée de son sens, à trop y réfléchir. Mes ressortissants de la génération 7 n'ont pas seulement Moses et Fromet comme arrière-arrière-arrière-arrière-grands-parents, mais soixante-deux autres ; soixante-deux autres qu'en théorie je pourrais pour chacun retrouver et localiser, finissant par reconstituer le maillage de l'humanité entière. Et n'est-ce pas la négation de l'idée de racines, d'origines, qui connaît aujourd'hui une étonnante vogue ? Si tout est relié à tout, à quoi bon se targuer de descendre d'un tel plutôt que d'un autre ? Ce ne sont que gouttes dans l'océan, dont il importe peu qu'elles proviennent d'un gave pyrénéen ou d'une source des Andes. Une découverte libératrice. Quelque chose me dit qu'à l'avenir je pourrai m'occuper d'autre chose que de romans historiques et de questions de filiation.

La sixième semaine, je mets les bouchées doubles. La fin du bloc Abraham me réserve des surprises : une concentration d'Italiens dans la descendance de Rebecka, de Suédois dans celle de Paul, dont un authentique gentilhomme de la Chambre du roi de Suède ; et une expansion pléthorique en direction du Canada et des États-Unis. En plein XXᵉ siècle, j'ai même un Japonais, il faudra que je raconte ça à Henri qui l'est aussi par sa mère. Quant au bloc Nathan, il se révèle peu fourni, comme si la malchance tenace du Tubalcaïn de Silésie se reportait sur sa postérité et l'empêchait de croître. Il est à dominante verte, avec beaucoup de mathématiciens, de médecins, d'ingénieurs ; mais bien d'autres individus sont de profession inconnue, et les lignées se brisent parfois dès la génération 5. Elles s'enfoncent sans laisser de traces dans la plaine germano-polonaise, ou alors produisent des fruits baroques : le compositeur Arnold Mendelssohn II (1855-1933), préfacier de *La Solution de la question juive* ; ou le petit garçon baptisé Gustav-Adolf en 1937. En tout cas, ils tiennent très à l'aise sur mon bristol rose saumon.

Au matin du 21 décembre, tous les descendants de Moses ont pris leur place : j'ai devant moi 765 noms. La carte ne ressemble plus autant à un hippodrome, car les bandes générationnelles ne joignent pas à leurs extrémités. Je l'ai

voulu ainsi. Puisqu'elles suivent le rang de naissance et for-
malisent d'une certaine manière le passage du temps, il ne
serait pas logique que l'anneau se referme, que l'aînée
Brendel et sa descendance se retrouvent côte à côte avec
le benjamin Nathan et tous les siens. Le huitième et dernier bristol ne remonte donc pas en éventail : il s'en va
tout droit et, par une illusion d'optique, semble passer en
dessous du bloc Brendel, comme un début de spirale qui
aurait pu se prolonger si Moses et Fromet avaient eu d'autres
enfants.

Ma carte est là, couvrant toute la table jusqu'aux dossiers
des chaises qui en soutiennent les bords – et je songe
alors que, plastifiée, elle ferait une nappe assez originale.
Sauf qu'une nappe est d'un seul tenant et peut se plier. La
carte des Mendelssohn, assemblage de divers rectangles,
triangles, trapèzes, d'un parallélogramme, et d'un penta-
gone irrégulier qui est une sorte de trapèze tronqué, serait
impliable si je collais tous les morceaux ensemble. Elle restera donc en pièces détachées. Dans l'hypothèse improbable
où quelqu'un voudrait la consulter sans moi, j'ai muni
chaque bristol d'une gommette rouge marquée d'un chiffre
de 1 à 8, pour faciliter le montage.

Ce n'est pas la seule finition à apporter. Pour rendre les
bandes générationnelles plus visibles, j'entreprends d'en
colorier une sur deux au feutre gris très clair. Excellente
inspiration. Mais passer au feutre un bon tiers de deux
mètres carrés m'aura pris quatre heures, debout, les reins
ployés, le bras gauche précautionneusement appuyé sur la
carte pour ne pas arracher les étiquettes d'un geste brusque.
Un feutre presque neuf est mort à la tâche, moi pas, j'en suis
presque étonnée.

Après quoi je trace les branches de l'arbre à la règle, en lignes brisées. Malgré les embouteillages dans les générations les plus peuplées, cinquième et sixième rugissantes, il est maintenant relativement facile de voir qui est l'enfant de qui et le parent de qui. À ma grande fierté, aucune ligne ne se croise, les rangs de naissance sont scrupuleusement respectés. Reste le problème des unions consanguines. L'idée du fil à coudre est impraticable, puisque la carte n'est pas d'un seul tenant. Mais cette idée accouche d'une autre : je vais relier les époux consanguins par un pointillé blanc imitant les sinuosités d'un fil fixé de façon lâche.

Le résultat m'enchante. Figurez-vous une zigzagante liaison aérienne entre Yokohama (Paul Mendelssohn Bartholdy) et Porto Allegre (Elisabeth Oppenheim, petite-fille d'un cousin germain de son père). La liaison se modifie après la mort d'Elisabeth, quand Paul se remarie avec son ex-belle-sœur Énole Oppenheim : c'est à présent un vol direct entre Yokohama et Tristan da Cunha. Si l'on préfère les relations Nord-Sud, nous avons Dorothea von Simson, génération 7 du bloc Joseph, qui a épousé son antipode Erckhinger von Schwerin, génération 6 du bloc Abraham. Il n'y a plus de mot pour désigner un tel lien de parenté, mais il est parlant de le décrire comme une ligne maritime entre la Péninsule antarctique et le port d'Arkhangelsk.

Cependant quelque chose me tracasse. Parmi ces 765 noms, la plupart sont des descendants de Moses, mais il y a aussi beaucoup de conjoints, de pièces rapportées. Pour faire mieux ressortir les descendants, je cerne leurs étiquettes d'un liséré au feutre brun et laisse les autres telles quelles, ce qui me prend une heure de plus. J'hésite encore à cerner les enfants adoptifs.

Les poings sur les hanches, je contemple le tout et lui trouve de l'allure. Un peu austère, peut-être : quelques images ne seraient pas de trop. Dans un prospectus de la *Mendelssohn-Gesellschaft* dont je n'aurai plus besoin (étant désormais abonnée à sa lettre d'information), je découpe les mini-portraits de plusieurs célébrités et les colle à côté de leurs étiquettes. Maintenant Moses et Fromet nous sourient depuis leur terre-plein central, fiers d'avoir autant crû et multiplié. Arnold Mendelssohn II darde des yeux sévères et une moustache nietzschéenne vers sa scandaleuse grand-tante Dorothea. Fanny couronnée de raisins et de pampre lève vers les Itzig un regard rêveur. Dieu, que Philipp Veit est joli garçon ! plus encore que Felix, et ce n'est pas peu dire. Dommage qu'il me soit aussi antipathique, mais j'en parlerai au chapitre suivant.

Ne manque plus que la légende. Elle est vite terminée, mais je ne me résous pas encore à la coller sur le terre-plein central. Ce n'est pas très heureux, ce rectangle blanc au milieu d'une figure tout en courbes. (Je me réjouis de constater qu'après six semaines où ma tête fourmillait de noms, de dates et de problèmes trigonométriques, je redeviens sensible à la beauté masculine et aux harmonies de couleurs.) Dans une chute de bristol rose, je découpe un cartouche ovale qui servira de fond à la légende, et que je dépose dans une des rares zones vides. Ce rappel de rose est parfait à proximité du bloc Nathan ; et le petit côté mièvre tempère l'aridité algorithmique du tout.

Au bord de l'ovale et en suivant sa courbe, j'inscris à la main « 12/11 – 21/12/2012 », et à côté du cartouche, au crayon très léger, j'ajoute un plan de montage reproduisant la carte en miniature et l'ordre des bristols :

```
        8       7       6
   1                        5
        2       3       4
```

Là-dessus mon fils cadet rentre de l'école tout guilleret : le premier trimestre est bouclé, et on dirait bien que l'apocalypse n'aura pas lieu aujourd'hui − j'ai été gosse avant lui, je sais que nos plaisanteries sur le sujet ne le rassuraient qu'à moitié. Comme il se rapproche de la table, je pose un bras sur ses épaules et lui murmure :

« Tu vois, la carte ?... Eh bien, je crois qu'elle est finie. »

Ma parole, il me semble que ma voix tremble un peu.

Plus tard survient mon fils aîné, à qui je dois simultanément annoncer que je lui ai emprunté un de ses feutres et que ce dernier n'a pas survécu. Grand seigneur, il me pardonne. J'en profite pour le consulter sur mon dernier problème. Faut-il ou ne faut-il pas encadrer d'un liséré brun le nom des enfants adoptifs, comme les autres descendants ? Il réfléchit une seconde.

« Moi, je trouve que ne pas les encadrer, c'est de droite. »

Il ira loin, ce petit. Et il a raison : le culte du sang et des gènes ne passera pas par nous. D'un trait de feutre décidé, je cerne de brun Betsy Thormann, fille adoptive de Benjamin Mendelssohn, ainsi que Lea et Brigitte Mendelssohn Bartholdy, filles adoptives d'Albrecht le juriste oxfordien. J'ai terminé la carte des Mendelssohn, et le monde, dont on nous prédisait la fin, reste ferme sur ses bases.

Chapitre 15

La zone orange

Contrairement au code-couleur professionnel, le code-couleur religieux n'a pas tenu ses promesses. Il faut avoir le nez sur la carte pour discerner dans ces caractères en corps 10 ce qui est bleu foncé (judaïsme), violet (protestantisme), orange (catholicisme), ou tout simplement noir quand je ne savais pas. Mais moi je peux vous le dire, puisque je l'ai tracé de mes mains : le bloc Brendel, couvrant plus ou moins les deux Amériques jusqu'à hauteur du cercle polaire arctique, est une zone intensément orange. Qui, comme le continent américain, s'est vite détachée de la Pangée mendelssohnienne et s'en est tenue à l'écart pendant longtemps.

Elle m'inspire un mélange d'attirance et d'aversion, cette Brendel passionnée, entière, revendicatrice et à fleur de peau, qui dans sa vie semble s'être évertuée à mettre le plus de distance possible entre elle et sa famille d'origine. Oui, j'éprouve une sorte de stupéfaction peinée devant ce mystère : comment la fille préférée de Moses a pu en arriver à un reniement aussi frontal, à la fois religieux avec sa double conversion, et politique avec son adhésion à un romantisme réactionnaire, viscéralement hostile aux Lumières ? C'était l'esprit du temps, peut-être. Peut-être aussi une riposte au reniement premier dont elle a fait l'objet après son divorce, quand sa mère rompt tout contact avec elle et que la plupart de ses frères et sœurs la traitent en pestiférée. Les choses ne s'arrangent qu'au bout de trente ans. Des lettres s'échangent, des liens se nouent avec la génération suivante. Felix notamment aime bien sa tante qui, seule de la famille, assistera à son mariage avec Cécile Jeanrenaud. Mais cela ne dure pas. Dans son histoire des Mendelssohn parue en 1879, Sebastian Hensel (fils de Fanny) ne lui consacre que quelques pages, comme si elle avait été un personnage mineur. Le Nouveau Monde existe, mais nous n'en parlerons pas.

Brendel Mendelssohn, devenue Brendel Veit, puis Dorothea Veit, puis Dorothea Schlegel, enfin Dorothea von Schlegel, suit donc sa propre voie. Sans pour autant oublier d'où elle vient. Ainsi quand elle raconte à ses deux fils adolescents son voyage en Bohême (octobre 1808) et sa halte dans une auberge où des juifs locaux l'ont prise pour une Espagnole, en s'étonnant qu'elle parle si bien l'allemand. Elle se gardait de piper mot, écrit-elle, mais au-dedans « mourait de rire[1] » à entendre leurs suppositions, car il va de soi qu'elle comprenait parfaitement leur yiddish.

Prise pour une Espagnole ? Cela m'amène au seul point qui m'ait vraiment donné du fil à retordre s'agissant d'elle. Je peux comprendre son caractère, je peux comprendre son reniement ; de son physique en revanche, je n'ai pu me faire aucune idée claire, c'est même pourquoi je m'en suis tenue à une description des plus vagues dans la scène fictive où le fantôme de Moses lui apparaît, vingt ans après sa mort.

Voyons ce que j'ai dans mon dossier de portraits. Une huile d'Anton Graff, vers 1790[2], nous montre la jeune épouse du banquier Simon Veit presque mafflue sous une opulente chevelure, les lèvres pulpeuses, le menton plein. Était-ce l'embonpoint de la vingtaine, ou les rondeurs de maternités trop rapprochées ? Toujours est-il qu'elles ont fondu dans le « Portrait au pastel de Dorothea Veit, vers 1798 [3] ». À environ trente-quatre ans, dont quinze de mariage peu heureux, Mme Veit nous donne à voir une figure délicatement androgyne avec ses boucles ramenées en catogan dans la nuque et la haute cravate blanche enveloppant son cou, selon la mode masculine de l'époque. Les yeux sombres sont d'un chevreuil mélancolique, les joues creuses et la bouche large évoquent un jeune homme qu'aurait précocement frappé le mal du siècle, et pourquoi pas espagnol, en effet.

Mais un autre portrait de 1798 nous la montre toute différente [4]. Elle y fait plus nettement son âge, n'a plus rien d'androgyne malgré la même cravate blanche. C'est sans conteste une femme, une femme de tempérament dont la bouche close retient − pour combien de temps encore ? − son amertume, dont l'œil résolu semble déjà contempler les tumultes à venir, et dont les bras croisés proclament : « Qu'importe ce qu'on dira, je saurai me montrer forte. » Même si cela n'engage que moi, je lui trouve ici une petite ressemblance avec Hannah Arendt.

Dans mon dossier de photocopies, j'ai aussi un portrait du jeune Friedrich Schlegel en 1798 [5]. Un benêt au grand nez, penserait-on de prime abord. Erreur. Dans le vaste front, dans le modelé de la pommette, il y a bien la promesse du génie et la marque de la passion. Schlegel n'a que vingt-six ans à l'époque, et son air benêt lui vient peut-être de ce qu'il est tombé sérieusement amoureux, pour la première fois de sa vie, d'une femme qui en a trente-quatre ? Je note qu'il est lui aussi en cravate blanche, et je me plais à imaginer que Dorothea en portait cette année-là pour mieux penser à lui – elle n'a pas encore fui le domicile conjugal à cette date, mais le double coup de foudre remonte à plusieurs mois.

Intervient ensuite une longue ellipse dans mon dossier de portraits, pendant laquelle ont lieu : le divorce avec Simon Veit, la vie communautaire à Iéna, l'échappée à Paris avec conversion au luthéranisme et remariage, l'installation à Cologne, la conversion des époux au catholicisme, l'installation à Vienne, etc. Puis j'ai « Dorothea Schlegel, dessin de Philipp Veit[6] » réalisé en 1813. Un dessin qui, dans mon chapitre 8 déjà écrit, a failli me faire barrer la phrase *« Sous l'œil d'un fils une mère n'est jamais vieille... »* Tudieu ! Sous l'œil de son fils cadet, Dorothea à quarante-neuf ans n'est vraiment pas flattée. Après la jeune mère dodue, l'hidalgo neurasthénique, l'amoureuse volontaire aux faux airs de Hannah Arendt, voici maintenant une sorcière coiffée à la diable, le nez presque crochu, le menton un peu prognathe, les yeux relevés avec une telle intensité qu'ils semblent atteints de strabisme, comme si elle fixait furieusement une mouche au-dessus de son nez.

Je me demande de quoi Philipp s'est vengé en livrant d'elle une telle caricature, lui qui s'est toujours montré à son endroit un fils dévoué. Cette femme de tempérament aurait-elle été une mère un brin tyrannique ? Ce n'est pas exclu. Et Philipp n'a peut-être pas apprécié, enfant, d'être trimballé entre une colocation de poètes romantiques à tendances suicidaires, un appartement parisien où maman s'est faite protestante pour pouvoir épouser son jeune amant, Cologne où beau-papa a ensuite trouvé du travail, les obligeant à un départ si précipité que maman a oublié à Paris son acte de baptême à elle, mais aussi sa boîte de couleurs, à lui Philipp. Plus tard, retourné habiter à Berlin chez le banquier juif qui est son père, il a encore dû digérer la nouvelle conversion de maman, au catholicisme cette fois... Il y avait peut-être de quoi lui en vouloir un peu. Mais c'est beaucoup de suppositions pour un simple portrait raté.

Ensuite j'ai une huile de Johannes Veit, vers 1818 [7]. Jonas-Johannes avait apparemment moins de comptes à régler avec sa mère : il en a fait un portrait bien sage où, à cinquante-quatre ans, elle apparaît comme une matrone aux traits paisibles, au menton velouté, aux cheveux modestement ramenés sous un fichu de gaze.

Un bond de dix-sept ans, et voici « Dorothea Schlegel et la famille de Philipp Veit, vers 1835 [8] ». Ici, plus de surprises, nous retrouvons parfaitement la matrone de 1818. Même attitude de trois-quarts face, même regard apaisé, seul le fichu s'est épaissi en coiffe de petite vieille, quoique la chevelure reste étonnamment noire pour une femme de soixante et onze ans.

C'est une scène de genre comme l'époque les aimait. La grand-mère trône au centre avec un bon sourire ; un petit garçon la tient par le cou et, de son autre menotte, lui glisse un objet rond, probablement un fruit. D'après mon CD-ROM, il doit s'agir de Friedrich Veit (1830-1878). Autour de la table, dans des attitudes tout aussi fades et convenables, je reconnais Philipp flanqué de figures féminines moins faciles à identifier. Lesquelles sont ses quatre filles, laquelle est son épouse romaine Carolina Pulini ? Vu qu'elle avait treize ans lors de leur mariage en 1820 (treize ans, oui oui, les précisions vont suivre), elle n'en a alors que vingt-huit, et je ne sais donc si elle est l'accorte personne qui brode ou coud à gauche, la mine peu commode entre ses macarons, ou la frêle créature qui, une main passée sous le bras de Philipp, le regarde avec adoration. La femme mûre debout à l'arrière-plan doit être la belle-mère ou une belle-sœur romaine.

Enfin j'ai « Dorothea Veit, huile de Joseph Settegast, vers 1840[9] » : devant un paysage évoquant le Latium, une très jolie et très chaste jeune fille couronnée de tresses sombres. Ce n'est pas une ultime métamorphose de Brendel Mendelssohn. En 1840, celle-ci vient de mourir à Francfort-sur-le-Main. C'est l'une de ses quatre petites-filles, qui devait se trouver quelque part dans le tableau précédent, ici peinte à l'âge de dix-huit ans par son futur mari. Quand j'arrive ainsi au bout de ma collection de portraits, il me semble être ce voyageur anglais qui, par une nuit de tempête où se réveillent les spectres, voit danser les noms de Catherine Earnshaw, Catherine Heathcliff et Catherine Linton sur les murs de sa chambre.

On avance à grands pas lorsqu'on se borne à feuilleter un dossier iconographique, mais on saute trop de détails : revenons à 1806, lorsque Philipp après une séparation de sept ans retourne habiter à Berlin avec son père et son grand frère Jonas. Les deux garçons auront désormais des itinéraires presque parallèles, et pour moi cela prouve le fort caractère de la fille aînée de Moses : assez fort pour influencer ses fils de la même manière, qu'ils aient grandi loin d'elle ou à portée de regard.

À l'automne 1808, les époux Schlegel quittent Cologne pour Vienne, où Friedrich a obtenu un poste dans l'administration. Il y est aussi rédacteur de la gazette de l'armée autrichienne et de la non moins conservatrice revue *Deutsches Museum*. Moins de vingt-quatre mois plus tard, les fils de

Simon Veit viennent faire chez eux un séjour de conversion – l'expression est peut-être inédite, mais je n'en trouve pas de meilleure. Le 9 juin 1810, Philipp est baptisé par le nonce apostolique viennois, un baptême immédiatement suivi de sa première communion et de sa confirmation. (Dans cette hâte à brûler ses vaisseaux, je reconnais la main de Dorothea qui en 1804, à Paris, s'était convertie et mariée dans la même demi-journée.) À la suite de quoi, le nonce prend la parole dans un français châtié :

« Mon cher Philippe, vous voilà Chrétien : vous voilà adorateur de J.-C., le véritable Messie promis par les prophètes. Les Juifs ont méconnu le Messie, né parmi eux pour les sanctifier, et pour appeler tous les Gentils à la connaissance du vrai Dieu. Ils l'ont crucifié. Il y a près de mille huit cents ans qu'ils sont dispersés et punis incessamment de ce crime [10]. »

C'est au petit-fils de Moses qu'il s'adresse, je me permets de le rappeler.

« Ô mon Dieu », poursuit le nonce d'une voix plus vibrante, « dites, mon cher Philippe, dans l'effusion de votre âme, ô mon Dieu, ô Jésus, fils de Dieu, et mon sauveur, soyez béni !... Je suis Chrétien par la foi : Je veux l'être par les mœurs. Je connais mon Sauveur : Je veux le servir. C'est bien tard, mais c'est pour toujours [11]. »

C'est bien tard, si l'on veut : le malheureux Philipp n'a que dix-sept ans, après tout. Sacrée Dorothea, capable de communiquer son impatience piaffante à un nonce apostolique qui jusque-là devait être un modèle de componction ! Pour l'aîné Jonas, la même cérémonie a lieu six semaines plus tard ; il en ressort avec le prénom de Johannes.

Qu'en dit leur père, à Berlin ? Il en est chagriné, et il semble qu'il y ait eu dispute dans un premier temps, car le

28 octobre il leur écrit : « Sur ce qui s'est passé entre nous, jetons un voile et passons l'éponge. » Mais, dès les phrases suivantes, il confirme une fois de plus sa nature de brave homme − reconnaissons que, sur ce point, Moses l'avait correctement jugé.

Je ne cesserai pas de vous aimer tous les deux ni de faire ce que je peux pour vous, bien que nous ne soyons pas d'accord en matière de religion. [...] La morale, elle, se fonde sur la nature humaine, indépendamment de ce qui est éternel et divin. [...] Il n'y en a qu'une pour toutes les nations, pour tous les hommes depuis les commencements du monde jusqu'au dernier des jours, et elle peut se formuler ainsi : « Aime ton prochain comme toi-même »[12].

Telle était la formule dont Moses (citant Hillel l'Ancien) résumait tout l'esprit de la Loi dans son *Jérusalem*, en 1783 : ce n'est pas en vain que le banquier a autrefois suivi avec Joseph les leçons matinales de son beau-père philosophe, dont il apparaît ici le disciple le plus fidèle. Pauvre Simon Veit, pauvre homme des Lumières égaré en ce début de XIXᵉ siècle si intolérant et réactionnaire. Que comprend-il à ses deux fils, non seulement baptisés mais devenus, comme leur mère, des catholiques fervents ? Il comprend en tout cas leur désir d'être peintres et, bien que ce désir révèle l'influence de leur beau-père Schlegel, ne fait rien pour les en détourner. Au contraire, il les y encourage, se prend d'enthousiasme pour le maître que s'est trouvé Philipp : un jeune artiste obscur nommé Caspar David Friedrich. Il ne s'oppose pas davantage à ce que ses fils s'installent à Rome, Johannes en 1811, Philipp quatre ans plus tard, après avoir participé à la bataille de Leipzig.

Rome ne fera que renforcer l'inspiration religieuse de Philipp. Il rejoint là-bas l'école dite nazaréenne, un groupe de jeunes artistes allemands ou autrichiens qui, iconographiquement, renouent avec la naïve piété de la Renaissance italienne. En 1815-1816, ces Nazaréens reçoivent d'ailleurs une commande qui nous ramène en famille. Jacob Ludwig Salomon Bartholdy, alors consul général à Rome, veut faire orner son palais d'une série de fresques bibliques. Pour lui qui, religieusement et socialement, a aussi rompu avec son milieu d'origine, le thème n'est pas choisi sans ironie. C'est l'histoire de Joseph, devenu ministre en Égypte, qui prévient une famine grâce à son interprétation des songes de Pharaon et sauve ses onze frères ainsi que leur père Jacob en les faisant à temps émigrer vers le Nil. Dans la série, Philipp Veit se chargera de *Joseph et la Femme de Putiphar* et des *Sept années grasses*.

Nous verrons plus loin comment ces fresques peintes sur les murs d'un palais romain se sont retrouvées, bien des décennies plus tard, sur les cimaises d'un musée berlinois. Pour l'heure, restons-en à cette époque de Restauration où l'ordre ancien est revenu en Europe, où la réaction triomphe, où Dorothea devenue von Schlegel (maintenant que son Friedrich a été anobli) vient rendre visite à ses garçons en juillet 1818. Elle va admirer les fresques de la Casa Bartholdy, caresse l'espoir que son petit dernier ait l'idée de se faire prêtre ; mais, dans ses lettres à son mari, elle se dit choquée par la « dépravation païenne » qui imprègne en son cœur le catholicisme romain. Même les membres du clergé présentent en Italie un triste mélange « d'ignorance, de cupidité, de paresse et de licence[13] », s'indigne-t-elle. Non, pour Dorothea, rien n'est jamais assez pur.

Elle trouve pourtant des mots émus l'été suivant, en pleines émeutes Hep-Hep, pour écrire à son ex-mari tombé gravement malade. Elle se charge de tous les torts, salue sa mansuétude et sa capacité de pardon ; après quoi, le 1er octobre 1819, Simon Veit meurt à Berlin et dans le judaïsme qu'il n'a, lui, jamais quittés.

À Rome, le séduisant Philipp dont le père vient de mourir se trouve alors entraîné dans un sombre micmac. Entre une mère un peu sorcière, des velléités de prêtrise, et un lourd passé d'enfant de divorcés, sa situation psychique ne doit pas être simple. Toujours est-il qu'à l'été 1820, au lieu de devenir prêtre, il épouse Carolina Pulini, fille d'un sculpteur romain. Cela n'aurait rien de particulier, si la demoiselle n'avait pas treize ans à l'époque. Lui n'en a que vingt-sept, mais je ne suis pas la seule à me demander ce qui a pu se passer entre le Nazaréen et cette gamine à peine pubère. Peut-être un roman d'amour digne de chroniques italiennes, peut-être quelque chose de bien laid qu'il vaut mieux ne pas approfondir. Car enfin, pourquoi tant de hâte ? Leur premier enfant ne naît que début mars 1822, ce qui nous permet d'écarter certains soupçons. (C'est terrible comme, à scruter une généalogie, on se transforme vite en commère fouineuse, prompte à imaginer le pire.) Mais il se pourrait que Philipp, sans avoir positivement engrossé Carolina Pulini, l'ait néanmoins séduite et se soit vu contraint de réparer sa faute.

Si c'est le cas, voilà une faute qu'il payera longtemps. La très jeune Mme Veit ne se révèle pas une épouse de tout repos. Dure, méfiante, colérique, elle fait une impression exécrable sur sa famille par alliance et, même après l'installation à Francfort, ne se donnera jamais la peine de parler correctement l'allemand. Dans un poème publié trois ans après ces noces bizarres, Philipp évoque sa vie comme un « océan de larmes amères, de douleur et de remords » du fond duquel il espère remonter un jour pour connaître enfin un « amour bienheureux [14] ». Bigre !... Au moins cette union est-elle féconde. Successivement naissent en 1822 la jolie Dorothea, en 1824 Theresia, en 1826 Franziska dite Francesca, en 1828 Benedicta, et en 1830 un garçon que l'on prénomme Friedrich, sans doute en hommage à Schlegel mort l'année précédente. C'est injuste pour Simon Veit, décidément malmené par le sort, mais on dirait bien que le mari de son ex-femme a considérablement plus marqué ses fils que lui.

Quelques mois après cette cinquième naissance, les Veit quittent Rome pour Francfort-sur-le-Main où Philipp a été nommé directeur du *Städelsches Kunstinstitut*. C'est là que Dorothea von Schlegel vient passer ses dernières années. Hélas, où est passée la brillante salonnière des années 1790, l'égérie sulfureuse des années 1800 ? Ce n'est plus qu'une veuve âgée, confite en dévotions et dans le culte posthume de son second mari. Et une grand-mère qui, dans des lettres à ses amies, s'attendrit sur ses petits-enfants :

> *Dieu merci, ils parlent tous plutôt bien l'allemand, surtout Dorothea, qui est déjà capable de s'exprimer parfois avec beaucoup de grâce et une prononciation très agréable. En revanche, le bilinguisme semble un peu retarder le petit Friedrich dans l'apprentissage du langage, il ne dit toujours pas un mot, bien qu'il comprenne tout dans les deux langues. Il est par ailleurs plein de santé et vigoureux. Francesca, votre préférée, fait d'admirables progrès dans ses études ; elle y met beaucoup de zèle, sans qu'on ait besoin de l'y pousser [15].*

Je viens de réaliser que cette Francesca est la future nonne qui épousera, la quarantaine venue, le veuf de sa sœur Theresia. La mémoire est trompeuse, je la voyais beaucoup plus bas dans l'arbre généalogique : elle n'est finalement que la petite-fille de Brendel. Laquelle finit par mourir en août 1839, au terme d'une vie aussi capricante que l'histoire de l'Europe pendant ces soixante-quinze années.

À Rome, Johannes est marié, sans enfants, et peint toujours. À Francfort, Philipp dirige l'Institut d'art, produit quelques portraits (dont ceux d'une Cécile Jeanrenaud, fille de pasteur huguenot dont chacun ignore, elle comprise, qu'elle sera un jour la femme de Felix Mendelssohn). En 1843, il démissionne de son poste, ayant mal pris l'achat d'un tableau par l'Institut et son accrochage inopportun face à l'une de ses œuvres. Susceptible, réactionnaire, mal marié, c'est un homme qui n'a vaincu ses démons que pour s'enfoncer dans de rigides certitudes : l'Ordre, la Foi. Et l'Art aussi, bien sûr, mais Philipp Veit n'est pas vraiment un nom qui aura fait date dans l'histoire de la peinture, malgré de nouvelles commandes officielles comme *L'Attente du Jugement dernier*, un titre prophétique pour un tableau peint en 1847.

Ensuite il se borne à diriger une galerie à Mayence, à recevoir quelques postes et nominations honorifiques, à marier deux de ses filles : Dorothea au peintre rhénan Joseph Settegast qui, après avoir fait son portrait à dix-huit ans sous une couronne de tresses, lui fera neuf enfants ; Theresia à l'administrateur Jean Claude Longard, qui dans un premier temps l'emmène vivre à Poznan. Benedicta est morte à dix ans, et Franziska, elle, a préféré épouser Dieu. Mais il me faut revenir en arrière et attaquer sous un autre angle, car j'ai entre-temps trouvé une profusion de détails sur cette Franziska Veit.

Sachez que les Veit installés en Rhénanie ont renoué des liens plus ou moins directs avec les Mendelssohn Bartholdy. Felix vient souvent les voir quand il est de passage, Fanny est mariée avec le peintre Wilhelm Hensel, dont la sœur Luise est une amie des Veit. Or cette Luise Hensel, fille de pasteur (encore une, je sais ! il y en a beaucoup dans cette histoire), s'est convertie au catholicisme dès 1818, avant de faire vœu de chasteté à vingt-deux ans devant un père jésuite, puis de devenir enseignante dans un pensionnat religieux d'Aix-la-Chapelle. Et l'une de ses élèves, Clara Fey, a ensuite fondé à Aix un ordre religieux essentiellement voué à l'instruction des orphelins sans ressources : les Sœurs du Pauvre Enfant Jésus.

En 1849, la jeune Franziska Veit rejoint cette congrégation grâce aux contacts de sa famille et, dès l'année suivante, y prend l'habit sous le nom de Sœur Alfonsa. En juillet 1851, elle prononce ses vœux. À vingt-sept ans, elle est envoyée à Landstuhl dans le Palatinat, pour diriger un autre orphelinat ; mais en 1855 elle rejoint la maison mère à Aix-la-Chapelle, où elle occupera pendant quinze ans, affirme ma principale source, « des postes de confiance [16] ».

Pendant qu'elle s'affaire sagement, voyons un peu ce que deviennent ses frère et sœurs. Chez Dorothea et Joseph Settegast sont donc nés neuf enfants. Mais beaucoup meurent en bas âge et, au bout de quelques années, nous retrouvons exactement le même schéma qu'à la génération précédente : quatre filles dont une nommée Dorothea, et un garçon nommé Friedrich. En 1866, probablement sous

l'influence de sa tante Franziska, la petite Sophie Settegast
devient à son tour Sœur du Pauvre Enfant Jésus à Aix-la-
Chapelle, sous le nom en religion de Caecilia. Vingt ans plus
tard, c'est Dorothea Settegast qui, presque quadragénaire,
prend elle aussi le voile à Aix-la-Chapelle, mais au cloître de
Maria Hilf et sous le nom de Sœur Fidelis. Ces Settegast
sont tous nés du côté de Francfort, de Cologne ou de
Mayence et n'en bougeront plus beaucoup, de même que
leurs descendants.

Chez Theresia et Jean Claude Longard, l'aventure de
Poznan a pris fin en 1855 : c'est à Sigmaringen, ville natale
de Jean Claude, que naissent leur troisième enfant et les
suivants. Onze enfants, dont huit restent en vie à la veille de
la guerre franco-prussienne : une belle petite famille, n'est-ce
pas ? Mais le drame se prépare.

Oublions-le provisoirement pour évoquer le sort de
Friedrich Veit, le garçonnet qui, en 1835, offrait une pomme
à sa grand-mère sur un tableau de Franz Brentano. D'après
mon CD-ROM, le garçonnet est d'abord devenu « lieutenant
austro-hongrois », puis négociant en vins comme le père
d'Énole. Mais quel rapport entre les crus bordelais chantés
par Pierre Biarnez, et les vins du Rhin dont fait commerce
Friedrich Veit du côté de Mayence ? Quel rapport subsiste-
t-il entre l'unique petit-fils de Brendel et le père de la bru
d'Alexander Mendelssohn, second fils de Joseph ? Aucun. Si
les deux hommes s'étaient un jour croisés, non seulement
ils n'auraient sans doute rien eu à se dire, mais ils n'auraient
probablement pas su qu'ils étaient parents. Je n'en conclus
rien, cela m'amuse, c'est tout.

Moins amusant est ce qui survient dans la jolie ville de
Sigmaringen le 25 avril 1870, au foyer des Longard. Theresia

succombe à un accident ou à une maladie, laissant huit orphelins âgés de trois à seize ans. C'est une catastrophe pour eux, et c'est aussi une catastrophe pour moi, car l'histoire que je m'étais racontée en fabriquant la carte est en train de s'écrouler. D'abord, vu ce que je sais maintenant, rien ne permet plus de penser que Franziska serait entrée dans les ordres à cause d'un cœur brisé. C'était une authentique vocation, née de la grande religiosité des Veit, de leurs liens avec Luise Hensel et avec Clara Fey. La suite est on ne peut plus prosaïque. Certes, Franziska quitte son couvent un mois après la mort de sa sœur pour s'installer chez son beau-frère ; mais c'est simplement parce qu'il est incapable de s'occuper de tous ces orphelins, alors qu'elle ne fait que ça depuis deux décennies. Rien d'étonnant s'ils se marient l'année suivante, grâce à une dispense papale qui délie Franziska de ses vœux : les mœurs prudes de l'époque n'admettaient pas qu'un veuf cohabite avec une dame célibataire, fût-elle ancienne religieuse et sœur de sa défunte femme.

Mon petit roman d'amours contrariées tombe à l'eau.

Mais (me souffle à l'oreille un démon qui est peut-être le démon du romanesque), quel couple formaient-ils, M. Longard et la seconde Mme Longard ? Je ne m'y connais pas très bien, mais il me semble que le mariage catholique est un sacrement sérieux qui, sous peine d'annulation, exige d'être consommé. En clair, est-ce qu'ils couchaient ensemble ? Ou Franziska aurait-elle obtenu du pape une seconde dispense l'autorisant, même mariée, à refuser ses faveurs à Jean Claude von Longard (je n'ai pas eu l'occasion de mentionner qu'il avait été anobli) ? Fascinante énigme, sur laquelle j'aurais aimé consulter mes correspondantes ursulines de Mons et de Tildonk, dont je parlerai plus loin. Le respect humain m'en a empêchée, je me suis contentée de raconter à Sœur Bernadette, dans un mail du 10 décembre 2013, cette histoire de vœux rompus et de mariage tardif, en me disant que, s'il y avait une explication chaste et décente à me suggérer, Sœur Bernadette s'empresserait de le faire. Nous sommes le 4 janvier 2014, et Sœur Bernadette ne m'a toujours pas répondu.

Quoi qu'il en soit, l'état matrimonial semble avoir profité à l'énergique Franziska : ce n'est qu'en 1912, toujours à Sigmaringen, qu'elle quitte ce monde à l'âge de quatre-vingt-six ans. Jean Claude l'avait précédée une décennie plus tôt, et je n'ai lu nulle part qu'elle ait repris le voile après son veuvage, ce qui donne à penser. Mais peut-être trouvait-elle son bonheur à s'occuper des enfants de ses neveux et nièces : les dix petits Dopfer de Therese par exemple (dont, consultant aujourd'hui la carte, je m'aperçois avec horreur qu'ils n'y figurent pas : je les ai oubliés, tous les dix !), ou les quatre petits Schild de Marie, ou encore les huit petits von Lassaulx de Christine, dont le benjamin a vécu jusqu'en 1980.

Arrivée dans ces soubassements de la zone orange, j'avoue que je m'y perds. Il y a trop de descendants, et j'en sais de moins en moins sur eux. Je ne peux même pas jurer que la zone soit bien restée orange aux générations 6 et 7, car mon CD-ROM ne mentionne que les conversions. Les enfants du négociant en vins Friedrich Veit sont probablement catholiques puisque la fiancée de Philipp Veit II éprouve le besoin de se convertir une semaine avant leurs noces, le 26 août 1907 à Munich. Quant à Karoline Veit,

son fiancé Friedrich Kleist n'a pas éprouvé le même besoin :
il ne devient catholique que trois ans après leur mariage du
15 février 1902, à Munich également.

Parfois ces maigres informations prennent vie, et soudain
je me représente par exemple les trois premières années du
couple Kleist comme un enfer conjugal de luttes interreli-
gieuses, campé dans la salle à manger *Jugendstil* d'un appartement munichois. Une nappe blanche, le couvert mis pour le
petit déjeuner, un jeune monsieur déjà sanglé dans son costume trois-pièces tandis qu'en face de lui, son épouse en
déshabillé manie distraitement une petite cuiller.

« Friedrich, il faut que nous parlions, tous les deux.
Mon confesseur...

– Oh, je t'en prie, ne recommence pas.

– Mon confesseur me l'a encore répété : je vis en état de
péché mortel en restant la femme d'un protestant.

– Je te l'ai déjà dit, c'est non. Passe-moi la confiture de
fraise, tiens, tu me fais rire.

– Tu peux te lever toi-même. Alors je suis en état de
péché mortel, et toi, ça te fait rire ?

– Karoline, je ne veux pas reprendre cette éternelle discussion. Je vais encore être en retard au bureau, pour la
troisième fois de la semaine. »

Elle lâche sa petite cuiller, plaque la main sur son buste
que voilent de vaporeuses dentelles : « Tu ne m'aimes pas !
J'aurais dû m'en douter. Un homme incapable de faire ce
sacrifice avant de m'épouser n'était pas digne de ma
confiance, maman me l'avait bien dit.

– Pour l'amour du ciel, tais-toi. Tu me fatigues.

– Non, je ne me tairai pas. Oublies-tu qu'une de mes
grands-mères était italienne, romaine, et que je porte son

prénom ? Elle ne se serait pas tue, elle. Et si elle avait su que...

— Ma parole, tu vas me rendre fou !

— Mais tu te lèves ? Tu n'as même pas bu ton café.

— Je n'ai plus faim. Et il faut vraiment que je parte.

— Mais nous en reparlerons, n'est-ce pas ? Jure-moi que nous en reparlerons ?

— Je n'en doute pas une minute. »

Quelle joie pour Karoline, quelle victoire, le jour où Friedrich lui a enfin dit oui ! Son baptême catholique a lieu le 19 février 1905, trois ans presque jour pour jour après leur mariage. C'était peut-être son cadeau pour leurs noces de froment... Ce que femme veut, Dieu le veut.

Mais, à mesure que je descends dans l'arbre, ces occasions de broder se raréfient : c'est une nuée d'individus dont j'ignore absolument tout, sinon qu'ils sont nés à telle date et parfois en tel lieu. Ont-ils vécu six mois, ou quatre-vingt-dix ans ? Qui était Gertrud Klein ? Qu'est devenue cette Maria dont je sais seulement que son père ne l'a pas reconnue, puisqu'elle s'appelle Schild comme sa mère ?

Parfois un îlot surnage, découvert au hasard de mes dérives sur le Net. Une descendante née en 1866, que mentionnait mon CD-ROM, apparaît dans les archives de la Chambre de dénazification de Sigmaringen. De quoi a bien pu se rendre coupable cette sexagénaire ou septuagénaire, entre 1933 et 1945 ? Il doit s'agir d'un délit mineur, ou peut-être ne comparaissait-elle qu'à titre de témoin ; mais les archives ne sont pas consultables en ligne ni par correspondance.

« Sigmaringen !... Tu devrais y aller », s'était exclamé mon ami Haïm à l'automne 2013, un soir que nous dégustions un couscous du tonnerre dans un restaurant des Gobelins. Sur le moment, l'idée m'avait tentée, et j'ai même sérieusement envisagé cette destination pour mes deux semaines libres au mois de mars 2014. Mais à la réflexion, je me suis dit qu'il y avait mieux à faire, au printemps, que d'aller consulter les archives de la dénazification à Sigmaringen. Me laisserait-on seulement faire ? De telles démarches doivent être motivées, et je ne suis pas sûre que mon motif à moi serait pris au sérieux : *Recherches sur la postérité de Moses Mendelssohn.*

Peut-être que cet obstacle n'en est pas un et que je changerai encore d'avis. Comme je l'ai expliqué, je ne connais pas d'avance l'histoire que raconte ce livre, pour la bonne raison qu'elle est la mienne dans les semaines et mois à venir. Où serai-je pendant les vacances scolaires du printemps 2014 ? À Sigmaringen au cœur de la zone orange ? À Tildonk en Belgique flamande, où Sœur Bernadette pourrait me montrer l'original de la nécrologie de Margarethe Longard ? En Dordogne pour rencontrer sur leurs terres les von Mendelssohn, ou à Bordeaux pour chercher l'acte de naissance de leur aïeule Énole ? À moins que je ne tourne le dos à tout ça en allant aux Antilles retrouver le jeune homme dont les yeux ne sont pas bleus ? Je vous tiens au courant.

QUEL JOLI GROUPE DE CHÉRUBINS se presse autour d'Abraham et de Lea Mendelssohn Bartholdy, montrant que même un mariage de raison peut produire des enfants de l'amour ! Les débuts, cependant, ont été difficiles. Le 1ᵉʳ janvier 1811, la ville de Hambourg où le couple avait élu domicile avec Joseph et sa famille était annexée par l'empire français. Les juifs hambourgeois y acquéraient des droits civiques, mais avec les restrictions du « décret infâme ». Et les nouvelles autorités élevaient contre la banque des exigences si exorbitantes que, dès le printemps 1811, Joseph et Abraham ont choisi de se replier vers Berlin. Un départ précipité, avec femmes et enfants dont Rebecka à peine âgée de quelques semaines.

À Berlin commence un long feuilleton administratif et judiciaire. Les deux frères devraient des sommes colossales en droits de douane à l'État français, qui prétend faire saisir les livres de la banque. Arrêtés, ils font valoir qu'ils sont bien des « juifs protégés » prussiens et non des Hambourgeois, c'est-à-dire des ressortissants français. Après leur libération, ils dissolvent les filiales de Berlin et de Hambourg pour refonder avec leur associé Fränkel la banque « J. & A. Mendelssohn ». C'est alors l'État prussien qui frappe, la condamnant à une amende de 25 000 thalers pour avoir refusé des fonds destinés à la campagne de Russie. Tout finira par s'arranger mais, au milieu de ce chaos, Abraham n'aura même pas pu revoir leur vieille mère Fromet qui s'est éteinte le 16 mars 1812 à Altona. Elle laisse dans ses papiers les lettres d'amour de Moses, qui continueront de dormir là, ignorées de tous, pendant soixante-dix ans.

L'année 1812 s'achève sur la naissance de Paul. Installés dans la Markgrafenstraße chez le prédicateur Staegemann, Abraham et Lea reprennent souffle. Puis c'est le tumulte militaire des années 1813-1814. Pendant que l'émigré Chamisso se retire à Kunersdorf pour oublier une guerre qu'il n'a pas le droit de faire (et écrire l'étrange histoire de Peter Schlemihl), le banquier Abraham se démène entre Berlin, Prague et Vienne, arme des volontaires, finance un hôpital de campagne, néglige un peu sa femme qui en tombe malade et met au monde un cinquième enfant mort-né. Mais enfin, même ces remous-là finissent par s'apaiser. Le congrès de Vienne a lieu, Napoléon s'en va à Sainte-Hélène, la France est condamnée à des réparations de 700 millions de francs sous la supervision d'un consortium de banques, dont la banque Mendelssohn. Et, dans le calme revenu, les bases de l'idylle familiale se mettent en place.

Scherzo d'elfes : ainsi désigne-t-on dans les œuvres de Felix un type de mouvement rapide, joueur, au staccato arachnéen. C'est comme un scherzo d'elfes qu'on pourrait voir l'enfance et la jeunesse de toute sa fratrie. Une brise romantique, un parfum de fleurs printanières soufflent sur ce foyer. Tout cela est charmant et, dans les commencements, presque banal. En mars 1816, Felix qui a maintenant sept ans entre à l'école du Dr Messow dans la Kronenstraße : c'est à deux pas de chez le pasteur Staegemann, il n'y a que Gendarmenmarkt à traverser. Même sans cela, Abraham n'aurait pas besoin de le porter à l'école, emmitouflé dans un manteau. Son fils est un joli petit garçon plein de santé, au dos bien droit et aux longues boucles soyeuses.

Du reste cette rentrée scolaire tourne court assez vite, car après quelques semaines, toute la famille se transporte à Paris où Abraham a à faire. Ils y restent six mois. Fanny et Felix travaillent leur piano avec Marie Bigot, s'essaient à la musique de chambre avec le violoniste Baillot. L'expédition parisienne sera renouvelée dès l'année suivante, et à terme, les parents préféreront à cette scolarité erratique l'emploi de précepteurs triés sur le volet : l'historien Stenzel, le philologue C. W. Heyse, plus tard l'historien Droysen qui n'est encore qu'un tout jeune diplômé. Côté musique, c'est d'abord le compositeur Ludwig Berger qui se charge d'instruire Felix et Fanny, introduisant dans le cercle familial son ami Wilhelm Müller et, par lui, Luise et Wilhelm Hensel dont j'ai déjà touché mot.

D'emblée, nous baignons donc dans la musique, mais aussi dans la poésie, dans l'art et même dans la passion. Car Luise Hensel n'en est pas encore à inspirer des vocations religieuses dans la famille Veit. C'est alors une belle jeune fille aux yeux graves, qui a rendu fou d'amour le poète Wilhelm Müller. Désespéré par ses vœux de célibat, celui-ci épanche sa douleur dans *La Belle Meunière* et *Le Voyage d'hiver*, deux bien sombres cycles poétiques, que Schubert mettra en musique à quelque temps de là.

À l'âge qu'ils ont, les enfants d'Abraham ne s'en soucient encore guère. Tous travaillent, se donnent de la peine, Felix et Fanny s'initient à la composition avec l'ami Zelter, même le petit Paul apprend le violoncelle – en amateur, bien sûr, mais un amateur qui à l'âge adulte restera capable de tenir sa partie dans des trios à domicile, avec son illustre frère et le violoniste étoile Ferdinand David. Seule Rebecka reste un peu sur la touche, et Thomas Lackmann laisse entendre qu'elle aurait été mal aimée. Qu'à cela ne tienne ! Elle n'en sera pas moins la préférée de Heine à l'époque où il fréquentera la famille, et j'en déduis qu'elle devait être délurée et fine mouche ; la suite de sa vie révèle d'ailleurs une assez forte personnalité.

Ces enfants studieux ne négligent pas pour autant les exercices du corps. Felix notamment multiplie les baignades pendant les étés à la laiterie Bartholdi, et suit les entraînements de gymnastique de Friedrich Ludwig Jahn. *Mens sana in corpore sano.*

Dès 1820, les leçons de Zelter portent leurs fruits. Felix, onze ans, s'attelle à un *Recitativo* pour piano et cordes, sa première œuvre datée et conservée ; Fanny, quatorze ans, met en musique trois romances françaises de Florian. Il se trouve qu'Abraham est alors à Paris et fait interpréter l'œuvre de sa fille par Fanny Sébastiani, au cours d'un petit concert familial.

> *« Les soins de mon troupeau m'occupent tout entière,*
> *C'est de mes seuls agneaux que dépend mon bonheur ;*
> *Quand j'ai trouvé pour eux une fontaine claire,*
> *S'ils sont contents, rien ne manque à mon cœur. »*

Même si la jeune élève de Jette s'en tire plutôt mal, Abraham félicite par lettre Fanny pour « la gaieté, la fluidité et le naturel[1] » de ses compositions. Ces pastorales de Florian lui rappelleraient-elles sa propre jeunesse parisienne sous le Directoire ? À la *Sing-Akademie* de Berlin, où chantent ses deux aînés, le répertoire est plus sérieux et les prestations moins imparfaites. Mais le sérieux est loin d'être toujours de mise chez les Mendelssohn Bartholdy. Felix monte un Singspiel burlesque pour les quarante-quatre ans de son père, rédige une épopée parodique où il fait raconter à son petit frère Paul l'organisation de sa journée-type.

> *Peut-être avez-vous ouï, vers l'heure méridienne*
> *Passant devant nos murs, de puissants grondements :*
> *Ce n'est pas un lion rugissant dans la plaine,*
> *Mais mon violoncelle aux féroces accents[2].*

Ces murs sont désormais ceux du 7, Neue Promenade, où la grand-mère Salomon leur a laissé le premier étage de son immeuble. Dans ce nouveau domicile, ce ne sont que jeux et ris, mais aussi travail acharné, patiente élaboration d'une œuvre pédagogique collective : on se demande comment les parents ont encore le temps de s'occuper d'autre chose. Abraham médite peut-être déjà de se retirer de la banque. Lea, comme si son corps lui signifiait que quatre enfants à éduquer suffisent, enchaîne les fausses couches. Il y a tant à faire ! Sans cesse il faut encourager tous ces talents naissants, leur fournir des aliments nouveaux. Tantôt c'est Abraham qui déniche un livret d'après Scribe, dont Felix devra tirer un second Singspiel pour l'anniversaire de sa mère en y réservant une voix à Fanny. Tantôt c'est Lea qui traduit du français une farce à jouer en famille, avec une ouverture composée par Felix. Pour fêter ses douze ans, ce dernier la dirige à domicile, en même temps que son premier Singspiel, avec les musiciens de la Chapelle royale sollicités pour l'occasion. Et à ses heures perdues il accompagne ses parents au concert. Au *Schauspielhaus* par exemple, pour écouter la première du *Freischütz*, qui l'enthousiasme par son romantisme débridé.

Mais quelles heures perdues ? Outre sa solide instruction en littérature et en langues, outre sa formation de pianiste virtuose (son premier concert public remonte à ses neuf ans), Felix compose à tour de bras. En octobre 1821, il a déjà derrière lui deux Singspiele, un psaume à plusieurs voix conçu pour la *Sing-Akademie*, un quatuor, une cantate, six fugues pour piano, six symphonies à cordes et de nombreuses études. Est-ce un authentique élan intérieur ou la pression familiale ? Sur l'intensité de cette pression, en tout cas, nous possédons le témoignage d'un familier de la maison. Eduard Devrient raconte que, lors de ses visites, le préadolescent était bien content de s'attarder en sa compagnie pour grignoter une tartine beurrée. Mais si la pause se prolongeait, on entendait au fond la voix de Lea lancer :

« Felix, tu ne fais rien [3] ? »

Enfin les résultats sont là. Et le succès symbolique le plus éclatant de cette année 1821, c'est une première réception à Weimar où Zelter fait jouer son élève devant Goethe et quelques musiciens de cour. Leur verdict est unanime : cet enfant est aussi prodigieux que le jeune Mozart, *en mieux*.

Toutefois Abraham Mendelssohn n'est pas Leopold Mozart. S'il rêve d'avoir des enfants musiciens, c'est par amour de l'art et non par nécessité économique. On peut s'en féliciter pour Felix, sur qui la pression aurait encore été plus forte. Pour Fanny en revanche, c'est plutôt un malheur.

« Eût-elle été la fille d'un homme pauvre, elle serait connue dans le monde entier », écrira bien plus tard un critique anglais avec un regret manifeste [4]. Mais Fanny est née dans la bonne bourgeoisie et, à l'époque, une jeune fille comme il faut ne devient pas une artiste professionnelle, un point c'est tout. Son père sera toujours clair là-dessus. Après la mort de ce dernier, Felix prendra le relais pour couper les ailes à sa sœur, louant avec prudence ses compositions (pourtant remarquables) et la dissuadant de les publier.

Mais Fanny n'est pas encore consciente de cette injustice. Sa formation musicale est aussi poussée que celle de son frère, et ses parents ne l'encouragent pas moins, pourvu que ses talents de pianiste ne brillent qu'en privé. Devant Goethe par exemple, où la famille fait halte en octobre 1822 après l'enchanteresse échappée de trois mois dans les Alpes.

Par ailleurs, la bergère à qui ses agneaux suffisaient ne se tient plus à l'écart d'Amour et de ses flèches. Elle a maintenant un soupirant qu'elle voit d'un œil fort tendre, bien qu'il ne soit pas au goût de ses parents. À vingt-huit ans, Wilhelm Hensel n'a rien d'un bon parti. Fils d'un pasteur pauvre du Brandebourg, il se destine à devenir peintre et montre un talent certain pour les portraits, comme celui de Fanny elle-même en sainte Cécile, patronne des musiciens. Mais il n'a aucune situation digne de ce nom. Et puis il y a sa sœur Luise, devenue une catholique de choc depuis sa conversion. S'il allait l'imiter ? Ah, non, alors ! Abraham et Lea viennent de se faire luthériens à Francfort et d'officialiser cela à l'état civil berlinois, non sans satisfaction. Ce n'est pas pour que leur fille se retrouve maintenant mariée avec un catholique !

Déjà, avant de parler mariage, il faudrait attendre la mort de Bella Salomon, expliquent-ils au soupirant : la grand-mère de Fanny ignore qu'ils ont cessé d'être juifs. (J'ai des doutes sur la sincérité de cette explication, j'en reparlerai plus tard.) Ils apprécieraient en outre que Wilhelm promette de ne jamais se convertir au catholicisme. Wilhelm refuse, on interdit aux tourtereaux de se revoir, et peu après l'Académie prussienne des arts envoie le jeune peintre parfaire sa formation à Rome. Fanny n'a pas le droit de lui écrire ni de recevoir ses lettres et, ce séjour romain devant durer plusieurs années, la famille espère sans doute que se vérifiera l'adage *Loin des yeux, loin du cœur*.

Là-dessus, les hommes de la famille s'en vont en excursion à Bad Reinerz, en Basse-Silésie, pour l'inauguration de la fonderie de Nathan. Elle a lieu le 18 août 1823 en présence « des frères Mendelssohn de Berlin [5] », rapporte fièrement l'apothicaire local. Suit une fête où Felix se produit devant les ouvriers de la fonderie. En voilà un qui n'est pas fiérot : un mois plus tôt, c'est au *Schauspielhaus* que le jeune prodige interprétait son propre *Concerto pour violon et piano* en ré mineur. Eh oui. Non seulement Felix est extraordinairement doué dans de multiples domaines, extraordinairement précoce, extraordinairement beau, mais par-dessus le marché il est sympathique et sans affectation. À Bad Reinerz, il trouve même le temps de donner quelques cours de violon à son cousin Arnold Mendelssohn, un bambin de cinq ans.

Puis viennent l'hiver 1823-1824 et, entre concerts privés et achèvement de nouvelles œuvres, un petit fait curieux. Bella Salomon, qu'on dit si chatouilleuse sur les questions de religion, et censée ne pas savoir que sa fille et son gendre, à l'étage du dessous, ont abjuré la loi de Moïse (vous ne trouvez pas ça un peu invraisemblable ?), offre à Felix une copie du manuscrit de la *Passion selon saint Matthieu*. Entre toutes les œuvres du très protestant Bach, offrir à son petit-fils celle qui illustre l'épisode le plus sensible des relations judéo-chrétiennes, le procès et la crucifixion du Christ ! Cela me semble corriger l'image rigoriste qu'on donne souvent de la terrible Bella. D'autant que ce cadeau, d'après le sociologue de la musique Patrice Veit [6], serait un cadeau de Noël.

Dans sa biographie de Felix Mendelssohn en revanche, Larry Todd y voit plutôt un cadeau d'anniversaire fait à l'adolescent pour ses quinze ans, le 3 février 1824. Allez savoir. Ce qui est sûr, c'est que cet anniversaire est dûment célébré en présence de Zelter, qui soumet son élève à une sorte d'adoubement musical.

« Mon cher fils, lui dit-il en lui prenant la main, à dater de ce jour tu n'es plus apprenti ; tu es compagnon. Je te fais compagnon au nom de Mozart, de Haydn et du vieux Bach [7]. » Puis il lui donne l'accolade.

Scherzo d'elfes ! Déjà le compagnon s'est mis à un opéra-comique, *Les Noces de Camacho*, d'après le *Don Quichotte* de Cervantès. Un peu plus tard, son père l'emmène à Bad Doberan sur la Baltique. Felix y voit la mer pour la première fois et, dans la fanfare locale, découvre le cor anglais, un instrument alors nouveau. Demeurée à Berlin, Fanny broie du noir. Non seulement Wilhelm est toujours en exil artistique à Rome, mais son frère est loin d'elle au moins pour quelques semaines. C'est déjà trop, il faut qu'elle compose une poignante *Sonate pour piano* en do mineur dédiée « à Felix, en son absence ». Voilà de l'amour sororal ou je ne m'y connais pas.

Bella Salomon, elle, n'a vécu assez longtemps que pour voir son petit-fils adoubé par Zelter. Son testament lègue à d'autres parents la laiterie Bartholdi et le 7, Neue Promenade. Il faut donc qu'Abraham se mette en quête d'un nouveau logis. En février 1825, il porte son choix sur le Reckesche Palais, au 3 de la Leipziger Straße : un vaste hôtel particulier quelque peu délabré, ce qui le rend relativement accessible. Les travaux commencent, vers la fin juillet la famille s'installe provisoirement dans un pavillon du jardin. Lea s'y plaît, il lui rappelle la laiterie sur les bords de la Sprée.

Avant cela, Abraham et Felix se rendent une fois de plus à Paris. Il s'agit d'aider Jette à préparer son retour dans sa ville natale. Car sa tâche de préceptrice est terminée, Fanny Sébastiani vient d'épouser le jeune duc de Praslin. Une union qui finira très mal, on le verra plus loin. Mais, pour l'instant, c'est un joyeux séjour pour les deux Berlinois. Abraham présente Felix à des fils d'amis à lui, Gustave d'Eichthal, Olinde Rodrigues et Léon Halévy, tous trois fort impliqués dans le mouvement saint-simonien. Il lui commande des cartes de visite au nom de « Felix M. Bartholdy ». Et il consulte Cherubini, directeur du Conservatoire, sur la possibilité d'une carrière de compositeur. S'étant fait jouer un quatuor de Felix, l'Italien (habituellement bougon et avare de compliments) déclare à l'assistance :

« Ce garçon est riche, il fera bien ; il fait même déjà bien ; mais il dépense trop de son argent, il met trop d'étoffe dans son habit. » Et il achève de sidérer les présents en allant jusqu'à promettre : « Je lui parlerai ; alors il fera bien[8] ! »

Paris est décidément devenue l'une des capitales européennes de la musique : à leur hôtel, le père et le fils font la connaissance de Delphine von Schauroth, une petite pianiste prodige que Felix n'oubliera pas de sitôt.

Et Fanny à Berlin qui se morfond toujours... Elle va sur ses vingt ans, et son éventuel mariage avec Wilhelm Hensel semble plus éloigné que jamais. La famille n'a pourtant pas rompu les ponts avec le peintre, à qui Lea écrit régulièrement. Ce n'est pas le gendre dont on aurait rêvé, mais il est clair qu'on a confiance en lui : on le charge même d'examiner la collection d'art de Jacob Ludwig Salomon Bartholdy qui vient de mourir à Rome. Et si l'on faisait transférer à Berlin les belles fresques bibliques de la Casa Bartholdy ? Finalement Lea y renonce, l'extraction et le transfert seraient trop dispendieux.

Au 3, Leipziger Straße, le ballet d'elfes se poursuit. Rebecka lit, étudie, et ne chante pas si mal. Fanny compose pour son plaisir et celui de ses proches. Paul, à treize ans, a peut-être déjà compris qu'il fallait un banquier dans la famille et que ce serait lui. Quant à Felix, il frappe fort à dix-sept ans avec son Ouverture du *Songe d'une nuit d'été*, jetée sur le papier en quelques journées d'août après avoir lu la pièce de Shakespeare. « Un ruissellement de jeunesse », applaudit Schumann. C'est le début de la gloire : les compositeurs reconnus commencent à voir en lui un concurrent sérieux.

Est-ce pour cela qu'Abraham, l'année d'après, fait comprendre à Zelter qu'on n'a plus besoin de lui ? Zelter, qui l'a pris assez mal, se sent peut-être vengé lorsqu'en avril 1827 son élève connaît son premier revers artistique. Après de longs retards qui n'auguraient rien de bon, l'opéra-comique des *Noces de Camacho* finit par être monté au *Schauspielhaus*... et ne convainc personne. La salle reste tiède, Felix mortifié n'attend même pas la fin pour s'éclipser, la direction annule la seconde représentation qui devait avoir lieu le surlendemain.

Bah ! Dès la semaine suivante, le voilà qui s'inscrit à l'université. Ce n'est pas qu'il ait subitement renoncé à la musique. Mais il a reçu depuis l'enfance une solide éducation humaniste et ne compte pas s'arrêter en si bon chemin. Pendant ses quatre semestres à l'université de Berlin, il étudie l'histoire avec Ranke, l'esthétique avec Hegel, l'histoire du droit depuis la Révolution française avec le jeune-hégélien Eduard Gans. Mais ce qu'il préfère encore, c'est la géographie. Ce n'est pas plus mal pour un garçon qui voyagera autant.

Entre deux cours, il donne des concerts, compose des motets nettement marqués par Bach, étudie plusieurs manuscrits du maître, outre celui de la *Passion selon saint Matthieu* offert par sa grand-mère. Lui arrive-t-il de se reposer ? Bien sûr. Il part en randonnée dans le Harz avec des condisciples, se rend à l'invitation d'un ami dont les parents possèdent un manoir à Sacrow.

Sacrow en juin 1827... Pour avoir fait en cette même saison une croisière sur la Havel (à bord d'un raffiot à vapeur qui s'appelait le *Gustav*), j'imagine sans mal l'eau étincelante, les fleurs partout, les chassés-croisés de hérons. Un cadre divin pour se sentir amoureux quand on a dix-huit ans.

> *Est-ce vrai ? Est-ce vrai ?*
> *Que tu m'attends toujours*
> *Sous le feuillage de la treille,*
> *Et à la lune, et aux étoiles*
> *Demandes toi aussi : M'aime-t-il ?...*

Tel est le lied *Frage* que Felix compose à Sacrow en pensant à Betty Pistor, une jeune et jolie membre de la *Sing-Akademie*. Elle a déjà dix-neuf ans et se moque un peu de lui, la sotte. Mais ne soyons pas inquiets, Felix brisera plus souvent des cœurs qu'il n'aura le cœur brisé. Quant aux paroles du lied, signées du pseudonyme « J. N. Voss », elles sont probablement de Droysen qui n'en est pas encore à écrire son *Histoire de l'hellénisme*.

Scherzo d'elfes... Comme j'aurais aimé vivre à Berlin en cette époque où Droysen faisait des vers, où un colloque scientifique s'ouvrait aux accents d'une cantate composée par Felix pour le grand explorateur Alexander von Humboldt. Ce colloque de septembre 1828 rassemble également le mathématicien Gauss, et un zoologue polonais escorté d'un jeune compatriote qui n'est autre que Chopin. Émotif et timide, celui-ci n'ose même pas aborder le prodige berlinois, ce Felix si bon enfant et à peine plus vieux que lui.

Au 3, Leipziger Straße, le ballet se complique. Wilhelm Hensel est enfin rentré d'Italie, toujours protestant et toujours aussi épris de Fanny. Politiquement toutefois, Rome a produit sur lui le même effet que sur le Nazaréen Philipp Veit : le voilà devenu ultra-conservateur, et il voit d'un mauvais œil que le gauchiste Eduard Gans soit maintenant reçu chez les Mendelssohn Bartholdy. Gans, lui, voit d'un plus mauvais œil encore les visites de Gustav Lejeune Dirichlet, un jeune mathématicien qui en pince pour Rebecka. Gans lui lit du Platon en grec pour tenter de la reconquérir, mais leur relation, commente Fanny, reste toute platonique.

Fanny a donc retrouvé son mordant avec le retour de Wilhelm, ce n'était pas trop tôt. Désormais les choses avancent à grands pas. Pour Noël, son soupirant lui offre un album en forme de cœur rapporté de Florence, qu'Abraham et Lea l'autorisent à accepter. De plus le peintre a été recruté par l'Académie prussienne des arts ; après tant d'années, ils vont pouvoir se fiancer début 1829. Tout va bien, alors ? Non. Wilhelm est jaloux de son futur beau-frère Felix, avec qui Fanny entretient une relation fusionnelle. Sans cesse elle doit écrire à son fiancé pour le calmer, le rassurer, tâche dont elle s'acquitte avec une insigne maladresse :

> *Hier soir Felix avait composé, et ses yeux avaient un éclat magnifique. Il y a quelque chose dans ses yeux de tout à fait à part : chez personne d'autre je n'ai encore vu l'âme se livrer aussi directement. Cet amour infini que j'ai pour lui, il faut que tu le partages, il faut qu'entre nous trois règne la même droiture, la même concorde, la même sincérité* [9]...

Vœu pieux. Peut-être Hensel est-il également jaloux des succès artistiques de Felix, qui vient de faire sensation en dirigeant la *Passion selon saint Matthieu* à la *Sing-Akademie* et s'en va maintenant en tournée chez les Anglais. À l'été 1829, une nouvelle querelle éclate. Fanny déclare cette fois à l'ombrageux fiancé :

> *Ce que tu crois me serre la gorge, me serre le cœur : je vous aime tous les deux d'un amour si différent et si égal, je me sens incapable de vivre heureuse sans l'un de vous deux [...]. Et l'essence de l'amour — tu ne veux pas que je l'appelle « sensualité », appelle ça comme tu voudras — fait plutôt pencher la balance de ton côté, quand le soir, avant de m'endormir, je t'embrasse [en pensée] avec tant de ferveur* [10].

« Fait plutôt pencher la balance... » ? Je comprends en partie les inquiétudes de Wilhelm, à six semaines de ce mariage tant attendu.

Pendant ce temps, Felix en Angleterre a rencontré la Malibran, vu bisser son Ouverture du *Songe d'une nuit d'été*, reçu une semonce paternelle pour ne pas s'être produit sous le nom de Bartholdy. Sur ce, il s'en va faire un petit tour d'Écosse.

L'Écosse est à la mode en Europe, depuis la publication des *Chants* du barde médiéval Ossian – un célèbre faux littéraire, d'ailleurs : ils avaient été forgés en plein XVIIIe siècle par le poète James MacPherson. L'engouement n'en a cependant pas été freiné et s'épanouit de plus belle à l'époque romantique. C'est donc sous le signe d'Ossian que Felix, après avoir visité les ruines lugubres de Holyrood Palace, randonne dans les Highlands, fait halte aux chutes de Braan, à Fort William, à Oban, puis prend le bateau pour les Hébrides et va y admirer la grotte de Fingal. Des vagues houleuses qui lentement se soulèvent, projettent parfois une langue d'écume vers le ciel et retombent avec un bruissement... non, je n'ai pas visité moi-même cette grotte, mais je viens de réécouter l'*Ouverture des Hébrides*, le fruit que Felix tirera un an plus tard de cette expérience touristique.

Le voilà loin de Berlin, loin des fiançailles de sa sœur et des colères de son futur beau-frère. Betty Pistor ? Certes il lui dédie bien un quatuor tout juste achevé. Mais, comme vient de le constater un phrénologue à Londres, Felix outre la bosse de la musique possède aussi la bosse du flirt. Reçu au pays de Galles dans la famille Taylor, c'est sur les trois jeunes filles de la maison qu'il laisse simultanément courir ses yeux à l'éclat magnifique. Il en sera quitte pour leur dédier ses trois *Fantaisies* op. 16 : chacune la sienne, pour ne pas faire de jalouses.

À Berlin en revanche, Wilhelm Hensel a maintenant décidé d'être jaloux de Droysen dont Fanny vient de mettre en musique des poèmes. Exaspérée, elle menace de ne plus rien composer sur des textes de poètes qu'elle connaît personnellement. Elle menace même de renoncer à toute création une fois devenue sa femme, un sacrifice qu'il refuse avec horreur : tout ombrageux qu'il est, il admire le talent de la femme qu'il aime et n'a pas l'intention de le brider.

Le mariage aura lieu le 3 octobre 1829. Mais, par une extraordinaire malchance, Felix ne pourra pas y assister. À Londres, en tombant d'un cabriolet, il s'est fait une vilaine blessure à la jambe qui l'empêche de s'embarquer pour la Hollande et de regagner Berlin à temps. Quand il finit par rentrer au bercail, Wilhelm et Fanny Hensel goûtent déjà à l'essence de l'amour depuis six semaines, dans le pavillon de jardin du 3, Leipziger Straße.

Une union plus heureuse que ne le laissaient attendre ces fiançailles tendues. Mais une femme mariée n'est plus vraiment un elfe, n'est-ce pas ? Et dès lors qu'il en manque un, mon scherzo s'arrête là.

CHAPITRE 17

UNE NUIT DE WALPURGIS

JE VOUDRAIS ÉVOQUER UNE RÊVERIE qui m'est venue un soir, dans les premières semaines de l'élaboration de la carte ; une de ces fantaisies dont le caractère incontrôlé et décousu annonce le sommeil. J'avais déjà traité le bloc Joseph, la présence des demoiselles Keenlyside l'atteste. En revanche, je ne connaissais que très vaguement les activités de la *Mendelssohn-Gesellschaft*. Aussi toute ressemblance et (plus important) toute criante dissemblance entre celles-ci et la scène qu'on va lire sont-elles fortuites, involontaires, et ne sauraient donner lieu à aucune conclusion.

Nous sommes dans une grande salle où s'alignent des centaines de sièges. Pas une salle de spectacle, non : la décoration est minimale, les sièges à rabat sont tout juste fonctionnels. Plutôt un amphithéâtre ou un local syndical qu'on aura loué pour l'occasion. Les rangs encore clairsemés se remplissent peu à peu. Par une porte à droite de l'estrade entrent sans arrêt des groupes de deux ou trois personnes qui se figent sur le seuil, balaient la salle des yeux, esquissent un mouvement de main si elles aperçoivent une connaissance, puis vont faire la queue devant les tables où l'on émarge.

Malgré le sourire du président de séance en redingote, qui brasse des papiers sur le bureau de l'estrade pour se donner contenance, il est clair qu'on ne commencera pas à l'heure. L'heure doit même être passée depuis longtemps, à voir les présents lorgner discrètement leur montre-bracelet de dame, leur téléphone portable ou leur oignon de gousset. Il faut meubler, semble se dire le président qui s'empare du micro, le tapote, en vérifie le fonctionnement, puis laisse tomber en guise d'essai de voix :

« Je rappelle aux porteurs de procurations qu'ils doivent se signaler à notre membre associée, Mme Bella Salomon, qui tient la seconde table d'émargement. »

C'est donc la terrible Bella, cette femme en bonnet de dentelle qui chuchote avec un lieutenant austro-hongrois et une actrice évanescente aux cheveux courts crantés ?

« N'oubliez pas de signer », conclut-elle, après une plaisanterie qui les fait rire tous trois.

Les premiers rangs de gauche sont occupés par des journalistes qui parlent boutique, contents de se retrouver. On n'entend qu'eux ; un jeune soldat en uniforme de la Wehrmacht s'approche d'eux, le calot entre les mains.

« Excusez-moi... Monsieur, s'il vous plaît... Madame...

– Quoi ? lui jette par-dessus son épaule la journaliste en bout de rang.

– Monsieur le président de séance vous demande de faire moins de bruit, car nous allons bientôt commencer.

– T'entends ça, Michel ? On fait trop de bruit.

– On n'est pas sages, hein.

– Pas disciplinés du tout ! »

Leurs rires font battre en retraite le soldat, qui lève un regard contrit vers le président de séance et retourne

s'adosser au mur, les yeux à terre, en se rongeant un ongle.
Fichue timidité.

On va bientôt commencer, en effet, mais pas avant
d'avoir installé le nouvel arrivant que des parents poussent
sur une chaise roulante. À son crâne dégarni, à sa barbe et
à son pince-nez, je reconnais Sebastian Hensel âgé. Le premier historiographe de la famille connaît presque tout le
monde ici, salue joyeusement les uns et les autres. Beaucoup
viennent lui faire la bise, une jolie fille qui mâche un
chewing-gum vient se prendre en photo avec lui à l'aide de
son téléphone.

Toussotement au micro, ton déjà plus officiel.

« Bon, le quorum est atteint, je vous suggère de regagner
vos places. L'heure tourne, n'est-ce pas, et vous savez que la
salle n'est louée que de minuit au premier chant du coq. »

Les retardataires émargent en vitesse et s'assoient où ils
peuvent. Une ursuline et un bénédictin repoussent les battants de la porte. Le soldat de la Wehrmacht monte sur
l'estrade, pâlit en voyant devant lui toute cette salle qui le
regarde, se tasse sur une chaise à l'extrémité du bureau.

« Mesdames, mesdemoiselles, messieurs ! commence le
président. J'ai le plaisir d'ouvrir cette AG transgénérationnelle
qui nous réunit ici pour la neuvième fois. Avant de passer à
la lecture de notre ordre du jour, je dois hélas vous annoncer
une défection. » Coup d'œil oblique vers le portrait de Moses
suspendu derrière lui. « Il ne viendra pas cette année. Il est
fatigué, et son état de santé exige des ménagements.

– Dites surtout qu'il n'est jamais venu ! » maugrée une
dame mûre en toilette Belle Époque, dont les hochements
de tête font osciller les plumes et nœuds de ruban de son

vaste chapeau. « Quand pourrons-nous compter sur sa présence ? Car enfin...

– Je n'ai pas d'informations précises à ce propos », coupe
avec amabilité le président, provoquant dans la salle un
brouhaha déçu.

Seuls trois auditeurs restent parfaitement impassibles.
Ce sont Fanny Hensel, son frère et son mari installés côte
à côte sous le premier balcon. Ils donnent l'impression
d'être sans épaisseur comme les figures d'un tableau.
Appartiennent-ils déjà trop à l'Histoire pour prendre
corps ici ? S'ils ouvraient la bouche, peut-être n'en sortirait-il
que les bribes des milliers de lettres écrites pendant leur
vie et publiées depuis ? Chose étonnante, c'est Felix qui
est assis au milieu. Une de ses mains serre les doigts
potelés de sa sœur, l'autre tient la poigne tachée de peinture
de son beau-frère Wilhelm. Il y a décidément quelque
chose qui m'échappe, et c'est bien la preuve que nous
sommes dans un rêve, où subsistent toujours des poches
d'inexplicable.

« Moi, lance la frêle Jette, dont la ressemblance avec le
portrait au mur devient soudain frappante, je sens au
fond de moi qu'Il sera parmi nous à la prochaine assemblée.
L'an prochain parmi nous, telle est mon espérance, et je
prierai chaque soir pour qu'elle ne soit pas déçue.

– Nous en acceptons l'augure, sourit le président de
séance. Maintenant, si vous le voulez bien, je vais procéder à
la lecture de notre ordre du jour. *1° Élection du président
de séance. 2° Élection du secrétaire de séance. 3° Approbation des
comptes de l'année écoulée. 4° Vote du budget de l'exercice à venir.
5° Rapport d'activité de la commission "Liberté", présenté par
M. Abraham Mendelssohn Bartholdy.* »

Au premier rang, Abraham rajuste ses lunettes et relit gravement ses notes.

« *6° Examen de la motion de Mlle*... » (le président rapproche imperceptiblement la feuille de son nez) «... *Pamela Keenlyside : Introduction de règles plus démocratiques dans le fonctionnement de nos assemblées.* »

Vifs remous. Plusieurs participants se lèvent et parlent en même temps, les journalistes font crépiter leurs flashs, le président est obligé de hausser la voix. « S'il vous plaît, je vous demande de vous rasseoir. Merci. Enfin, *7° Examen de la motion du collectif "Morale et christianisme" : Retrait du droit de vote aux membres de nos assemblées qui sont nés hors mariage.* »

Des regards circonspects s'échangent, quelques chuchotements s'élèvent autour d'une jeune fille assise sur un strapontin et qui baisse la tête.

« C'est Elga Kalbfleisch, vous savez ? la fille qu'a eue Hermann avant de se marier.

– Ah ? Je ne la voyais pas ainsi.

– Trop jolie, si vous voulez mon avis. Les chats ne font pas des chiens.

– Parlez toujours. Je connais plus d'un enfant légitime, croyez-moi, dont le père n'est pas celui qu'on pense. »

On les rappelle à l'ordre, car quelqu'un dans la salle a demandé le micro. C'est un universitaire à lunettes, très correct dans son costume-cravate et sous ses cheveux blancs, mais avec une lueur pince-sans-rire dans l'œil. Il attaque avec netteté, dans un allemand à peine teinté d'accent américain :

« Je ne vais pas ouvrir prématurément le débat, encore que cette notion de membres "nés hors mariage" soulève en effet bien des problèmes. En revanche, j'estime irrégulier qu'on nous soumette une motion sous couvert d'anonymat.

Peut-on savoir qui se cache derrière ce fameux collectif "Morale et christianisme" ?

– Je ne me cache pas ! clame depuis le premier balcon une Dorothea version matrone de 1818. Simplement je sais, moi, faire passer les principes avant les personnalités. Peu importent les noms que rassemble notre collectif. Son seul but est de défendre certaines valeurs, certaines... »

Le président de séance tambourine sur la table.

« Mme von Schlegel, Pr Gilbert, chaque chose en son temps. Une discussion précédera naturellement le vote. Pour ce qui est de l'anonymat, professeur, j'ai étudié nos statuts : rien ne s'y oppose, pourvu que le collectif mentionne une adresse valide quelque part dans le monde. Même si, à titre personnel, je partage votre sentiment. »

Fair-play, Felix Gilbert se rassied. Mais il griffonne au stylo-bille dans son carnet à spirale et l'on peut être sûr que, l'an prochain, il proposera une claire et pertinente modification des statuts : cet historien du système politique florentin est un esprit rigoureux.

L'élection du président et du secrétaire de séance est vite expédiée. Il en va autrement de l'approbation des comptes. Quatre ou cinq membres férus de chiffres s'envoient à la tête des calculs bien difficiles à suivre, car les uns parlent en deutsche marks, d'autres en thalers d'argent ; des sommes astronomiques en marks-papier sont opposées à de raisonnables factures libellées en euros. Je soupçonne la salle de ne plus écouter que d'une oreille, et les journalistes, eux, ont clairement décroché. Une Autrichienne spécialiste d'art contemporain bavarde avec un chroniqueur littéraire hongrois. Trois reporters japonais tiennent un conciliabule. Un critique musical en pull se vante d'avoir couvert tous les concerts de la pianiste Fanny Hensel.

« Tous ses concerts ? Je croyais qu'elle n'en donnait jamais, la pauvre.

– Fanny Hensel III, 1918-2006. »

De fil en aiguille, on en vient à parler de soi. Un athlétique Camerounais raconte qu'il a fait ses études en Allemagne, comme pas mal de ses compatriotes : une école de traduction en Rhénanie, après quoi il a finalement opté pour le journalisme qui était plus dans ses cordes. Les relations internationales sont sa spécialité.

« Et vous-même ? demande-t-il à un monsieur âgé assis tout seul au rang derrière. Africain, vous aussi ? Il me semble que nous nous sommes déjà croisés. Un congrès de la presse à Dakar, il y a deux ou trois ans, je crois.

– Vous devez me confondre avec un autre, répond le vieux monsieur d'une voix douce. Je suis martiniquais, et je ne suis journaliste que très occasionnellement. Professeur de lettres à la retraite, pour vous servir. Mais il m'arrive de contribuer à des revues savantes. »

Son regard est malicieux au-dessus de ses verres en demi-lune. Et que signifie au juste « pour vous servir », se demandent ses voisins ?

« Vous parlez bien l'allemand, hasarde l'Autrichienne.

– Vous me flattez, je l'ai surtout appris par les textes. Novalis, Hölderlin. Kleist ! Figurez-vous qu'au départ... »

Silence subit : on passe au vote. Malgré les longues controverses qui l'ont précédée, l'approbation des comptes est massive avec 698 voix pour, 46 contre, 22 abstentions.

« Comment ça ! » s'exclame un homme sérieux aux lèvres minces, avec un geste de dédain pour le micro qu'on lui tend. « On nous avait annoncé 765 présents ou représentés. Le compte n'y est pas. »

C'est Joseph, bien sûr. Dix minutes se passent pendant lesquelles le soldat de la Wehrmacht, cramoisi, recompte ses bulletins.

« Désolé, je m'étais trompé. Nous avons donc 698 voix pour, 45 contre, 22 abstentions. » Un larsen strident ponctue la fin de sa phrase et Joseph, croisant les bras, jette à la cantonade :

« Croyez-moi car je m'y connais, ce garçon est un incapable. »

Vient l'examen du budget prévisionnel, nouvelle bataille de chiffres en monnaies disparates. Bientôt les représentants de la presse reprennent leurs apartés.

« Vous vous occupez donc de poésie romantique, observe le journaliste camerounais. Si je peux me permettre, quel est le rapport avec les Mendelssohn ?

— ... Cent quatre-vingt-dix-sept groschens pour l'achat d'une nouvelle imprimante, détaille une voix au micro.

— Le rapport ? » murmure le vieux Martiniquais, les coudes appuyés sur le dossier devant lui. « Mon garçon, vous qui étudiez les relations internationales, vous devriez le savoir : rares, oh rares sont les choses entre lesquelles n'existe pas le plus petit rapport. »

On ne sait que répondre. Le chroniqueur hongrois regarde sa montre : trois heures du matin ! Et les subtilités du budget continuent d'inspirer de nombreux commentaires. Vivement qu'on vote, pensent ici la plupart. Une vague de soulagement passe dans les rangs quand le soldat de la Wehrmacht se redresse sur sa chaise et trie les premiers bulletins.

« Mais vous votez ? s'étonne le journaliste camerounais qui s'est retourné vers leur voisin.

– Je vote depuis le début, vous n'aviez pas remarqué ? répond avec un sourire le professeur de lettres martiniquais. Je vote, en effet, comme tous les membres de cette assemblée.

– Vous êtes membre de cette assemblée !

– Mais oui. C'est-à-dire que je descends moi aussi de papa Moïse, comme nous l'appelons chez moi. »

Le journaliste cille.

« Vous nous expliquerez ça, tout à l'heure ? glisse le critique musical.

– Avec plaisir. »

Les trois se taisent, le président de séance aborde le point 5.

« Comme vous vous en souvenez, nous avions l'an dernier chargé une commission d'enquêter sur les éventuels liens entre notre famille et Auguste Bartholdi.

– Fichaises ! coupe une voix d'homme depuis le second balcon. J'avais voté contre, et je continue de penser que c'était une perte de temps.

– Qui est-ce, Auguste Bartholdi ? demande le vieux Sebastian Hensel avec sécheresse : l'auteur de *La Famille Mendelssohn* est visiblement vexé de ne pas connaître quelqu'un.

– Mais vous savez bien, grand-père. C'est le sculpteur français qui a réalisé la grande statue de la Liberté, dans le port de New York. »

Rapporteur de la commission, Abraham est en train de se lever nerveusement. Il trébuche en grimpant sur l'estrade, hésite entre deux chaises, finit par rester debout. Il commence à lire, dans un silence troublé par des murmures. Puis par des rires étouffés. On s'agite dans la salle, une petite fille assise sur les genoux de sa mère piaille en le montrant du doigt :

« Il n'en a pas ! Maman, il n'en a pas !

– ... *Fils de Jean Charles Bartholdi, né en 1765, mort en 1830...*

– C'est vrai, regardez le mur derrière lui : rien de rien.

– On me l'avait dit, mais je n'y croyais pas. Quel spectacle pour de jeunes enfants !

– ... *lui-même fils de Gilles François Bartholdi, né en 1723, mort en 1787, qui avait pour père* (excusez-moi, j'allais sauter une page) *Jean Georges Bartholdi, né en 1674, mort en 1733...*

– À quoi rime tout cela ? lance quelqu'un. On ne monopolise pas ainsi la parole quand on n'a plus son ombre !

– S'il vous plaît, s'il vous plaît, intervient le président de séance. La commission "Liberté" a été régulièrement élue pour mener son enquête, et nous en écouterons le rapport jusqu'au bout. Par ailleurs, les propos blessants ou injurieux sont proscrits dans cette enceinte, surtout s'ils visent chez l'un de nos membres un handicap flagrant.

– ... *n'est pas parvenue à remonter,* achève Abraham d'une voix blanche, *au-delà de Wilhelm Barthold* (remarquez cette fois l'absence de *i* final), *né en 1637, mort en 1690, que nulle parenté directe ne rattache à Christian Friedrich Bartholdi, bourgmestre de Cölln vers la fin du XVIIᵉ siècle. La commission conclut donc à l'absence de tout lien entre les Bartholdy et l'auteur de* La Liberté éclairant le monde, *ce que nous soupçonnions, mais qui n'avait jamais été formellement établi.* »

Un silence et il ajoute, les yeux toujours baissés : « Je vous remercie. »

Sans trébucher cette fois, il descend se rasseoir, ôte ses lunettes, remet droites et dans l'ordre les feuilles sur ses genoux, avant de renverser la tête sur son dossier et de fermer les yeux.

Mais les derniers rires refluent. Quelque chose se prépare. Une rumeur monte autour de trois jeunes dames qui semblent se disputer. L'une d'elles, en uniforme du *Women Voluntary Service*, est déjà debout et s'apprête à gagner l'estrade, tandis que les deux autres tentent de la retenir. Une quatrième distribue dans la salle des liasses de stencils. Si ce n'est qu'elle porte binocle, elle présente avec les premières un net air de famille, et l'on ne peut qu'admirer le flegme qu'elle oppose aux commentaires maussades, aux *tss* dubitatifs.

« Dix-sept pages à lire maintenant, sans compter les annexes ! Vous ne pouviez pas les faire joindre à la convocation ? »

Ses cheveux courts, sa robe coupée sous le genou sont détaillés avec blâme par la dame Belle Époque qui finit par jeter :

« Vous devriez porter un corset, ma petite.

– *You're welcome, madam.* » Quel aplomb ! À moins que, simplement, elle ne comprenne pas un mot d'allemand. Cependant sa sœur a escaladé l'estrade, tiré l'une des chaises, laissé sans réponse le sourire admiratif que lui adressait le soldat de la Wehrmacht par-dessus ses écritures. Les voici deux au bureau à être en uniforme et, gêné, le président de séance ferme machinalement quelques boutons supplémentaires en haut de sa redingote.

« Bien. Nous allons maintenant entendre ce qu'a à nous dire Mlle Pamela Keenlyside sur le fonctionnement de ces assemblées.

– Dès que ma sœur Ann aura fini de vous distribuer ma note de synthèse. C'est fait ? Excellent.» Sa main s'abat résolument sur la tablette du bureau. «J'irai droit au fait : nos assemblées présentent de graves manquements aux principes démocratiques qui devraient les régir.

– Absurde, jette Sebastian Hensel. À quoi fait-elle allusion ?

– J'y viens. Dans nos statuts nous sommes tous égaux, puisque tous descendants de Fromet et Moses Mendelssohn. Or, que constate-t-on ? Il y a ici des notables, des célébrités, des gens dont chacun connaît la vie dans ses moindres détails. Ceux-là prennent la parole sans même se présenter, leurs avis pèsent davantage et sont plus fréquemment cités dans la presse. D'autres en revanche, qui n'appartiennent pas moins au *Mendelssohn-complex...* »

Il faut préciser que ce discours, délivré avec verve et clarté, est en revanche tourné dans un allemand des plus fantaisistes, quoique l'on suive très bien. Pamela se soucie peu de cas et de déclinaisons, ajoute des *s* partout pour former ses pluriels ; quant à son accent, disons seulement que le nom de Mendelssohn devient dans sa bouche quelque chose comme *Mennelsun*.

« Comment ose-t-on nous proposer des motions dans un tel charabia ? gronde un monsieur à la moustache énorme, Arnold Mendelssohn II. Faites appel à un interprète, une autre fois.

– Certainement pas, réplique l'oratrice. Et cela m'amène à anticiper sur un point crucial. Il est évident pour la majorité d'entre nous que ces réunions devraient au moins se tenir en anglais. L'anglais est la langue internationale...

– Hein !

– ... Ou ne saurait tarder à le devenir.

– Mais quelle folie », murmure Jette avec l'indulgence qu'elle aurait pour l'une de ses élèves. Elle est de plus en plus pâle sous sa coiffe blanche, ses traits accusent la fatigue, pourtant elle continue, concentrée et patiente, d'écouter tout ce qui se dit.

« L'allemand est la langue de Moses, la langue de ces congrès, et il le restera, chère demoiselle », assène Joseph, qui semble ignorer que la chère demoiselle est son arrière-arrière-arrière-petite-fille. « Une assemblée qui se respecte ne change pas ainsi de langue pour un oui ou pour un non.

– De vrais notables florentins de la Renaissance », marmonne entre ses dents Felix Gilbert qui, au contraire, a suivi le discours de Pamela Keenlyside avec beaucoup d'attention. « *Tout changement amoindrit la réputation de la cité* [1]. »

Autour de lui, la grosse délégation d'Américains et de Canadiens paraît frappée. Sous le balcon, Felix Mendelssohn Bartholdy ébauche enfin un sourire. Mais Ann Keenlyside, moins hardie que sa sœur, ne résiste pas à la levée de boucliers. Tête basse, elle court rejoindre Jane et Bridget, ôte son binocle qui la signale, et tente de se faire oublier.

« Mesdames et messieurs, mesdemoiselles, je vous en prie, reprend le président. Il est près de cinq heures et nous n'en sommes qu'à l'examen du point 6. Je rends la parole à Pamela Keenlyside, qui n'en a pas encore fini.

– Et loin de là. J'en étais aux choquantes inégalités entre membres de plein droit. Pardonnez-moi si je prends notre exemple, à moi et à mes sœurs ; beaucoup d'autres s'y reconnaîtront.

– *Oh dear*, elle va parler de nous, lâche Jane Keenlyside en agrippant le bras de Bridget. Elle m'avait pourtant promis de ne pas le faire. Elle me l'avait promis !

– ... Toutes quatre, nous sommes donc descendantes en ligne directe de ces deux ancêtres communs. Mais voilà : personne ne sait quelle a été notre vie, nous ne sommes que des dates de naissance, des êtres de papier. C'est inacceptable ! »

Là, Pamela a fait mouche, et je crois que la salle est en train de basculer. Les hordes de parfaits inconnus boivent maintenant ses paroles, on entend monter un bruissement de papier : beaucoup se sont enfin décidés à lire le dossier ronéotypé qui leur a été remis.

« C'est intéressant, ce qu'elle dit, observe le professeur de lettres à la retraite.

– Au fait, vous ne nous avez pas expliqué comment vous prétendez vous rattacher à cette famille.

– C'est simple. Voyez-vous qui était Gustav Mendelssohn-Bartholdy ? Un ardent patriote prussien, auteur en 1912 d'une biographie de Frédéric II sobrement intitulée *Le Roi*.

– Un instant », fait le critique musical, dont le pull est informe mais dont la tablette numérique est du dernier cri. « J'ai le CD-ROM sur mon disque dur... »

Les premières mesures d'une *Romance sans paroles* font soudain tourner toutes les têtes vers eux et, avec un sourire d'excuse, le critique se dépêche de couper le son.

« J'y suis. Gustav Mendelssohn-Bartholdy, arrière-petit-fils de Paul. Eh bien ?

– C'était mon grand-père, articule le vieux Martiniquais.

– Excusez-moi, le CD-ROM mentionne pourtant qu'il est mort sans descendance.

– Sans descendance connue et légitime. Je suis d'ailleurs impatient que nous abordions le point 7, qui me concerne directement.

– Mais, intervient le chroniqueur littéraire en lisant par-dessus l'épaule de son confrère, je vois ici que Gustav Mendelssohn-Bartholdy est parti en 1914 pour l'Argentine, où l'on perd ensuite sa trace.

– On perd sa trace en Argentine, pour la bonne raison qu'il n'y est pas resté. Assez vite il a préféré le Brésil. Et, de passage à Sao Paulo, il y a brièvement connu ma grand-mère... Attendez, quelqu'un demande la parole. »

En effet, l'ursuline vient de tendre le micro baladeur à un homme encore jeune, coiffé d'un fez rouge, dont le visage respire la mélancolie des exilés. On devine que c'est un membre qui prend rarement la parole, et Pamela elle-même, à la tribune, bat des paupières avec curiosité.

« Je suis Arnold Mendelssohn I, commence-t-il d'une voix sourde. Dois-je me présenter ? »

Sebastian Hensel détourne ostensiblement la tête, Arnold Mendelssohn II grogne à travers sa moustache :

« Tant qu'on ne nous confond pas...

– Parfait, poursuit le médecin qui en a déjà vu d'autres. Comme vous le savez, je suis mort à Bayazid, au pied du mont Ararat, bien loin de tous les miens. Et dans la solitude de ma tombe ottomane, j'ai souvent réfléchi au problème d'inégalité soulevé par Mlle Keenlyside. Au fond, une grande famille est comme un résumé de l'histoire humaine. Dans les commencements règne la simplicité des premiers âges : un homme et une femme se plaisent, décident de faire ménage commun, sans posséder beaucoup plus que leur amour mutuel. *Je les vois se rassasiant sous un chêne, se désaltérant au premier ruisseau, trouvant leur lit au pied du même arbre qui leur a fourni leur repas, et voilà leurs besoins satisfaits*[2]. »

– Quel est ce tissu d'âneries ? coupe Joseph. Est-ce que mon père et ma mère se nourrissaient de glands ?

– C'est une image, mon oncle. Une image de l'homme en son état de nature. Empruntée à Rousseau, et plus précisément à un texte que votre père n'a pas dédaigné de traduire dans sa jeunesse : le *Discours sur l'origine et les fondements de l'inégalité.*

– Hum, lâche Joseph qui lui accorde le point.

– Cet homme et cette femme s'emploient à élever et à nourrir leurs enfants, tous autant qu'ils sont et chacun de façon égale. Puis vient, avec les générations suivantes, le temps de la différence. Les uns, fidèles à l'esprit de leurs aïeux, se contentent de vivre sans chercher à acquérir plus qu'il n'en faut pour leurs besoins. D'autres au contraire augmentent leurs biens par des alliances choisies, ne pensent qu'accumulation primitive, développement d'un capital...

– C'est-à-dire qu'ils travaillent, eux, au lieu de caresser des chimères. Comme si je ne voyais pas où tu veux en venir !

– *"Dès qu'on s'aperçut qu'il était utile à un seul d'avoir des provisions pour deux, l'égalité disparut, la propriété s'introduisit..."*

– Et après ?

– Après ? À la cellule familiale où régnaient le partage et la fraternité, où chacun aimait son prochain comme soi-même, a succédé une société humaine en miniature. Un petit nombre impose sa loi d'égoïsme et s'en va répétant *"Ceci est à moi"*, pendant que tous les autres, démunis et obscurs, ne sont plus les uns aux autres que des étrangers, si pas des ennemis.

– Tes idées égalitaires et tes mauvaises fréquentations t'ont déjà perdu, malheureux ! Et tu t'obstines ?

– Messieurs, de grâce, il est cinq heures dix », s'égosille le président. Mais on ne l'écoute plus : toute la salle vrombit, les quelques membres qui avaient débattu du budget débattent à présent patrimoines, bulles spéculatives et relations Nord-Sud, tandis que Felix Gilbert fait un petit court d'économie politique à des Canadiens de gauche.

« Intéressant aussi, lance le retraité martiniquais à ses voisins de devant. Mais je doute que vous puissiez encore prendre des notes dans cette pétaudière. Voulez-vous entendre la fin de mon histoire ?

– Volontiers, dit le critique musical.

– J'en étais à la rencontre entre Gustav Mendelssohn-Bartholdy et ma grand-mère, la belle Rosinha, comme on l'appelait dans son quartier. Belle, oui, autant que peut l'être une jeune Brésilienne issue d'Indiens locaux, d'esclaves africains, et de marranes portugais émigrés depuis le XVIe siècle. Or cette maîtresse femme, malgré tous ses talents, n'avait pas celui de se faire épouser : son fils, mon père, vint donc au monde sous le nom de Jaime Dessao.

– Jaime Dessao, murmure le chroniqueur hongrois comme si ce nom lui rappelait quelque chose.

– Vous vous payez nos têtes, avance le journaliste camerounais.

– Du tout pas ! fait le vieil homme avec un gloussement. Bon, je ne vous raconterai pas comment Jaime Dessao entra dans la marine marchande et se trouva, pour quelques jours de 1935, en escale à Fort-de-France. Mais c'est en cette occasion qu'il connut ma mère, honorablement mariée avec un employé des postes, et dont ce fut là l'unique écart de conduite. Maintenant vous savez tout. »

Le critique musical se gratte l'oreille.

« Ainsi j'appartiens à la génération 7, comme Mlle Keenlyside, comme le jeune soldat qui nous sert aujourd'hui de secrétaire. Cette génération qui possède, je l'ai calculé, 0,015625 % de sang de notre papa Moïse.

— Et qu'est-ce que vous faites de ces 0,015625 % de sang, j'aimerais bien le savoir ? objecte avec irritation le spécialiste des relations internationales.

— Ce que j'en fais ? Et où prenez-vous cette idée, mon garçon, qu'il faudrait faire quelque chose avec son propre sang ? Je le laisse bien tranquille dans mes veines. Il me tient chaud, il court tout fou et voilà tout ! »

Son rire joyeux se perd dans les clameurs du président de séance qui semble de plus en plus inquiet :

« Silence, je vous en conjure, silence !... Vous savez ce qui arrive quand le coq chante avant que nous ne soyons au bout de l'ordre du jour. Or il nous reste ce point à clore et encore tout un point complexe à examiner.

— Nous n'en aurons pas le temps. C'est une manœuvre pour bâillonner notre collectif ! rugit Dorothea.

— Mais j'ai à peine abordé l'essentiel, objecte Pamela.

— Faites vite, dans ce cas.

— Je vous le promets. L'intervention de mister Arnold me fournit d'ailleurs une transition toute trouvée. Ces inégalités de fortune sont frappantes, en effet, et je voudrais ajouter que statistiquement (mes annexes le démontrent) fortune et célébrité restent à l'évidence liées au port du patronyme d'origine. Plus une lignée compte de changements de noms, plus elle s'éloigne de la lumière. Plus elle est matrilinéaire, plus elle nous condamne à la médiocrité. À génération égale, ceux qui descendent de notre ancêtre par les femmes sont moins connus, possèdent moins, *comptent moins* que ceux qui en descendent par les hommes. C'est une injustice criante faite à notre sexe.

– Mademoiselle, abrégez. Quand le coq chantera... »

Mais Pamela s'est levée, le feu aux joues, sous le regard ébloui du soldat de la Wehrmacht.

« Membres de cette assemblée ici présentes, nous sommes les plus nombreuses. Allons-nous supporter davantage ces vestiges de patriarcat, dans une assemblée transgénérationnelle qui se prétend démocratique ?

– Pamela, *for shame* ! gémit Bridget.

– Le coq, mademoiselle, le coq ! » implore le président.

Trop tard : un cri lointain résonne derrière les volets, et soudain les centaines de sièges redeviennent vides sous l'éclairage tremblotant des lampes murales. Un binocle sur un accoudoir, un fez tombé au milieu d'une allée, voilà tout ce qui reste de cette nuit de sabbat.

CHAPITRE 18

L'ÂGE D'OR ET COMMENT IL S'ACHEVA

TOUT NOUS SOURIT, en cette fin d'année 1829. Fanny à peine devenue Mme Hensel attend déjà un enfant. Bientôt on fêtera les noces d'argent de ses parents, Felix au retour de sa longue tournée britannique prépare pour l'occasion un opéra-comique au thème malicieusement choisi : *Lisbeth* évoque un soldat revenant au pays si changé que sa famille ne le reconnaît pas.

Et un autre projet de voyage se profile à l'horizon. Abraham a prévu pour son fils un vaste tour d'Europe où il visitera les différents pays envisageables pour une carrière musicale, examinera celui qui lui plaît le plus, s'y fera un nom. Cependant un contretemps retarde le départ. Rebecka (qui s'apprête à refuser la demande en mariage d'Eduard Gans) attrape la rougeole et la transmet à son frère. C'est donc à Berlin encore que ce dernier achève sa symphonie *Réformation* et reçoit une nouvelle aussi vexante que prévisible, dont il fait part à son ami Ferdinand David.

Écoute avec effroi : Betty Pistor est fiancée. Fiancée de manière catastrophique. Elle appartient au professeur de droit Rudorff à titre de propriété héréditaire. Dès que tu apprendras par les journaux berlinois que l'union est consommée, je te charge de transformer en « BR », d'un petit trait de plume adroit, le « BP » qui figure en tête de mon quatuor [1].

D'après Larry Todd qui a consulté le manuscrit à la Bibliothèque nationale de France, Ferdinand David a omis de le faire : le *Quatuor en mi bémol majeur* reste dédié à « BP ».

Enfin, le 13 mai 1830, Felix se met en route. Première halte à Weimar, où Goethe le reçoit quelques jours et se fait initier aux musiques modernes, qu'il connaît encore mal. Même réduite au piano, la *Cinquième* de Beethoven stupéfie le vieux maître qui marmonne, perturbé :

« C'est énorme, c'est fou, on a l'impression que la maison va s'écrouler... Qu'est-ce que cela doit être quand tout un orchestre s'y met [2] ! » Pourtant il en redemande, complote avec sa belle-fille pour que le jeune prodige (qu'il tutoie à présent) prolonge son séjour. Au diable ce tour d'Europe, pourquoi ne reste-t-il pas simplement chez eux ? Tout ému, et gratifié d'un feuillet dédicacé de *Faust*, le voyageur repart néanmoins vers Munich, où il restera deux mois.

Il y revoit après cinq ans la pianiste prodige Delphine von Schauroth, qui semble prendre dans son cœur la place de Betty Pistor : il compose pour elle un *Rondo capriccioso*, elle compose pour lui une *Romance sans paroles*. Par ailleurs, les nouvelles de Berlin sont bonnes. Après un accident qui a donné des craintes, est né chez les Hensel un petit Sebastian, prématuré mais bien portant. Il a six semaines lors des journées de Juillet en France, sa mère enthousiasmée décore son nid d'ange de rubans tricolores et le montre ainsi à son papa Wilhelm. Lequel, note Sebastian Hensel dans son autobiographie, « ne dut pas être enchanté de cette surprise, car c'était un francophobe enragé, hostile à toute révolution[3] ».

La scène aurait bien amusé son oncle Felix, mais cet oncle est en train de jouer les touristes du côté de Linz et de Salzbourg et, en fait de journées révolutionnaires, assiste plutôt au couronnement de Ferdinand Ier à Presbourg, en simple badaud se mêlant à la foule. Son chapeau gêne ses voisins, un vieux Magyar le lui ôte de la tête et l'aplatit en galette, raconte-t-il à son frère Paul adolescent. Car il envoie régulièrement aux siens des lettres savoureuses où il dépeint les petits incidents du voyage, les choses vues, les fastes presque orientaux de l'empire autrichien. Il n'est guère question de musique pour l'instant, mais cela change en Italie, où il pénètre début octobre.

Selon une expérience universelle des gens du Nord, à une époque où l'on voyageait encore difficilement et peu, le passage des Alpes et l'arrivée en terre latine sont comme une naissance, une révélation, un éveil presque brutal de la sensualité. Les cochers vous volent, les douaniers vénitiens voient des espions partout et confisquent les manuscrits de Felix, dont les notes pourraient contenir des messages codés. Mais l'air est plus doux, la langue plus mélodieuse, les tempéraments plus passionnés, tout respire l'amour.

La vie musicale italienne, en revanche, est en pleine décrépitude. Les orchestres « sont plus mauvais qu'on ne saurait croire », Donizetti « bâcle un opéra en dix jours », un concert improvisé avec un chœur de dilettantes déraille si spectaculairement qu'il s'achève en « éclat de rire général[4] ». Certes Felix découvre Palestrina et la polyphonie baroque, suit avec intérêt les cérémonies musicales de la Semaine sainte à

Rome, dont il envoie à Zelter une description détaillée. Mais elles le frappent par leur monotonie et leur systématisme, et le jeune compositeur y trouve surtout l'occasion d'affiner ses propres préférences.

« En somme, tout cela m'a déplu[5] », avoue-t-il franchement aux membres de sa famille. Non, l'Italie n'est plus la terre promise de la musique. « Pour entendre un opéra italien, il faut maintenant aller à Paris ou à Londres. Dieu veuille que la musique allemande ne connaisse pas un jour le même sort[6] ! »

De plus, ce jeune protestant élevé dans un climat de tranquille piété est choqué par le mélange de fanatisme et d'irréligiosité qu'on observe chez les Romains. « Ils veulent tous se convertir mutuellement, s'envoient très chrétiennement à la tête les injures les plus grossières, et chacun tourne en ridicule la foi des autres[7]. » Les funérailles de Pie VIII ? « Tandis que le corps du défunt pontife était exposé sur le lit de parade, j'ai vu les prêtres qui se tenaient autour chuchoter constamment les uns avec les autres et souvent éclater de rire[8]. »

À ces réserves près, c'est un enchantement permanent. Felix rencontre Berlioz, se lie avec Horace Vernet à la villa Médicis, y passe des soirées délicieuses et bon enfant en compagnie d'autres artistes étrangers. Il se rend à la Casa Bartholdy de feu son oncle pour admirer les fresques du cousin Philipp ; non sans difficultés, car le bâtiment est maintenant occupé par de prudes Anglaises qui ont fait de la pièce leur chambre à coucher et hésitent à y laisser entrer le séduisant inconnu. Que d'aventures et de nouveautés ! Fanny, qui depuis le voyage dans les Alpes de 1822 rêvait de voir l'Italie, doit être un peu envieuse.

D'autant plus que, jeune mère, elle n'a guère de temps pour la musique et n'a pas retrouvé l'inspiration. Son frère est loin de compatir :

> *l'enfant n'a pas encore six mois, et déjà tu veux penser à autre chose qu'à Sebastian ? (Je ne parle pas de Bach !) Réjouis-toi de l'avoir, l'inspiration musicale ne nous fuit que lorsqu'il n'y a pas de place pour elle, et je ne suis pas étonné que tu ne sois pas une marâtre* [9].

Voilà Fanny priée de pouponner pendant que Felix flirte avec les ors catholiques en composant un *Ave Maria*, rend hommage au vieux Goethe dans sa *Nuit de Walpurgis*, travaille à l'*Ouverture des Hébrides* et à sa *Symphonie écossaise* puis, devant la sensualité lumineuse du printemps romain, la délaisse temporairement pour se mettre à une *Symphonie italienne*. Quand il ne compose pas, il dessine et il lit : le *Phédon* de son grand-père, ou le *Voyage sentimental* de Sterne. Et, en ce mois d'avril 1831, il pousse vers le Midi avec Wilhelm von Schadow, autre Nazaréen qui avait peint deux des fresques de la Casa Bartholdy. Il voit Naples, Pompéi et Cumes, Ischia et Capri où il visite la Grotte bleue, renonce avec regret à la Sicile qui le retarderait trop.

Début juin, c'est le retour vers Rome où il passe encore quelques semaines, puis amorce sa remontée vers le nord. Une dernière belle rencontre est, à Milan, celle d'un fils de Mozart, un fonctionnaire naïf et simple à qui il fait bien plaisir en lui interprétant l'ouverture de *Don Juan* et, en avant-première, quelques passages de sa propre *Nuit de Walpurgis*.

Au mois d'août, il entame sa retraversée des Alpes. En partie à pied, car il est aussi bon marcheur que bon nageur.

Il contemple des glaciers, arpente des alpages, essuie des pluies diluviennes qui, par endroits, ont emporté les ponts. Il doit demander l'hospitalité dans un chalet, trempé jusqu'aux os, et s'y amuse des frustes mœurs helvétiques :

> *Ils sont d'une naïveté adorable ! Comme je n'arrivais pas à remettre mes souliers dont l'intérieur était mouillé, l'hôtesse m'a demandé si je voulais un chausse-pied, j'ai répondu que oui, elle m'a apporté une cuiller à soupe. Ça va quand même* [10].

Enfin le revoilà à Munich où, en présence de la cour, il dirige une de ses symphonies et interprète son *Concerto n° 1 en sol mineur* dédié à Delphine von Schauroth. Louis II de Bavière lui conseille vivement d'épouser la demoiselle qui, assure-t-il, est un excellent parti. Ils iraient si bien ensemble ! Interloqué par les façons de ce roi marieur, Felix ne sait que répondre, mais le souverain passe à un autre sujet et semble avoir tout oublié quelques minutes plus tard.

Cependant d'autres perspectives se dessinent. L'Opéra de Munich lui a donné mandat pour confier à « tout poète allemand réputé » l'élaboration d'un livret. Car c'est la seule ombre à ce tableau de l'âge d'or : Felix n'a toujours pas composé d'opéra proprement dit, et il serait temps. Encore faudrait-il qu'il déniche un livret à son goût. Est-ce l'écrivain Immermann qui le lui fournira ? Les deux artistes se voient à Düsseldorf, envisagent une adaptation de *La Tempête* de Shakespeare, et c'est avec cette belle idée en tête que Felix met alors le cap sur Paris.

Là il est en terrain de connaissance, il y a gardé bien des contacts de ses séjours précédents. Il s'étonne, cela dit, en revoyant ses jeunes amis saint-simoniens. Qu'est-il arrivé à tous ces fils de banquiers qui maintenant propagent un nouvel évangile, exhortent leurs proches à faire don de leur fortune aux « Pères » du mouvement, vivent en communauté dans un hôtel particulier de la rue Monsigny ? Il a du mal à les prendre au sérieux, même quand la police lance un grand coup de filet, arrête les Pères et fait saisir les papiers trouvés sur place, parmi lesquels une partition autographe de Felix.

Mon quatuor en si bémol est resté rue Monsigny et se trouve aussi sous les scellés ; il n'y a que l'adagio qui soit juste-milieu, tout le reste est du mouvement ; vous verrez que je serai forcé d'exécuter l'ensemble devant le jury d'assises[11].

Mouvementés, les six mois à Paris n'en sont pas moins studieux : mise au propre d'œuvres déjà écrites, travail sur les compositions en cours, notamment les *Hébrides* auxquelles leur auteur reproche encore de « sentir plus le contrepoint que l'huile de poisson, les mouettes et la morue[12] ». Il fait (enfin) la rencontre de Chopin, rend diverses visites, donne divers concerts où il peut constater qu'on l'apprécie en France, à défaut de bien l'identifier. Un jour qu'il assiste à l'exécution d'un de ses quatuors, son voisin de siège le pousse du coude :

« Il a repris ça d'une de ses symphonies.

– Qui donc ? s'étonne Felix.

– Beethoven, voyons[13]. »

C'est flatteur, en un sens. Mais, globalement, les goûts musicaux des Français sont presque aussi décevants que ceux des Italiens. On ne jure ici que par *La Parisienne* d'Auber (« la plus mauvaise chose qu'il ait jamais faite[14] ») et par *Robert le Diable* de Meyerbeer, dont la vulgarité laisse Felix pantois.

Par ailleurs, les nouvelles du pays ne sont plus aussi bonnes. Depuis l'été, Abraham se débat dans des problèmes d'argent dus à la faillite d'une banque hambourgeoise. À l'automne, la famille a perdu Jette, peut-être du choléra qui fait alors ses premières victimes. Début 1832, Felix apprend coup sur coup la mort du jeune violoniste Eduard Rietz et celle de Goethe. C'est donc très abattu (et tout juste remis lui-même d'une attaque de choléra) qu'il repart en avril, cette fois pour l'Angleterre.

Les choses s'y présentent mieux. Concerts et commandes affluent, et ce n'est pas à Londres qu'on le confondrait avec Beethoven. Pendant une répétition à la *Philharmonic Society*, il se glisse dans la salle pour saluer quelques amis.

> *À peine y étais-je qu'un musicien de l'orchestre s'est exclamé :* There is Mendelssohn !*, sur quoi tout le monde s'est mis à crier et à applaudir si fort que j'en ai perdu mes moyens pendant un moment. Le calme revenu, une autre voix a crié :* Welcome to him*, et le tumulte a repris de plus belle. Il a fallu que je traverse la salle et grimpe à l'orchestre pour remercier les artistes* [15].

Au milieu de ces réjouissances lui parvient une dernière triste nouvelle, celle de la mort de Zelter. Ce qui conduit Abraham à rappeler son fils après deux ans d'absence, dans l'espoir qu'il succédera au vieux maître comme directeur de la *Sing-Akademie*. Car Felix s'est décidé : sa carrière, finalement, il la fera en Allemagne.

C'est le propre des âges d'or que de s'achever sans bruit, par petites touches, laissant croire pendant longtemps qu'il n'y a rien de changé. Qu'importe si la *Sing-Akademie*, « institution chrétienne [16] », évince le brillant petit-fils de

Moses au profit de l'obscur Rungenhagen ? Ailleurs on lui tend les bras : dès 1833, il obtient la direction du Festival de musique de Basse-Rhénanie et, plusieurs années de suite, y monte des oratorios de Haendel, *Israël en Égypte*, *Josué* et le *Messie*, pharaoniques productions où il lui arrive de diriger sur une même scène trois cents chanteurs et cinq cents instrumentistes. Ce jeune compositeur est aussi un chef d'orchestre hors pair que le public adule.

Il n'aime encore que la rose, le lys, la colombe et le soleil, même quand autour de lui tous les bourgeons éclosent au merveilleux mois de mai. Courant 1832, Rebecka a fini par épouser le mathématicien Dirichlet. Trois ans plus tard, c'est Paul qui épouse Albertine Heine, fille d'un banquier avec lequel Abraham s'est brouillé, si bien que les amoureux ont correspondu en secret et se sont fiancés sans l'avis de personne, voyez-vous ça ! Seul Felix, pourtant leur aîné, reste célibataire. Il est le grand amour de son père, il doit bien s'en rendre compte, et avant de prendre femme il attendra sagement la mort de ce dernier.

Pour l'instant, il flirte plus que jamais. Lors d'un nouveau séjour à Londres, il tourne la tête à Mary Alexander, fille d'industriels écossais, tout en pensant encore à Delphine von Schauroth qu'il a pourtant désespérée par ses hésitations. Il ne revoit la jeune pianiste que mariée avec un clergyman anglais, une triste union qui ne durera pas. Mary Alexander, elle, s'accroche. Abraham la trouve charmante, Fanny met en musique ses traductions anglaises de Heine, mais Felix ne répond même plus à ses lettres. En juillet 1834, elle finit par se résoudre à un mariage aussi navrant que celui de Delphine : avec le terne Mr Crampton, un député libéral parfaitement ignare en musique.

C'est triste ? Pas pour Felix, en tout cas. Ni pour ses parents, qui pensent surtout à sa carrière et ne le pressent pas de se mettre la corde au cou. « Ne te laisse pas embobiner par les marieurs [17] ! » lui recommande sa mère, ayant eu vent de sa liaison avec une veuve à particule. Après tout, Felix n'a même pas vingt-cinq ans. Et il n'a toujours pas composé l'opéra qui le consacrerait. En trente-six mois, le projet avec Immermann n'a pas avancé d'un pouce, ils ne parviennent pas à se mettre d'accord sur un thème de livret. Et fin 1834, voilà qu'ils se brouillent quand Felix démissionne de ses nouvelles fonctions dans un théâtre de Düsseldorf qu'Immermann lui avait fait accepter. Un coup de tête sévèrement blâmé par Abraham.

Nous le savons déjà, l'homme qui a vendu son ombre vit alors sa dernière année de vie. Et comme s'il le pressentait, il prodigue à son fils ses critiques constructives. La symphonie *Réformation* ? Le dernier mouvement fait un usage du choral luthérien (« C'est un rempart que notre Dieu », etc.) qu'il juge trop frivole. La résurrection d'œuvres de Haendel dans leur instrumentation d'origine ? Très louable, mais Felix devrait être plus sensible à la dialectique des temps. S'il vivait aujourd'hui, Haendel se servirait sûrement des « nouveaux moyens artistiques à sa disposition [18] » ; et, surtout, écrirait-il encore des oratorios ? Bref, il y aurait plus d'urgence pour Felix à produire un opéra digne de ce nom. Abraham le lui rappelle encore dans une lettre du 26 octobre 1835, puis meurt trois semaines plus tard, avec la satisfaction d'avoir vu son fils accéder à sa première situation stable : la direction des concerts au *Gewandhaus* de Leipzig.

Sa mort affecte énormément les enfants Mendelssohn. Mais la vie continue, et dans ces années-ci elle leur est plutôt douce. Paul a rejoint la banque familiale aux côtés de l'oncle Joseph. Rebecka, quatorze mois après ses noces, a mis au monde un petit Walter Dirichlet. Fanny ne se décourage pas, continue de composer, de donner des concerts privés le dimanche au 3, Leipziger Straße. Et au printemps 1836, à défaut de rencontrer un bon sujet de livret, Felix rencontre l'amour.

Fille d'un pasteur huguenot mort précocement de la tuberculose, Cécile Jeanrenaud chante au chœur Sainte-Cécile de Francfort, où Felix fait alors un remplacement. Elle a dix-neuf ans, de grands yeux bleus, et un tempérament si réservé qu'on la surnommera « la reine du silence ». Est-ce en vertu de l'adage *Les extrêmes s'attirent* qu'elle séduit aussitôt ce compositeur prolifique, épistolier infatigable, chef d'orchestre aimant à faire mugir d'énormes formations de six ou sept cents musiciens ? Au début, c'est pourtant lui qui se montre réservé. Il multiplie ses visites, mais cache si bien ses sentiments que Cécile le croit épris de sa mère, jeune veuve d'à peine quarante ans. Quelques semaines dissipent ses doutes : Felix compose pour elle un amoureux duo pour piano (qui deviendra la sixième des *Romances sans paroles*), après quoi elle lui offre un album qu'il remplit de ses croquis, en se promenant avec elle sur les rives du Main. Le 13 juillet, il écrit à Lea et à Fanny qu'il est terriblement amoureux. Enfin !

Signe de son trouble, il subit un petit accident comme son père Abraham les accumulait dans ses dernières années. Parti prendre les bains de mer aux Pays-Bas, il se foule le pied assez gravement pour qu'on doive encore lui poser des sangsues quand, au retour, il fait étape à Horchheim chez son oncle Joseph. Mais le 31 août le ramène à Francfort et, peu après, il demande Cécile en mariage pendant une excursion dans le Taunus.

La fin de l'âge d'or ? mais nous sommes en plein dedans ! Fiancé avec bonheur, Felix est demandé partout. Il brille dans ses fonctions au *Gewandhaus*. L'oratorio *Saint Paul* est monté en toute hâte par les Anglais, ovationné par les Allemands. D'obscurs collègues recherchent son appui, le directeur musical d'un petit théâtre de Magdeburg lui envoie une de ses symphonies pour avoir son avis. Débordé, peut-être jaloux d'un autre talent naissant, Felix n'accuse pas réception et ne rend pas le manuscrit à son expéditeur, un certain Richard Wagner. Il n'oppose pas le même silence à Fanny quand elle lui transmet ses *Pièces pour piano* : il les trouve très bien, très intéressantes, lui en parlera plus longuement quand il aura le temps... mais les publier, non, il le lui déconseille.

Fanny ne lui en veut pas. Leur père ne lui aurait pas parlé autrement, et c'est Felix qui incarne désormais à ses yeux l'autorité paternelle, dans la délicate question de publier ou non.

> *Moi-même je suis assez neutre sur cette question, franchement cela m'est égal. Hensel le souhaite, tu es contre, sur tout autre sujet j'obéirais bien sûr sans discuter au souhait de mon mari, mais en cette circonstance il m'importe trop d'avoir ton approbation* [19].

Elle non plus n'assiste pas au mariage de son frère à Francfort, le 28 mars 1837. Un très romantique voyage de noces mène alors le nouveau couple à Worms, à Spire, puis dans les environs de Fribourg-en-Brisgau où il connaît sa première dispute : Felix aurait conté fleurette à une jeune paysanne. Mais, quand Cécile se découvre enceinte, le futur père redouble d'attentions. On s'installe plus au calme sur les bords du Rhin, près du rocher de la Lorelei, et chaque jour on passe l'eau pour aller voir oncle Joseph et tante Henriette dans leur villa de Horchheim.

À l'automne, Rebecka accouche d'un deuxième garçon qu'elle baptise Felix. Au même moment, les Hensel viennent à Leipzig faire connaissance avec Cécile, qui les remplit d'admiration. Avec quel doigté elle gère la nervosité de son mari, ses caprices d'artiste ! Et début 1838, elle lui donne à son tour un garçon qui reçoit les prénoms de Carl (comme Zelter) Wolfgang (comme Goethe et Mozart) Paul (comme saint Paul).

Ce triple patronage ne portera pas chance à Carl Mendelssohn Bartholdy, diagnostiqué schizophrène à l'âge de trente-six ans. Mais pour l'heure, la carrière de son père flamboie. Il continue de diriger les Festivals de musique de Basse-Rhénanie. Une fois par an ou presque, les Anglais le réclament. Au *Gewandhaus* de Leipzig, il a toute latitude pour présenter ses œuvres, faire sortir Schubert de son oubli posthume, inviter les meilleurs interprètes du temps, Clara Wieck qui n'est pas encore Mme Schumann, ou l'époustouflant Liszt dans ses chemises brodées hongroises. Le librettiste Planché songe à un opéra sur le siège de Calais, Felix chipote, on en reste là. Mais patience, patience ! Le livret idéal finira bien par se trouver.

Perdre un enfant à treize mois, est-ce sortir de l'âge d'or ? À l'époque, non, c'est hélas trop courant. Rebecka Dirichlet, qu'un tel drame frappe en novembre 1838 (le petit Felix succombe à des complications de la rougeole), n'en tombe pas moins malade de chagrin, avec des accès de délire si violents qu'il faut l'attacher à son lit. Le grand Felix, lui, est encore en pleine idylle professionnelle et familiale ; entre deux voyages, il trouve le temps de chanter des canons à trois voix avec Cécile, de nouveau enceinte, et Carl qui marche encore à peine.

Quant à Fanny, elle va enfin réaliser ses rêves de voyage. En août 1839, les trois Hensel partent pour l'Italie et y restent un an. Un fabuleux séjour, marqué par des promenades nocturnes dans les ruines romaines avec le jeune Gounod, une solide amitié avec Horace Vernet, la rencontre d'Ingres, qui a apporté son violon à Rome et joue des trios avec Fanny. Puis ils descendent vers Naples et, le 16 juin 1840, fêtent les dix ans de Sebastian sur les flancs du Vésuve.

Felix va bien aussi, mais on lui en demande trop. À Leipzig, il est question de fonder un conservatoire de rang mondial : paperasserie, chicanes administratives, toutes choses qu'il déteste. L'oncle Joseph lui réclame des traductions de l'italien, et comment envoyer paître le doyen de la famille ? La cour de Prusse, de son côté, aimerait que le compositeur s'installe à Berlin et travaille sous ses ordres. Cela ne se fera pas de sitôt, mais des tractations complexes et nébuleuses sont déjà en cours, qui le fatiguent beaucoup.

Là-dessus, son ami Schubring le sollicite pour qu'il mette en musique un poème sur le Rhin. Un incident diplomatique vient en effet d'éclater avec la France et c'est, de part et d'autre du fleuve, un déchaînement cocardier d'assez mauvais aloi. Felix refuse, il ne se sent pas d'écrire de la musique de circonstance sur des vers de circonstance, dût-on l'« expulser de l'autre côté de la frontière en tant que Français [20] ».

Peut-être aussi l'y laisserait-on plus tranquille ! Il aurait vraiment besoin de repos. L'été suivant, cet excellent nageur perd connaissance après s'être baigné dans une eau trop froide ; pendant quinze jours il souffre encore de convulsions et de maux de tête, possible conséquence d'un accident vasculaire passé inaperçu.

Oui, il faudrait qu'il se ménage ; pourtant il n'en prend pas le chemin.

Pour donner une idée de son rythme de vie, prenons l'année 1842. Le 10 janvier, il dirige au *Schauspielhaus* de Berlin son oratorio *Saint Paul* avec deux cents choristes. Le 20 janvier il achève enfin sa *Symphonie écossaise*. Le 15 février il prend le train pour Leipzig : huit heures trente de trajet, ce nouveau moyen de locomotion est encore balbutiant. 3 mars : première de la *Symphonie écossaise*. 13 avril à Berlin : première d'*Antigone*, dont il a écrit la musique à la demande du roi de Prusse. 25 avril : il dirige *Zadok le Prêtre* de Haendel, ainsi que son propre *Lobgesang*. Début mai, retour à Leipzig pour emmener sa petite famille (ai-je mentionné la naissance de Marie en 1839, de Paul en 1841 ?) à Francfort, d'où il repart bientôt seul pour Düsseldorf : le Festival de Basse-Rhénanie l'attend, avec *Le Messie* de Haendel. Au concert de clôture où il remplace au débotté le soliste malade, des auditrices fanatisées lui volent son mouchoir et se partagent la relique. 21 mai : concert à Bonn. 22 mai : concert à Cologne, puis il retrouve Cécile et, en amoureux, ils traversent la Belgique afin d'aller prendre à Ostende un bateau pour Londres. Ils y sont logés chez les Benecke, des parents de Cécile. 1er juin : pendant que les époux Benecke sont à Windsor, Felix garde leurs sept enfants tout en travaillant à des lieder, et laisse huit *Pièces enfantines* dans l'album de musique de Teddy et de Lilly. Premier concert londonien le 13 juin. Le lendemain matin, il est reçu en audience par le prince Albert, auquel il doit remettre une lettre de son cousin le roi de Prusse. Le surlendemain à Buckingham Palace, il se produit au piano devant la reine Victoria qui notera dans son journal :

> *Après le dîner est arrivé Mendelssohn Bartholdy, dont j'étais si impatiente de faire la connaissance. [...] Il est petit, brun, sémite de traits, délicat, avec un beau front de penseur. [...] À un moment il a joué l'hymne autrichien de la main droite et* Rule Britannia, *en basse, de la main gauche ! [...] Nous étions tous saisis d'admiration. Le pauvre Mendelssohn était complètement épuisé après avoir fini* [21].

Le 9 juillet, troisième audience royale. Victoria lui chante assez honnêtement le lied *Italie*, sur quoi il lui avoue que l'œuvre est de Fanny. C'est bien, Felix ! À la mi-juillet, retraversée et voyage jusqu'à Francfort, où ils retrouvent Paul et sa femme. Enfin, ce *workaholic* s'accorde quelques semaines de vacances dans les Alpes. Il y renoue avec la randonnée, dessine abondamment et ne compose rien du tout : on en est presque heureux pour lui.

Mais dès la fin des beaux jours il faut prendre le vapeur à Bâle et redescendre vers Mayence, de là gagner Francfort, vite repartir vers Leipzig pour diriger le premier concert de la saison. Car après cela Felix est attendu dans la capitale prussienne où Frédéric-Guillaume IV, le 16 octobre, le presse pendant deux heures d'entrer à son service : toute la vie musicale berlinoise est à réorganiser ! On laisserait le musicien entièrement libre de se produire ailleurs, pourvu qu'il ne serve pas la cour rivale de Saxe. Alors que Felix s'apprête à refuser, une seconde audience emporte son adhésion. 8 novembre : retour à Leipzig pour reprendre en plein vol la saison au *Gewandhaus*. 13 novembre à Dresde : audience avec le roi de Saxe. Felix y décline un poste de maître de chapelle, mais plaide la cause du projet de conservatoire.

Des divers concerts qu'il donne à Leipzig pendant l'automne, je n'en citerai qu'un, privé, chez l'éditeur Brock-haus. Présent parmi les invités, Wagner se met ensuite au piano et interprète le thème du Venusberg de son futur *Tannhäuser*.

« Qu'est-ce que c'était ? veut savoir Felix.

– Si vous croyez que je vais vous le dire [22] ! » réplique Richard. Piqué, Felix se rassied au piano et reproduit le thème de mémoire. Oh, ces deux-là ne s'aiment guère, et je ne serais pas étonnée que cela finisse assez mal.

Enfin nous sommes presque au bout de l'année 1842. Le 11 décembre, Felix annonce à sa mère qu'à Noël il sera à Berlin et lui présentera ses dernières œuvres : une sonate pour violoncelle (que pourrait jouer Paul) et *Le Songe d'une nuit d'été*, développement de l'Ouverture par laquelle il s'était fait tant remarquer à l'âge de dix-sept ans. Mais Lea ne reçoit pas sa lettre. Le jour même elle a eu une attaque, et Paul a écrit à son frère pour le mettre au courant. En apprenant cela le 13, Felix saute dans un train mais, après les huit heures trente de route, n'arrive que pour trouver sa mère sans vie depuis la veille.

Il n'a pourtant guère le temps de se recueillir car, le 21 décembre, doit avoir lieu à Leipzig le dernier concert de l'année, en présence de Frédéric-Auguste de Saxe. L'orphelin s'acquitte de son devoir, dirige stoïquement le concert, mais fond en larmes et doit quitter la salle au moment où l'orchestre entonne son *Psaume 42* :

> *Comme le cerf brame après l'eau fraîche,*
> *Ainsi mon âme crie vers Toi, mon Dieu.*

Cette fois c'est dit, l'âge d'or est fini. Non que fassent défaut les honneurs, les succès, les grands moments musicaux, loin de là. Felix fait inviter Berlioz à Leipzig, une rencontre au sommet lors de laquelle les deux chefs échangent publiquement leurs baguettes. Fanny s'est remise à ses concerts privés du dimanche, qui réunissent désormais près de trois cents auditeurs au 3, Leipziger Straße. Sa carrière musicale commencerait-elle enfin ? Et le fameux conservatoire de Leipzig va bientôt ouvrir ses portes, avec Ferdinand David comme maître de violon, Schumann comme maître de piano, Mendelssohn Bartholdy comme maître de composition. Dans les demandes d'inscription, l'une vient d'aussi loin que Boston.

Mais Felix reste triste, abattu, depuis la mort de sa mère. C'est en vain qu'il cherche à se divertir en lisant le *Pickwick* de Dickens, dessine des moulins pour amuser ses petits, choisit d'extraordinaires insectes pour la collection d'entomologie de son neveu Sebastian : le cœur n'y est pas. Et Cécile, qui a donné le jour à un Felix Mendelssohn Bartholdy II en mai 1843, ne se porte plus si bien. L'hiver suivant, elle tousse. Serait-elle atteinte du même mal que feu le pasteur Jeanrenaud ?

Certes *Le Songe d'une nuit d'été* est acclamé à Londres, et Felix écrit pour Ferdinand David le *Concerto pour violon en mi mineur*, aujourd'hui une de ses œuvres les plus jouées. Mais il aspire au repos, décline l'invitation de la *Philharmonic Society* de New York : dans son état, explique-t-il à Paul, une traversée transatlantique lui serait « aussi impossible qu'un voyage sur la Lune[23] ». À la demande du roi de Prusse, il s'emploie à la rénovation musicale de la liturgie protestante ; mais il renonce à une partie de son salaire pour ne plus être obligé de résider à Berlin.

Fanny se désole, les occasions de voir son frère vont se raréfier encore. Et voilà qu'elle doit foncer à Florence avec homme et enfant, pour porter secours à Rebecka. En voyage, celle-ci enceinte de son quatrième enfant a attrapé la jaunisse. Les Hensel arrivent à temps pour la soigner et accueillir la naissance d'une fille, que l'on baptise Flora.

De leur côté, Cécile et Felix réemménagent à Leipzig, dans cet appartement de la Goldschmidtstraße que j'ai visité en coup de vent au printemps 2012. La directrice de l'Institut français s'étonnait qu'ayant si peu de temps, je ne visite pas plutôt la maison de Bach, mais que pouvais-je lui dire ? Quelques pièces sur un seul étage, des partitions et des tableaux, des chaises qu'on disposait pour un concert, l'heure qui tournait et le train que je devais reprendre pour Berlin... Voilà où naît en septembre 1845 Elisabeth, dite Lili, dernier enfant du couple.

De cette époque date le célèbre portrait de Felix par le peintre Eduard Magnus, qui orne la couverture du livre de Larry Todd. On y reconnaît son visage fin, son front de penseur qui faisait rêver la reine Victoria. Mais comme il semble éteint, hélas ! Et où est passé l'éclat de ses yeux magnifiques ? Il n'a pourtant que trente-cinq ans.

Un regain de jeunesse alors, un petit retour à l'âge d'or pour ce séducteur-né : il rencontre la soprano Jenny Lind, le « rossignol suédois », et, tout père de cinq enfants qu'il est, noue avec elle ce qui ressemble fort à une liaison. En tout cas il retrouve du goût pour l'opéra. Va-t-il enfin composer le sien ? Pas encore : il est accaparé par son oratorio *Elias* et par le rossignol suédois, avec qui on le voit au printemps 1846 visiter Cologne et escalader les pentes du Drachenfels. Mais il y pense, il y pense. Il est même en pourparlers avec la femme de lettres Charlotte Birch-Pfeiffer pour choisir un thème de livret. Successivement ils envisagent Geneviève de Brabant, Jeanne d'Arc, la Lorelei, le *Faust* de Goethe, les Nibelungen (tiens !), la Guerre des paysans... L'idée de la Lorelei surnage, mais finalement c'est à un autre librettiste que Felix confiera le travail avant de s'y mettre lui-même, après bien des retards.

Fanny connaît de son côté une émancipation tardive. Un jeune musicien et futur diplomate, Robert von Keudell, est enthousiasmé par ses œuvres et l'encourage à les publier. Ce n'est pas difficile, tout de suite un éditeur lui fait une offre. Mais comment annoncer cela à Felix ?

> *Mon cher Felice [...]. Ris-en ou non, à quarante ans j'ai aussi peur de mes frères que j'avais peur de mon père à quatorze ans, enfin « peur » n'est pas le bon terme, disons le désir que rien dans ma vie ne déplaise à ceux que j'aime, et comme je sais cette fois que ce ne sera pas le cas, je me sens plutôt mal à l'aise. En un mot, je commence à publier* [24]...

Allons, Felix ne va pas la manger. Il met néanmoins plus d'un mois à lui répondre, le temps sans doute de rassembler toute la gentillesse dont il est capable, pour réagir à une nouvelle qui ne l'enchante pas.

Mon petit fenouil chéri, je suis un frère indigne, ce n'est qu'aujourd'hui, peu avant mon départ, que je trouve le loisir de te remercier pour ton adorable lettre et de te donner ma bénédiction d'artisan pour ton entrée dans la corporation. [...] Puisses-tu connaître seulement les joies de l'auteur et non ses misères, puisse le public te jeter toujours des roses et jamais du sable [...], à vrai dire je n'en doute pas un instant [25].

Cette bénédiction d'artisan est gaiement signée « Le compagnon menuisier Felix Mendelssohn Bartholdy ». Tant de badinerie soulage beaucoup sa sœur qui se sent absoute, sans se formaliser de la brièveté de la lettre. Felix est effectivement sur le départ, il doit se rendre à Londres puis à Birmingham, où sera créé quinze jours plus tard l'oratorio *Elias*. L'essentiel, c'est qu'elle soit restée son petit fenouil – *Fenchel*, diminutif fantaisie de « Fanny ».

À Birmingham, c'est un triomphe sans précédent. Mais il ne s'agit pas de s'attarder outre-Manche, la saison au *Gewandhaus* va bientôt commencer. Quelle vie... Il aimerait, confie-t-il à Paul au cours de l'automne, se retirer quelque part pour composer tranquille et ne plus rien faire d'autre. Et à la fin de l'année, il promet à sa grande sœur d'être à ses côtés pour son anniversaire le 14 novembre suivant. Il y a si longtemps qu'ils ne l'ont plus fêté ensemble !

En cet hiver 1846-1847 paraissent les opus 1, 2 et 4 de Fanny Hensel. Elle a mal choisi son moment, la malheureuse, personne n'a trop la tête à commenter ses lieder. Le pays connaît alors de fortes tensions sociales. Le cousin Arnold Mendelssohn s'est laissé embarquer dans une rocambolesque histoire de vol, l'affaire de la Cassette, qui lui vaut d'être à présent réfugié à Paris. Felix est occupé à étudier le livret que lui a fourni Scribe d'après *La Tempête* de Shakespeare (on tourne en rond, c'était déjà l'idée d'Immermann quinze ans plus tôt). Si au moins le climat politique s'apaisait ! Mais au contraire, une émeute de la faim éclate en avril 1847 sur le Gendarmenmarkt de Berlin. Des pillages ont lieu, Frédéric-Guillaume IV fait envoyer la troupe.

Heureusement qu'il y a l'Angleterre, où Felix repart moissonner les succès comme chaque été. L'oratorio *Elias* est joué dans plusieurs grandes villes ; à la *Philharmonic Society* de Londres, les souverains viennent écouter la *Symphonie écossaise* et des extraits du *Songe d'une nuit d'été*. Le 1ᵉʳ mai à Buckingham Palace, Victoria lui chante trois de ses lieder et accède à son vœu de rencontrer *the Royal Children in their Royal nurseries*. Un vrai conte de fées !... Reste que, en quittant Londres, Felix est harassé. Par-dessus le marché, il est retenu à la frontière prussienne par les autorités qui le prennent pour son cousin Arnold, sous mandat d'arrêt. Le 12 mai il arrive à Francfort, tellement las qu'il envisage d'aller se reposer en Suisse.

C'est encore à Francfort que lui parvient six jours plus tard une terrible nouvelle. Le 13, alors qu'elle répétait *La Nuit de Walpurgis* de son frère pour son prochain concert dominical, Fanny a eu une attaque et en est morte pendant la nuit. À l'heure où il l'apprend, elle repose déjà au cimetière berlinois de la Trinité, non loin de leurs deux parents : fauchée à quarante et un ans, juste au moment où elle osait enfin sortir de ses tiroirs les centaines d'œuvres qui y dormaient depuis un quart de siècle.

Sa sœur, son âme sœur... Il est anéanti, ne se sent même pas capable de regagner Berlin. Il échoue à Baden-Baden, où il ne fait plus que dessiner, peindre des aquarelles ; puis en Suisse, où le rejoint Wilhelm Hensel, tout aussi ravagé. Les splendides paysages alpins ne font que réveiller les souvenirs du voyage familial de 1822 et du grand tour d'Europe de 1830-32, quand Felix avait vingt ans, la vie devant soi et toutes les promesses de l'âge d'or encore à tenir.

Pour ne rien arranger, Arnold Mendelssohn imprudemment rentré en Allemagne s'y est fait arrêter, il est maintenant détenu à Cologne en attendant son jugement. Et à Paris en plein mois d'août, le duc de Praslin a assassiné à coups de couteau son épouse Fanny, née Sébastiani. L'ancienne élève de Jette, qui à treize ans chantait (mal) *« Les soins de mon troupeau m'occupent tout entière »*, aurait d'après certains exaspéré son mari par son caractère irascible et des besoins sexuels insatiables, malgré ses cent quinze kilos. D'autres allèguent l'influence pernicieuse de sa préceptrice, fille de philosophe, qui l'aurait initiée au saphisme dès sa jeunesse. À moins que le duc, infidèle, n'ait tué sa femme parce qu'elle menaçait d'exiger le divorce. Toujours est-il qu'il s'empoisonne à l'arsenic dans sa cellule, une semaine plus tard. Comme il était aussi pair de France, le scandale ne contribuera pas peu à ébranler le régime de Juillet.

Malgré ces nouveaux drames dans l'entourage familial, Felix se reprend un peu. Il travaille à son opéra *Lorelei*, compose un très sombre *Quatuor en fa mineur*, revient fin septembre à Berlin pour y monter l'oratorio *Elias*. Mais, en revoyant la chambre vide de Fanny, il s'effondre à nouveau et, de retour à Leipzig, inquiète ses proches par sa mélancolie. *Nachtlied*, sur un poème d'Eichendorff, est comme son chant du cygne.

Le 9 octobre, il est frappé des mêmes symptômes que sa
sœur aînée cinq mois plus tôt : un grave malaise et une perte
de sensibilité dans les mains. Il parvient à rentrer à pied chez
lui, où Cécile le trouve prostré sur un sofa, avec de forts
maux de tête. Le 28, une nouvelle attaque le laisse temporairement aphasique, puis confus, mélangeant l'anglais et l'allemand. Celle du 3 novembre l'achève, il survit jusqu'au matin
du 4 novembre, après avoir réussi à prononcer ces dernières
paroles : « Fatigué, très fatigué[26]. »

Trois jours plus tard, les élèves du conservatoire escortent
son corps jusqu'à la gare de Leipzig, d'où un convoi spécial
démarre dans la soirée et roule toute la nuit, avec une halte à
Dessau en l'honneur du grand-père. À l'aube du 8, le cercueil
parvient à Berlin où des milliers d'admirateurs le suivent
jusqu'au cimetière de la Trinité. Là, Felix est enterré à un
mètre de Fanny, sous une modeste croix blanche sans le
moindre ornement. Il ne laissait de sa *Lorelei* que des ébau-
ches. Mais, s'il n'a pas tenu l'ancienne promesse faite à son
père de composer un opéra, il a tenu celle faite à sa sœur
peu de temps auparavant : le 14 novembre, jour de son
anniversaire, il se trouve bien à ses côtés.

Chapitre 19

La fête de la carte

On aimerait peut-être que je raconte maintenant comment la cour d'assises de Cologne, juste avant la révolution de 1848, condamna lourdement Arnold Mendelssohn qui, de prison, adressa ensuite des articles sur Proudhon à la revue *Spartacus*. Comment Sebastian Hensel, lycéen de dix-sept ans, participa dans Berlin à la construction d'une barricade, pendant que son père formait un « Corps d'artistes » au sein de la garde civile pour protéger la famille royale du chaos ambiant. Comment Philipp Veit produisit de grinçantes caricatures contre-révolutionnaires et un grand tableau intitulé *Germania*, sous lequel allait ironiquement s'ouvrir le premier Parlement à la Paulskirche de Francfort. Comment Rebecka Dirichlet, en 1850, contribua à faire évader le révolutionnaire Kinkel de la citadelle de Spandau et à l'exfiltrer vers Londres. Comment Richard Wagner, aigri par l'échec de l'insurrection à Dresde, mais plus encore par l'insolent succès de Meyerbeer et par la gloire posthume de Mendelssohn Bartholdy, publia une diatribe contre la « musique juive », déliquescence bâtarde dont l'essor révélait tout bonnement la mort de l'art musical, comme « la vie grouillante des vers [1] » dans un corps en décomposition.

Cependant il faut que je suive ma propre chronologie, qui n'est pas celle de la grande Histoire. Dans la chronologie de mon voyage en terre mendelssohnienne, lorsque Felix rejoint sa sœur au cimetière de la Trinité (c'est-à-dire, lorsque j'achève la lecture de sa biographie par Larry Todd), nous ne sommes pas au seuil de l'année 1848, mais dans les premiers jours de l'année 2013.

Pleine d'allant, je viens alors de projeter une solennelle démonstration de la carte devant quelques amis : je l'ai modestement annoncée comme un « apéro Mendelssohn », parce que j'ai toujours peur de ne pas préparer assez à manger et qu'en parlant d'un simple apéritif, je sauve d'avance l'honneur.

Du reste, nous ne serons pas si nombreux. Haïm est en trop petite forme pour une expédition de l'autre côté de la Seine. Je n'ai pas osé inviter l'ami qui m'avait autrefois photographiée devant les tombes d'Abraham et de Lea, escortée à Stralsund, à Sacrow, puis incitée à lire Michel Serres. Nous nous sommes séparés depuis trois mois, il m'en veut, et on m'a fait comprendre qu'il était déplacé de lui infliger mes nouvelles élucubrations. Mais je peux compter sur Sabine Wespieser et son mari Jacques, sur Henri qui aimerait voir la carte achevée, sur Marc, un autre ami qui me connaît depuis vingt ans et n'a donc pas sourcillé quand je l'ai convié au dévoilement d'une œuvre d'art brut dans ma salle de séjour. Jean-Claude en revanche, qui me connaît depuis aussi longtemps mais beaucoup moins bien, paraît un peu inquiet et réserve sa réponse.

Le soir du 11 janvier arrive, avec mes invités chargés de cadeaux comme les Rois mages. Sabine m'a apporté le

Double concerto pour piano et violon et le *Concerto pour piano en la mineur*, composés par Felix à l'âge de treize et quatorze ans.

« Laisse ça, tu vas te faire du mal », dis-je à Henri qui regardait le titre. Et j'explique aux autres :

« Henri est voltairien, il déteste la musique romantique.

– Absolument pas ! et j'aimerais que tu arrêtes de dire des bêtises sur les voltairiens, proteste-t-il avec irritation. Mais pour être franc, je donnerais tout Mendelssohn pour ce que Schubert a composé dans les deux dernières années de sa vie. » Étant moi-même une fanatique de Schubert, je ne réponds rien. Même si je sais que c'est injuste et qu'Henri (pas plus que moi) n'a écouté « tout Mendelssohn », c'est-à-dire cinq symphonies, douze symphonies à cordes, une dizaine de concertos, une dizaine de motets, une dizaine de cantates, trois oratorios et demi, un octuor, un sextuor, deux quintets, dix quatuors, huit sonates, trois trios, diverses musiques de scène et une poignée d'opéras-comiques, sans compter une trentaine de pièces pour piano seul et des myriades de lieder.

Mes invités, qui ne se connaissent pas tous, sympathisent autour d'un premier verre, y compris Jean-Claude qui a finalement fait son apparition. Je les soupçonne de penser : En voilà une façon de recevoir, aurait-elle l'intention de nous mettre à la diète ? En effet la table est vide, j'en aurai besoin pour déployer la carte, j'y ai même installé un petit panneau « NE RIEN POSER ICI ! (POUR L'INSTANT !) ». Sur un guéridon à bonne distance, des amuse-gueule minimalistes : gressins bien secs, amandes grillées, c'est tout. Rien qui coule, qui tache ou qui graisse. J'adore mes amis, mais je n'ai pas envie qu'ils laissent des projections de tomates-cerises ou de l'huile de poivrons sur la carte des Mendelssohn.

Cependant l'atmosphère se réchauffe, grâce à cette ingestion d'alcool presque sans nourriture, et je sens l'impatience qui monte. Allons, il est temps. J'ôte le panneau, accomplis le rituel désormais familier : plier la nappe, tirer sur la rallonge, rapprocher les chaises pour que leurs dossiers puissent soutenir les bords, disposer les huit bristols à leur place respective. Et empêcher mon public de s'approcher trop vite, car je voudrais d'abord me fendre d'un discours.

Pourquoi sommes-nous réunis ce soir ? Chacun, en fait, est là pour ce qu'il est. Sabine, mon éditrice, tenait à constater l'avancement des travaux. Henri, géographe, nous dira si cette chose est une carte ou non. Jacques, calviniste, est venu à la rencontre de ses frères luthériens... « Frères ? N'importe quoi ! » me coupe Jacques avec une horrible grimace pour rire. Je profite de l'intermède pour leur exposer le principe de mes codes-couleurs confessionnels, puis je reprends : Marc, philosophe et à moitié grec, est là pour nous rappeler que Moses Mendelssohn avait été surnommé en son temps le « Socrate allemand » (c'est tiré par les cheveux, mais il fallait bien trouver quelque chose). Et Jean-Claude est ici à titre comparatif, en tant que membre de la non moins tentaculaire famille Monod – là, Jacques se souvient qu'une de ses arrière-grands-tantes avait épousé un Monod, et nos deux calvinistes qui se découvrent cousins trinquent avec émotion. Je suis aux anges : on croirait la dernière scène de *Nathan le Sage* !

Mais nous voulons entendre le verdict d'Henri. C'est bien une carte, déclare-t-il après s'être fait un peu prier. Il y a un territoire précis, des frontières (j'ai en effet séparé les blocs par des pointillés au crayon rouge, et Henri me fait grâce de l'anomalie que constituent les unions consanguines entre ressortissants de blocs distincts), une légende, et une échelle : une bande = une génération.

Je respire mieux. C'est qu'il y allait de la viabilité du titre entre-temps choisi pour ce livre, même si je n'en ai pas encore écrit une ligne. Soulagée, je réponds de bonne grâce aux questions qui fusent. Pourquoi avoir fourré dans un même sac (noir sur bleu) des philosophes, des peintres, des géographes, et classé dans un autre (blanc sur violet) un historien des religions ? Que font là les Itzig ? Que signifie *Gef.* ? À force d'expliquer et de me justifier, c'est à une véritable visite guidée que je me livre, avec divers arrêts sur les curiosités du territoire. Chaque invité, bien sûr, est attiré par ce qui lui parle davantage. Sabine croit reconnaître dans le bloc Nathan le nom d'un éditeur de sa connaissance, mais finalement ce n'est pas ça. Henri, photographe amateur, repère tout de suite dans la descendance de Felix un fondateur de l'AGFA. Autour d'IG Farben s'engage une discussion sinistre où il est question de gaz moutarde et de Zyklon B.

Puis, dans le silence méditatif qui est peu à peu descendu, Marc laisse tomber avec un petit sourire :

« Je trouve que cette carte te ressemble. »

Ce monstre, me ressembler ? Juste ciel, mais en quoi ? Je ne le devine que trop. Un mélange de minutie et de puérilité, de formalisation à outrance et de bricolage au petit pied : ces mini-portraits collés par-ci par-là, ces jeux de couleurs socio-confessionnels, ces pointillés blancs imitant du fil à coudre... Et la mégalomanie qu'il y a à vouloir embrasser tout un monde, mais en s'arrangeant pour qu'il tienne sur la table du salon ! Marc a raison. Le monstre me ressemble comme la créature ressemble à son créateur, et je prends le parti d'en rire.

À propos de table, quelqu'un vient de s'aviser à son tour que la carte pourrait être convertie en nappe ; j'en déduis finement qu'ils commencent à avoir faim. Une dernière controverse avec Henri, génie technologique, à qui j'affirme qu'un tel objet serait impossible à reproduire numériquement : il relève le défi en promettant un jour d'en prendre une photo suffisamment définie pour qu'on puisse zoomer sur chaque descendant. Ensuite je range les bristols, les remplace par une vraie nappe, apporte enfin toutes les mangeailles qui jusque-là étaient restées cachées dans la cuisine. Nous finirons la fête aux petites heures, sans trace du pesant malaise ressenti lors de la soirée de décembre avec Henri. Est-ce la présence d'un groupe ? Ou est-ce que la carte une fois achevée aurait perdu son pouvoir anxiogène ? Ce soir, tout le monde s'accorde à le dire, il n'y avait vraiment pas de quoi faire vomir un chat.

Dans les semaines suivantes, je prépare mon séjour à Berlin, prévu pour le mois de mars. J'ai en effet résolu d'aller non seulement sur le terrain, mais au-devant de ces descendants vivants qui m'intimidaient tant au départ. Pour commencer, je me suis abonnée à une lettre d'information de la *Mendelssohn-Gesellschaft* et n'ai même pas bronché en découvrant qu'elle était signée par Thomas Lackmann, son vice-président. J'ai également découvert que la société avait été fondée en 1967 à l'initiative de Cécile Lowenthal, une petite-fille de Sebastian Hensel. C'est elle qui a édité le premier numéro des *Mendelssohn-Studien* cinq ans plus tard. Mais je ne pourrai pas la rencontrer, elle est morte à Potsdam en janvier 2012. Si j'avais su !

De fil en aiguille, j'apprends aussi qu'il existe à Potsdam un *Moses-Mendelssohn-Zentrum* présidé par Julius Schoeps, descendant, lui, des Mendelssohn-Bartholdy. Que l'édition jubilaire des œuvres de Moses a été lancée en 1929 avec un comité d'honneur comptant beaucoup de noms que je connais déjà : Felix Busch, Paul et Kurt Hensel, Franz von Mendelssohn, Albrecht Mendelssohn Bartholdy, Otto von Mendelssohn Bartholdy, Paul von Mendelssohn-Bartholdy et Paul Mendelssohn-Bartholdy, Robert von Mendelssohn, Felix Wach et son fils Joachim Wach... Mon CD-ROM, lui, se fonde sur un arbre généalogique établi dans les années 1930 à la demande de Kurt Hensel, un fils de Sebastian. Le champ des études mendelssohniennes et la carte des Mendelssohn, que je croyais deux plans distincts, sont en train de se fondre.

J'ajoute tout cela à ma Chronologie, dont la section XXᵉ siècle commence à s'étoffer. Elle déborde même sur le XXIᵉ. Du 11 au 14 octobre 2007, par exemple, se sont réunis à Berlin 240 descendants de Moses (générations 7 à 10) venus des États-Unis, de la République tchèque, du Canada, de France, d'Angleterre et d'Espagne pour participer à des rencontres au programme bien rempli. Déjeuner à Potsdam, présidé par Julius Schoeps. Dévoilement de tombes rénovées, en présence d'un rabbin, au cimetière juif de Schönhauser Allee. Photo de groupe sur les marches du *Schauspielhaus* (aujourd'hui *Konzerthaus*) de Gendarmenmarkt. Brunch dans le petit musée du 51, Jägerstraße, ancienne remise à attelage de la maison Mendelssohn. Un journaliste du *Berliner Zeitung* qui couvrait l'événement décrit la scène où Énole Boedeker, de Stuttgart, et sa cousine Énole Nielsen, de Rome, se prennent en photo devant le portrait de leur arrière-arrière-grand mère commune, Énole née Biarnez. Un peu plus loin, deux octogénaires s'abordent :

« Il paraît que nous nous ressemblons, dit le Berlinois Peter Block.

– Vous êtes l'un de nous, ou une pièce rapportée[2] ? » demande Thomas Leo, qui a fait le voyage depuis Los Gatos, Californie, avec sa femme et ses deux fils. À tous, le journaliste demande s'ils sont fiers de cette ascendance. Fier, non, rétorque Thomas Leo, il n'y est pour rien ; simplement il est « content d'en être ». Ulrike Mendelssohn, de Mayence, revendique quant à elle un fort sentiment d'appartenance :

> *Docteur en médecine, elle s'est mise au violoncelle à l'âge de trente ans. Sa fille pratique le même instrument. C'est peut-être un hasard, mais qui sait ? Au siècle dernier, il y a eu le talentueux violoncelliste Francesco von Mendelssohn, élève du grand Casals, qui [...] dans les années 1920 faisait scandale en se promenant sur le Kurfürstendamm en peignoir de soie jaune[3].*

J'avais déjà entendu parler de ce peignoir, mais j'ignorais qu'il fût jaune. Et il me semble que, dans cette autre source, Francesco ne se promenait pas ainsi vêtu sur les luxueux trottoirs du Kurfürstendamm, mais au volant d'une Lancia. On l'y décrivait aussi comme opiomane, bien que je soupçonne à présent qu'il y ait eu confusion avec sa sœur Eleonora, morphinomane. J'avais pensé leur consacrer un chapitre intitulé « Les Enfants terribles », en hommage à Cocteau, ou « J'suis snob », en hommage à Boris Vian. Mais je crains que ces rumeurs discordantes ne finissent par se réduire mutuellement à néant et, tel un dieu de l'Olympe, je crois que je me contenterai du fumet de cet appétissant chapitre, sans l'écrire pour de bon.

À ce stade, j'en suis d'ailleurs à me demander si j'écrirai jamais quoi que ce soit sur le sujet. J'ai déjà lu tant de documents, de biographies, de pages Web, décrit tant d'allées et venues en pays mendelssohnien, où trouverais-je encore la force d'en faire le récit ? Sans compter ce qui va encore s'ajouter en matière de lectures et de visites, pendant ces dix jours de mars où je retournerai à Berlin. À l'*Alte Nationalgalerie*, je compte aller voir les fresques de la Casa Bartholdy. À la StaBi, je dois lire un article de la *Frankfurter Zeitung* signé Albrecht Mendelssohn Bartholdy (1909) ; *Der König* de Gustav Mendelssohn-Bartholdy (1912) ; et bien sûr *La Solution de la question juive dans l'Empire allemand* (1917), avec une préface d'Arnold Mendelssohn II.

Il faudra aussi que je revoie des lieux dont j'ignorais auparavant qu'ils étaient mendelssohniens. Le 3, Leipziger Straße, par exemple, emplacement de l'actuel Bundesrat devant lequel j'étais passée cent fois sans y jeter un regard. Ou le joli théâtre Maxim Gorki, qui aura pour moi un charme supplémentaire, maintenant que je sais qu'il est l'ancienne *Sing-Akademie*. Un concert doit avoir lieu le 14 mars à la Mendelssohn-Remise : j'y serai, bien sûr, et Thomas Lackmann m'accorde un entretien le 9.

À Grunewald, j'aimerais voir ce qui reste de la villa de Robert von Mendelssohn I (une grille : le reste a été bombardé) et visiter celle, toute proche, de son frère Franz von Mendelssohn II. Confisquée par les nazis en 1939, transformée en centrale d'écoutes pendant la guerre, puis en école pour enfants de militaires britanniques, elle a été restituée à la famille et revendue vers 1960 à l'Église johannite qui y tient un foyer, le St.-Michaels-Heim. En profiterai-je pour aller voir l'immeuble où a vécu Tezer Özlü ? Je sais que ça n'a rien à voir avec les Mendelssohn, mais dans la vie tout est mêlé. Outre cet infernal roman à écrire, j'ai aussi à traduire d'ici l'été un récit de voyage écrit en allemand par cette femme de lettres turque en 1982. Elle logeait alors à Grunewald. Ce serait bête d'être sur place et de ne pas y aller, n'est-ce pas ?

À Charlottenburg, c'est la villa Oppenheim que j'aimerais voir, ancienne villégiature d'une petite-fille de Joseph. Après avoir été successivement une école, un hôpital militaire, puis de nouveau une école, c'est aujourd'hui un musée : tant mieux, il me sera plus facile d'y pénétrer, je suppose, que dans un foyer de l'Église johannite.

Enfin, à 25 km au nord de Berlin, le village de Börnicke abrite un château qui a appartenu à Paul von Mendelssohn-Bartholdy, mort en 1935. Sa veuve l'a conservé pendant toute la guerre, le personnel de l'ambassade de Suisse y a été évacué lors des bombardements, les Soviétiques y ont ouvert un hôpital militaire en avril 1945, ensuite il a servi de résidence à Wilhelm Pieck avant de devenir le centre de vacances « Premier Mai » puis, de 1967 à 1992, un internat pour enfants handicapés. Aujourd'hui il appartient à une société privée qui (d'après le site Internet) le loue pour des réceptions. Mais aurai-je le temps de pousser jusque-là ? Ce n'est rien, dix jours, au regard d'une recherche qui pourrait durer mille ans.

Tandis que ces nouvelles informations viennent gonfler ma Chronologie, je me pose des questions. Jusqu'où me mènera cette dispersion galopante de ma pensée ? Où mettre la limite ? Un seul coup de pioche sur Internet m'envoie sur cinquante pistes qui chacune ouvrent sur cinquante autres... Cette frénésie cacherait-elle la nervosité que j'éprouve à l'idée de revoir Berlin ?

Car il est temps que j'en parle : mes deux années de séjour là-bas avaient été un peu spéciales. C'était d'une part un bain de jouvence, oui, une merveilleuse échappée pendant laquelle il me semblait être devenue plus libre et plus légère. Mais d'autre part, du début à la fin, j'y avais accumulé les pannes, les mouises, les imprévus fâcheux.

Dès la veille du départ, les choses du quotidien s'étaient mises à sortir de leurs gonds, à se hérisser d'embûches. À commencer par le logiciel de ma banque, qui avait ajouté un zéro à mon ordre de virement pour le déménagement : un accident inexplicable, m'assurait-on au téléphone, quoique sans gravité. Quatre jours plus tard, l'incident à la mairie de Schöneberg n'était pas grave non plus, il était presque drôle. D'après l'employée qui enregistrait notre déclaration de domicile, le numéro d'immeuble mentionné sur mon bail (le 11A) n'existait pas au cadastre. Il allait s'avérer moins drôle, découvrirais-je pourtant, d'être officiellement domiciliée au 11 qui, lui, existait peut-être au cadastre mais pas dans la réalité. Une vraie bombe à retardement, source d'ennuis sans fin, d'explications répétées avec l'entreprise de téléphonie qui n'y comprenait rien, avec les administrations qui s'étonnaient de voir revenir leurs courriers portant la mention « Adresse inconnue », etc.

Menus tracas, conséquences normales de tout déménagement. Ce qui tombait vraiment mal, c'est que le syndic du 11A ait programmé des travaux trois semaines après notre arrivée : une équipe de joyeux chauffagistes survenait un

beau jour pour démonter et remplacer tous les tuyaux de
l'immeuble. Dans la poussière, les coups de masse, l'eau qui
dégringolait d'un bout de canalisation coupé trop tôt, je
commençais à perdre pied. Autour de moi, tout devenait
compliqué, difficile. Même les objets s'en mêlaient. La porte
des toilettes ne voulait plus tenir fermée. La poignée d'un
tiroir coriace me restait dans la main. Mon portable cessait
de fonctionner deux jours après la fin de sa garantie. Les
trente kilos de courses, au lieu d'être livrés chez nous, étaient
livrés par erreur au bureau de poste pas si proche. La table
commandée chez Ikea m'arrivait un mois plus tard avec des
pièces manquantes, il fallait faire une réclamation et attendre
qu'elles me soient envoyées de Suède. Le gentil facteur turc
avait fini par comprendre qui était cette dame qui recevait
tant de courriers mal adressés au 11. Mais en ouvrant le
recommandé qu'il m'apportait un matin, je tombais sur une
convocation : un procès, à Paris. Vite, trouver un billet
d'avion et des baby-sitters.

« Alors, ça se tasse ? » me demandaient régulièrement mes
amis berlinois Rolf et Monika. Non, ça ne se tassait pas.
L'homme dont j'étais amoureuse m'expliquait qu'il gardait
de moi des souvenirs délicieux, mais qu'il n'avait jamais
considéré que nous étions ensemble. L'école de mes enfants,
qui au départ devait déménager, restait où elle était, à 16 km
de chez nous. Les ampoules pour le plafonnier du salon
étaient introuvables dans la plupart des magasins. Le voisin
téléphonait à la police un soir parce que j'avais mis la
cocotte-minute à refroidir sur le palier pour la nuit. La queue
des poêles, le manche des couteaux se dévissaient. C'était
comme si tout ici se liguait pour me dire : « Pourquoi es-tu
venue ? Va-t'en, rentre chez toi, on t'aura à l'usure ! »

Pourtant j'aimais cette ville de tout mon cœur. Au retour de mon audience à Paris, quand j'apercevais au loin la tour d'Alexanderplatz comme un raisin piqué sur un immense cure-dent, une vague de paix m'envahissait, je me prenais à penser : « Qu'est-ce que je suis bien, ici. » Puis tout recommençait. Les fermetures-éclair des manteaux cassaient par les matins de grand gel. Le gâteau d'anniversaire pour vingt commandé dans une pâtisserie n'était pas là, ils avaient oublié. Le cartable à roulettes acheté sur le Kurfürstendamm avait un défaut et la réparation durait six semaines. Mon serveur détruisait tous les messages envoyés et reçus depuis cinq ans : embêtant, quand on a un procès.

Quand j'appelais chez nos amis, Monika décrochait avec un soupir d'inquiétude : « Il s'est encore passé quelque chose ? »

Hélas oui. En voulant améliorer l'écoulement de la baignoire, j'avais provoqué une fuite invisible qui avait tranquillement ravagé l'appartement du dessous pendant quinze jours, son occupante étant alors absente. L'instituteur de mon fils cadet voulait me voir. Notre voisin de palier devenait fou et hurlait la nuit. L'entreprise de chauffage revenait pour une retouche, soudain un déluge noir s'abattait d'un ancien tuyau et maculait les murs. Je devais me faire opérer. Une éditrice allemande, à qui je demandais un service sur le conseil de Sabine, me raccrochait au nez en criant : « Et puis quoi encore ? » La tante de ma propriétaire venait avec des experts et je devais leur montrer ce que j'avais fait *au juste* à la baignoire, pour que l'appartement de Frau Schmitt doive être entièrement rénové.

Pendant ce temps à Paris, mon propre appartement avait subi un autre dégât des eaux, et les appareils rendaient l'âme les uns après les autres : le lave-linge, le micro-ondes, le ballon d'eau chaude. J'avais perdu mon procès. L'éditeur pour qui je traduisais des textes de Zweig allait être racheté par un autre éditeur pour qui je traduisais d'autres textes de Zweig, et qu'adviendrait-il alors de mes deux contrats ? Rien d'alarmant peut-être, mais, quand on collectionne les ennuis, on finit par avoir peur de tout. Car je devais me rendre à l'évidence : depuis que j'étais à Berlin, j'avais la poisse, j'étais devenue un vrai Schlemihl au féminin.

« Un Schlemihl se casse le doigt dans sa poche de gilet, tombe sur le dos et se casse le nez, arrive toujours au mauvais moment[4] », expliquait Chamisso dans une lettre à son frère.

Moi, je m'écrasais l'ongle, je me broyais l'orteil, brûlais mon poignet et la manche de mon pull neuf en sortant un plat du four. Je manquais m'endormir à la radio pendant une émission en direct, à cause d'un médicament que le pharmacien m'avait donné, sans me prévenir, contre mon mal de dos. Je m'abîmais le genou en vacances, sans me souvenir pourtant d'avoir fait la moindre chute. Les livres que je voulais lire à la StaBi étaient inconsultables, ou alors le catalogue mentionnait sobrement : « Perte de guerre ». Mes migraines devenaient ophtalmiques, je voyais des zigzags sur le visage de ma fille, ou des taches blanches sur la page que j'écrivais. L'imprimante agonisait le jour où je devais relire et envoyer mon dernier dossier Zweig. Des guêpes me piquaient la cuisse pendant que je roulais à vélo, me piquaient la main pendant que je mangeais une glace.

« C'est curieux, observait Monika, depuis cinquante ans que je vis à Berlin, je ne me suis jamais fait piquer par une guêpe. » J'aurais préféré qu'elle n'insiste pas là-dessus, même si mon nouveau statut de Schlemihl était devenu entre nous un thème de savoureuses plaisanteries. Car je constatais que mes ennuis prenaient un caractère de plus en plus physique et, sans oser le dire à mes amis, je commençais à me demander si je n'allais pas *mourir à Berlin*, d'une maladie rarissime mais foudroyante, d'un accident absurde mais fatal, ou encore victime d'un crime aussi parfait que gratuit.

Cependant la date de notre retour approchait, et cette crainte se révélait infondée. J'étais sortie de mon opération sans infection nosocomiale. Au lieu de nous en vouloir pour le dégât des eaux, notre propriétaire, une Londonienne adorable, continuait de nous envoyer du gin ou des confitures maison. Lors de ma visite chez le peintre Roger, j'avais certes tourné de l'œil, mais il n'en était rien résulté de pénible, ni fracture du crâne ni gêne persistante entre nous. Mes dernières mésaventures n'étaient plus que plaisanteries, taquineries, comme si la ville me disait :

« Allez, tu sais que je t'aime bien. On peut rire, non ? » Et je riais en effet quand l'avant-dernier soir, après une course dans le quartier, je cassais net ma clé dans l'antivol de mon vélo. J'en étais quitte pour revenir le lendemain avec Rolf, sa scie à métaux, un nombre de rallonges suffisant pour brancher l'appareil à la boutique la plus proche, et regarder mon vieil ami sectionner la chaîne, sous l'œil de trois ou quatre badauds surpris.

Après le retour à Paris, les choses étaient lentement rentrées dans l'ordre. Le hasard me laissait tranquille, les guêpes et la plomberie aussi, et si je m'étais embarquée avec les Mendelssohn dans un voyage qui menaçait de pousser jusqu'aux confins du disque terrestre, au moins je tenais la barre et les tempêtes nous épargnaient. La fête de la carte avait aussi été une façon de célébrer la fin de cette série noire.

Maintenant j'allais retrouver Berlin après six ou sept mois, non sans appréhension. Oh, tout s'annonçait bien. Roger allait me faire rencontrer le mendelssohnologue Stephen Tree, Thomas Lackmann avait répondu positivement à ma demande de rendez-vous, Rolf et Monika m'avaient trouvé un logement à Neukölln chez un de leurs amis, et la StaBi n'était pas fermée pour travaux. Je misais beaucoup sur la StaBi, où j'avais connu mes seuls moments de calme pendant ces deux années de folie, sous le regard bienveillant des anges de Wenders. Mais cela suffirait-il ? Allait-il falloir repartir de zéro avec cette ville, subir des berlinades dès ma descente d'avion, me muer en Schlemihl trébuchant autour de qui tout cessait de fonctionner ?

Voilà à quoi je songeais le 4 mars 2013 en faisant ma valise, une valise que je voulais le plus légère possible. Une paire de bottes fourrées, car le temps, disait-on, devait bientôt fraîchir. Mon plan de Berlin, où j'avais marqué au crayon les lieux à visiter. Des listes de noms, d'adresses, de cotes, et enfin le cahier où je tiens mon journal. Pas d'ordinateur. J'avais assez à faire, inutile d'ajouter les tentations d'Internet où l'on vogue sans fin, du courrier auquel il faut répondre, de ma Chronologie que je voudrais sans cesse enrichir. En cas de désœuvrement, je relirais *Doktor Faustus* de Thomas Mann. C'était assez loin des Mendelssohn pour me changer les idées ; en même temps il y était question de musique et de création, de guerre et de bombardements, et de pacte avec le diable, toutes choses qui en étaient venues à m'apparaître comme le cœur de mon sujet.

CHAPITRE 20

Mardi 5 mars 2013, 16 h 25

JE BOIS UNE LIMONADE au St.-Michaels-Heim de Grunewald. J'ai poussé la porte de la cafétéria et on ne m'a rien demandé. De l'extérieur, le bâtiment est bizarre : seule l'entrée surmontée du millésime « 1898 » est encore dans le style anglais d'origine, le reste est reconstruit. En faisant mine de chercher les toilettes, je suis allée regarder la pièce sur laquelle donne cette entrée. Grand portrait de Joseph Weißenberg, fondateur de l'Église johannite ; porte (fermée) d'un « Salon Mendelssohn ». Une dame mûre patientait sur un banc en dessous de Moses qui souriait dans son cadre, dieu lare malicieux. Bribes de musique, voix enfantines qu'accompagnait un piano claudicant.

Sur la rue, une plaque mentionne que Franz von Mendelssohn a vécu ici de 1899 à sa mort en 1935. À l'autre bout de la Hertastraße en revanche, rien ne signale que ce grand portail en fer forgé, planté tout seul devant de petits immeubles modernes particulièrement laids, est celui d'une villa de Robert von Mendelssohn I. Une femme promenait son chien sur le trottoir d'en face, j'ai failli lui demander ce qu'était ce portail fantôme. Finalement, je ne l'ai pas fait, je trouvais déloyal de poser une question dont je connais très bien la réponse. Je ne suis pas mûre pour devenir détective.

J'ai retrouvé mon chaos berlinois dès l'arrivée. Hier soir tard, en arrivant chez Werner à Neukölln, nous découvrons que la clé de l'immeuble n'est pas la bonne ; elle vient d'être changée, et Werner a confondu l'ancienne et la nouvelle. J'ai dû rentrer dormir chez Rolf et Monika, régler le problème avec le concierge ce matin. Il faut dire que Werner a fait une crise cardiaque peu après leur avoir remis ses clés, il n'avait peut-être déjà plus les idées claires.

Puis, en m'endormant, je me suis souvenue que j'avais oublié de vider la poubelle à Paris, poubelle où j'avais jeté un tas de surgelés périmés dans une frénésie de rangement.

Et ce matin, en essayant d'ouvrir la fenêtre du balcon, je me suis pincé le pouce droit, dont l'ongle s'est fendu jusqu'à la base et continue de saignoter. Ça ne m'empêche pas de tenir mon stylo, mais ça me gêne beaucoup pour écrire des SMS. Tant mieux, je n'en enverrai pas.

En revenant vers Halensee

Après tout, les premiers chrétiens étaient des juifs qui s'étaient convertis. Pourquoi Robert et Franz von Mendelssohn, deux fils d'un homme baptisé à la naissance, seraient-ils plus juifs que saint Paul, par exemple ?

Grunewald : de grandes avenues courbes où les piétons sont rares et mal vus. Surtout quand ils s'immobilisent sur le trottoir pour griffonner des phrases dans un carnet.

Lac de Halensee

Ce que j'essaie de faire dans ce livre, c'est une *cartographie de la dispersion*. Mais pour cela, il me faut de la concentration. Et du temps. Comment ai-je pu accepter cette collaboration avec une chorégraphe, comment ai-je cru que je pourrais m'occuper de ça, en plus de tout le reste ? Surtout l'année prochaine, où deux de mes enfants passeront leur bac de français ? Je n'ose même pas prendre les appels sur mon portable, et j'imagine les courriels qui s'accumulent dans ma messagerie. Il va pourtant falloir me tirer de ce pétrin.

Mercredi 6 mars, 23 h

Hier, dîner chez la sœur d'Henri qui vient de s'installer à Berlin. D'abord je parle en trois langues avec des gens sympathiques, à qui je dois donner une idée un peu étrange de mes activités, car quelqu'un me demande, montrant le sparadrap déjà sale à mon pouce : « Et c'est en travaillant que tu t'es fait ça ? » Puis la pièce se remplit et ma situation devient inconfortable. Ils se connaissent tous, sont tous beaucoup plus jeunes que moi, j'attire l'attention. Quand le bruit court que j'ai déjà des enfants, c'est la curée, surtout de la part des filles :

« Elle a des enfants, beurk !

– Tu sors encore le soir, t'as pas trop de rhumatismes ? »

Un gringalet de vingt-huit ans m'agace, je le défie pour un concours de schnaps où je triche, d'ailleurs, en me faisant passer sous la table des verres d'eau du robinet. Ce poète *in spe* me considère comme la femme à abattre, parce que j'ai déjà publié.

« Publié quoi ? C'est quoi, les trucs que t'as traduits ?

– Paul Nizon », dis-je, pour faire court. Bonne pioche, il en reste muet pendant trois secondes et j'en profite pour gueuler : « Zéro, un ! ! »

Bref, je me suis amusée. Un peu moins quand j'ai dû rentrer à pied par les rues glaciales de Neukölln, ayant raté le dernier métro ou pas compris où il fallait le prendre. Dans l'éclairage indigent de la voirie berlinoise, j'ai mis plus d'une heure à repérer les bonnes rues, cramponnée à mon plan de ville comme à une bouée. Gardant assez de lucidité pour trouver dangereuse cette traversée d'un terrain vague à deux heures du matin, non loin d'un canal, et croisant les doigts pour ne pas avoir ce soir un nouveau problème de clé.

Pas galants, les jeunes Français de Berlin. Mais après m'être conduite toute la soirée comme un camionneur, je n'allais pas m'attendre à ce qu'on m'appelle un taxi, comme à une vraie lady.

Aujourd'hui, retrouvailles avec la StaBi pour refaire ma carte de lectrice.

« Mais je vois que vous êtes déjà titulaire d'une carte encore valide, observe l'employée.

– Oui, mais je l'ai jetée en quittant Berlin. Je ne pensais pas revenir si vite. » L'employée me sourit, et soudain je me sens *bienvenue*.

Beau moment de répit chez Marie-Christine, qui m'attendait avec du thé et des gâteaux. Mais mon chaos berlinois m'accompagne voire me précède : après Werner dont j'ai peut-être provoqué la crise cardiaque par anticipation, je trouve Marie-Christine aux prises avec un mystérieux problème de plomberie. Je m'en vais lorsque arrive un jeune plombier de sa connaissance, et je les laisse penchés sur la baignoire et discutant en polonais – Marie-Christine qui a vécu en Pologne le parle couramment.

Ce soir, dîner chez Rolf et Monika à qui j'ai beaucoup de mal à expliquer mon point de vue. Eux voient toute l'histoire comme celle d'une famille juive, tantôt intégrée, tantôt persécutée. Les descendants morts dans les rangs de la Wehrmacht ? des accidents, *Lücken*, de la persécution. Les mariages dans l'aristocratie prussienne ? mariages d'argent typiques que la noblesse paupérisée concluait avec la riche bourgeoisie « juive ». Je devais sans cesse leur rappeler que les personnes en question n'étaient plus juives depuis cinquante ou cent ans.

Cette conversation m'a plutôt embrouillé les idées, contrairement à ma promenade d'hier.

Puis je leur parle de mes projets pour demain : aller voir l'emplacement de l'ancienne synagogue dans Heidereutergasse, tout près de la soierie où travaillait Moses. D'après eux, que peut bien être le *Durchbruch* signalé par Stephen Tree entre la synagogue et la Spandauer Straße, sur le plan de Google Earth[1] ? Une « percée », une « trouée », soit. Mais s'agit-il d'un passage, d'une ruelle, d'une galerie couverte ? Ils ne voient pas, même Rolf qui connaît la ville comme sa poche. *Durchbruch*, c'est d'abord un terme militaire, me rappelle-t-il sévèrement (il est très antimilitariste, comme la plupart de mes amis). Il faudra que je leur en donne le fin mot après avoir vu les lieux. Je pars, en émettant l'espoir que la journée de demain sera un *Durchbruchstag*. Nous rions tous les trois.

Jeudi 7 mars

Peu avant mon réveil, j'ai rêvé d'un garçon de mon ancien lycée. Je l'apercevais dans la rue, en chemise rose pâle, selon une éphémère mode masculine de l'époque. Plus tard, on me disait qu'il devait aussi passer à Berlin ces jours-ci. Je me demande pourquoi je rêve de lui, je ne l'ai plus revu depuis l'été 1987.

Alte Nationalgalerie, dans la matinée

Quand j'avais visité ce musée il y a deux ans, j'avais détesté la plupart des œuvres, excepté certains Caspar David Friedrich et un tableau montrant Frédéric II en train de jouer de la flûte devant quelques courtisans. Je n'avais pas vu les fresques de la Casa Bartholdy. À vrai dire, je ne savais même pas alors de quoi il s'agissait.

J'entre dans la salle, et j'ai d'abord un sursaut de dégoût. J'aime la peinture italienne de la Renaissance, mais pas quand elle a été produite par des artistes allemands vers 1817. Joseph jeune est un nigaud blondinet et bien en chair, on dirait que les Ismaélites l'ont acheté pour le manger. Comme je préfère le roublard magnifique qu'il est chez Thomas Mann !

Celui qui me tire l'œil, c'est Jacob Ludwig Salomon Bartholdy, un beau brun au visage émacié, au nez aquilin, dans la fresque où *Joseph se fait reconnaître de ses frères*. Il semble y incarner un adjoint égyptien du ministre Joseph. Malgré sa place en retrait, il tranche sur les autres personnages, sans doute parce que, étant le commanditaire, il est le seul dont le peintre ait cherché à faire le portrait. Les autres ne sont là que pour exprimer le dépit, l'effroi, la culpabilité, ou (selon le cas) la joie des retrouvailles.

Il n'est pas représenté « dans la foule » des spectateurs, comme je l'avais compris ; si je compte bien, il est l'unique spectateur de ces retrouvailles, puisque à part lui les douze autres sont Joseph et toute sa fratrie. En fait, c'est une Cène inversée. Le Christ-Joseph est entouré de onze traîtres (ou de neuf, plus Benjamin et Ruben dont la minime trahison consiste à l'avoir cru mort quand il ne l'était pas). Et le treizième, l'anti-Judas, c'est Jacob Ludwig Salomon Bartholdy lui-même, le seul qui n'ait rien à voir dans cette affaire de famille et observe la scène d'un air ému, mais sans trop de surprise, comme s'il connaissait toute l'histoire depuis longtemps.

Rien que pour ce visage d'homme, je ne regrette pas ma visite. Et pour *La Religion* de Philipp Veit, une commande de la Curie romaine, que je trouve assez réussie. Tout à l'heure, je déjeune avec Patrice Veit au Centre Marc-Bloch. Je lui demanderai s'il a quelque chose à voir avec Philipp, même si je me doute bien que non.

12 h 30

Je suis dans la Probstgasse, qui est devenue la Propstgasse. Moses adolescent y aurait habité une chambre de bonne au n° 3. Ce numéro existe, mais il ne correspond pas au n° 3 sur la carte de 1804 reproduite dans le livre de Stephen Tree. La numérotation a dû être décalée, comme dans la Spandauer Straße.

Et j'ai renoncé à faire le trajet au cours duquel, quarante ans plus tard, Moses courant chez son imprimeur attrapa la pneumonie qui allait le tuer. Je ne sais pas où se trouve aujourd'hui l'ancien 68, Spandauer Straße, ni quels étaient en 1785 les ponts existants. Et à l'époque, il y avait aussi les anciens fossés de fortification à contourner. Enfin nous ne sommes pas un 31 décembre, même si le temps fraîchit.

Avant de rejoindre l'*Alte Nationalgalerie*, j'étais allée voir l'ancienne synagogue de la Heidereutergasse, dont il ne reste que des fondations à ras de terre. Dans une cour bordée d'immeubles neufs, avec un gros monument datant d'une vingtaine d'années, et une plaque explicative montrant le plan au sol de la synagogue, reporté sur celui de l'actuelle cour. Voilà donc où fut prononcé le Sermon sur la paix de Moses en 1763. J'ai photographié le monument et la plaque, puis je me suis rendu compte que j'avais perdu mon étui de téléphone, une petite chaussette de sport de mon fils cadet amoureusement retaillée et ourlée à l'automne 2010. J'ai fouillé mon sac, mes poches, arpenté la place, avant d'apercevoir devant le monument une tache blanche par terre : la chaussette. Je suis allée la ramasser, en espérant que personne dans les bureaux alentour n'était en train de m'observer. On voit que j'arrive tout juste de France, j'ai encore peur du ridicule.

Le *Durchbruch* qui nous intriguait tant hier n'est qu'un portillon métallique au coin de la cour. Beaucoup moins intéressant que le concept qu'il est devenu pour moi. Cette journée sera-t-elle un *Durchbruchstag* ?

StaBi, après le Centre Marc-Bloch

Déjeuner charmant avec Patrice Veit, que je ne connaissais que par écrit : j'avais traduit un article pour lui il y a dix-neuf ans. Son bureau est un sympathique capharnaüm sur lequel vacillent des piles de livres et de documents, de courriers officiels attendant réponse. Patrice m'explique qu'il m'a mis de côté un article sur Felix Mendelssohn Bartholdy et la *Passion selon saint Matthieu*. Il cherche partout, ne le retrouve plus, finit par m'imprimer sa version manuscrite, ensuite nous sortons déjeuner dans un restaurant russe du coin.

Non, me confirme-t-il dès les entrées, Dorothea Schlegel n'est pas sa lointaine ancêtre. Je ne posais la question que pour la forme, j'avais vérifié sur le CD-ROM avant de prendre mon avion : les deux derniers Veit issus de Dorothea, Moritz Veit (né en 1867) et Philipp Veit II (né en 1869), sont morts sans descendants connus.

J'ai dû laisser à Paris ma timidité naturelle : j'expose avec aisance mon projet, comme s'il s'agissait d'une chose parfaitement raisonnable, je théorise et je conceptualise, Patrice parle de m'inviter un jour au Centre pour présenter mon travail. Est-ce que je connais Dominique Bourel, *le* spécialiste français de Moses Mendelssohn ? Il travaille actuellement à Berlin mais, manque de chance, il est parti à Jérusalem pour quelques jours. Il faut absolument que je le rencontre une autre fois : c'est non seulement un érudit mais un merveilleux conteur, il a toujours d'extraordinaires anecdotes en réserve.

Voilà que, sous l'effet de cette discussion chaleureuse et de la bonne cuisine slave, une idée me vient. Puisque Dominique Bourel est à Jérusalem, si je lui écrivais pour lui demander de faire un saut à l'hôpital Saint-Louis, fondé en 1851 par Arnold Mendelssohn, et qui existe toujours ? J'adorerais avoir ses impressions, surtout s'il est le fabuleux conteur que me décrit Patrice. Spécialiste de Moses

Mendelssohn, il devrait bien s'intéresser à l'un de ses petits-fils ! Heureusement, l'absurdité d'une telle demande me saute aux yeux dès que je ressors à l'air frais.

Au programme de cet après-midi : C. Trützschler von Falkenstein, *Die Lösung der Judenfrage im Deutschen Reiche*, 1917. Je tiens à lire cet opuscule sur la solution de la question juive avant de passer à la préface d'Arnold Mendelssohn – pas le fondateur de l'hôpital Saint-Louis mais son neveu, compositeur de musique militaire et religieuse, contre qui j'ai quelques préventions. Et bon sang, quel titre ! De plus, je vois sur la page de garde que cet exemplaire a précédemment appartenu au *Reichsnährstand*, corporation des agriculteurs nazis. Mes voisins de table me regardent bizarrement.

> *Contre la race juive en tant que telle, [...] rien à objecter, car le Sauveur lui-même, sa mère, ses disciples, les apôtres Pierre et Paul étaient d'ascendance juive. [...] L'antisémitisme est à mon sens une vulgarité. Un philosophe, un érudit qui se respecte ne saurait être antisémite. [...] Mais en fait – sans qu'on le dise – ce n'est pas la confession mosaïque ni la race juive qui font haïr le juif dans l'Allemagne chrétienne : c'est l'esprit juif* [2].

C'est-à-dire de rouerie, de lucre, etc. Toutefois, Curt Trützschler von Falkenstein sait faire la part des choses. L'histoire des juifs en Allemagne, rappelle-t-il, a été

> *une succession de souffrances et d'oppressions. [...] Un chien battu devient méfiant et fourbe, il mord parce qu'il a peur. Ces êtres humains qu'on maltraitait continuellement à cause de leur race exotique et de leur confession mosaïque, n'était-il pas naturel qu'ils deviennent méfiants, sournois et vindicatifs* [3] *?*

Un mot sur Moses :

Grand a déjà été le rôle, dans la transformation du judaïsme allemand, de Moses Mendelssohn. C'est grâce à lui que la culture allemande a pour la première fois pénétré l'âme des juifs. Aujourd'hui c'est Hermann Cohen qui incarne l'alliance idéale entre le meilleur de la nature allemande et le meilleur de la nature juive [4].

Politiquement, et c'est bien embêtant, les juifs sont plutôt de gauche. Beaucoup sont même sociaux-démocrates, parce que les opprimés s'allient. « Si, en traitant les juifs comme les autres citoyens, on pouvait les faire passer plus à droite, ce serait une bénédiction non seulement pour les juifs, mais pour tout le peuple allemand [5]. » La solution est donc de leur ouvrir toutes les professions et de les inciter à se convertir au christianisme : alors ils deviendront aussi conservateurs et nationalistes qu'on peut le souhaiter.

Il fallait y penser. Au moins, ces lectures me distraient du pataquès avec la chorégraphe, qui a déjà contacté des théâtres, fixé des dates début 2014 pour un spectacle à deux. Avant d'entrer en bibliothèque, affolée, j'ai appelé Sabine Wespieser sur son portable pour lui demander son avis.

« Bien sûr que c'était de la folie. Ce soir tu leur écris pour annuler ton engagement, il est encore bien assez tôt. Ensuite tu te sors ça de la tête et tu ne penses plus qu'aux Mendelssohn. J'attends ton texte, moi ! »

Je le ferai d'un café Internet en sortant d'ici. Maintenant, voyons ce que dit Arnold Mendelssohn II dans sa préface. La thèse de Herr von Trützschler, explique Arnold, a suscité tout son intérêt en tant que « sang-mêlé » *(Mischblut)*, et toute sa sympathie en tant qu'« Allemand de cœur et chrétien de confession ».

Étant issu moi-même d'un mélange de sang juif, allemand et français [?], je ne crois évidemment pas que l'assimilation des juifs porterait préjudice au sang allemand, bien au contraire. [...] Reste à savoir si les juifs accepteront de se plier à ce qu'on attend d'eux. Je crains que non[6].

Bien qu'Arnold en fréquente peu, les conversations qu'il a pu avoir avec eux lui ont laissé penser qu'ils n'auraient pas la sottise d'accomplir une démarche qui leur ferait perdre leur « nationalité » :

Les juifs veulent conserver la singulière position hybride qu'ils occupent aujourd'hui dans le peuple allemand. Ils veulent être juifs, et ils veulent être allemands : je ne saurais dire si, chez le juif allemand, l'accent est plutôt mis sur le substantif ou sur l'adjectif, cela dépend peut-être des individus[7].

Et puis, il y aurait aussi des obstacles moraux.

Le juif ne reconnaît pas au christianisme une supériorité éthique et religieuse sur la religion de ses pères. Il dit : Ce qui est bon dans le christianisme n'est pas nouveau, on le trouve aussi dans le judaïsme. Et ce qui est nouveau dans le christianisme, n'est pas bon : c'est une déformation idéaliste de la saine position juive[8].

Suivent un long commentaire du Sermon sur la montagne et, en conclusion, le souhait que l'avenir puisse démentir ces doutes et voir triompher la solution proposée par

Trützschler von Falkenstein au « problème judéo-allemand ».

Arnold Mendelssohn II est mort le 18 février 1933, ce qui laisse ouverte la question du sort qu'aurait subi dix ans plus tard ce « sang-mêlé », petit-fils de Nathan Mendelssohn et d'Henriette née Itzig. Mais quel est ce sang français dont il parle ? À creuser au retour.

20 h, café Joseph Roth

Je dévore une escalope viennoise, arrosée d'une bière que m'a prescrite Sabine. J'ai fait ce qu'il fallait et écrit à la chorégraphe, je respire mieux, même si je ne me sens pas très fière. Autre idée qui m'est venue ce midi en bavardant avec Patrice Veit : *thématiser ma propre dispersion.*

Hier ou avant-hier, j'ai envisagé un système d'encodage permettant de désigner précisément chaque figure de la carte : Brendel = 1 (première-née de Moses), Philipp Veit = 14 (quatrième-né de Brendel qui était première-née de Moses), Nathan... non, le système décimal ne convient pas, il y a parfois plus de neuf enfants. À revoir.

Et mon *Durchbruchstag* ? Ai-je vraiment « percé » quoi que ce soit ? Oui, l'abcès avec la chorégraphe. C'est déjà ça.

Vendredi 8 mars

Trouvé une solution à mon problème d'encodage en lisant *Doktor Faustus* : remplacer les chiffres par des lettres, comme dans la gamme allemande. Ce qui donnerait : Brendel = A, Philipp Veit = AD, Arnold Mendelssohn II = JCA, etc.

13 h 35

Longuement erré dans la Havelchaussee sur les traces de Tezer Özlü. Sous un ciel de novembre et sans croiser âme qui vive : ce secteur ne doit être fréquenté qu'à la belle saison. Fini par tomber sur le restaurant-bateau *Alte Liebe* (Vieil Amour), où Tezer rencontrait souvent Peter Weiss. M'y voilà attablée devant une omelette paysanne. Les seuls clients à part moi sont deux retraités moroses.

L'eau de la Havel est grise. Rien à voir avec les vaguelettes printanières de ma croisière au large de Sacrow. Vieil amour... Je ne sais si c'est la faim, le froid, ou mes deux heures d'entretien avec Thomas Lackmann, mais j'ai un peu le mal de mer.

L'Allemagne m'étonnera toujours, c'est sans doute pour ça que j'y reviens. Ces deux retraités me font penser au couple d'ex-Allemands de l'Est rencontrés à Buchenwald pendant l'été 1999. Ils avaient absolument tenu à me fourrer 20 deutsche marks dans la main ; j'étais si éberluée que je n'avais pas su dire non. Était-ce une réparation de guerre, parce que je leur avais raconté que ma grand-mère avait été déportée politique ? Ou m'auraient-ils prise pour une jeune clocharde sous-alimentée, parce que j'étais mal fagotée comme souvent en voyage, et que j'avais eu un petit malaise dans une salle de torture où il faisait très chaud ? Il vaut mieux ne pas visiter seule un camp de concentration, telle est la leçon que j'en avais retenue.

Weimar, à quelques kilomètres du camp. Le Frauenplan, les beaux musées, la maison champêtre de Goethe. J'y avais retrouvé Alexandre et nous avions ensuite rejoint Berlin en passant par Dessau, qui était alors pour moi le berceau du

Bauhaus et non la ville natale de Moses. Au retour, à Paris, je m'étais servie des 20 deutsche marks pour payer ma psychanalyste.

14 h 40

Attendre le bus sur la Havelchaussee était une curieuse expérience. Personne à la ronde, excepté un gnome d'âge incertain qui tripotait sa braguette en parlant anglais sur son portable. J'ai demandé à une automobiliste de me prendre en stop mais, méfiante, elle n'a pas voulu. Enfin me voilà saine et sauve dans le bus 218, dont les banquettes doivent dater d'avant-guerre.

15 h 45

Il fait de plus en plus froid, je me suis réfugiée à la StaBi. La dense conversation avec Thomas Lackmann ce matin m'a laissée un peu sonnée, au point que j'ai renoncé à visiter dans la foulée la villa Oppenheim toute proche. Pourtant mes craintes de l'automne dernier ne se sont pas vérifiées. Loin d'être choqué par mon intérêt pour sa famille, Thomas Lackmann était disert et sympathique, même s'il restait, sauf exception, dans son rôle de vice-président de la *Mendelssohn-Gesellschaft*. Mais ce qui continue de me gêner, c'est d'avoir mis les pieds sur un terrain qui appartient à la vie de tant de gens, d'empiéter sur un espace privé.

Les quelques moments où il est sorti de son rôle : quand je lui ai demandé si justement, à son sens, on pouvait encore parler d'une *famille*. Là j'ai eu l'impression de l'avoir troublé ou déstabilisé, il a battu des paupières. Ensuite il s'est repris et a démonté ma question.

Et tout au début, quand il a évoqué la figure de son grand-père Horwitz, qui était à la fois pasteur et « demi-juif » : pendant la guerre il était astreint aux travaux forcés la semaine, mais restait très respecté dans sa paroisse, au point d'avoir été préposé aux opérations de résistance passive de son bloc. Et, le dimanche, il prononçait son sermon en chaire. Là, Thomas Lackmann était plus informel – peut-être, au fond, parce qu'il ne s'agissait plus des Mendelssohn.

Enfin quand il m'a expliqué que sa « passion pour Abraham » était d'abord venue de sa propre psychologie, parce qu'il était travaillé par les relations père-fils. Je l'ai surpris en lui disant que moi aussi.

« Les relations mère-fille, vous voulez dire ?

– Non, je parle bien des relations père-fils. »

Il a cillé. C'était la troisième exception.

Son étonnement quand j'ai retrouvé de chic le patronyme de deux frères nés en Palestine : les Hoffmann. Il m'apprend que l'un des deux, Amos, a changé son patronyme pour Yahil, Amos Yahil donc, un astrophysicien, si mes souvenirs sont bons.

Cafétéria de la StaBi

Je viens d'apercevoir à une table un chercheur que je connais d'un colloque Erich Auerbach, il y a longtemps. Il ne me voit pas, il parle avec une étudiante. Je le laisse à sa conversation, il faut que je me concentre pour retranscrire l'interview avec Thomas Lackmann. Je n'ai pris ce matin que des notes télégraphiques : si j'attends plus, j'oublierai trop de détails.

1° Avez-vous toujours su que vous étiez un descendant de Moses Mendelssohn ? Cette filiation jouait-elle un grand rôle dans votre famille ?

Non, l'héritage Mendelssohn dans sa famille n'était pas si important. Son père avait été en camp de concentration, mais à cause de sa foi protestante. Sa mère qui était *Mischling* (métisse de juifs et d'Aryens) s'en est pourtant tirée de justesse. C'est à Marbourg que son grand-père Horwitz avait rencontré Lea Du Bois-Reymond, la toute première étudiante en théologie de la faculté. Pour eux, les racines juives comptaient peu. Dans les années 1920 et au début des années 1930, leur philosophie était : « Nous vivons notre identité de chrétiens, ici et maintenant. » Ils n'ont pas émigré malgré le danger, se sentant protégés et soutenus par leur communauté protestante. Le cas du pasteur Horwitz, qui avait conservé ses fonctions bien que demi-juif, était assez exceptionnel. Cependant il allait finir par être arrêté et déporté dans une annexe de Neuengamme, quand un bombardement l'a sauvé. Comme Victor Klemperer, fais-je observer à Thomas Lackmann.

Un souvenir familial qu'il lui semblait presque avoir vécu, tant on le lui avait rabâché : sa mère ou sa grand-mère fuyant Hambourg en voiture tandis que les façades d'immeubles en feu s'écroulaient derrière elle, « comme au cinéma ».

À creuser à mon retour, l'affaire de la bru de Sebastian Hensel, une Russe qui avait été recueillie en bas âge par un rabbin lituanien, sans être peut-être juive elle-même. Je n'ai pas compris tout de suite pourquoi Thomas Lackmann me parlait de ça ; mais à l'époque nazie, la question était cruciale pour les descendants. Avoir un quart de « sang juif » en moins pouvait considérablement changer leur statut, voire leur sauver la vie. Même s'il y avait peu de chances, observe mon interlocuteur, pour qu'une enfant adoptée par un rabbin ne soit pas juive. (Ah oui ? Moi je pense à Recha dans *Nathan le Sage*, qui se révèle être une jeune chrétienne adoptée par Nathan.) Quelques Hensel sont donc allés en Lituanie faire des recherches d'état civil, mais un autre bombardement y a mis fin, je ne me souviens pas où.

2° Comment avez-vous vécu la rencontre d'octobre 2007 ? Aviez-vous le sentiment d'avoir beaucoup en commun avec les autres descendants ?

« Tout s'est merveilleusement bien passé. C'était beau, positif, intense. » Là, il parlait en tant que vice-président de la *Mendelssohn-Gesellschaft*. Ensuite, il nuance. C'est une famille comme une autre : il y a les gens qu'on connaît hélas trop bien (j'aurais aimé demander lesquels), ceux qu'on ne connaît pas du tout et à qui on n'a rien à dire, etc. J'apprends qu'il y a eu une seconde rencontre à l'été 2012, alors que je vivais encore à Berlin. Elle commémorait le 250e anniversaire du mariage entre Moses et Fromet. Avec, je crois, un concert où l'on a joué la *Cantate de deuil* pour la mort de Moses, composée par Bernhard Wessely en 1786.

Un peu plus tard, Thomas Lackmann évoque la disparition de la banque Warschauer, fin XIXe, à une époque de fusions et de concentrations. La survivance de la banque Mendelssohn est assez remarquable de ce point de vue, et tient peut-être aux gens, aux personnalités.

3° Existe-t-il des descendants qui ne veulent pas entendre parler de tout ça ?

Oh oui ! Mais les autres sont suffisamment nombreux... C'est un passé familial dont chacun fait ce qu'il veut, une simple « offre d'identification » – ce terme est revenu plusieurs fois dans sa bouche.

4° La rencontre de 2007 s'est terminée par une cérémonie religieuse au cimetière juif de Schönhauser Allee, alors que la plupart des présents n'étaient pas juifs. Comment qualifieriez-vous vos propres liens avec le judaïsme ?

Pour me répondre, Thomas Lackmann remonte assez loin dans l'histoire. C'est vers 1880, me rappelle-t-il, qu'apparaît en allemand le mot *Antisemitismus*, et qu'est publié le livre de Sebastian Hensel sur *La Famille Mendelssohn*, un « exercice d'autodéfinition » en tant que famille allemande. Hensel y minimise la religiosité de Moses, passe sous silence le fait que ses *Brautbriefe* ont été écrites en allemand mais en caractères hébraïques.

L'édition des œuvres de Moses en 1843 : c'est sans doute Joseph qui a fait l'essentiel du travail, Georg Benjamin Mendelssohn n'apportait que sa caution d'universitaire. Et Joseph est bien l'auteur de l'ouvrage sur Dante et Gabriele Rossetti. J'explique que le sujet m'intéresse à cause d'Erich Auerbach, avec ses travaux sur le Dante gibelin, mais aussi sur la filiation ambiguë entre judaïsme et christianisme *(Figura)*. À ma grande surprise, Thomas Lackmann ne voit pas du tout qui est Erich Auerbach, il ne connaît que Berthold Auerbach.

5° Connaissez-vous des descendants qui soient revenus au judaïsme ?

À strictement parler, il y en a peu. C'est plutôt un mouvement de fond avec plusieurs étapes : un éloignement progressif jusque vers 1900 ; puis les initiatives de Franz von Mendelssohn qui commence à collectionner des *judaica* et à soutenir des projets éditoriaux ; enfin le mot d'Eleonora von Mendelssohn affirmant dans les années 1930 qu'on ne peut pas porter le nom de Mendelssohn sans être juif. Pur romantisme, commente-t-il.

Quelques vrais retours, néanmoins. Ernst Westphal a survécu caché pendant la guerre, puis est parti en Afrique du Sud où il s'est suicidé. Sa fille a émigré en Israël et y est devenue historienne. Elle est l'auteur d'un livre sur l'Holocauste qui l'a brouillée avec Hannah Arendt, jusque-là une amie. C'est son fils, Amos Yahil, qui est professeur d'astronomie ou astrophysicien. En Israël toujours, il y a les Schütze, enfants de Maria Bergengruen. Et enfin, dans la descendance de Rebecka Dirichlet, on trouve une juive pratiquante qui vit aujourd'hui à Berlin. Mais nous ne la trouvons pas sur le CD-ROM généalogique (que Thomas Lackmann, lui, a sur son disque dur). Elle fait peut-être partie de la génération 8.

6° À la septième ou huitième génération, peut-on encore parler d'une « famille » ?

Trouble de Thomas Lackmann et réponse évasive, voir plus haut. Après cela, nous discutons à bâtons rompus. J'observe que les descendants de Dorothea semblent se tenir à distance des réunions de famille. C'était vrai en 2007, précise-t-il, mais ils étaient déjà plus nombreux lors de la rencontre de 2012. Notamment Hans-Joachim Dopfer, qui a joyeusement endossé le rôle de doyen d'âge, et s'est révélé posséder des trésors en matière de *mendelssohnia*, par exemple un portrait de la « terrible » Bella Salomon sous un bonnet de dentelle de brave grand-mère.

Il ne sait rien de plus sur le prénom Énole. Il faudrait que j'interroge Angelika von Mendelssohn, fille aînée de Robert von Mendelssohn II, qui vit près de Bordeaux.

17 h 20

J'ai gratté pendant une heure et demie sans relever la tête ; à présent mon ami chercheur est parti, sans doute depuis longtemps. Le *Durchbruch* de la journée ? L'affaire de la fille adoptée par un rabbin lituanien, qui devait être juive mais aurait pu ne pas l'être, comme Recha dans *Nathan le Sage*, et aurait bien fait de ne pas l'être, pour le salut de ses descendants. Et le gibelinisme de Joseph Mendelssohn, partisan d'un État fort et d'un grand souverain laïc, comme Frédéric II de Hohenstaufen.

Il y aura donc dans cette histoire un Frédéric II, I (l'empereur germanique) et un Frédéric II, II (le roi de Prusse). Un vague souvenir me revient, je crois qu'on leur a successivement attribué le *Traité des trois imposteurs*. En tout cas, c'est une excellente transition avec ma lecture de l'après-midi : Gustav MENDELSSOHN-BARTHOLDY, *Der König*, 1912.

19 h

Eh bien, *Der König* me laisse sur ma faim. Rien sur Moses Mendelssohn, sur la recommandation adressée à Frédéric II par le marquis Boyer d'Argens en 1763 (« *Un Philosophe mauvais catholique supplie un Philosophe mauvais protestant de donner le privilège à un Philosophe mauvais juif* [9]... »), ni sur la réception à Sans-Souci en 1771. Gustav ne s'intéresse qu'aux hauts faits d'un grand roi, pas aux histoires d'arrière-cuisine. Je me suis cependant attardée sur les premiers chapitres, qui relatent l'enfance et la jeunesse du futur roi de Prusse.

Elles sont atroces. Je m'accuse d'avoir manqué d'indulgence en traitant plus haut Frédéric II de jean-foutre : avec un père comme le sien, il y avait de quoi devenir caractériel.

Frédéric-Guillaume Ier, en effet, était une brute ignare et ne voyait en lui qu'un gandin efféminé, tout juste bon à jacasser en français et à jouer de la flûte. À vingt ans, réduit au désespoir, le prince héritier envisage de se réfugier dans une cour étrangère avec la complicité d'un ami, le lieutenant von Katte. Le projet est éventé, Frédéric-Guillaume Ier les fait tous deux passer en cour martiale pour désertion, en recommandant aux juges une double condamnation à mort. Les juges, plus raisonnables, épargnent l'héritier de la couronne et ne condamnent que von Katte.

La décapitation a lieu le 6 novembre 1730, devant la forteresse de Küstrin où Frédéric est détenu. Deux gardes le tiennent à la fenêtre pour qu'il soit obligé de regarder (ordres du papa). Avant que soit porté le coup fatal, il demande pardon à son ami d'être cause de sa mort, et l'ami lui répond qu'il ne regrette rien. Puis la lame s'abat, Frédéric s'évanouit.

Je me demande ce que Thomas Lackmann penserait de cette relation père-fils. Mais il est temps que je rende le livre et file à l'aéroport, ma fille y atterrit dans un peu plus d'une heure.

Samedi 9 mars

À l'aéroport, ma fille était attendue par son fan-club et par la mère de sa meilleure amie. Une fête était prévue je ne sais où, on m'a suppliée de laisser ma fille loger chez l'amie plutôt qu'à Neukölln, au moins pour les premières nuits. Quelque chose me dit que je ne la reverrai plus jusqu'à notre départ.

Ce matin, lever du pied gauche. Je n'ai pas entendu le réveil et me suis rendormie jusqu'à onze heures. Café à la bonne boulangerie turque du coin, les yeux bouffis de sommeil, aveuglée par l'éclat de la neige, nauséeuse. Mais ensuite, une série de *Durchbrüche*. Le département des périodiques de Westhafen, appelé par téléphone, va me mettre de côté les numéros de la *Frankfurter Zeitung* de janvier 1909. Je vais déjeuner avec Maurice lundi, Anne et Christophe m'invitent ce soir, je vois Urs dans une heure. Et j'ai retrouvé la fréquence d'«Info Radio», avec ses bonnes vieilles voix.

Dimanche 10 mars, villa Oppenheim

Hier, après avoir vu une exposition avec Urs, j'avale vite un sandwich avant de foncer chez Roger mon ami peintre, qui m'attend pour 16 heures. Un monsieur est là avec son épouse, c'est Stephen Tree. Nous passons aussitôt à table pour déguster un bouillon aux boulettes, j'avais oublié qu'en Allemagne on mangeait à toute heure.

Un peu impressionnée d'abord, je me dégèle après la soupe. Stephen Tree est un homme calme et doux, au fort accent suisse-allemand, qui m'envoie de bonnes ondes et a mille choses à m'apprendre. Comment, je ne suis pas en contact avec Julius Schoeps? Ici à Berlin, c'est Monsieur Mendelssohn! Une réserve dans sa voix me laisse pourtant penser qu'ils appartiennent à deux réseaux distincts, peut-être rivaux. En revanche, Stephen Tree connaît bien l'équipe de l'édition jubilaire. «Il faudrait que vous rencontriez Eva Engel», me dit-il. Elle a longtemps dirigé cette édition et, quoique très âgée, se tient au courant de tout ce qui concerne Moses. D'après lui, elle en serait même le portrait vivant: toute petite, bossue, et habitée par l'esprit. En 2007, alors qu'il venait de publier sa monographie chez

Rowohlt, quelqu'un l'appelle sur son portable, une voix de femme lui vrille les tympans :

« Vous avez bien écrit un livre sur Moses Mendelssohn ? Passez ici et montrez-moi ça ! »

Ici, c'est-à-dire à Wolfenbüttel où Eva Engel habite toujours. Je pourrais très bien lui rendre visite, l'aller-retour est faisable sur une journée. Stephen Tree appelle le secrétaire d'Eva Engel. En cinq minutes, c'est réglé : je m'y rendrai mardi. Je vais donc aller à Wolfenbüttel où a si longtemps vécu Lessing, Wolfenbüttel où a eu lieu sa dernière rencontre avec Moses ! Stephen Tree est tout heureux que je me souvienne qu'ils avaient alors parlé de la franc-maçonnerie : le fait est que je n'ai pas lu son livre en diagonale.

Puis nous parlons vestiges, bâtiments berlinois. Je leur raconte mon expédition dans la Propstgasse. D'après Stephen Tree, tout le quartier de la Nicolaikirche a été reconstruit après 1945, seule la maison habitée par Lessing dans sa jeunesse est d'origine. Roger, lui, croit savoir que le bâtiment de l'ambassade de Belgique dans la Jägerstraße, ancienne propriété des Mendelssohn, serait un cadeau de la banque à Léopold II qui était son plus gros client. Stephen Tree me demande si j'ai lu *Au cœur des ténèbres*. « Vous vous souvenez que ça se passe au Congo belge ? » me demande-t-il, le regard plein de douceur et de gravité.

Peu après, je m'éclipse ; il est temps que j'aille acheter du vin, sous la neige qui tombe dru, et me rende à Turmstraße où des amis franco-allemands m'attendent pour dîner. Avec eux je parle de tout autre chose, me bornant à leur demander, à brûle-pourpoint, s'ils sont déjà tombés sur le prénom Énole. La réponse est non.

Une fructueuse journée, en somme. Mais aujourd'hui au musée de la villa Oppenheim, je ne ressens plus que de la fatigue. Deux petites salles sont consacrées aux Mendelssohn et, à peine entrée, je sature. Les panneaux grouillent d'informations que je n'ai pas le courage de mémoriser. Je parcours d'un œil morne de vieilles photos en noir et blanc, en me bornant à noter qu'elles proviennent des « archives familiales Peter Block ». (N'était-ce pas un des présents à la rencontre de 2007 ?) Je note aussi les références d'un livre dont sont reproduits de longs extraits : les mémoires de Felix Gilbert qui, enfant, passait ici ses étés chez son arrière-grand-père Otto Georg Oppenheim. Je devrais pouvoir trouver ça à la StaBi.

Maintenant je grignote un gâteau à la cafétéria du musée. Drôle de déjeuner, mais je n'ai pas faim et j'ai vaguement le cafard. J'ai découvert qu'à l'arrière, la villa donnait sur le Schustehruspark, je suis donc à deux pas de la rue où habitaient Pascale et Pierre. Pourquoi nous sommes-nous brouillés ?... Repenser à Stephen Tree dont je percevais la silencieuse bienveillance, pendant que son épouse hongroise et Roger discutaient avec fougue de leurs recettes casher préférées. Et au concert Hanns Eisler qui m'attend en guise de récréation – si j'arrive à y être à l'heure, avec cette gadoue de neige fondue où l'on glisse à chaque pas.

19 h 10

Je suis à bout de force, au point d'espérer qu'Eva Engel ne sera pas en état de me recevoir après-demain. Pourtant le concert était beau. Et Gisela May était dans le public, incroyable. Je me demande quel âge elle a. Elle qui chantait

Brecht, Eisler et Dessau dans les années 1960... Je dois être bien bas, je n'ai même pas envie de savoir si Paul Dessau descend de Saül Dessau.

Bon dieu, mais qu'est-ce je fais ici, en tête-à-tête avec *Doktor Faustus* dans un appartement de célibataire à Neukölln, par -5°C et sous 10 cm de neige, alors que c'est le printemps partout ailleurs en Europe ? Les soirs comme ça, il me semble que je ne retrouverai plus jamais le chemin de l'amour d'un homme, aux deux sens d'« aimer » et d'« être aimée ».

Lundi 11 mars, Westhafen,
département des périodiques de la StaBi

Un port industriel sous la neige. Tout est blanc, à part deux ou trois bulldozers qui déblaient mollement. Et moi je suis venue ici lire un numéro de journal de 1909, c'est surréaliste.

12 h 30

Durchbruchstag ! L'article d'Albrecht Mendelssohn Bartholdy est passionnant. Pas moyen de le photocopier, je note donc de longs extraits à la main.

Albrecht, fils de Carl, petit-fils de Felix, se montre un digne arrière-petit-fils d'Abraham : tout aussi travaillé par la question de l'héritage, mais bien plus prêt à l'assumer. Sur l'origine du nom MENDELSSOHN, il mentionne une autre hypothèse : d'après une biographie qui vient alors d'être publiée, c'est celui qu'aurait noté dans son registre le gardien du Rosenthaler Tor à l'arrivée du jeune immigrant de Dessau.

Si ce nom est aujourd'hui très porté, rappelle Albrecht, ce n'est pas seulement par des descendants du philosophe :

> *Tout comme les noms de libérateurs parmi les Noirs américains dans les États du Sud, le nom de ce libérateur intellectuel a été adopté par les juifs de cette époque, surtout les pauvres et les anonymes d'Allemagne orientale, de Galicie et de Pologne ; ils le comprenaient dans leur langue, où « fils de Mendel » signifie* Ben menahem, *« fils de notre consolation »* [10].

Après le Congo belge, l'esclavage dans les États américains du Sud : une fois de plus, le Tout-monde me rattrape.

Ce nom de libérateur, ce nom si porteur d'espérance, Albrecht rend grâce à Felix de l'avoir conservé malgré les instances de son père. Et il reproduit ici la fameuse lettre du 8 juillet 1829, jusque-là inédite : *« Il faut donc que tu te fasses appeler Felix Bartholdy, parce que le nom est un vêtement et que ce vêtement doit être adapté à l'époque, aux besoins et à la condition sociale* [11]... *», etc.*

Une figure tragique que cet Abraham, analyse l'auteur : d'une intelligence remarquable, mais prisonnier d'une rationalité à court terme « qui s'arrête au pragmatisme du présent et en oublie les leçons du passé, ce qui la rend peu capable de prophétiser l'avenir ». Abraham en effet occulte le fait que Moses était un juif très pieux et que, s'il a adopté un nouveau nom, ce n'était nullement pour rompre avec sa communauté. Ce n'aurait d'ailleurs pas été nécessaire. Tout comme Philipp Veit a gardé le sien et n'en est pas moins devenu « l'un des plus fervents catholiques allemands », Felix Mendelssohn est devenu *le* compositeur de l'Église protestante, y compris pour les

Anglais, qui riraient beaucoup si l'on voulait « les convaincre qu'*Elijah, Saint Paul* et l'*Hymn of Praise* sont l'œuvre de Bartholdy ».

Cette première section de l'article s'appelait « Éloge du nom ». Vient ensuite une seconde section intitulée « Le Siège de Paris », tout aussi étonnante. Albrecht, collectionneur de *mendelssohnia*, a en sa possession le texte d'un discours prononcé par un pasteur français, le 6 novembre 1870, lors d'un concert Mendelssohn. En plein siège de Paris, on jouait la symphonie *Réformation* sous le feu des Prussiens ! Un beau paradoxe, que relève le pasteur en question dans ce sermon internationaliste. Mais je ne prends pas de notes, j'irai lire l'original qui (j'ai vérifié sur l'ordinateur public) est disponible à la BnF de Paris.

Pendant une pause, je suis sortie appeler le secrétaire d'Eva Engel dans le vacarme d'un énorme portique hissant des containers. Comme il habite Brunswick, il viendra m'attendre à la descente du train pour que nous fassions ensemble le trajet vers Wolfenbüttel. Signe de reconnaissance : j'aurai à la main le livre de Stephen Tree, avec le portrait de Moses en couverture.

17 h 15, StaBi

Vraiment j'adore mon vieux Maurice. Un qui est resté libre. Sans que nous ayons jamais parlé de choses intimes, il me semble qu'il me comprend mieux que beaucoup de mes proches. Et je ne l'oublierai jamais, c'est lui qui m'a offert *Tout-monde* d'Édouard Glissant avant que je ne quitte Berlin. Passons à ma lecture du jour : Felix GILBERT, *A European Past*, 1988.

J'avais déjà repéré Felix Gilbert (1905-1991) comme membre actif de notre réseau : éditeur d'un fort volume de lettres échangées dans la famille, et possesseur de plusieurs objets prêtés pour l'exposition de 1986 à Wolfenbüttel. C'est un Mendelssohn au carré, puisqu'il a pour grand-père Paul Mendelssohn Bartholdy (fils de Felix) et pour grand-mère Énole Oppenheim (petite-fille d'Alexander). Et je m'aperçois ici que mon système d'encodage ne tient pas la route, à cause des mariages consanguins. Felix Gilbert y serait à la fois IBCBB et FBBEAB, et à quoi bon un système d'encodage qui admet des doublons ?

En revanche, les premières pages de ses mémoires me plaisent beaucoup. Felix Gilbert, qui a émigré vers les États-Unis après 1933 et travaille pour l'*Office of Strategic Services*, se trouve en mission à Berlin pendant l'automne 1945. Il n'a pas revu sa ville natale depuis treize ans et est impatient de retourner le long du Landwehrkanal où il habitait enfant. À l'époque, raconte-t-il, on y voyait passer des barges apportant du charbon en ville, et un jour de printemps 1919, en revenant du lycée, il s'était mêlé à un attroupement sur la rive : c'était un corps qu'on repêchait de l'eau. « Les hommes chargés de l'opération nous dirent que c'était celui de Rosa Luxemburg, et les journaux le confirmèrent le lendemain [12]. » Voilà qui commence fort.

Mais, en 1945, le quartier est devenu un champ de ruines où même la jeep n'avance plus. À pied, l'OSS Gilbert cherche en vain des points de repère. Les marronniers de la berge ont disparu, la chaussée est enfouie sous des monceaux de gravats. Il s'apprête à renoncer, quand son regard tombe sur un bout de pavage à motifs blancs et bleus : et soudain, toute son enfance ressurgit. C'était l'entrée de service de son ancien immeuble. « Aucun petit garçon n'aurait résisté à la tentation de sauter à cloche-pied de pavé bleu en pavé bleu, en évitant les blancs [13] », mais ce rejeton de la grande bourgeoisie n'avait l'occasion de jouer dans la rue qu'un seul jour par an. Le jour où, leurs malles bouclées, parents, enfants et domestiques attendaient devant l'immeuble les équipages qui devaient les conduire jusqu'à la villa de Charlottenburg où ils passeraient l'été. La villa Oppenheim, donc, où je me trouvais hier midi.

Felix Gilbert évoque longuement son arrière-grand-père Otto Georg Oppenheim. Ce magistrat prussien, quoique « rigide et gourmé », réservait des surprises :

> *Politiquement, c'était un libéral. Jusqu'à la fin de sa vie il vota pour le Parti populaire progressiste, aile gauche des libéraux, le parti bourgeois le plus proche des socialistes. [...] Il détestait le luxe ostentatoire de l'Allemagne sous Guillaume II, et pendant plusieurs mois il refusa de voir son petit-fils Otto Mendelssohn Bartholdy, le frère aîné de ma mère, qui avait versé une forte somme [...] pour se faire anoblir par Guillaume II [14].*

Dans la jeunesse d'Otto Georg Oppenheim, un scandale avait failli compromettre sa future carrière. Il impliquait son frère Alexander, « un fervent disciple de Ferdinand Lassalle »... quoi, encore un ? qui avait commis un vol avec « un membre de la famille Mendelssohn qu'il connaissait [15] ». Arnold Mendelssohn I, pardi ! C'est l'affaire de la Cassette ! Ce court-circuit dans le réseau familial me laisse tout ébaubie, tâchons de nous concentrer.

De père anglais, Felix Gilbert se trouve en porte-à-faux pendant la Première Guerre mondiale. C'est peut-être ce qui éveille son sens critique et l'orientera plus tard vers une carrière d'historien. Mais auparavant il est brièvement tenté par la philosophie, et sa mère le met alors en garde : « Suis tous les cours que tu veux, mais ne dis pas que tu étudies la philosophie. Tous les philosophes sont fous [16]. » (C'est une arrière-arrière-petite-fille de Moses qui parle, hélas.) Très jeune aussi, il adhère au SPD, favorablement impressionné par la façon dont il a su en 1919 mettre fin à la révolution spartakiste et rétablir l'ordre.

Rétablir l'ordre !... Ma sympathie naissante pour Felix Gilbert en prend un coup, mais ne soyons pas étroits d'esprit. Il faut reconnaître que par ailleurs il a le sens de l'humour, et s'entend à donner vie aux scènes et aux personnes.

Avant de partir faire ses études à Heidelberg, au plus fort de l'inflation allemande, il rend visite à son oncle Otto von Mendelssohn Bartholdy, qui lui glisse un billet de banque en lui souhaitant de prendre du bon temps. Merveille, c'est un billet de cinquante dollars qui lui durera tout le semestre... et encore, il lui en reste dix à l'automne, lorsque le cours du mark se stabilise enfin. En 1945, il reverra cet oncle à Potsdam. Le vieux monsieur vit alors dans la cabane de son jardinier, car sa maison a été réquisitionnée par les forces d'occupation russes, mais il ne paraît pas trop mécontent de son sort : l'essentiel est que le régime nazi soit enfin tombé. Son seul regret est de ne jamais savoir l'heure, car les Russes ont également réquisitionné toutes les horloges et montres de la maison. Felix Gilbert ne peut lui offrir celle qu'il porte au poignet, c'est un collègue de l'OSS qui la lui a prêtée. « Aurais-je dû la lui donner quand même ? La question me tracasse encore [17]. »

Cet historien semble avoir été un merveilleux professeur.
Pour donner une leçon de temporalité aux jeunes Américains
de Bryn Mawr à qui il enseignait après la guerre, il leur
racontait comment, petit garçon, il avait remis un bouquet
de fleurs à François-Joseph, pendant des vacances au Salz-
kammergut où l'empereur autrichien se trouvait de passage.
Chaque fois, observe-t-il, les réactions de ses étudiants

> *étaient très amusantes. D'abord ils avaient l'air de penser que
> l'anecdote ne pouvait pas être vraie. Puis ils commençaient à se
> dire que je cachais bien mon âge et que j'étais beaucoup plus
> vieux que je n'en avais l'air – une figure préhistorique, quasi-
> ment ! Ce n'est que peu à peu qu'ils parvenaient à la conclusion
> que je voulais leur suggérer : que la période antérieure à la
> Première Guerre mondiale, le tout début du XXe siècle, avait
> encore des prolongements dans leurs vies*[18].

20 h 45, bistrot en face de chez Werner

Quand je refais le compte de mes amours ou amitiés
perdues récemment, j'ai l'impression d'être une *centrifugeuse*
propulsant loin d'elle tout ce qui entre dans son orbe. Pascale et Pierre par exemple, dont je me sentais si proche
pendant notre année commune à Berlin et qui ont abrupte-
ment cessé de me voir. Parce qu'ils ne supportaient plus ma
vitesse de rotation ?

Je suspends temporairement mon Journal de Berlin, pour ne pas jouer davantage avec vos nerfs. Vous n'en pouvez plus, n'est-ce pas ? vous voulez enfin savoir ce qu'était cette fameuse affaire de la Cassette dont il est question depuis le début. Un vrai roman. Mais toute la vie d'Arnold Mendelssohn I a été un roman, plutôt triste d'ailleurs.

Il naît en 1817 à Neisse, aujourd'hui Nyssa en Pologne, de même que sa sœur Ottilie (1819) et son frère Wilhelm (1821). Il n'y a pas beaucoup d'argent à la maison, et sept autres enfants y sont morts en bas âge. Mais Nathan et sa femme forment un couple solide, Henriette en particulier apparaît comme une personnalité chaleureuse que tous ces malheurs n'ont pas entamée ; et, d'après le ton des lettres qui s'échangent dans la famille, les relations y sont simples, sereines, loin des éclats d'une Dorothea ou des névroses identitaires d'un Abraham.

Peu après la naissance de Wilhelm, on s'installe à Bad Reinerz où Nathan va ouvrir sa fonderie grâce aux capitaux de ses frères. Un projet industriel voué à l'échec, nous le savons, mais qui commence en fanfare au mois d'août 1823. Arnold a cinq ans lors de cette inauguration à laquelle assistent l'oncle Joseph et l'oncle Abraham venus exprès de Berlin. Le cousin Felix est là aussi, qui donne un concert aux ouvriers de la fonderie et, à lui, quelques leçons de violon. Et comme il dessine bien, ce grand de quatorze ans ! Devant les jolies esquisses du bourg qu'il réalise au cours de ces journées, le petit cousin de province doit ouvrir des yeux ronds.

Mais la fonderie connaît le sort qu'on sait, et désormais la carrière de Nathan s'étiole inexorablement dans les localités silésiennes où il promène tour à tour sa famille. En 1829, on se transporte à Glatz (aujourd'hui Klodzko) où il espère et, après trois ans, finit par obtenir un poste de percepteur des impôts : poste modeste, qui ne lui rapporte qu'environ 600 thalers annuels. Un autre poste lui échoit en 1834 à Liegnitz (Legnica), ce qui les rapproche un peu de la capitale prussienne. Et de la réussite ? Non. Deux ans plus tard, au lieu de l'avancement escompté, on parle de renvoyer à Glatz le père de famille qui, cette fois, se rend à Berlin et y arrache un poste de *Revisor* dans l'administration fiscale.

Le titre est bien sonnant, et cette nomination permet à Arnold de passer son baccalauréat dans un lycée de la grande ville. Mais les finances de la famille restent chancelantes et l'oncle Abraham vient malheureusement de mourir. C'est donc au redoutable Joseph qu'Arnold devra s'adresser pour financer ses études.

On le destine à la médecine, et on l'inscrit d'abord à Bonn. Il en profite en 1838 pour aller voir à Francfort tante Dorothea et la famille Veit. Les quatre filles de Philipp sont heureuses de découvrir en lui un garçon sans chichis, au lieu du snob berlinois qu'elles redoutaient ; mais, écrit Dorothea à Joseph, « le brave Arnold me paraît un peu intimidé et angoissé par sa future profession de médecin [1] ».

Une huile de Philipp Veit, intitulée *Portrait d'un parent*, passe pour le représenter[2] : sous une chevelure sombre et bouclée, des yeux pensifs, un long nez fin, la bouche close de qui s'exprime peu et envisage avec circonspection l'avenir. Mais est-ce vraiment de la circonspection, ou de l'angoisse, comme le supposait sa tante ? N'est-ce pas plutôt la calme résolution d'un jeune homme qui se prépare déjà à décevoir, peut-être même à choquer ? Certes la médecine est une voie honorable, qu'avait envisagée Moses pour son propre fils aîné. Arnold serait le premier médecin de la famille, mais non le premier dans l'entourage familial, si l'on songe à Marcus Herz ou à Aaron Gumpertz. Toutefois ces figures de médecins humanistes, chez qui la connaissance des corps n'était qu'une érudition parmi d'autres, appartiennent au passé. Cinquante ou soixante ans plus tard, surtout avec l'ascension sociale qu'a connue la famille, on compte sur Arnold pour qu'il tire de cette profession un bon revenu et, plutôt qu'à l'amour de la science, se consacre à l'acquisition d'une clientèle huppée.

Or il n'en prend pas le chemin. En 1841, il achève une thèse qui, quoique brillante, ne promet pas de le lancer dans le grand monde : elle est consacrée au *porrigo lupinosa*, une forme de teigne. Peu après, il décroche un remplacement en médecine sociale dans le « Vogtland », un quartier ouvrier de Berlin. Il est effaré des conditions de vie, des salaires de misère que gagnent ces familles de tisserands en travaillant dix-huit heures par jour ; cela vient, apprend-il, de ce qu'elles dépendent entièrement du fabricant qui leur livre la matière première et leur rachète ensuite les tissus au plus bas. Souvent, l'acte médical d'Arnold consiste « à leur faire donner quelque chose à manger[3] ». Ou à les secourir grâce à Joseph et à son fils Alexander, qui n'en sont pas à leur première œuvre charitable.

Mais le jeune médecin, qui vient de lire *Le socialisme et le communisme dans la France d'aujourd'hui* de Lorenz von Stein, conçoit alors un projet qui pourrait radicalement changer la donne pour les tisserands du Vogtland. Courant 1844, il s'en va trouver son oncle.

« Est-ce de l'argent que tu veux, ou des conseils ? lui demande le banquier.

– Les deux », réplique son neveu, avant de s'expliquer. Et si Joseph, au lieu de ce saupoudrage d'aumônes, lui remettait un petit capital qu'il emploierait à l'avantage des tisserands ? « Je fonderai dans le Vogtland une institution où ils se procureront la matière première, et je me chargerai ensuite de vendre leurs produits. À mon sens, c'est le plus grand service que vous puissiez rendre à ces gens en faisant ainsi concurrence aux fabricants. Et une concurrence très significative, puisque vous ne tenez pas à faire fructifier ce capital ; alors que les fabricants en attendent des profits démesurés[4]. »

L'idée frappe Joseph, qui ne dit pas non, mais lui prédit que cette initiative ne lui vaudra pas que des amis. De plus, les modes étant changeantes, Arnold risque de se retrouver avec un stock d'étoffes invendables sur les bras. Ce n'est pourtant pas cela qui décourage le jeune médecin, mais l'absence de soutien rencontré chez le pasteur du Vogtland et autres responsables.

Les idées subversives continuent de s'affirmer en lui, il n'hésite pas à les défendre face aux membres banquiers de sa famille. Paul Mendelssohn Bartholdy, qui travaille à présent pour Joseph et loge dans son hôtel de la Jägerstraße, n'est pas dépourvu de conscience sociale ; c'est même lui qui avait prêté à son cousin le livre de von Stein.

« Tu vois, confie un jour Paul à Arnold en le recevant dans ses luxueux appartements, je me demande parfois ce qui me donne droit à tout ça.

– Les autres aussi commencent à se le demander[5] », observe gravement son parent pauvre. De fait, nous ne sommes plus qu'à quelques années de la révolution de 1848. Mais entre-temps, Arnold aura croisé la route de Ferdinand Lassalle. Une rencontre avec son destin.

Quand vous rencontrez votre destin, il ne vous lâche plus : c'est exactement ce qui se passe avec Ferdinand Lassalle. Né en 1825 à Breslau, c'est-à-dire silésien lui aussi, le fils du soyeux Heymann Lassal est alors étudiant à l'université de Berlin et hégélien convaincu. Qu'a-t-il de si fascinant ? Physiquement, pas grand-chose, et la rencontre paraît bien anodine dans un premier temps. Un matin qu'Arnold travaillait chez lui à un nouvel ouvrage médical, débarque sans crier gare « un jeune homme imberbe[6] » qui se recommande d'une relation commune. Ils discutent un moment sciences et philosophie, Arnold relève la vive intelligence de son cadet de huit ans ; mais il cesse vite d'y penser, et omet de lui rendre visite comme il le lui avait promis. Quelques semaines plus tard, un billet lui parvient : Lassalle héberge un cousin silésien qui est tombé malade, et il n'est personne à qui il fasse « plus confiance » qu'au jeune Dr Mendelssohn. Surpris de ces flatteries, Arnold vient soigner le cousin, puis Lassalle le prend à part :

« Vous savez que ce n'est pas gentil du tout de ne pas être venu me voir. C'est d'autant plus injuste que je m'intéresse à vous.

– Ah bon ?

– Mais oui. Pour moi vous êtes un merle blanc parmi les médecins, je n'en connais pas deux comme vous. C'est vraiment de la science, ce que vous faites [7]. » Que lui veut-il, d'où lui vient l'assurance presque désinvolte avec laquelle il déclare son admiration à un quasi-inconnu ? Déconcerté, Arnold se sent pourtant touché, « plus qu'il ne l'a jamais été », et ils deviennent amis.

Cette amitié est telle qu'ils emménagent ensemble. Lassalle, qui en a assez des garnis, s'est installé dans un appartement à lui, qu'il meuble coquettement et propose à Arnold de partager. C'est alors que le médecin (voir chapitre 12) demande à son oncle 250 thalers pour contribuer aux frais. Joseph refuse tout net, mais cela ne ternit pas les relations entre les deux jeunes gens. Au contraire, ils se sentent si proches que Lassalle, de passage à Breslau, éprouve le besoin d'aller saluer la sœur d'Arnold et son mari, le mathématicien Eduard Kummer. Il ne leur fait pas bonne impression, Eduard l'écrit à son beau-frère, mais le piège est déjà en train de se refermer.

Car Lassalle est par ailleurs lié à Sophie von Hatzfeld, une comtesse quadragénaire qu'il soutient dans sa procédure en divorce avec l'aide du jeune juriste Alexander Oppenheim. En quoi cela concerne-t-il Arnold ? En rien, pour l'instant. Il vient de perdre sa mère dont il était très proche, de publier un essai sur *Le Mécanisme de la respiration et de la circulation*, on le considère à vingt-huit ans comme un physiologiste d'avenir et, grâce au petit héritage laissé par Henriette, il envisage de compléter sa formation médicale à Paris. Mais voilà que Lassalle le persuade de lui prêter main-forte dans le procès Hatzfeld, et il s'y jette tête baissée.

Défendre les intérêts d'une comtesse que son mari est en train de ruiner par des cadeaux à sa maîtresse, telle n'est peut-être pas *la* cause sociale qui paraît mériter le plus de sacrifices. Mais l'affaire illustre crûment les injustices du système patriarcal, qui livre la femme au bon vouloir de son mari ou de ses parents masculins : or les frères de la comtesse ne lèvent pas le petit doigt pour lui permettre de divorcer. N'écoutant que leur conscience, Lassalle et ses deux disciples se retrouvent pendant l'été 1846 à prendre en filature la baronne Meyendorf, maîtresse du comte Hatzfeld. Le 20 août, ils sont à Aix-la-Chapelle, apprennent qu'elle va se rendre à Cologne et y passer une nuit à l'hôtel *Mainzer Hof*. Lassalle reste à Aix, l'assesseur Oppenheim et le docteur Mendelssohn gagnent Cologne et descendent au *Mainzer Hof* sous de faux noms. Le lendemain matin, parmi les bagages déposés devant la chambre de la baronne, Oppenheim découvre une cassette fermée à clé. Espérant y trouver des documents compromettants (un acte de donation du comte), il s'en empare, la remet à Arnold. Ce dernier « la cache dans sa valise, et tous deux quittent précipitamment l'hôtel en fiacre [8] ».

Mais bientôt leurs chemins se séparent. Tandis qu'Oppenheim se rend à la police, Arnold placé sous mandat d'arrêt passe en Belgique puis en Angleterre. Il s'y fait faire un passeport au nom de Goldsmith, revient jusqu'à la frontière allemande, d'où il tente de contacter Lassalle. Ses lettres restent sans réponse ; pensant que son ami a pu se réfugier à Paris, il emploie ses dernières ressources à l'y rejoindre, arrive là fin septembre... et ne l'y trouve pas.

Il est, écrit-il alors à Heine, « comme une bête aux abois [9] ». Le poète en exil accepte de le dépanner, le temps qu'arrivent d'Allemagne d'autres subsides. Le vol de la cassette remonte à plus d'un mois et Arnold est toujours sans nouvelles de Lassalle ; son ami l'aurait-il lâché ? L'ami, qui reçoit bien ses lettres mais est toujours accaparé par le procès Hatzfeld, prend fort mal cette supposition et lui répond enfin :

> *Tu es un parfait idiot. Et, au moment où j'ai moi-même tant de tracas, il faudrait en plus que tes bêtises me coûtent de l'argent, du temps, de la peine et des ennuis ! [...] Crois-tu mon cœur aussi petit que ta cervelle ? Et comment aurais-je l'idée de te laisser tomber maintenant, alors que je n'ai pas la moindre raison d'être mécontent de toi ? [...] Ton soupçon est une infamie à mon égard* [10].

Non, Ferdinand Lassalle n'est pas un vil manipulateur. C'est un tempérament excessif, explosif, sujet aux idées fixes, et celle du moment est la comtesse Hatzfeld. Avec lui, même la générosité est passionnelle : cette lettre au vitriol accompagnait l'envoi de vingt napoléons. Rassuré, Arnold prend son mal en patience et profite de ce séjour à Paris pour faire la connaissance de Moses Hess, un proche de Marx, et de Joseph Proudhon.

Le comble est que la cassette ne contenait rien d'intéressant. Alexander Oppenheim est d'ailleurs acquitté dès novembre, ayant argué de sa bonne foi et de la noblesse de ses mobiles. Arnold va-t-il pouvoir retourner en Prusse, reprendre le fil de sa propre vie ? Il s'y décide en juin 1847, croyant le danger passé. À peine a-t-il passé la frontière qu'il est appréhendé. On transmet son cas à la cour d'assises de Cologne ; le 11 février 1848, malgré l'appui d'un avocat envoyé par Lassalle, il est condamné pour vol et recel à cinq ans de prison, avec interdiction définitive d'exercer la médecine et surveillance policière à vie.

Le jeune médecin est-il, comme le suggère Thomas Lack-mann, victime d'une justice de classe qui a acquitté le « fils de millionnaire [11] » Alexander Oppenheim, mais inflige à son obscur complice une peine disproportionnée ? Ou, connu pour ses liens avec les milieux socialistes, fait-il les frais du climat de plus en plus tendu en Europe, où la révolution va éclater quelques semaines plus tard ? Toujours est-il que cette condamnation est une mort sociale et, consterné, son entourage se démène pour lui.

Pour commencer, son père adresse une supplique à Frédéric-Guillaume IV : elle n'aboutit pas, le pourvoi en cassation est rejeté et, peu après, peut-être à cause de ce scandale impliquant son fils, Nathan quitte la loge maçonnique dont il était membre à Berlin. C'est peut-être aussi par accablement pur et simple. Car Ottilie vient de mourir à Breslau, laissant trois orphelins. Vraiment le sort s'acharne sur Nathan : après avoir perdu sa femme, puis mis en terre le plus célèbre de ses neveux (Felix) et la plus talentueuse de ses nièces (Fanny), voilà son fils aîné emprisonné pour vol et sa fille emportée à vingt-neuf ans par une fièvre nerveuse – c'est quand même, rappelons-le, le huitième enfant qu'il perd.

Nathan ayant baissé les bras, Wilhelm frère d'Arnold se met alors à la tâche. Il fait circuler à Cologne une pétition qui accompagnera une demande en grâce signée d'Alexander von Humboldt, vieil ami de la famille. Elle est aussi rejetée. Mais les choses bougent. En août 1848, Lassalle, qui comparaissait pour incitation au vol, est à son tour acquitté : son avocat a pu prouver que les témoins avaient été subornés par le comte. En prison, Arnold ne se laisse pas abattre et envoie des articles à la revue *Spartacus*, supplément de la *Neue Bonner Zeitung*, dont le rédacteur n'est autre que

Gottfried Kinkel (bientôt condamné à la perpétuité pour menées insurrectionnelles et incarcéré à Spandau, d'où Rebecka Dirichlet contribuera à le faire évader). Arnold, lui, n'a pas besoin d'en venir là. En juin 1849, grâce à une nouvelle démarche d'Alexander von Humboldt, sa peine est commuée en exil à vie, et il quitte pour toujours le territoire prussien.

Il a alors trente et un ans, il lui en reste cinq à vivre ; mais ces cinq années dépasseront en romanesque tout ce qu'on a vu jusqu'ici.

Car les tumultes du Printemps des peuples ne sont pas encore retombés en Autriche, où le proscrit a justement dirigé ses pas. Après avoir en vain sollicité un poste dans un hôpital de Vienne, il se rend à Presbourg où il refait quelques mois de prison : on le soupçonne d'avoir voulu rallier la révolution hongroise. Un soupçon qui n'était pas si absurde car, début 1850, nous le trouvons dans la ville ottomane de Sumla, où se sont réfugiés Kossuth et le général Bem, deux grandes figures de cette révolution. Il tente d'y emprunter cinq cents piastres à Kossuth qui, ayant lui-même du mal à entretenir sa suite, doit les lui refuser.

C'est alors que l'administration ottomane le nomme médecin de quarantaine à Alexandrette. Il quitte Constantinople à bord d'un vapeur britannique où il croise le comte Richard Guyon – un aristocrate anglais qui avait soutenu la révolution hongroise puis intégré l'armée ottomane sous le nom de Kurshid Pacha. On fait escale à Smyrne, d'où Arnold écrit à Sophie von Hatzfeld. Il sait Lassalle malade, le croit de nouveau en prison et voudrait lui transmettre ses encouragements. Nulle amertume dans sa lettre, en revanche une grande lucidité sur la personnalité aussi attachante que dévorante de leur ami commun :

> *Notre ami L. a péché envers lui-même et envers ses meilleurs amis (j'en étais, malheureusement pour lui et pour moi) par un excès d'énergie, une impatience d'agir qui non seulement empêchait son intelligence souveraine de se montrer telle qu'elle est réellement [...], mais allait jusqu'à attaquer sa propre santé et celle de ses amis en en appelant toujours aux sentiments les plus intimes, aux vraies sources de la vie, pour agir lui-même, ou pour faire agir les autres* [12].

Si Lassalle, une fois libéré, souhaite venir goûter « la tranquillité de l'Oriental qui fume son narguiléh en se moquant de tout le monde [13] », Arnold est prêt à l'accueillir.

C'est, de sa part, montrer trop d'optimisme. En fait, il ne restera à Alexandrette que quelques mois, le temps de contracter la malaria et d'apprendre qu'il a été déchu de sa citoyenneté prussienne. Mis à pied, il reprend son errance à travers la Syrie, le Liban, la Palestine, pour atterrir finalement à Jérusalem en juin 1851.

Aucun frisson mystique en pénétrant dans « la ville sainte, comme l'appellent les juifs et les Arabes [14] ». Cette Jérusalem qui avait inspiré à Moses le titre de son *opus magnum*, où Lessing avait campé l'action de *Nathan le Sage*, ne frappe Arnold que par sa bigarrure levantine, sa faune d'illuminés et de zélotes qui, tous, attendent la venue du Messie ou son retour. « Nous sommes peut-être les seuls ici, moi et le consul français (catholique), à ne pas donner dans ce genre de choses [15] », écrit-il à son père. La concurrence y est rude pour un médecin privé, car on trouve déjà sur place : le Dr Edward MacGowan, anglais, subventionné par la *Society for promoting christianity among the Jews* ; le Dr Simon Fränkel, financé par le philanthrope sioniste Sir Moses Montefiore ; le Dr Barclay, « un baptiste américain que l'Amérique paie pour damer le pion » aux deux autres [16] ; sans compter tous les médecins attachés aux monastères grecs, latins, etc.

Ce déchaînement de prosélytisme déconcerte le jeune Silésien, qui a été élevé dans un paisible protestantisme mâtiné de franc-maçonnerie. Il est aussi frappé par la déchéance morale du sous-prolétariat juif que courtisent et appâtent les diverses missions.

Ils ne travaillent pas, ou du moins ils sont rares à faire du commerce ou un métier artisanal, ils vivent des aumônes venues d'Europe, qu'ils reçoivent sans gratitude [...]. Quand la mission en attrape un, la seule différence est que désormais il est payé pour sa foi chrétienne comme il l'était auparavant pour sa foi juive ; on en a même vu qui redevenaient juifs quand ils n'étaient pas contents de la prime [17].

Tout cela n'est pas à l'honneur des religions en général, et Jérusalem apparaît surtout comme la capitale des mascarades pieuses. La propre conversion d'Arnold au catholicisme n'y fait pas exception. En effet, après quelques mois de difficile pratique privée, l'exilé a réussi à fonder un hôpital de vingt-deux lits, aidé par le prêtre italien Dom Sorrentino et par le chancelier consulaire français Lequeux. L'inauguration a eu lieu le 1er novembre 1851, en présence du Patriarche latin de Jérusalem. Les premières semaines sont prometteuses, d'après une lettre d'Arnold à son père :

J'ai traité plus de trente patients, parmi lesquels des Turcs, des Arméniens, des Grecs, des catholiques, tous cas graves que j'ai guéris pour la plupart [...]. Tu conçois l'impression que ces succès ont pu faire sur la population ; je suis maintenant reconnu comme le premier médecin de la ville, j'obtiens tout ce que je veux des Turcs ; le cadi de Naplouse vient de m'envoyer son fils, [...] les chrétiens m'appellent Aboura *(notre père) et, à la mode arabe, appellent sur ma tête des cascades de bénédictions*[18].

Mais il a aussi fallu se résoudre à une démarche dont, un peu gêné, il n'informe son père que dans sa lettre suivante :

Avant de te répondre, je voudrais encore te faire part de quelques nouveautés à mon sujet. Le 8 décembre, jour de ton anniversaire, je suis devenu catholique [...]. Cela s'est fait en famille*, *dans la chapelle privée du Patriarche [...] ; le consul de France était là en grand uniforme. Tu penses bien que nous sommes, lui et moi, des catholiques du même calibre, c'est-à-dire qu'en notre for intérieur, notre culture et notre philosophie font de nous autre chose que les fidèles d'une quelconque Église. Mais dans ce pays la religion relève de la politique et, comme mes buts politiques exigeaient cette démarche, j'ai pensé qu'il te serait égal que je fréquente telle Église ou telle autre, et je l'ai fait sans te demander ton avis*[19].

Il n'en aurait pas eu le temps, car son père n'a reçu ni cette lettre ni la précédente : le 9 janvier 1852, le dernier des dix enfants de Moses a été retrouvé mort dans son lit. Mais, catholique ou pas, Arnold continue d'attirer la malchance. Après ces brillants débuts, l'hôpital Saint-Louis se trouve vite à court de financement et ses fondateurs doivent le revendre au Patriarche de Jérusalem. Arnold y décline les nouvelles fonctions de médecin attaché. L'Orient ne lui réussit pas, il décide de gagner l'Italie où il compte sur l'appui de Dom Sorrentino.

Hélas, à Rome rien ne se dessine. Que se passe-t-il ensuite ? Pourquoi, s'étant fiancé avec une Napolitaine, ne l'épouse-t-il pas ? Toujours est-il que fin 1852, il est rappelé par le chancelier Lequeux à Tripoli du Liban, pour y soigner la colonie française locale. Là, nouveaux revers. En son absence, le consul de Prusse à Beyrouth a exhumé son passé judiciaire et il n'est plus question que de ça. Arnold se rabat donc sur un poste de médecin militaire dans l'armée ottomane.

Nous en sommes alors aux prodromes de la guerre de Crimée, le public européen se passionne pour la question d'Orient. C'est ce qui donne à Wilhelm Mendelssohn l'idée de mettre son frère en relation avec le rédacteur de la *Kölnische Zeitung*. Bientôt Arnold y publie des reportages en tant que « médecin allemand à Erzeroum » puis, à partir de janvier 1854, une série de *Lettres levantines*.

Lorsque paraissent ces premières lettres, il n'est déjà plus à Erzeroum mais en quartier d'hiver à Kars : il y sert de secrétaire privé à Richard Guyon *alias* Kurshid Pacha, et de médecin militaire à tout un régiment. Sa position y est difficile. On le soupçonne d'être « un jésuite, un espion autrichien[20] » et Dieu sait quoi encore. Pourtant, c'est dans ce cadre hostile que le petit-fils de Moses rencontre enfin un interlocuteur digne de *Nathan le Sage*, un colonel tcherkesse qui lui expose ses vues en matière de religion :

« Votre Prophète chrétien ne vous a-t-il pas enseigné la doctrine de la paix ? Pourquoi ne suivez-vous pas son enseignement, au lieu de vous battre non seulement contre nous, ce qui n'est qu'un juste retour des choses, mais entre vous ? »

Et, constatant que la loi chrétienne comme la loi musulmane ont toutes deux fait leur temps, le colonel appelle de ses vœux un nouveau législateur *(hodja)* qui leur enseignerait à tous une autre façon de vivre.

« Que dis-tu de ce musulman ? écrit Arnold à son frère en lui relatant l'échange. Je lui donnais entièrement raison. Pour ne pas te paraître un admirateur aveugle des Turcs, je dois t'avouer que les gens comme lui sont bien rares par ici. Mais sont-ils plus nombreux chez nous [21] ? »

Bonne question, qui restera sans réponse. Le dernier témoignage de l'exilé est une lettre de janvier 1854 où il raconte avoir vécu les batailles de Gümri et de Szubatan. Après, c'est le silence. Fin 1854 seulement, Wilhelm Mendelssohn reçoit de Jérusalem un courrier qui en a été posté le 8 octobre, probablement par le consul de Prusse. Des rumeurs font état qu'au mois de mai, alors que son régiment marchait sur Bayazid, le Dr Arnold Mendelssohn serait mort « dans l'exercice de ses fonctions, c'est-à-dire du typhus [22] ». À Diyadin très exactement, aujourd'hui une petite ville turque proche de la frontière avec l'Arménie et l'Iran. Je doute que, mort en pleine guerre et en pleine épidémie, Arnold y ait eu droit à beaucoup de formalités ; prudent, le tribunal de Berlin n'enregistrera son décès qu'une décennie plus tard.

Et Lassalle ? À l'automne 1856 il part lui-même pour l'Orient et, à Constantinople, reçoit confirmation de ces nouvelles par le médecin-capitaine de feu le général Bem. Il est effondré. « Arnold est mort ! – Mon Arnold est mort ! » déplore-t-il dans une lettre déchirante à la comtesse Hatzfeld.

> *S'il avait encore pu tenir six malheureux mois, j'allais enfin*
> *pouvoir voler à sa rescousse [...]. Au moment même où je faisais*
> *les derniers efforts convulsifs qui allaient assurer votre victoire, il*
> *a fallu qu'il aille à sa perte. C'est comme un tribut que j'ai dû*
> *payer aux sombres divinités en échange de votre victoire ! J'ai*
> *payé là un gros, un lourd tribut* [23] *!*

Un autre se sentirait platement coupable. Lassalle, lui, se voit en victime du sort qui le frappe toujours à travers ceux qu'il aime : « c'est le destin du Juif errant qui pèse sur moi [24] ». N'essayons pas de comprendre ce qu'il veut dire par là, et saluons cet authentique tempérament tragique. Oui, si la chose avait été chronologiquement et idéologiquement possible, j'aurais beaucoup misé sur une relation amoureuse entre Ferdinand Lassalle et Dorothea Schlegel.

Wilhelm Mendelssohn réagit à ce décès de façon moins démonstrative. Mais, loin de renier son frère comme le reste de la famille, il baptisera Arnold le premier de ses enfants. Au moment où il reçoit la nouvelle, en effet, il vient d'épouser une Aimée Louise Cauer (sans doute le « sang français » dont parlait Arnold Mendelssohn II). Il est alors chef mécanicien à Ratibor, sur l'Oder, où le couple habite une maison si proche de la voie ferrée qu'il faut passer les rails pour accéder au jardin. Voilà dans quel environnement et sous quel parrainage posthume aura grandi le futur préfacier de la *Solution de la question juive* – puisqu'il me faut bien remonter peu à peu vers le mois de mars 2013.

CHAPITRE 22

JOURNAL DE BERLIN (SUITE)

Mardi 12 mars 2013, 9 h 15

GARE CENTRALE DE BERLIN, en attendant mon train pour Brunswick. Je pense aux fresques de la Casa Bartholdy, découpées sur une profondeur de 10 cm et transportées par chemin de fer jusqu'à Berlin en 1887. Impressionnant. Mais ce n'est rien, comparé à la porte d'Ishtar de Babylone, acheminée par bateau depuis la Méditerranée *via* Hambourg, l'Elbe et la Sprée.

Gare de Wolfenbüttel, 16 h 25

Enfin je trouve un moment pour relater cette longue journée.

D'abord, deux heures de train à grande vitesse dans des plaines enneigées. Entre la ville de Moses et la ville de Lessing, quelle distance énorme pour l'époque... Deux amis ne devraient pas être séparés par de telles immensités, me disais-je avec mélancolie, tout en m'efforçant de préparer mon entretien avec Eva Engel.

Mon trac me quitte dès que j'arrive à Brunswick : le jeune homme qui m'attend respire le calme et la bonté. Il n'a rien d'un secrétaire, m'explique-t-il dans le bus où nous montons aussitôt, il est seulement l'aide-soignant d'Eva. Reste à savoir dans quel état physique elle sera aujourd'hui ; elle a des jours de grande confusion. De plus, nous trouverons chez elle des Japonais en visite, elle avait oublié de l'en prévenir quand j'ai pris rendez-vous.

Il a un accent lent et brave qui me plaît bien, et il me montre en route certaines curiosités : un bâtiment du IIIe Reich qui a servi d'école du parti nazi ; une prison qui, a-t-on récemment «découvert» (Christian laisse entendre qu'on l'avait toujours su), aurait été une annexe de Buchenwald. Il me donne des informations sur la famille d'Eva, que j'écoute avec attention, et je fais bien : pendant ma conversation avec elle, tout plongera dans une brume où j'aurais été complètement perdue, si je n'avais reçu auparavant quelques points de repère.

Dès notre arrivée à Wolfenbüttel, j'ai le sentiment d'un voyage dans le temps, parce que c'est une petite ville et que son centre n'a pas été détruit ; le quartier du château et de la bibliothèque offre un aspect presque moyenâgeux. Eva Engel vit dans la Lessingstraße, où s'élevait l'ancienne synagogue incendiée pendant la Nuit de cristal. C'est moi qui parle de Nuit de cristal, Christian me reprend : les «pogroms de 1938». Personne ne dit plus *Reichskristallnacht*, c'est un terme nazi. Embarrassée, je lui explique qu'en France il est encore employé dans tous les manuels scolaires.

La mélancolie aura marqué de bout en bout cette journée contemplative et méditative où j'ai touché du doigt les limites de ma recherche, les limites du grand âge, les limites de la vie enfin. Jusqu'à présent, j'étais en quête de traces, des traces laissées dans notre monde présent par un homme ayant vécu en plein XVIIIe siècle ; mais je ne les rencontrais que dans des livres, des tableaux, des généalogies, des lieux plus ou moins bien conservés. Ici je les ai trouvées dans un corps chargé d'ans, où l'esprit, la mémoire ne se rallumaient que par petits éclairs vacillants.

17 h

Goslar, Stendal... Ces noms de villes allemandes me donnent toujours le cafard, je ne sais pourquoi. Me voilà dans le train régional Wolfenbüttel-Brunswick, 13 km de trajet. Lessing les faisait souvent à pied, je viens de voir sa canne de marcheur dans une vitrine de la Lessing-Haus.

Contrairement à ce que m'avait laissé entendre Stephen Tree, Eva Engel est bien juive, juive au sens des nazis : c'est-à-dire qu'elle ne l'est pas du tout, sa famille n'ayant aucun contact avec le judaïsme, mais que son père, médecin et responsable d'hôpitaux militaires pendant la Première Guerre mondiale, a été interdit de pratiquer dès 1938. La famille a dû s'exiler en Suisse puis en Angleterre, où Eva a grandi. Elle est restée citoyenne britannique ; une des premières choses qu'elle m'a montrées, avant même le départ de la famille japonaise, c'étaient deux courriers officiels de 1999, l'un, allemand, lui décernant la Croix d'honneur, l'autre de la reine d'Angleterre l'autorisant à recevoir une décoration étrangère. Ensuite elle m'a montré la décoration elle-même, et une petite photo floue où elle est aux côtés de la reine Elisabeth, mais ai-je bien compris ? car cette photo semble plutôt dater des années 1950... Peu importe, toute cette conversation se perdait dans les ténèbres.

La campagne est blanche, les bois au crépuscule paraissent presque mauves. De grandes flaques gelées trouent les champs. J'avais oublié à quel point je me sens mal en Allemagne, partout ailleurs qu'à Berlin.

Gare de Wolfsburg, 18 h 40

J'ai raté ma correspondance, attendu vingt minutes le train suivant qui avait du retard, enfin me revoilà au chaud. Reprenons l'ordre chronologique, cela vaudra mieux que ces rêveries qui me tirent toujours plus bas.

Un peu avant midi, donc, je retire mes bottes fourrées et j'entre chez Eva Engel, où se trouve encore la famille d'Osaka : le père universitaire (rien à voir avec le descendant japonais que j'avais repéré dans la généalogie), sa femme et ses deux filles qui viennent d'interpréter pour Eva du Mozart ou du Bach. Christian m'apporte une chaise. Eva, très âgée, très, très âgée, paraît un peu perdue ; mais ses yeux doux et beaux me rappellent ceux d'Ida Pozner. On ressort les courriers de 1999 et la décoration que les Japonais viennent de voir, puis Christian doit me montrer sur son portable la photo de son petit garçon Younès buvant du lait à même la bouteille, Eva y tient beaucoup.

Ensuite il raccompagne les Japonais, et je rapproche ma chaise du canapé d'Eva.

« Vous avez l'air sympathique », me lance-t-elle gentiment. Elle ne saisit pas bien qui je suis, mais dès le début m'appelle *Diana*, prononcé à l'anglaise. « Christian, mets-les dehors ! » ajoute-t-elle à tue-tête, parce que les Japonais n'en finissent pas de remettre leurs chaussures et de prendre congé. Je suis gênée pour eux, en même temps je la trouve drôle. Ah, être une très vieille dame et pouvoir enfin dire tout haut ce qu'on pense !

Commence un échange erratique. Les questions que j'avais préparées manquent systématiquement leur but : ma voix ne porte pas assez, Christian doit tout répéter à Eva, et moi je ne comprends presque rien à ses réponses, d'abord parce que sa voix est déformée par l'âge, ensuite parce que ses associations d'idées l'emmènent en tous sens et qu'elle emploie souvent un mot pour un autre. Jamais nous ne parlerons vraiment de Moses Mendelssohn. Il y a bien un moment où Christian explique que je suis venue l'interroger sur l'édition jubilaire. « Ah, dans ce domaine je ne peux plus tellement vous aider », murmure-t-elle, et c'est poignant, car nous parlons déjà depuis deux heures. Peut-être aussi qu'elle en a assez de Moses, après lui avoir consacré trente ans de sa vie professionnelle ?

En revanche, elle me parle de son mari américain Albert Holland, juriste ou avocat qui avait défendu plusieurs Afro-Américains injustement condamnés pour meurtre. Puis de parents à elle qui ont émigré en Turquie après 1933. Je lui parle d'Erich Auerbach et de son exil à Istanbul, mais elle ne le connaît que de nom. Pendant que Christian prépare un thé que nous ne boirons jamais, la conversation tombe, je ne trouve plus rien à dire ; alors je montre à mon tour des photos de mes enfants.

« Et où est le père qui va avec ?

– Je n'ai pas de photos de lui, nous sommes divorcés. »

Ses yeux doux m'étudient : *« Tapfer »*, lâche-t-elle. Vaillante, comme le petit tailleur. C'est à ce moment-là que nous nous sommes le mieux comprises, de femme à femme : à ce moment-là, elle n'avait pas d'âge.

Sans cesse elle envoie Christian chercher son gros carnet d'adresses pour m'indiquer des noms, mais je vois de moins en moins de qui il s'agit et quel est le rapport avec mon sujet. Dans sa biographie dactylographiée dont elle m'offre un exemplaire, je lis dès la première ligne qu'elle a été en classe avec une descendante de Moses et, bien sûr, je demande qui.

« Eva, comment s'appelait la descendante de Moses qui était en classe avec toi ? répète Christian, patient comme un ange.

— Ah, elle est morte maintenant, mais j'ai encore l'adresse de sa sœur...

— Vous ne vous souvenez pas de son nom ? » J'insiste, doucement, en me faisant l'effet d'être un oiseleur jouant d'une petite flûte pour attirer des souvenirs légers comme des moineaux.

Camfield, le prénom lui échappe, « Christian, va chercher le carnet d'adresses... ». Nous cherchons les Camfield, il y en a plusieurs, je finis par noter l'adresse d'une Martha Camfield, sans savoir si c'est la fille, la mère, la sœur, si elle est morte ou vivante, sans être absolument sûre, d'ailleurs, qu'Eva a retenu ma question et ne s'est pas lancée sur un chemin de traverse... Camfield ne me rappelle rien, mais qui sait. Il y avait tellement d'Anglo-Saxons dans la généalogie que j'ai pu oublier leurs noms.

Je suis larguée, mais c'est très paisible. À l'évidence, Eva m'aime bien et passe un bon moment avec moi. N'est-ce pas appréciable, d'avoir eu un contact chaleureux avec un de mes témoins, même si je n'ai pas réussi à lui expliquer qui je suis et ce que je lui voulais ?

Nous sortons déjeuner. Pendant qu'Eva se prépare, Christian me parle de son ancien travail en maison de retraite ou en gérontologie, qu'il ne supportait plus : trop de travail, trop d'agressivité, y compris contre les patients. De fil en aiguille, j'ai l'impression d'être devenue son assistante, ou disons une cousine qui serait venue en renfort et qu'il doit mettre au courant. Pendant qu'il faisait du thé, j'avais déjà aidé Eva à marcher jusqu'à la salle de bains ; maintenant je demande à Christian s'il va vraiment la faire sortir jambes nues, par ce froid ? Il me rassure : ses jambes seront enveloppées d'une couverture, elle a trop mal aux chevilles aujourd'hui pour qu'il lui passe des bas.

Cette pauvre petite dame paraît encore plus frêle, en chaise roulante sur le trottoir enneigé. Son regard exprime maintenant la détresse, cette détresse enfantine des personnes très âgées. Cela s'arrange au restaurant italien, où plusieurs barbons viennent lui faire la bise : le restaurant jouxte une annexe de la Lessing-Haus où elle a eu son bureau pendant longtemps. « Ici aussi, vous êtes une célébrité ! » lui dis-je en souriant, elle s'illumine. Il lui arrive donc de très bien me comprendre.

Pendant le repas, j'apprends qu'elle a passé toute la guerre en Angleterre où son frère, *enemy alien*, a eu le choix entre l'internement ou les missions d'espionnage en pays occupés (« Il y avait beaucoup de pertes », commente sobrement Christian). Je ne sais plus comment il s'est retrouvé à combattre au mont Cassin. Christian me raconte que, si Dresde a été bombardée, c'est parce que le ciel était couvert au-dessus de Göttingen, cible initiale, et qu'il était facile pour les avions de suivre le cours de l'Elbe. Ensuite il est question d'Einstein, j'ai oublié à quel propos. Et de von Braun, dont les V2 servirent à bombarder l'Angleterre avant qu'il ne fasse une seconde carrière dans la NASA, comme le Dr Folamour.

À la sortie du restaurant, le petit chien des patrons se jette sur la fausse fourrure de mes bottes, qu'il prend sans doute pour un gibier. Et au milieu de cette scène burlesque, une fenêtre s'ouvre dans l'annexe de la Lessing-Haus : ce sont les quatre d'Osaka qui nous disent au revoir.

Eva voudrait que je sois de la fête à Göttingen, prévue la semaine prochaine. Christian doit lui réexpliquer que je n'ai rien à voir avec cette fête de famille et que je repars tout à l'heure pour Berlin. Elle s'inquiète parce que je demande déjà le chemin de la gare. Mon train part donc si tôt ? Non, mais je voudrais encore voir la Bibliothèque ducale et la maison de Lessing ; et avant que je ne les quitte, sur le trottoir, Christian propose de nous prendre en photo.

Eva a vraiment l'air triste maintenant. Je me dis qu'elle n'a peut-être pas envie d'être photographiée dans une chaise roulante, mais ce n'est pas ça : elle est triste que je m'en aille. Elle voudrait que je lui écrive, que je revienne la voir. D'accord, je le ferai à mon prochain passage en Allemagne. « Mais quand ? Quand reviens-tu ? » Je lui réponds sincèrement que je n'en sais encore rien. Au dernier moment, je regrette ma prudence, je lui promets que nous nous reverrons − et quelques mètres plus loin, je suis obligée de m'arrêter pour m'essuyer les yeux.

Saturée d'émotions, je ne ressens plus rien à la Bibliothèque ducale, qui contient pourtant des trésors. La seule chose qui me touche, c'est le testament de Mme Hölderlin, où elle confie son malheureux Friedrich aux soins de ses autres enfants.

À la Lessing-Haus d'à côté, mon attention renaît devant un échiquier, la canne de Lessing, le portrait de sa femme avec laquelle il n'aura vécu qu'un an de mariage après cinq ans de fiançailles. Mais je commence à me sentir comme un vase qui déborde, il faut que je trouve un endroit où m'asseoir et noter tout cela. Alors je pars vers la gare en longeant le château.

Les branches d'un saule pleureur sont prises dans la glace bleue des douves. Tous les ruisseaux que je traverse sont complètement gelés. C'est seulement en arrivant près de la gare, dans une partie plus neuve de la ville, que je revois de l'eau courante : comme si pendant quatre heures j'avais été retenue dans les glaces de l'Histoire, et que je revenais maintenant à un présent plus chaud.

20 h

De tous les gens rencontrés cette semaine, Eva Engel est la seule à avoir compris ma situation de vie. *« Tapfer. »* Sans très bien saisir qui j'étais, ne m'a-t-elle pas percée à jour ? Dans quel état faut-il être, pour passer son temps à rassembler des traces, des vestiges, des bribes, des lambeaux de ce qui n'est plus ou qui s'est dispersé ?

Ce soir j'ai le cœur serré et la tête bourdonnante. En l'espace d'une journée, il me semble avoir connu Albert Einstein, vécu la bataille d'Angleterre et les V2 sur Londres, vu mourir le nouveau-né de Lessing et, peu après, sa femme, arpenté des couloirs de la mort dans des prisons américaines, rédigé mon testament pour que mes enfants sains d'esprit s'occupent après moi de mon pauvre Friedrich.

Mais peu importe. L'histoire d'une famille ne m'intéresse que si elle devient l'histoire du monde, et c'est de plus en plus le cas.

Mercredi 13 mars, 11 h

Au fond, Eva m'a essentiellement parlé de son père, de son frère et de son mari, les trois hommes de sa vie. Quasiment pas de Moses. C'est ce que m'expliquait Christian : seule la mémoire ancienne est restée vivace en elle, et les faits postérieurs à 1972 (date à laquelle elle a commencé à travailler sur l'édition jubilaire) sont déjà trop récents. À propos de cette date, elle m'avait dit, malicieuse : « Vous n'existiez pas encore. » J'avais protesté que si : j'avais alors l'âge du petit Younès de Christian, dont elle voulait sans cesse revoir la photo.

Lessing redivivus dans sa vie d'érudite, puisqu'elle avait son bureau à la Lessing-Haus et vit encore dans la Lessingstraße, à deux pas de la bibliothèque. *Moses redivivus* au physique, même si je ne l'ai pas trouvée aussi bossue que me l'avait décrite Stephen Tree. Mais, parce qu'elle était petite et voûtée par l'âge, il y avait dans son regard relevé en coin une lueur taquine qui me rappelait effectivement de vieilles gravures : Moses montrant patte blanche aux portes de Potsdam, ou discutant avec Lessing devant la Bibliothèque ducale, sur la couverture du petit livre que j'ai acheté hier à la librairie du musée.

StaBi

A European Past, suite. Pour Felix Gilbert et sa sœur Mämi, l'héritage mendelssohnien n'était pas franchement un objet de dévotion sacrée :

> *Un dimanche, ma grand-mère avait invité à déjeuner un jeune musicien qu'on lui avait recommandé. Après le repas, quand nous fûmes passés au salon, il voulut nous donner un échantillon*

de ses talents, se leva et entonna l'aria « Baisse Ton regard vers nous, Seigneur », dans l'oratorio Elias *d'arrière-grand-papa (Felix Mendelssohn Bartholdy). Peu après, il prit congé. Une heure plus tard, arriva pour le thé un autre jeune homme [...] dont nous avaient parlé des amis suisses. Comme nous lui demandions ce qu'il faisait à Berlin, il expliqua qu'il apprenait le chant et qu'il serait très heureux de nous donner un échantillon de ses talents. Nous ne pûmes l'en dissuader, et voilà qu'il entonna « Baisse Ton regard vers nous, Seigneur ». Je crois que nous parvînmes à garder notre sérieux et à rester polis jusqu'à son départ, mais à peine la porte refermée nous fûmes pris de fou rire, ma sœur et moi* [1].

À noter aussi, le fait que Stephen et Roger m'aient dit samedi, péremptoirement et sans explications : « Elle n'est pas juive », alors que la famille Engel avait dû émigrer pour raisons raciales. Ce qu'ils voulaient dire, c'est qu'Eva ne mange pas casher (j'en suis témoin, nous avons pris des médaillons de porc à la mozzarella fondue) et qu'elle n'a pas appris l'hébreu. Pas de retour au religieux chez cette vieille dame dont la vie a pourtant été bouleversée par l'exil, au point qu'elle n'a jamais voulu redevenir allemande. Ce ne sont pas les survivants qui retournent au religieux, mais plutôt leurs enfants ou petits-enfants, je l'ai déjà constaté. Mon vieux Maurice par exemple – caché pendant la guerre dans un internat catholique et qui, sur le point d'être déporté, n'a dû son salut qu'à des rivalités entre la Wehrmacht et la Gestapo – se moque pas mal de la religion, il est joyeusement épicurien et anarchiste.

Reprenons. Felix Gilbert fréquente au début des années 1930 un certain Heinz Trützschler von Falkenstein. (Chercher

le lien de parenté avec Curt!!) En janvier 1933, il
se trouve en Italie pour un séjour d'un an ; en octobre, au
lieu de rentrer en Allemagne, il décide donc de rejoindre à
Londres sa sœur qui, angliciste, y vit déjà depuis un certain
temps. Là-bas il revoit Albrecht Mendelssohn Bartholdy,
cousin germain de sa mère, devenu *senior fellow* au Balliol
College d'Oxford. Spécialiste de droit international,
Albrecht connaît bien l'historien Arnold Toynbee, alors
directeur du *Royal Institute of International Affairs*. Lorsque ce
dernier, en 1935, se rend en Allemagne et obtient une entrevue avec Hitler, Albrecht va le voir à son retour pour
recueillir ses impressions. Et Felix Gilbert relate :

> *J'étais curieux d'apprendre ce que Toynbee avait raconté à
> Albrecht, nous convînmes donc de nous retrouver après leur
> rendez-vous. J'allai attendre mon oncle sur St. James' Square.
> Quand il finit par sortir de Chatham House, ses premiers mots
> furent : « C'est sans espoir ; ils ne comprennent tout simplement
> pas[2]. »*

La suite sera à reporter dans ma Chronologie. Août 1936 :
Felix Gilbert quitte l'Angleterre pour la Californie, où on lui offre
un poste. 1937 : il devient assistant à l'*Institute for Advanced
Studies* de Princeton. Après l'entrée en guerre des États-Unis,
devenu citoyen américain, il s'engage à l'*Office of Strategic
Services*. Février 1944 : il obtient d'être muté au QG londonien
de l'OSS. Toujours en 1944, anecdote amusante sur le futur
tracé des secteurs d'occupation à Berlin :

> *Quand nous dûmes décider quels quartiers de l'ouest et du sud
> iraient aux Américains et aux Anglais, je montrai du doigt
> Grunewald et Dahlem sur la carte, puis je dis en plaisantant :*

« C'est là que les gens de ma famille avaient leurs maisons, faisons-en le secteur américain. » Ce qui fut accepté [3] .

En avril-mai 1945, Felix Gilbert retourne enfin sur le sol allemand avec des collègues de l'OSS, pour étudier les archives du ministère allemand des Affaires étrangères retrouvées dans un château du Harz. C'est là qu'ils apprennent par la radio la mort de Hitler et trinquent au madère trouvé dans les caves du château. Retour par la vallée de la Moselle, idyllique, si ce n'est qu'on n'y voit que des enfants, des femmes et des vieillards. Pendant l'été, chargé d'interroger des diplomates allemands rassemblés dans un camp, Gilbert tombe sur son ami Heinz Trützschler von Falkenstein. Ce n'était pas un nazi, il s'est cantonné dans des positions subalternes pendant tout le IIIe Reich. Ce qui lui permet de reprendre sa carrière, il finira ambassadeur.

15h30, Neukölln

J'ai tout terminé à la StaBi, rendu mes livres, photocopié ce que j'avais à photocopier : dossier clos. J'ai même revu le bellâtre un peu tapé que je croisais souvent pendant mes deux années ici. Comme toujours, il se promenait nonchalamment entre le hall et les escaliers, en fait je ne l'ai jamais vu assis à une table. Je le soupçonne de venir là uniquement pour regarder les femmes. Si c'est un ange de Wenders, il cache bien son jeu.

Demain ou après-demain, j'essayerai d'aller à Börnicke. J'ai appelé le numéro indiqué sur le site, un gardien à la voix sympathique m'a expliqué que le château ne se visitait pas mais qu'on le voyait très bien de la cour, accessible à toute heure.

TRACE/CARTE. Je viens de m'aviser que ce sont des anagrammes, pendant que je traversais le Landwehrkanal en bus. Printemps 1919 : sur le chemin de son lycée, Felix Gilbert voit repêcher le corps de Rosa Luxemburg dans le Landwehrkanal.

Jeudi 14 mars, 15 h 20

Ma bonne vieille pizzeria près du musée de Pergame, où j'ai éprouvé le besoin de me reconstituer après cette colossale matinée. J'ai du mal à y croire : je viens de papoter avec Angelika von Mendelssohn, une dame plus jeune que mes parents, qui m'a laissé ses coordonnées et que j'irai peut-être voir à mon prochain passage en Dordogne. Mais reprenons du début.

Réveillée à 8 heures par une belle lumière matinale, en dix secondes je décide d'aller à Börnicke, même si, pour bien faire, il faudrait que je passe avant midi à la Mendelssohn-Remise réserver une place pour le concert qui a lieu à 13 heures. À la berlinoise, je me dis vaguement que les choses s'arrangeront et je pars au plus vite. À Friedrichstraße, j'avale quand même un café et un croissant avant de sauter dans un train de banlieue.

À Bernau, temps radieux, mais les bus pour Börnicke sont rares. J'entreprends d'y aller à pied par un chemin qui a aujourd'hui des allures de piste de ski. Une jeune femme poussant un landau tout-terrain m'indique la direction. Le château de Börnicke, oui, elle connaît, l'été on peut y voir des animaux. Une sorte de zoo alors ? Première nouvelle. D'après le site Internet, j'avais plutôt compris que c'était un centre de réception qu'on louait pour des mariages ou des séminaires.

Au croisement suivant, j'hésite. La jeune mère, qui m'a rattrapée, fait un bout de chemin avec moi, elle veut savoir d'où je viens. De Paris ? Vouloir voir Börnicke quand on vit à Paris ? Elle n'en revient pas et j'explique : recherches sur la famille Mendelssohn, envie d'une excursion à l'air frais après toutes ces heures en bibliothèque, et puis j'adore ces environs de Berlin, les lacs, les marais, les bouleaux... (C'est du moins ce que je voudrais dire, mais je suis prise d'un de mes fameux blocages avec la langue allemande : je ne retrouve plus « marais » et parle de zones humides, je ne retrouve plus « bouleaux » et me rabats sur les roseaux.) Le bébé commence à chouiner puis à pleurer franchement, la mère me salue en hâte et bifurque vers chez elle.

Je pars à travers champs, ma mallette de chercheuse sur l'épaule, dans mes grosses bottes qui me semblent de sept lieues. La neige scintille sous un soleil éperdu, il fait scandaleusement beau et froid, je pense à la retraite de Russie, sauf que je vais vers l'est, moi, et que tout me sourit. Tête baissée et sans carte, sus au château de Börnicke ! et tant pis si c'est un mini-zoo fermé l'hiver, où je ne sais même pas ce que je cherche.

À une vieille dame qui promène son chien, je redemande mon chemin et elle s'exclame : j'ai dû manquer l'embranchement, Börnicke, c'est tout là-bas, derrière le rideau d'arbres à l'horizon. Je n'y arriverai jamais, a-t-elle l'air de dire. Oui, mais elle n'a pas mes jambes de randonneuse, elle. Bien sûr que j'y arriverai. Reste à savoir si je pourrai être à la Mendelssohn-Remise avant l'heure du concert.

À 10 h 45 je suis à Börnicke et, avant toute chose, vérifie qu'un bus peut assurer mon retour vers Bernau. Il passe à 11 h 17, pas de temps à perdre donc.

Börnicke est un village-rue où l'on aurait pu tourner *Le Ruban blanc*. Après quelques centaines de mètres, un panneau m'indique l'entrée du domaine : les beaux bâtiments en brique d'une vieille usine, et un château. Mais je ne suis pas sûre de reconnaître les photos du site Web, prises en plein été. Est-ce bien l'ancien château des von Mendelssohn-Bartholdy ?

Alors que je m'approche pour mieux voir, je suis hélée par un grand échalas flanqué d'un tout petit chien, qui me demande ce que je cherche. Je commence à répondre, il m'arrête aussitôt :

« Ah, c'est vous qui avez appelé hier ? Française, hein ? Vous avez de la chance, je ne devais pas passer aujourd'hui mais, comme il faisait beau, j'ai eu envie de promener mon chien. Venez, je vais vous faire entrer. »

Je lui explique que je suis venue à pied de Bernau, par les champs.

« Oui, le chemin des pèlerins. » Atterrée, j'imagine avoir été précédée par des hordes de fidèles venus se recueillir sur ce site mendelssohnien. Mais le quiproquo se dissipe, c'est un ancien chemin de Saint-Jacques-de-Compostelle.

Bientôt je me retrouve en train de raconter à mon guide que j'écris un roman sur la famille Mendelssohn et suis à la recherche de traces, même les plus infimes. Il n'est pas surpris. Il connaît le *Mendelssohn-Komplex* sur le bout des doigts et sait très bien que ce château a appartenu à Ernst von Mendelssohn-Bartholdy et à ses héritiers. Ils sont d'ailleurs enterrés à l'église du village, j'ai dû passer devant.

Nous voici dans le hall d'entrée. Les portes d'origine, m'explique-t-il, ont été démontées pour faciliter le passage des béquilles et des chaises roulantes, à l'époque où le château était un home est-allemand pour enfants handicapés. Tout est en travaux et assez délabré, mais rien à voir avec la ruine qu'était le château quand il l'a acheté : pas une vitre intacte, et de la moisissure partout.

Ce n'est donc pas le gardien comme j'avais cru hier au téléphone, mais le propriétaire, un propriétaire à qui je demande la permission de prendre des photos.

« Bien sûr. Mais s'il vous plaît, ne les publiez pas, ça me ferait de la peine qu'on voie le chantier dans cet état. » Je le rassure en lui montrant mon vieux portable pourri : à supposer que j'arrive à récupérer ces photos sur mon ordinateur, il est clair que je n'en ferai jamais qu'un usage privé.

Et puis, s'il savait combien un château remis à neuf m'intéresserait moins que ce palimpseste d'histoire encore tout grouillant de spectres... Dans le salon des dames, le papier peint années 1950, décollé, montre un morceau de fresque Belle Époque : un cavalier donnant le bras à une amazone en chignon et chapeau haut-de-forme. Dans la pièce du devant, on aperçoit un plafond rococo datant des tout premiers propriétaires. Dans la bibliothèque, de belles boiseries et des livres ayant appartenu à la famille.

« Ici c'est bien conservé parce que les enfants n'y entraient pas, c'était la salle des professeurs. » Ces va-et-vient temporels me font tourner la tête et je me rends compte que j'ai soif. À défaut de pique-nique, j'aurais au moins dû penser à emporter de l'eau.

De l'autre côté, c'est le salon des messieurs, pièce chauffée et moderne où loge mon guide quand il est de passage. Il s'appelle M. Hamann, vit à Berlin où il s'occupe d'immobilier, a acheté la « ruine » sur un coup de tête et la retape par petits bouts. Et la vieille usine d'en face ? Elle fait partie du domaine, c'est une ancienne distillerie, les Mendelssohn-Bartholdy avaient une licence.

Avant de refermer soigneusement la porte du salon, il rappelle son chien resté à l'intérieur : « Bella ! »

Hamann est un patronyme très courant en Allemagne, et je ne lui demanderai pas s'il a quelque chose à voir avec Johann Georg Hamann, le « Mage du Nord » qui jabotait dans le dos de Moses avec son copain Jacobi. Mais sait-il que son caniche porte le prénom de la belle-mère d'Abraham ? À vrai dire, je ne le lui demande pas non plus.

Il est sympathique, ce M. Hamann. Comme la jeune mère de Bernau, il est ouvert, curieux, ne trouve mes recherches ni louches ni aberrantes. Je tique seulement quand il me raconte sa visite de Paris et sa stupéfaction devant le tombeau de Napoléon aux Invalides. « Imaginez qu'on ait fait ça pour Hitler ! » En général ce genre de parallèle n'annonce rien de bon et j'ai bien envie de lui chanter *Les Deux Grenadiers* pour lui apprendre. Mais comment en vouloir à un homme qui non seulement m'a ouvert son château sans me connaître, mais propose de me ramener à Bernau en voiture lorsque, ayant regardé ma montre, je m'inquiète pour mon bus ?

Nous passons à l'église voir les tombes d'Ernst von Mendelssohn-Bartholdy, de sa femme et de leur fils Paul. Mon guide me demande si je connais Julius Schoeps. C'est le petit-neveu du Paul en question, et en ce moment il essaie de récupérer les Picasso, les Van Gogh, etc., qu'abritait autrefois le château. Décidément beaucoup de personnes m'auront parlé de ce Julius Schoeps, mais il est de plus en plus clair que je n'aurai pas le temps de le voir.

« Et Frau von Bismarck, vous l'avez rencontrée ? » Une partie de mon esprit tourne à toute vitesse : de qui s'agit-il ? Impossible de m'en souvenir, même si je visualise très bien sa place sur la carte, en pleine mer de Barents. Une autre partie de mon esprit s'étonne de cette situation quasiment irréelle : est-ce bien à moi qu'on demande si j'ai déjà rencontré Frau von Bismarck ? Est-il possible qu'en quelques jours j'aie à ce point noyauté l'aristocratie prussienne ? Je suis fière du ton détaché que je trouve pour répondre :

« Non, pas encore. À mon prochain séjour peut-être. »

Nous montons en voiture avec Bella, dont je remarque maintenant la laisse particulièrement chic. Au volant, Uwe Hamann me livre encore d'autres informations. Après la mort de Paul von Mendelssohn-Bartholdy en 1935, sa veuve a pu rester vivre ici, en reprenant son nom de jeune fille de Lavergne (ce que je savais déjà). Vers la fin de la guerre, elle s'est remariée avec un officier de la Wehrmacht ou de la Luftwaffe, plus tard fait prisonnier du côté de Munich. Elle était suisse ou d'origine suisse, ce qui explique peut-être que le personnel de l'ambassade de Suisse à Berlin ait été accueilli à Börnicke pendant les bombardements.

À cause du manque de domestiques pendant la guerre, le service au château était assuré par des travailleurs forcés russes ou ukrainiens. (Uwe Hamann a ici un geste pour mimer l'astiquage des cuivres et de l'argenterie, et soudain j'ai comme une bouffée d'images sorties de *Gosford Park*.) Il faut croire qu'ils étaient bien traités, car ils sont restés dans la région après 1945. Certains de leurs descendants sont déjà venus lui rendre visite. Ainsi que la fille de Mme Lavergne, qu'il a reconnue tout de suite : elle ressemblait beaucoup à sa mère, dont il a une photo.

Et le mini-zoo, alors ? Il hausse les épaules. Rien à voir avec le château, c'est plus loin sur la route. « Mais il faudrait que vous reveniez en été. Le parc est plus beau, et puis je pourrais vous présenter ma mère : c'est elle qui en connaît, des histoires sur les Mendelssohn ! Moi, vous savez, je m'occupe de travaux, je dois vivre dans le présent, je n'ai pas de temps pour tout ça... »

Il me recommande encore une Mme Beau, universitaire française qui travaille sur le sujet, s'amuse d'apprendre que cela veut dire *schön*, et me dépose devant la gare. Il n'est que 11 h 40. Je ne serai pas à la Mendelssohn-Remise avant midi pour réserver une place, mais j'arriverai quand même avant le début du concert : tentons le coup.

Dans le train, j'essaie de me remémorer la vue qu'on avait de la grande salle, sur l'arrière ; et brusquement, c'est comme une illumination. *« Sur l'arrière il y a le parc, les champs... »* Incroyable ! J'ai enfin trouvé dans la réalité ma maison galicienne, même s'il lui manquait un portique néo-classique et une colonnade. Ma maison galicienne campée en face d'une usine, une usine en briques roses comme cette distillerie... J'aurais besoin de temps pour digérer le choc. Mais l'heure tourne, mon train arrive et le concert m'attend.

17 h 50, bus M29

Après deux heures passées à noircir des pages dans cette pizzeria où j'étais la seule cliente, j'ai dû mettre les voiles : le serveur en avait assez de moi. Où aller ? Au cimetière juif de Schönhauser Allee ? Déjà fermé. Me voici en route pour le Landwehrkanal : je voudrais retrouver l'endroit où Felix

Gilbert, en 1919, vit repêcher le corps de Rosa Luxemburg. Je sais qu'un monument y a été élevé, je l'avais cherché (sans succès) lors d'un autre séjour.

Rosa va donc entrer dans ma Chronologie sur Moses Mendelssohn, ce qui me rappelle une chose qu'on m'a expliquée récemment : entre deux êtres humains quelconques, appelons-les A et B, le nombre moyen d'intermédiaires (A connaît X qui connaît Y qui connaît... qui connaît B) est ridiculement bas, 5 ou peut-être même 3 – un calcul que personne n'aurait sans doute songé à faire avant l'invention de Facebook.

19 h 30, Neukölln

Je l'ai enfin trouvé, ce monument à Rosa Luxemburg que j'avais vainement cherché en 1992. Le crépuscule était glacial sur les berges désertes : même morte, je n'aimerais pas passer deux mois d'hiver dans le Landwehrkanal. Mais je me sentais très heureuse d'y *être*.

Le lieu où l'on est... Dans ce roman où je saute sans cesse de sujet en sujet, je comprends à présent pourquoi j'ai eu besoin d'évoquer de plus en plus les lieux où je me trouvais ou que je connaissais – les bibliothèques, les cimetières, le salon de mon appartement parisien et sa table à rallonges, etc. Un réflexe salutaire. À l'ère d'Internet, nous avons l'impression de pouvoir être partout à la fois ; mais rien ne remplace la présence réelle, et – n'en déplaise à Henri, qui ne jure que par les univers virtuels – il n'arrive pas grand-chose d'intéressant dans des lieux qui n'en sont pas. On n'y vit pas de vraies expériences, il y manque le sel de la vie : les perceptions, et l'imprévu.

Je n'arrêtais pas d'y penser au retour de cette promenade à
Börnicke. Une chose est de glaner des informations dans des
livres et sur la Toile sans bouger de sa chaise, autre chose est
d'arpenter la campagne gelée à la recherche d'un château
sans bien savoir pourquoi. Avant de tomber (en plein Brandebourg) sur une maison galicienne qui n'existait jusque-là
que dans mon imagination.

Avant-hier dans le métro aérien, ma rame s'est arrêtée
devant un immeuble où j'ai lu avec émotion « Neue Promenade, 7 ». L'ancienne adresse de Bella Salomon est maintenant un immeuble moderne avec des studios pour touristes,
à côté du restaurant de kebabs *Luna de Istanbul*. J'aurais pu le
constater sur Google Maps, mais ça ne m'aurait fait ni chaud
ni froid.

Il faut que j'achève mon récit. J'arrive donc à la
Mendelssohn-Remise vers 12 h 15. Affolement général : une
dame fait un rempart de son corps pour empêcher la foule
d'entrer de force, car la salle est déjà pleine alors que des
places supplémentaires ont été achetées sur Internet ou
réservées par téléphone.

« Et ils viennent encore d'annoncer ce concert à la radio.
Ils auraient pu annoncer aussi que c'était complet, tant qu'à
faire !

– C'est invraisemblable. *Unmöglich !* »

L'affaire semble désespérée, pour moi qui n'ai même pas
réservé. Je parviens cependant à me faufiler dans le hall pour
essayer de saluer Thomas Lackmann, mais je ne le vois nulle
part. En revanche, j'aperçois un monsieur dont le badge
m'apprend qu'il est un Hensel. Il m'étudie d'un air sévère.
Aurait-il deviné que je n'ai pas de billet ?

Puis voilà Thomas Lackmann qui arrive, tranquille, un bouquet à la main (pour la pianiste), et je me fais la remarque qu'il est décidément bel homme. Évidemment, quand on a dans sa famille Philipp Veit et Felix Mendelssohn Bartholdy !... Il m'assure que ça va s'arranger, mais qu'il doit d'abord calmer le jeu : le concert, proclame-t-il à la cantonade, va être repris à 14 heures.

Son charme et sa gentillesse font merveille. Plus personne ne bronche, la plupart des recalés partent boire un café en attendant le deuxième concert. Le monsieur au badge a l'idée d'avancer les banquettes du hall devant la porte de la salle pour gagner quelques places, et ce faisant il se révèle jovial au possible. (Pourquoi diable ces gens me font-ils peur quand je lis leurs noms sur le papier ?) Je m'installe sur l'une des banquettes, avec deux petits vieux qui hochent la tête, impressionnés, parce que je connais M. Lackmann. Lequel, impavide et souriant au milieu de ce bazar, me suggère alors d'entrer dans la salle et de me mettre debout près d'une fenêtre.

À peine suis-je à la fenêtre qu'une dame au deuxième rang m'indique qu'une place est libre à côté d'elle, tandis qu'une autre (membre de la *Mendelssohn-Gesellschaft*) me prend mon anorak pour le ranger au vestiaire : il me semble soudain être servie par les djinns. J'ai un peu honte pour les deux pauvres vieux qui sont restés sur la banquette du hall ; honte aussi parce que, avec tout ça, je n'ai toujours pas eu le temps d'acheter ma place (je me rattraperai lors de la collecte). Mais voilà, cette enquête Mendelssohn a fait de moi un être sans scrupules, prêt à marcher sur toutes les têtes, alors je fonce sur cette place en or sans autre forme de procès.

Le concert commence avec les *Variations sérieuses* de Felix. Sentiment de calme, de plénitude et de recentrement. Le lieu où l'on est ? C'est simple, je suis dans l'ancienne remise à attelage de l'hôtel Mendelssohn, au 51 de la Jägerstraße, Berlin, et il me semble enfin savoir pourquoi je suis là. On a beau dire, il y a du génie dans cette musique, et c'est aussi pour ça que tous ces descendants se rassemblent encore et qu'une *Mendelssohn-Gesellschaft* existe.

De plus, je vais pouvoir ajouter à ma Chronologie un événement dont j'aurai été témoin : 2013, 14 mars, 13 heures : cinquantième concert à la Mendelssohn-Remise. Le programme comprend les *Variations sérieuses* op. 41, la *Fantaisie* op. 28, le *Rondo capriccioso* op. 14 et la *Sonate pour violon et piano* op. 4 de Felix Mendelssohn Bartholdy. En raison de l'affluence, le concert est redonné à 14 heures.

À la sortie, Thomas Lackmann me remet aux mains d'un M. Siebeck, mari d'Angelika von Mendelssohn qui habite près de Bordeaux. Nous échafaudons un projet de rencontre en Dordogne la prochaine fois que j'y serai, c'est effarant : la Dordogne et les Mendelssohn ? Si j'avais imaginé que ces deux régions de ma vie se rejoindraient un jour, comme le côté de chez Swann et le côté de Guermantes ! Je questionne le couple sur l'origine du prénom Énole. D'après Angelika, ce ne serait pas un prénom mais un surnom signifiant « petit enfant » en patois béarnais ; M. Siebeck ajoute quelque chose sur une Marie-Antoinette, serait-ce le vrai prénom d'Énole ? Ça va trop vite, je n'arrive plus à suivre.

Au moment où je réalise qu'Angelika est la fille de Robert von Mendelssohn II − celui qui avait vendu la villa de Grunewald à l'Église johannite −, je décide que la boucle est bouclée, et je me retire. Il est 14 h 45, je n'ai rien avalé depuis le café et le croissant de ce matin. Dans mes grosses bottes encore mouillées par la neige de Bernau, je fonce à la pizzeria près du musée de Pergame. J'ai besoin de me vider la tête et de me remplir l'estomac.

22 h, Neukölln

Pendant dix jours, je me suis nourrie comme un étudiant en période d'examens. Il va s'agir de revenir au quotidien et à mes devoirs familiaux : dans la même demi-heure, j'ai reçu un coup de téléphone de mes fils et un autre de ma fille, qu'on me déposera ici demain matin.

Après coup, je trouve un sens à ma soirée chez la sœur d'Henri, parmi de jeunes adultes stupéfaits et choqués qu'on ait pu survivre à la quarantaine. Par la suite, je n'ai plus eu affaire qu'à des gens soit très âgés, soit ancrés dans le passé (par leurs fonctions), et pour qui j'étais une petite gamine tombée de la dernière pluie. Cette première soirée, c'était comme reculer pour prendre mon élan ; me plonger parmi des cadets moqueurs, avant d'aller faire ma tournée des aînés.

Uwe Hamann riait ce matin, en me voyant refermer avec soin la porte du cimetière de Börnicke. « Vous savez, ceux qui sont là, ils ne vont pas se sauver ! » S'il savait que je passe justement mon temps à courir après des morts.

Samedi 16 mars, Paris

C'est fou. À Berlin il me semblait être cette journaliste survoltée dans *L'Homme de marbre*, bille en tête et mallette à l'épaule. Ici je me sens molle et endormie comme un petit animal tiré trop tôt de son hibernation. Quelqu'un me dirait peut-être : ça s'appelle « être fatigué ».

Ce qui est incroyable, maintenant que je revois les images de Börnicke sur le site Internet, c'est que le château possède effectivement un portique avec colonnade. Mais je ne l'avais pas remarqué en passant dessous et, chose étonnante, je n'ai pas pensé à prendre une seule photo de l'extérieur. J'étais trop occupée à photographier les pièces du rez-de-chaussée et ce qu'on voyait depuis le château, c'est-à-dire la distillerie. Avant même d'avoir compris ce qui m'arrivait, j'avais déjà adopté *le point de vue de la maison*.

Il ne me reste plus qu'à raconter ma journée d'hier. De bon matin, je récupère ma fille et, comme notre avion ne décolle que dans l'après-midi, je lui propose une promenade au cimetière juif de Schönhauser Allee. À ma grande surprise, elle est enthousiaste, nous partons aussitôt.

Sous des arbres en rangs serrés, un épais manteau de neige recouvre des tombes peu entretenues, et personne n'est là pour nous renseigner. Vais-je trouver celles que je cherche ? Ma fille me suit, sceptique, tandis que j'erre ici et là sans y croire plus qu'elle. Heureusement je me souviens des photos publiées sur le site de la *Mendelssohn-Gesellschaft* après la rencontre d'octobre 2007, quand les 240 descendants de toutes confessions avaient écouté un rabbin prononcer des prières autour de quatre tombes rénovées.

« C'est près d'un mur, dis-je à ma fille, je revois nettement le rabbin devant un mur de briques », et soudain nous trouvons : Joseph Mendelssohn et Henriette née Meyer, Alexander Mendelssohn et Marianne née Seeligmann. Je sautille de joie, et aussi de froid, nous n'allons pas prendre racine ici.

« Viens, maintenant on cherche les Meyerbeer. »

Cette fois, c'est avec une assurance de somnambule que je me dirige vers un monument de marbre blanc qui se révèle être le bon. Giacomo Meyerbeer est une célébrité, sa tombe est donc la plus visible. Mais il y a aussi Recha et sa fille Betty Beer, ainsi que le petit Ludwig mort à dix ans. Pauvre Ludwig Beer. Et pauvre Recha. Comptait-elle si peu chez les Mendelssohn, pour avoir dû demander l'hospitalité posthume à la famille par alliance de sa fille ? Ma réprobation est en fait de la culpabilité : on ne sait presque rien sur la deuxième fille de Moses, et je n'aurai pas fait grand-chose pour en apprendre plus.

En parlant de Moses, je serais bien retournée voir le monument qui lui tient lieu de tombe, dans le simulacre de cimetière de la Große Hamburger Straße. Mais il est fermé le vendredi. Nous allons donc déjeuner au café Joseph-Roth, puis retour au bercail. Avant que Rolf et Monika passent nous prendre, j'ai prévu de nettoyer à fond l'appartement de Werner pour le remercier.

Là, une tardive berlinade : je déniche l'aspirateur, mais je n'arrive pas à mettre la main sur le manche et le suceur. Je me retrouve donc à quatre pattes, obligée de promener sur chaque portion de plancher l'embout du flexible, dont la puissance aspirante menace à tout instant d'arracher la moquette. Rolf et Monika me surprennent dans cette occupation et j'éclate de rire, avec soulagement. Car malgré cette petite piqûre de rappel, je ne m'y trompe pas : pour moi, c'est clair, le mauvais charme est rompu.

J'ai le cœur serré en pensant à Wilhelm Hensel, resté tout seul au 3, Leipziger Straße après la mort de sa femme. À quoi s'occupe-t-il ? Je crains qu'il ne passe ses journées à contempler les lieux de son bonheur perdu. Les salles où autrefois virevoltaient des elfes, le pavillon du jardin où il vécut avec Fanny, ou sa pièce de travail telle que nous la montre une aquarelle de 1849 (qui n'est même pas de lui).

Le Salon de musique de Fanny Hensel née Mendelssohn Bartholdy[1] est, dans ses moindres détails, une variation sur l'absence. À droite, un piano à queue placé de telle sorte que la musicienne, si elle s'y tenait, nous ferait face ; mais elle ne s'y tient pas. Aux murs, des tableaux dont je devine qu'au moins deux ou trois doivent être des paysages italiens. Les rainures du parquet convergent inexorablement vers le point de fuite de l'image, notre point de fuite à tous, caché derrière les battants blancs d'une porte close, laissant sur leur gauche le secrétaire à colonnettes où Fanny écrivit tant de lettres à son frère, et peut-être révisait ses compositions.

Sur une petite table, une corbeille à ouvrage où traîne encore un linge blanc. Et, au plafond, un lustre à trois branches où manquent les bougies. (Tiens !) Elles ne seraient pas nécessaires, car par les deux fenêtres entre à flots un soleil qui projette sur les voilages, sur le mur, sur le sol, de grandes taches de lumière, ajoutant à l'évanescence de ce mausolée intime où ne flotte plus qu'une âme.

Mais où est le jeune Sebastian ? Dès l'hiver 1847-48, tombé malade, le lycéen a été recueilli par sa tante Rebecka ; on peut en déduire ce qu'en matière de réconfort, le veuf était capable d'apporter à son fils qui, une fois guéri, est d'ailleurs resté habiter chez les Dirichlet.

À quelque temps de là, il est vrai que la veuve de Felix et ses cinq enfants viennent rejoindre Wilhelm dans son palais de mémoire, ayant quitté Leipzig où ils n'avaient plus rien à faire. Ils y séjourneront trois ans. Au bout de trois ans, le petit Felix Mendelssohn Bartholdy II meurt de la scarlatine ; Cécile retourne dans sa famille de Francfort avec ses quatre enfants restants, et Paul, le banquier de la famille, décide alors de vendre le bâtiment. L'État le rachète pour 100 000 thalers, en fait la Chambre haute du nouveau Parlement prussien, et la musique ou son souvenir quittent définitivement le 3, Leipziger Straße.

Wilhelm Hensel est désormais un homme qui a renoncé à tout. D'après Theodor Fontane, qui lui consacre plusieurs pages de ses *Promenades dans la Marche de Brandebourg*, l'évolution avait commencé dès avant la mort de Fanny, quand le peintre avait compris qu'il resterait à jamais un artiste de second ordre. Il avait alors abandonné la « palette » pour s'en tenir au « crayon ». Après 1848, une fois retombée sa fièvre royaliste, ce sont même « ses armes de partisan [2] » qu'il a raccrochées au mur. Il ne vit plus que dans ses souvenirs, vieillit doucement dans les salons berlinois où l'on apprécie son talent pour le calembour, le petit poème de circonstance.

Mais sous cet enjouement de façade, le pathétique de son être profond se trahit par une angoisse irraisonnée chaque fois qu'un de ses proches quitte Berlin ou que lui-même doit s'absenter :

> *L'idée d'être soigné par un médecin de province et, plus encore, d'être enterré dans un cimetière de village en Prusse orientale avait pour lui quelque chose de glaçant, et sa gaieté sans affectation ne lui revenait que lorsqu'il voyait poindre à l'horizon les deux clochers de Gendarmenmarkt et la coupole du Château*[3].

Heureusement pour Wilhelm, c'est bien à Berlin qu'il a trouvé la mort, le 26 novembre 1861, en rattrapant un enfant sous les roues d'un omnibus. Son fils mettra plus de trois semaines à brûler la masse de vieux papiers, documents, factures qu'il laissait en désordre. À quoi bon trier ses factures, quand on n'attend plus rien de la vie ? Mais Sebastian découvre aussi le vrai trésor de son père, soigneusement classé, lui, dans une cinquantaine de cartons : les 1027 portraits d'hommes d'État, généraux, écrivains, savants ou artistes, réalisés sur près d'un demi-siècle, et dont Fontane observe mélancoliquement qu'à l'ère naissante de la photographie (ce volume des *Promenades* date de 1882), ils ne suffiront pas à redorer le blason de leur auteur. Le monument d'une époque révolue, voilà ce qu'ils sont déjà vingt ans après sa mort : une existence entièrement placée sous le signe de l'anachronisme.

Fontane conclut sur le récit d'un pèlerinage qu'il a fait au cimetière de la Trinité pour vérifier la date et le lieu de naissance de Wilhelm. Lui que ses promenades mènent plus souvent vers les petits châteaux de la Marche, le long de ses innombrables lacs (lacs dont il parle comme s'ils étaient des êtres, ayant chacun sa propre histoire, sa propre physionomie), s'engage un jour sous les marronniers du cimetière berlinois et demande l'emplacement des sépultures Mendelssohn.

Une enfant de douze ans, l'air éveillé, à qui j'avais adressé ma question, me répondit d'un signe de tête aimable, posa tout uniment dans l'herbe la petite sœur confiée à sa garde et me dit : « Venez donc. C'est difficile à trouver.» Et la voilà partie devant moi à travers un dédale de sentes et d'allées, ne se retournant que de temps à autre pour voir si je suivais. C'était en effet difficile à trouver, plus que je n'aurais cru, car trois ou quatre cimetières différents entremêlaient ici leurs étroits prolongements de façon aussi inextricable que les doigts de deux mains croisées[4].

Un entremêlement de plusieurs cimetières, séparés par des murs de brique rouge dans lesquels s'ouvraient des portes : telle est bien l'expérience que j'ai faite en juillet 2012. Mais sans ce petit guide, sans cette Béatrice menant le Dante-Fontane dans les sinuosités du séjour bienheureux.

« La tombe du milieu, là, c'est celle de Felix Mendelssohn Bartholdy », finit-elle par lui dire au terme de leur parcours. L'idée que le visiteur ait pu venir pour Wilhelm Hensel « ne l'effleurait même pas[5] ». Oui, dans la mort encore Felix aura pris toute la lumière ; et si le frère et le mari reposent sous deux croix presque jumelles − blanches, sans le moindre ornement −, je note en étudiant les photos prises ce jour-là que celle de Wilhelm est beaucoup plus sale, verdie de mousse, parce qu'elle est sous les arbres ou rarement nettoyée.

Chaque siècle a son rythme. Le long XIXᵉ siècle s'ouvre
en fanfare et au son du canon, jette ses feux d'héroïsme dans
les tempêtes de 1830, les printemps de 1848. Puis tout se
calme, s'embourgeoise ; et intervient un creux où il ne
se passe plus grand-chose jusqu'aux secousses de 1870-71.
Ce creux du siècle m'ennuie tellement que, dans un précédent livre, j'ai endormi ma narratrice pendant deux décennies, lui faisant à peine ouvrir un œil pour la guerre de
Crimée. J'admets qu'en changeant de géographie, on se
trouverait alors au cœur de l'action. Mais c'est plus fort que
moi, j'ai de l'aversion pour cette période où tout a un petit
air d'épilogue ou de répétition, de bégaiement de l'Histoire.
Chacun travaille à sa carrière ou dort sur ses souvenirs, à
l'âge d'or a succédé l'âge du plaqué, les dieux sont en exil et
n'en reviendront peut-être plus.

Le cours de ma Chronologie confirme cette impression.
Tels en sont à l'époque les événements saillants. En 1854,
juste avant d'épouser Aimée Louise Cauer, le frère d'Arnold
va trouver Mᵉ Horzetzky, notaire de Ratibor, pour faire officiellement constater qu'il s'appelle bien MENDELSSOHN
comme le grand Moses, et non MENDELSOHN comme tant
d'autres pékins. En 1855, Rebecka Dirichlet suit à Göttingen
son mari, qui y reprend la chaire de mathématiques laissée
vacante par la mort de Gauss. En 1856, Moritz Oppenheim
peint un tableau historique où Moses Mendelssohn affronte
Lavater sous un lustre à trois branches où manquent les bougies. (J'y avais vu un symbole des trois monothéismes ; mais
qui sait si Moritz Oppenheim, quelques années plus tôt,
n'avait pas simplement visité le salon de musique de feu Fanny
Hensel née Mendelssohn Bartholdy ?) Le 25 janvier 1858 à
Londres, dans la chapelle royale de St. James, la princesse

Vicky épouse le prince héritier Frédéric-Guillaume de Prusse aux accents de la marche nuptiale du *Songe d'une nuit d'été*. Voilà Felix devenu *le* compositeur de l'Angleterre victorienne, et l'on entrevoit déjà l'époque où, dans les films hollywoodiens, cette marche plutôt burlesque formera la bande-son de tout mariage guindé. Un an plus tard, le violoniste Ferdinand David offre au jeune musicien Ernst Rudorff et à sa maman la conseillère Rudorff, née Betty Pistor, le manuscrit du *Quatuor* op. 12 de Felix, avec la petite dédicace à « B. P. ».

... Vous ne trouvez pas que ça sent un peu le moisi ? Mais poursuivons. À l'été 1866 éclate la brève guerre austro-prussienne, qui fait au moins un mort chez les Mendelssohn. Le chef mécanicien Wilhelm Mendelssohn, après avoir éva-cué Aimée Louise et les enfants loin des combats et des épidémies, retourne trop tôt à Ratibor, fait une garde de nuit dans un baraquement plein de malades et y attrape le choléra, dont il meurt le 14 septembre. De la génération 3, celle des petits-enfants de Moses, ne restent que Philipp Veit, Benjamin et Alexander Mendelssohn, et Paul Mendelssohn Bartholdy (qui orthographiera bientôt son nom MENDELSSOHN-BARTHOLDY pour se distinguer de son neveu). Rebecka, elle, a déjà succombé à une attaque céré-brale. Enfin, en 1869, à Hambourg, le rossignol suédois Jenny Lind fait poser une plaque sur le 14, Michaelisstraße pour le soixantième anniversaire de la naissance de Felix.

Plaques, reliques, mausolées, consécrations posthumes... Où est passé l'élan des époques précédentes ? Je ne vois que des survivants, des tard-venus chez qui même l'affirmation de soi se fait en direction du sol, s'en va fouiller les terres grasses de la Mazurie ou les épaisses strates du passé familial, comme Sebastian Hensel.

Il me laissait pourtant attendre de grandes choses, ce Sebastian né à l'apogée du romantisme européen, paré par sa mère de cocardes tricolores à l'âge de six semaines, présenté tout enfant à Gounod et à Ingres, et qu'avait ensuite pris sous son aile une tante quarante-huitarde. Qu'avait-il fait exactement sur cette barricade, encore adolescent ? Mes ouvrages de référence ne l'expliquaient pas avec clarté et, comme l'unique source citée était son autobiographie, j'avais grande envie d'y jeter un œil. Hélas, elle semblait absente de toutes les bibliothèques parisiennes auxquelles j'avais accès et, si j'avais su, je me serais débrouillée pour la lire à Berlin. N'y tenant plus, j'ai fini par la commander sur un site anglo-saxon réimprimant en fac-similé des ouvrages tombés depuis longtemps dans le domaine public.

C'était au début de l'été 2013, il y a un an, et à ce propos je dois vous faire part d'une inquiétude. Dans ce roman en spirale qui raconte sa propre histoire, il faudrait tout de même que mon récit se rapproche peu à peu du moment présent. Or, malgré tous mes efforts, j'en suis toujours à raconter ce que je faisais un an plus tôt. Et aujourd'hui, alors que Sabine attend mon manuscrit complet dans tout juste deux mois, je me sens comme quelqu'un qui se serait formellement engagé à sauter par-dessus son ombre.

Mais ce n'est pas en me lamentant que je vais aller plus vite. Un matin de juin 2013, atterrit donc dans ma boîte aux lettres *Ein Lebensbild aus Deutschlands Lehrjahren* de Sebastian Hensel (1903), et j'ai un mauvais sentiment rien qu'à voir la couverture : la photo Kodakolor d'un sommet enneigé, peut-être le Matterhorn, qui ne m'évoque pas le plus petit rapport avec l'auteur. Né et mort à Berlin, marié avec une Lituanienne, ayant fait toute sa vie professionnelle en pays de marais et de terres agricoles, Sebastian est pour moi un homme des plaines. La seule montagne de sa vie est le Vésuve sur lequel il a fêté ses dix ans, ensuite il en est redescendu pour ne presque plus quitter le niveau de la mer. D'où sortent ces cimes blanches grotesques ? Plus tard, je comprendrai que c'est une couverture standard dont l'éditeur affuble indifféremment toutes ses réimpressions, et que j'ai plutôt eu de la chance avec le Matterhorn : ç'aurait pu être un petit chien ou une boule de Noël.

La lecture de cet ouvrage s'annonce donc mal. Deux mois après, sans l'avoir encore ouvert, je l'emporte en résidence d'écriture au Pont-d'Oye, dans les Ardennes belges. À part mon CD-ROM, le *Concerto pour violon en mi mineur* de Felix Mendelssohn et le brouillon de mes cinq premiers chapitres, je n'ai rien emporté pour me distraire, espérant que, dans cette situation de disette, la faim m'obligera à lire les 419 pages de la vie de Sebastian.

Mais au Pont-d'Oye, mon énergie retombe. Ces cinq chapitres à l'état d'ébauche me paraissent confus, touffus, et ne me donnent aucune envie de poursuivre. Je serais censée aborder maintenant l'affaire Lavater : l'affaire Lavater, ici, au milieu des sapins et des fougères, dans ce joli château qu'on dit hanté par le fantôme d'une comtesse et dont les marches d'escalier grincent pendant la nuit... J'ai plus envie de partir en promenade, moi, que de penser à l'Épître dédicatoire du diacre zurichois. Et, parvenue au bout de la vie de Moses (dont je n'ai traité qu'une moitié), j'aurai devant moi celle des 765 autres. Ce projet est dément et j'y ai déjà perdu une année de recherches. Lire l'autobiographie de Sebastian Hensel ? Cette simple idée m'accable, la vue du Matterhorn sur ma table de travail me fait suer d'angoisse.

Il faut pourtant s'y mettre. Panique et découragement se compliquent de culpabilité, car nous sommes choyés et bichonnés ici, dans un cadre idéal pour écrire, et moi je n'écris pas. J'allume mon ordinateur, n'y trouve qu'un tas de matériau mort en train de pourrir sans germer. Je relis les lettres de Moses à Fromet et les envie d'avoir été capables d'amour. Le concerto me tire des larmes de nostalgie, la nostalgie d'un temps où ce projet de roman m'avait enthousiasmée. Qu'est-ce que je voulais faire avec les Mendelssohn, qu'est-ce que je voulais montrer ? Je ne sais plus. Sur un mur du premier étage s'étale l'arbre généalogique de l'écrivain Pierre Nothomb à qui a autrefois appartenu le château. Il a eu treize enfants, qui eux-mêmes... etc. Je fais chaque fois un long détour pour ne pas passer devant.

Au moins, la bibliothèque de Pierre Nothomb devrait m'aider à retrouver la trace de Margarethe Longard, devenue Mère Hélène dans un couvent belge autour de 1900. Les rayonnages fourmillent en effet d'ouvrages religieux et d'histoires du clergé en Belgique : je vais dresser une liste des couvents d'ursulines, passer des coups de téléphone, faire un saut sur place peut-être. La Belgique n'est pas si grande, surtout pour moi qui fais des allers-retours Berlin-Wolfenbüttel sur la journée.

Mais je ne trouve rien d'utile dans la bibliothèque, ou alors je n'ai pas les yeux en face des trous. Je m'épuise en vagabondages sur la Toile, qui ne font que m'embrouiller l'esprit. Sur le site des ursulines de l'Union romaine, je finis par poster une « Question d'archives » concernant *Margarethe Longard ou von Longard, née le 14 mai 1859 à Sigmaringen, Bade-Wurtemberg*, en expliquant qu'elle est la descendante d'un philosophe allemand du xviiie siècle.

Ne connaissant pas le degré de tolérance des ursulines de l'Union romaine, je n'ose préciser qu'il s'agit d'un philosophe des Lumières ni que, sans les réserves tatillonnes de rabbi Eybeschutz d'Altona, il aurait officiellement reçu le titre de maître ès études talmudiques. Ma bouteille à la mer sombre aussitôt dans un épais silence, et je reste seule sur mon île.

Seule, mais non inobservée. Un journaliste du *Républicain lorrain* venu interroger les résidents du Pont-d'Oye cite dans son article mes déclarations hagardes sur un « roman sans fin » auquel je prétends travailler ici, et Sabine Wespieser (dont le service de presse est très efficace) m'adresse le jour même une semonce par courrier électronique : « Comment ça, sans fin ?? »

Je perds le sommeil, je perds l'appétit. Le soir, j'allume du feu dans la cheminée du salon et tisonne pendant des heures, pour me donner l'impression d'être bonne à quelque chose. Ou alors je m'enferme dans ma chambre, lance le CD-ROM et écoute en boucle les *Romances sans paroles*. Au fait, par qui sont-elles jouées ? Par Daniel Barenboim, lis-je dans l'impressum.

À ce moment-là, un souvenir frémit en moi. Daniel Barenboim et son orchestre du *Divan occidental-oriental* qui se produisait dans la forêt de Grunewald le 31 juillet 2012, la veille ou l'avant-veille de mon déménagement. Aller entendre une symphonie de Beethoven en ce crépuscule d'été, ç'aurait été un bel adieu à Berlin, mais ce n'était pas raisonnable. Il me restait mille choses à faire et je n'avais même pas rempli mes derniers cartons. Au moins se souvenir me ramène à mon thème. Encore une occasion manquée, encore une perte, un adieu, un rappel de tout ce qui est si fragile et fugace en ce monde : quelques accords de symphonie résonnant sous les arbres puis rejoignant le néant, quelques heures de concorde arrachées aux barbelés et aux frontières closes...

Oui, car j'avais aussi vu un documentaire sur cet orchestre israélo-jordano-égypto-libano-palestinien fondé par Barenboim avec son ami Edward Said. Sur les difficultés humaines et les tracasseries administratives qu'il avait fallu surmonter pour créer cet orchestre transnational en plein Proche-Orient, lui permettre d'être reçu à l'Opéra du Caire, ou dans la salle des fêtes de Ramallah. Les instrumentistes palestiniens arrivant aux répétitions avec des heures de retard à cause des check-points, exaspérés, harassés, et que Barenboim devait convaincre de jouer quand même. L'orchestre coincé à une frontière, qui, sur les sièges d'un terminal sans âme, improvisait une générale, attaquait la *Symphonie pastorale* devant des stewards égyptiens éberlués...

Voilà, voilà ce que j'aurais voulu faire, peu importe comment, au prix de combien de coq-à-l'âne et de sauvages associations d'idées : un livre où, dans un même chapitre (que j'aurais appelé « Le Divan occidental-oriental »), il aurait été question de ce concert berlinois où je n'étais pas allée, du vieux Goethe recevant Felix à Weimar et découvrant par lui Beethoven, de l'hôpital Saint-Louis de Jérusalem où Arnold Mendelssohn soignait le cadi de Naplouse, de Saladin ému par le sage Nathan et lui prenant la main...

> *Nathan, mon cher Nathan !*
> *Pars donc, retire-toi – mais deviens mon ami*[6] *!*

Voilà ce qu'aurait été ce livre si j'avais été capable de l'écrire. Mais aujourd'hui au Pont-d'Oye, je vois bien que je n'y arriverai jamais. Mon élan s'est perdu, mes idées sont parties, je n'ai plus rien entre les mains.

La mort dans l'âme, je rapetasse sans y croire mes cinquante premières pages, puis les délaisse pour une traduction que j'ai eu la bonne idée d'apporter. Oublier les Mendelssohn, ne plus penser à rien... Nager dans le petit étang où poussent des nénuphars. L'eau froide me fait du bien : quand l'esprit bat la campagne, il est réconfortant de retrouver son corps. Ou alors marcher des heures dans la forêt voisine, une forêt assez vaste pour qu'on puisse s'y perdre, et je le souhaiterais presque : enjamber des ronciers, des troncs d'arbre abattus par la dernière tempête reste moins angoissant que de tourner en rond dans mon labyrinthe intérieur. Je picore des framboises, des myrtilles, un orage tiède m'inonde de la tête aux pieds. Parfois une futaie descend en pente douce vers un fond verdoyant où le sol devient spongieux, où mes chaussures enfoncent dans une bourbe noire ; je tends l'oreille, une bête s'enfuit, je suis peut-être passée au Luxembourg sans m'en apercevoir.

À la tombée de la nuit, le second étang plus grand devient splendidement funèbre, trace un chemin de clarté entre les berges noires plantées de hauts sapins. Alors je ne sais plus si je suis au Pont-d'Oye, ou sur un lac du Brandebourg qu'aurait manqué Fontane, ou sur la côte américaine du Maine, dont le contour est si dentelé qu'une langue d'océan vient par endroits glisser en pleine forêt ses flots glaciaires, ses rives grises et lisses.

On l'aura compris, Sebastian Hensel a fait les frais de mon enlisement. Pas une fois, au Pont-d'Oye, je n'ai pu me résoudre à regarder ce qui se cachait derrière le Matterhorn.

Même rentrée à Paris, et ayant retrouvé l'énergie nécessaire pour me mettre à cette lecture, je ne l'ai pas poussée loin.

Dans les commencements pourtant, elle m'avait captivée. J'étais contente d'apprendre qu'à dix ans Sebastian allait à l'école avec son cousin Walter Dirichlet, qu'à quatorze ans il avait suivi ses parents à Florence en emportant des devoirs donnés par ses professeurs pour six ou sept mois d'absence, et que sa tante l'appelait « Bab ». C'est dans ces petites choses qu'on cerne un personnage. J'étais contente aussi d'avoir des détails sur l'épisode de la barricade, effectivement frappant.

Le samedi 18 mars 1848 en se rendant au lycée, Bab avait vu dans la Breite Straße un omnibus renversé sur lequel on amassait des pavés. Il s'était joint au mouvement, avait aidé à porter des pavés, puis était rentré déjeuner chez les Dirichlet, avec l'idée d'y retourner ensuite. Mais après le repas, Rebecka l'avait bouclé dans sa chambre, effrayée par les tirs d'artillerie dont résonnait tout le quartier. Je la comprends : ce neveu de dix-sept ans et orphelin de mère n'avait à peu près qu'elle pour se soucier de lui.

Le lendemain, courant à « sa barricade [7] », il n'y avait plus trouvé que des morts. La pâtisserie d'en face était criblée de balles. Dans son lycée même, le sol était jonché de gravats et des ruisseaux de sang coulaient dans l'escalier.

Mais dès l'automne 1848, je décrochais. Le Gavroche d'hier optait soudain pour une carrière de *gentleman farmer*, partait en apprentissage dans la campagne au sud de Berlin. Étaient décrites ses premières journées de travail chez l'Oberamtmann Kayser : il s'agissait de surveiller six malheureuses qui déchargeaient de la tourbe parmi les piaillements de « six fois six marmots [8] » accrochés à leurs basques ou juchés sur leur dos. En lisant, page 76, que ce séjour avait duré un an et demi, le désespoir m'a prise. J'ai fermé le livre pour ne plus le rouvrir, et me suis lancée dans l'écriture du chapitre « Signes apparents de la mort ».

Je serai donc très brève sur la vie de Sebastian. À la fin de sa formation il devient propriétaire terrien en Mazurie, dans la vallée de la Pregolia. En 1856 il épouse Julie von Adelson, une jeune fille de la région. (J'avais mal compris ce que me disait Thomas Lackmann en mars dernier. Ce n'était pas la bru mais la belle-mère de Sebastian qui était la fille peut-être adoptive d'un rabbin lituanien : Fanny Loewenstam, mariée en 1826 à l'entrepreneur Jacob Ludwig von Adelson.) Il naît au couple Hensel cinq enfants en sept ans, mais le climat humide ne leur réussit pas et, dès 1872, ils vendent le domaine pour se réinstaller à Berlin. Sebastian s'y reconvertit dans la grande hôtellerie, publie des contes pour la jeunesse et, en 1879, *La Famille Mendelssohn*, un best-seller dix-huit fois réédité jusqu'à l'époque nazie. Son autobiographie, elle, ne paraît qu'à titre posthume, avec un avant-propos de son fils Paul Hensel, professeur de philosophie.

Il laisse un autre fils, Kurt, mathématicien ; une Fanny mariée à un sculpteur, une Lili épouse Du Bois-Reymond, et une Cécile qui, avec le philologue classique Friedrich Leo, doit être pour quelque chose dans l'ascendance de Thomas Leo, le vieux Californien cité dans le *Berliner Zeitung* lors de la rencontre Mendelssohn d'octobre 2007.

Parmi les 1042 portraits rangés dans ses cartons, Wilhelm Hensel en avait fait un de son fils. De son fils à l'âge mûr, ai-je cru d'abord à la vue du crâne dégarni, des paupières déjà lourdes et de l'austère moustache. Eh bien, non. Ce portrait date de 1860, Sebastian y avait donc tout juste trente ans. Mais soit Wilhelm l'anachronique ne pouvait voir son fils que sous les traits d'un vieillard ; soit Sebastian, digne produit d'une époque enlisée, n'a jamais eu l'air jeune.

CHAPITRE 24

LE SIÈGE DE PARIS

POUR CÉCILE MENDELSSOHN BARTHOLDY née Jeanrenaud, celle qu'on avait surnommée la reine du silence, la vie après Felix a été brève. Une halte de quelques années à Berlin, où elle perd Felix II de la scarlatine. Puis elle retourne dans sa famille, et la tuberculose dont elle souffrait depuis un certain temps l'emporte en 1853.

Restent quatre orphelins qui, assez vite, sont séparés. Les Jeanrenaud gardent Marie et Lili à Francfort ; l'oncle Paul et la tante Albertine, qui élèvent déjà cinq enfants à Berlin, se chargent de Carl et de son frère. C'est généreux de leur part, d'autant plus qu'en 1859, après le double décès de Rebecka et de son mari, ils recueilleront en outre la jeune Flora Dirichlet. Cela étant, on ne rit pas beaucoup chez les Mendelssohn-Bartholdy. Le banquier Paul est un tuteur sévère, avec qui les deux fils de Felix ne s'entendent pas très bien. À dix-neuf ans, Carl se voit prescrire sa voie : il fera son droit à Heidelberg. Paul J^r, lui, abandonne le lycée et s'en va à Leipzig commencer un apprentissage dans le commerce. Mais c'était surtout pour s'éloigner de son oncle, apparemment, car peu après il change d'avis, passe son baccalauréat en candidat libre et rejoint Carl à Heidelberg, où il assiste aux cours de Robert Bunsen et y découvre sa vocation : la chimie.

En Carl, premier-né du couple mythique, semblaient s'offrir les promesses d'un nouvel âge d'or. Le tout-petit qui à quinze mois chantait des canons avec ses deux jeunes parents (une vraie scène d'idylle) s'est ensuite mué en garçonnet exquis dont tante Fanny admirait la « masse de boucles blondes », les « yeux magnifiques », la « petite âme gracieuse et poétique[1] », allant jusqu'à décréter que même Felix à son âge n'était pas aussi beau. Si c'est elle qui le dit !

Mais, après avoir perdu son père et sa mère, Carl Mendelssohn Bartholdy développe une instabilité nerveuse qui le jette sur les voies de l'indépendance et de la rébellion. C'est de bonne heure un démocrate, un esprit fort qui n'achève son droit que pour entamer ensuite des études d'histoire. Voilà ce qui l'intéresse vraiment : l'histoire contemporaine, et en particulier celle de la guerre d'indépendance grecque. Au même moment il modernise son prénom de CARL en KARL, une modification que l'oncle Paul réprouve et à laquelle il refusera obstinément de se plier.

Cet oncle est alors occupé à éditer les lettres envoyées par Felix pendant son tour d'Europe, lettres que, séduite par leur fraîcheur et leur aimable verve, j'avais si longuement citées dans mon chapitre 18. Ma foi, on dirait bien que j'ai donné dans le panneau tendu par Paul, gardien autoproclamé de la mémoire fraternelle. Les *Reisebriefe aus den Jahren 1830-1832* sont une habile sélection où l'éditeur a retranché tout ce qui pouvait donner du défunt une image moins parfaite, moins sympathique ; certaines coupes dans le corps même des lettres ne sont pas signalées. Jeune universitaire, Karl est choqué par cette façon de traiter les sources, mais son oncle ne lui a pas demandé son avis. Et le volume paraît en 1861 sans que le fils aîné de l'auteur en reçoive seulement un exemplaire : il doit aller se l'acheter.

Pour le second volume, on daigne l'associer au travail éditorial, mais les échanges restent tendus. Encore traumatisé par la publication de la correspondance Goethe-Zelter en 1833, Paul tient à supprimer les passages qui pourraient gêner ou fâcher des gens encore vivants. Karl, alors en train de boucler sa thèse d'habilitation sur Ioannis Kapodistrias, n'a pas trop le temps pour défendre son point de vue, et l'oncle en profite pour lui faire une petite crasse de plus : les *Briefe aus den Jahren 1833-1847* paraissent en 1863 dans une édition cosignée Paul Mendelssohn-Bartholdy et *Carl* Mendelssohn Bartholdy.

Le banquier serait-il plus souple avec ses propres enfants ? J'en doute. Cette même année, survient dans son foyer un drame dont les circonstances donnent à réfléchir. Le 22 juin 1863, au n° 35 de la Französische Straße, Berlin, sa fille aînée Pauline meurt à dix-neuf ans d'une « inflammation abdominale ». C'est du moins ce que mentionne le registre de leur paroisse évangélique. Mais Albertine Mendelssohn-Bartholdy a noté dans ses propres carnets : « 23 juin 1863, mort à Dresde de notre fille bien-aimée Henriette Felicia Pauline[2] ».

Très curieux. Une mère se tromperait-elle sur le lieu et la date de décès de sa fille ? Et s'explique-t-on davantage une telle erreur dans un registre paroissial, qui à l'époque tient lieu d'état civil ? Cette troublante contradiction pourrait recouvrir quelque chose d'assez sombre, un suicide peut-être. Les portraits faits de la jeune fille dans les années précédentes autoriseraient à le penser : sous des cheveux noirs sévèrement coiffés, une pâleur douloureuse, un vrai masque tragique que n'éclaire aucun sourire. Enfin, je ne sais pas.

Celui qui s'en sort bien, c'est Paul Mendelssohn Bartholdy, le frère cadet de Karl. Diplômé en chimie, il sert d'abord comme volontaire dans un régiment d'uhlans avant d'intégrer un petit laboratoire de recherche industrielle. La guerre austro-prussienne vient interrompre ce début de carrière : il part sous-officier, se bat à Königgrätz, en revient lieutenant. Puis arrive 1867, une année faste pour lui. Il fonde une fabrique d'aniline sur les bords de la Sprée et épouse Else Oppenheim, une arrière-petite-fille de Joseph. Aussi richement dotée que divinement belle, elle lui donne un petit Otto au bout d'à peine dix mois.

Tant de félicité est difficile à supporter pour son frère, qui s'illustre dans sa profession mais, avec les femmes, a les rapports tourmentés d'un fils d'homme célèbre : il les soupçonne toujours de n'aimer en lui que son nom de famille. Sa jalousie est pourtant de courte durée. En août 1868, pendant des vacances à la campagne, sa belle-sœur meurt du typhus. Veuf à vingt-sept ans, Paul est durement éprouvé. Ses tempes blanchissent du jour au lendemain, il tombe malade et doit aller se soigner à Karlsbad, pendant que les Oppenheim prennent chez eux leur petit-fils Otto.

Les deux frères diffèrent autant par le caractère que par les opinions. Bien loin de s'engager pendant la guerre de 1866, Karl y entrevoit déjà la domination prussienne sur une Allemagne unifiée et, fédéraliste dans l'âme, ennemi de tout despotisme, il tourne le dos à son pays pour multiplier les voyages dans le sud des Balkans. Là-bas, il interroge des témoins de la guerre d'indépendance grecque, loge chez l'habitant, écume à cheval vallées et hauts plateaux – une vraie recherche de terrain dont il tirera les bases d'une *Histoire de la Grèce* en deux volumes. Je ne l'ai pas consultée, mais je note qu'elle présente assez d'intérêt historique pour avoir été traduite en grec et publiée à Athènes en... 1979.

Revenons un bon siècle plus tôt. Karl a fini par se marier à son tour et est devenu père, en février 1870, d'une Cécile Mendelssohn Bartholdy II. Mais l'union tourne aussi mal que celle de Paul. Quelques semaines après la naissance, sa femme meurt brutalement. Karl n'en tombe pas malade (pour l'instant), ne prend pas de cheveux blancs. Le choc se traduit par un symptôme presque plus frappant encore : ce maniaque de l'archive cesse soudain de conserver la moindre lettre.

Là-dessus éclate la guerre franco-prussienne. Le lieutenant Paul Mendelssohn Bartholdy rejoint son régiment de cavalerie, assiste à la prise d'Orléans et du Mans. Chez ses beaux-parents Oppenheim, on vit dans l'attente de ses lettres du front. Les dames tricotent des chaussettes pour les blessés, Énole Oppenheim, seize ans, joue du piano en rêvant peut-être au veuf de sa grande sœur (qu'elle épousera deux ans plus tard), le petit Otto réclame son père et aimerait comprendre ce qui se passe. Au front, Paul reçoit de son associé des rapports préoccupants sur la fabrique d'aniline. À cause de la mobilisation, la main-d'œuvre se fait rare et les ouvriers du secteur menacent de se mettre en grève pour obtenir une augmentation. Que de soucis !

Toutefois la guerre en France a ceci de bon qu'elle met sur le carreau les firmes françaises concurrentes. Le 18 septembre 1870, la capitale est encerclée. Le 23, l'associé de Paul jubile : « J'espère que tu pourras bientôt pénétrer dans Paris. » Et en profiter pour aller voir si la fabrique d'un certain Pasthelaz, sise à Aubervilliers « tout près des fortifications[3] », a bien été détruite par les tirs de canon.

Mais Paris ne tombe pas, pas encore.

Le 6 novembre, c'est Adolf Wach, le mari de Lili, qui écrit à son beau-frère Paul pour lui donner des nouvelles de Karl. Elles sont plutôt bonnes, l'effondrement psychique qu'on redoutait n'a pas eu lieu. Le pire qu'on puisse craindre, c'est que Karl « ne se remarie trop vite et sans mûre réflexion[4] ». L'historien n'y songe pas. Il est absorbé par des travaux qui, en pleine guerre contre la France, témoignent d'un certain esprit de contradiction : ils portent sur Mirabeau et sur Euloge Schneider, un franciscain d'Alsace devenu révolutionnaire et guillotiné sous la Terreur.

Mais en ce même 6 novembre 1870, que se passe-t-il à Paris ? Je vous le donne en mille, bien que vous le sachiez déjà : on joue du Mendelssohn. Au Cirque d'hiver, un public nombreux est venu entendre – après du Beethoven et du Weber – la symphonie *Réformation*. Oui, dans une ville menacée par « toutes les horreurs de la famine et du bombardement », bardée d'« une ceinture de fer toujours plus hérissée d'artillerie », des centaines d'auditeurs ont choisi de venir « s'occuper d'art et de musique[5] », se réjouit le conférencier qui a pris la parole à la fin du concert. N'est-ce pas admirable ?

Il se trouve que ce conférencier, Athanase Coquerel, est également pasteur. Son cœur a donc frémi en reconnaissant dans ladite symphonie le thème du plus célèbre des chorals luthériens :

C'est un rempart que notre Dieu !
Si l'on nous fait injure,

Son bras puissant nous tiendra lieu
Et de fort et d'armure.

Et voilà le pasteur Coquerel qui enchaîne, les bras levés, la voix tonnante comme pendant ses sermons (je n'ai que le texte sous les yeux, mais il me semble y être) :

« Oui, c'est un rempart que notre Dieu ! C'est un rempart que notre bon droit ! C'est un rempart que notre unanime dévouement à la patrie ! C'est un rempart que notre inébranlable résolution de mourir s'il le faut pour la sauver ! Et quand tous nos autres remparts seraient tombés dans le feu et le sang, ceux-là resteraient debout et nous rendraient encore redoutables ! *(Vifs applaudissements)* [6]. »

Jouer du Mendelssohn, du Beethoven et du Weber n'a rien d'une trahison envers la patrie, poursuit le conférencier. Ces trois illustres Allemands « ne sont pas pour nous des ennemis. Le domaine de l'idéal où ils nous introduisent n'a pas de frontière [7] ».

Mais c'est surtout à Felix Mendelssohn que vont ses sympathies. Le pasteur a lu de près les deux volumes de lettres récemment édités. Il y a glané toutes sortes d'anecdotes sur la modestie du maestro, son horreur du sectarisme et de la pédanterie. Si Felix à vingt ans riait du goût typiquement français pour les distinctions honorifiques, son esprit critique n'épargnait pas ses propres compatriotes. Lors de la crise de 1840, quand toute l'Allemagne criait *« Vous ne l'aurez pas, le libre Rhin allemand »*, il s'était refusé à composer sur de telles paroles dont la jactance, le « caractère à la fois banal et violent [8] » lui étaient insupportables. Il aurait réprouvé l'actuelle guerre, dont les répercussions seront graves des deux côtés du Rhin.

« Pour acheter leur victoire, tous les peuples de l'Allema-gne ont vendu à la Prusse leur indépendance et leurs droits. Croyez-vous que Guillaume soit disposé aujourd'hui à les leur rendre ? » observe le pasteur Coquerel, à qui le fils aîné de Felix Mendelssohn aurait sans doute donné raison. « L'Allemagne, quand elle se réveillera de l'ivresse de ses victoires, sentira tout le poids de ses fers, et ne les trouvera ni plus légers ni plus nobles pour être tout souillés de notre sang et du sien [9]. »

Et le pasteur conclut en citant Ulrich von Hutten, un compagnon de Luther :

« À notre tour, sans arrière-pensée et sans peur, entourés que nous sommes d'un cercle d'ennemis, disons aussi : *Ich hab's gewagt !* je l'ai risqué ! Et quoi ? – Tout. Tout, sans exception ni réserve : nos biens, nos maisons, notre santé, notre vie, nos enfants, et la vie même de ceux que nous aimons le plus tendrement. C'est alors, c'est par ce sacrifice absolu que nous serons irrésistibles ; c'est ainsi, et ainsi seulement, que nous sauverons Paris, la France et notre honneur. *(Applaudissements)* [10]. »

Bien qu'émaillé de mots dans la langue de l'ennemi, le discours choque si peu qu'il est aussitôt imprimé et vendu au profit des blessés pour le prix de 25 centimes, nous précise l'en-tête.

En attendant, le mois de novembre se passe, le mois de décembre commence, et Paris tient toujours, malgré les rumeurs qui, à Berlin, provoquent l'ébullition au foyer des Oppenheim. Le 9 décembre en effet, Otto, bientôt trois ans, dicte (à qui ? je transpose fidèlement l'orthographe et la syntaxe) une lettre pour son père soldat :

> *Hier c'était le grand bazarre dans le bureau et moi ils m'ont laissé tout seul et je n'arrivais pas à ouvrir la porte et je criais tout le temps « Henriette, qu'est-ce qui se passe ? ». Alors ils ont dit « Paris a capitulé » mais c'était même pas vrais* [11] ...

Non, Otto, c'était même pas vrais. Je me sens un peu émue en pensant que tu es le vieux monsieur qui en 1945, dans sa maison de Potsdam réquisitionnée par les Russes, se plaindra à Felix Gilbert de ne plus avoir de montre.

Et qui s'occupe alors de la petite Cécile Mendelssohn Bartholdy II, pendant que Karl travaille sur Euloge Schneider et l'histoire de la Grèce ? Je l'ignore. Je sais en revanche que l'oncle Paul n'est pas content de lui. L'historien a publié dans une revue savante une lettre de 1842 où son père Felix racontait sa réception à Buckingham Palace et un dîner chez les Bunsen. Une lettre qui ne figurait pas dans l'édition de sa correspondance, et pour de bonnes raisons : Paul avait consulté la reine d'Angleterre sur l'opportunité de cette publication, et Sa Majesté ne s'était pas déclarée favorable. Quant aux enfants Bunsen et à la vieille Mme Bunsen qui vit encore,

> *aucun d'eux ne sera heureux d'apprendre que tes parents se sont « copieusement ennuyés » lors d'un dîner chez eux. Imprimer ce genre de propos privés ne peut que susciter une légitime indignation et ternir la belle image que la nation a de ton père* [12].

Ah, Carl a fait du joli !... Cependant la nation qui a de Felix une si belle image prospère et s'agrandit. Le 18 janvier 1871, l'Empire allemand a été proclamé dans la Galerie des glaces du château de Versailles. Le 8 mars, devant la Société d'histoire de Fribourg qui célèbre l'événement, Karl prononce une conférence sur *Goethe et Felix Mendelssohn Bartholdy* : à mots couverts, c'est un désaveu de la Prusse nouvelle, militariste et assoiffée de puissance, à laquelle il oppose « la sereine clarté, la calme harmonie [13] » de l'âge d'or weimarien.

Au fait, Paris a-t-il capitulé ? Mais non. Bien au contraire, une insurrection populaire éclate le 18 mars quand le gouvernement versaillais envoie la troupe récupérer les canons de Montmartre. S'ouvre alors une page d'histoire qui n'a plus aucun lien avec les Mendelssohn, je suis bien obligée de l'admettre. « C'est un rempart que notre inébranlable résolution de mourir », etc. Tu es beaucoup trop jeune, petit Otto, pour que je te raconte les deux mois de la Commune. Mais sache que ne capituleront les derniers mètres de la rue Ramponeau et de la rue de Tourtille que le dimanche 28 mai 1871, faute de combattants vivants.

Dans ma Chronologie, je n'ai plus rien jusqu'au mois d'août 1872, quand Karl évoque dans une lettre ses nouveaux projets de vie. Aïe, il va précisément faire ce que sa famille craignait pour lui : se remarier trop tôt. C'est chose faite au bout de quelques mois, et le nouveau couple attend bientôt l'arrivée d'un enfant.

Paul aussi se remarie en 1873, avec sa jeune belle-sœur Énole. Mais alors que le chimiste y puise un surcroît d'énergie, fondant la Société anonyme pour la fabrication de l'aniline (AGFA), Karl, lui, inquiète son entourage, alterne des phases de mutisme et de suractivité intellectuelle. Il publie son essai sur Euloge Schneider et celui sur Mirabeau, le second volume de son *Histoire de la Grèce* est presque terminé ; mais à l'automne 1873, sa femme fait une fausse couche, et c'est l'effondrement. Pour lui qui a déjà perdu son père à neuf ans, sa mère à quinze ans, sa première femme après un an de mariage, enfin l'Allemagne des penseurs et des poètes qui lui était la seule chère, cet enfant mort avant d'être né a été le deuil de trop.

En proie à de graves troubles psychiques, il doit démissionner de sa chaire à Fribourg, part se soigner à Baden-Baden, où son état empire. Sa femme est de nouveau enceinte quand on diagnostique chez lui une « schizophrénie catatonique[14] » ; il se trouve dans un service psychiatrique à Görlitz lorsqu'elle accouche, en octobre 1874, d'un Albrecht Mendelssohn Bartholdy. En novembre 1876, l'historien est interné dans la clinique suisse de Königsfelden à la demande des siens. Il n'en sortira plus.

Quelles nouvelles de l'extérieur reçoit-il encore, pendant ces vingt-trois années d'internement ? Sait-il que Richard Wagner, malgré ses succès à Bayreuth, continue de faire des « rêves étranges[15] » où lui apparaît son défunt rival Felix Mendelssohn ? Sait-il que deux de ses cousins ont été anoblis par le nouvel empereur allemand ? A-t-il vent de la fermentation nationaliste qui débouchera bientôt sur les tueries de la Première Guerre mondiale, avec ses onze *Gef.* allemands et son *Gef.* britannique ?

Probablement non. Jusqu'à sa mort à Königsfelden en 1897, il est coupé du monde. Les lettres échangées dans la famille n'évoquent jamais son mal, et son dossier médical ne porte la trace d'« aucune mesure thérapeutique[16] ».

Derrière la barricade de sa schizophrénie, ce combattant de la liberté est resté le seul et il ne s'en doute même pas.

Chapitre 25

Prénom Énole

En voyant apparaître dans la constellation familiale la Bordelaise Énole Biarnez, mon premier réflexe (parce que je venais de lire des détails sur le voyage écossais de Felix Mendelssohn) fut de me demander si ce curieux prénom n'était pas par hasard tiré des chants d'Ossian.

De l'époque de mes études, je me souvenais en effet d'une thèse sur la mode ossianique en France qui, expliquait l'auteur, avait laissé des traces jusque dans les états civils. La Révolution venait de libéraliser le choix des noms de baptême. Sous l'Empire, où l'engouement pour le barde gaélique connaît son apogée, apparaît donc une première floraison d'Oscar, de Temora, de Malvina, avec l'évolution sociologique observable dans toute mode : d'abord marqueur de distinction sociale, s'appeler Ryno ou Tremnor devient ensuite moins rare, et Ossian « finit vers 1830 par fournir des noms de baptême aux grisettes et aux coiffeurs [1] ».

Pour un prospère négociant en vins qui s'alliera plus tard au fils du banquier Alexander Mendelssohn, donner un prénom ossianique à sa fille faisait déjà un peu peuple en 1827. Mais tout n'est pas sociologique dans les vies individuelles, et Pierre Biarnez pouvait avoir été bouleversé, adolescent, par la lecture de *Fingal*.

Séduisante idée. Le problème, c'est que je ne trouvais pas d'Énole dans les versions françaises d'Ossian, pas plus que d'Enola dans les versions anglaises — à supposer que l'une soit bien dérivée de l'autre. Car les informations glanées à ce propos sur la Toile étaient aussi confuses que contradictoires. Enola était un prénom amérindien signifiant « jeune fille noble », ou alors « magnolia ». ENOLA n'était qu'une anagramme d'ALONE, dans un roman du XIXᵉ siècle dont le titre et l'auteur variaient. « Enola Gay » était le nom de la bombe lâchée sur Hiroshima parce qu'ainsi s'appelait la mère du pilote, etc. En revanche, le prénom Énole était inconnu au bataillon, l'unique occurrence sur Google Books (1722) étant une vie de saint espagnol où il devait être, une fois de plus, une francisation d'Enola.

À ce moment-là, j'avais déjà eu sous les yeux une centaine de pages Web et commençais à ne plus y voir clair. Il me fallait revenir à du solide : à un livre, qu'on lit posément et en prenant des notes, où l'auteur signe de son vrai nom, cite ses sources et ses éventuelles compétences. Par chance, la bibliothèque où j'ai mes habitudes recélait un *Manuel des prénoms* publié par un « docteur en droit, secrétaire et rapporteur de la commission de l'état civil au ministère de la Justice », en 1922. J'aurais préféré 1822, vu la date de naissance d'Énole Biarnez, mais c'était mieux que rien.

Le *Manuel des prénoms* m'aura procuré quelques joies pures. Cette étude, par ailleurs très sérieuse, détaillait les histoires d'état civil les plus loufoques ou les plus tortueuses. Le père qui avait voulu prénommer sa fille Lafin, « ce qui, expliquait-il, signifiait qu'il n'en voulait plus d'autre[2] ». Celui qui avait donné à ses deux fils son propre prénom pour leur éviter, après sa mort, le paiement de droits de mutation. L'initiative d'un employé municipal qui inscrivait les filles sous le nom de Marie et les garçons sous le nom de *Mari*, parce qu'un homme doit être un homme. Ou la petite fille affublée du prénom d'Algarade, l'auteur pince-sans-rire précisant en bas de page : « Le père est marchand de vin[3]. » Un chapitre entier était consacré à ces « Prénoms bizarres » : il va de soi que je me ruai dessus.

Signe des temps, l'auteur y citait des prénoms qui ne nous étonnent plus : Alban, Thaddée, Florian, Tiphaine. Et il restait perplexe devant une Fromette née chez des juifs de Nancy ; l'ignare !... Mais je me délectais comme lui de Noussomercgue, de Cadichon, de Sulpice Réséda Frêne : en matière de bizarreries et de raretés, on trouvait vraiment de tout. Ce qui rendait encore plus frappant le fait que, parmi toutes ces Valchérie, Atargule, Vertérine ou Camulogène, il n'y ait là pas plus d'Énole que sur ma main.

En refermant le livre, j'étais découragée. Combien d'heures avais-je déjà perdues sur le prénom de cette Bordelaise qui, soit dit en passant, n'était même pas une descendante de Moses ? Que m'apprendrait son origine, à quoi serait-ce bon ? Cette obsession pouvait me mener sur une pente dangereuse où, peu à peu, je voudrais tout savoir sur tout. Pourquoi Margarethe Longard avait pris le voile en Belgique, si loin de sa Sigmaringen natale. Par quelles rues et quel pont Moses était passé, le 31 décembre 1785, pour porter chez l'éditeur Voss le manuscrit du texte *Aux amis de Lessing*. S'il existait des documents plus précis sur le voyage des fresques de la Casa Bartholdy, dont je savais seulement qu'en 1885 l'empereur Guillaume Ier avait chargé le spécialiste Stefano Bardini de

les extraire de leurs murs romains et que, rangées verticale-
ment, elles étaient arrivées par train à Berlin en 1887.

Jusqu'où irais-je ainsi dans l'infiniment petit, l'infiniment
secondaire ? Jusqu'où éprouverais-je le besoin de détailler
ma carte ? Pouvoir « zoomer sur chaque descendant »,
comme me l'avait promis Henri, me paraissait déjà presque
dérisoire. J'aurais voulu scruter chaque recoin de leur vie,
examiner à la loupe les originaux de leurs lettres pour y
déceler peut-être une infime rature, l'amorce d'un mot qui
n'avait pas été écrit ; voir ce que cachait le linge blanc dans la
corbeille à ouvrage du *Salon de musique de Fanny Hensel née
Mendelssohn Bartholdy*, ou rechercher de qui étaient ces
tableaux aux murs et quels étaient leurs thèmes, pour me
faire une idée exacte de ce que Fanny, de son vivant, avait eu
sous les yeux pendant qu'elle composait.

C'est alors que j'ai pensé à *La Vie mode d'emploi*, et non
sans inquiétude. Car, si Perec y avait exploré l'infiniment
petit d'un immeuble haussmannien, de ses habitants et de
son mobilier – jusqu'à décrire les sujets développés à traits
de pinceaux microscopiques par la miniaturiste autrefois
installée dans l'appartement du sixième étage droite –, ces
détails étaient fictifs, donc finis, s'arrêtant là où s'arrêtait la
fantaisie de l'auteur. Et son exploration suivait un rigoureux
itinéraire algorithmique, celui d'un cavalier parcourant successivement les 64 cases d'un jeu d'échecs.

Le territoire que j'avais choisi, moi, n'avait pas les
contours nets d'un échiquier ni d'un immeuble haussmannien. Fait de vies réelles, il tenait plus du massif corallien,
proliférant en tous sens et continuant de s'agrandir année
après année. (Depuis que je m'occupais des Mendelssohn,
combien d'enfants avaient dû naître ne serait-ce que chez les

240 descendants présents à la rencontre berlinoise d'octobre 2007 ?) Et je m'y étais lancée à la sauvage, sans la moindre idée de but à atteindre ou de cap à tenir.

J'étais en train de me perdre dans ce dédale, de me perdre *absolument* : non pas comme l'aventurier qui ne trouve plus son chemin et désespère de ressortir un jour à l'air libre, mais comme celui qui a bel et bien oublié l'air libre, en vient à penser que sa vie est là, dans ces sombres boyaux et, au lieu d'avancer en se tenant toujours au mur de droite, pose son barda par terre, éclaire la paroi peinte, et s'absorbe bienheureusement dans l'étude des pigments.

Puis vinrent mon séjour à Berlin, le concert à la Mendelssohn-Remise, et l'information dégrisante fournie par Angelika von Mendelssohn : Énole n'était qu'un surnom, un mot de patois béarnais pour dire « petit enfant ». Ce qui par ailleurs avait sa beauté, observais-je au retour. Car en somme, cela faisait d'*Énole* l'équivalent béarnais de *Moses* ou *Mosis* en égyptien ancien, qui aurait signifié « enfant » ou « fils », d'après les sources citées par Freud dans *L'Homme Moïse et la Religion monothéiste*.

Magnifique. Maintenant, laisse tomber ! m'admonestait une petite voix raisonnable. D'autant plus qu'un site tchèque d'héraldique me l'écrivait noir sur blanc (je ne lis pas le tchèque, mais j'en savais suffisamment sur la famille pour suivre) : « *Franz Paul Alexander Mendelssohn, *25. ledna 1829 Berlin* » avait épousé « *Marie Antoinette Biarnez, *6. října 1827 Bordeaux, Francie* [4] ». Prénom Marie-Antoinette, surnom Énole. Oui, cela recoupait les précisions du mari d'Angelika.

Concernant le patois béarnais, Angelika n'était pourtant pas si affirmative : « On n'a jamais bien su. » Voilà pourquoi, finalement, je n'ai pas laissé tomber. J'en avais l'intention, mais l'énigme continuait de me travailler, jusqu'au jour où, dans les toilettes de la BnF, il m'est venu une fulguration. Et si Pierre Biarnez avait forgé un prénom que – étant tombé à la mairie sur un de ces secrétaires rigides qui, loin d'accepter Valchérie ou Atargule, jugeaient irrecevables jusqu'à Maud et à Else – il n'avait pu légalement donner à sa fille, mais dont on se servait dans le cercle familial ? Ce négociant en vins, fou de son métier au point d'avoir consacré un Poëme lyrique de quatre-vingts pages aux *Grands Vins de Bordeaux*, avait voulu pour son enfant un nom tiré de la racine grecque *oïnos*, et je dois reconnaître que c'était bien trouvé : plus élégant qu'Oïnine, par exemple, ou Vinette.

Énole l'œnolique, fille d'œnologue, m'avait enfin livré son secret, me disais-je avec satisfaction en me lavant les mains. Certes, à moins de fouiller la correspondance ou le journal intime de Pierre Biarnez, il était difficile de vérifier cette hypothèse. Mais elle avait tout pour elle, n'est-ce pas ?

Cependant, il entre dans mon caractère une certaine obstination. En mars 2014 j'écrivais à Laurence, assistante de Sabine Wespieser et originaire de Mont-de-Marsan : « Bonjour Laurence, une petite question. Je sais que les Landes ne sont pas le Béarn, mais aurais-tu des notions de béarnais ? Que comprends-tu, si on appelle devant toi un petit enfant *Énole* ? »

Suivent dix jours de silence, pendant lesquels je crains d'avoir froissé Laurence par mes approximations géographiques ou par la futilité de ma question. Comme si elle n'avait pas autre chose à faire ! Mais au bout de dix jours, mon téléphone sonne : c'est Laurence qui, tout excitée, vient m'apporter les fruits de son enquête.

Elle aussi en a profité pour se renseigner sur Enola qui, m'annonce-t-elle, signifierait en gaulois « celle qui est noble ». Allons bon. Je lui raconte que j'ai trouvé le même sens (en concurrence avec celui de « magnolia ») dans une langue amérindienne non spécifiée. *Enola* serait donc une sorte d'invariant linguistique, un vocable pré-babélien désignant la même chose en plusieurs idiomes du monde sans aucun lien entre eux ? Je soupçonne que, plus banalement, cette coïncidence résulte du grand salmigondis de la Toile, où chacun retient ce qui lui plaît et ajoute ce qui lui passe par la tête, laissant émerger au final de grands fantasmes universels : le prestige d'une haute naissance, et la fascination pour les peuples premiers. Tôt ou tard, un Italien m'affirmera qu'Enola est un nom étrusque signifiant « patricienne », un Anglais, que c'est un vieux mot picte signifiant « fille de guerrier ».

Mais c'est d'Énole que me parle maintenant Laurence. Vingt coups de fil à des membres de sa famille, à des amis et amis d'amis, lui ont permis d'établir que ni en béarnais, ni en gascon, on ne connaît ce mot. D'authentiques bergers pyrénéens ont été formels : pour désigner un petit enfant, on dirait quelque chose comme *etelyn*, croit-elle se souvenir.

C'est un point en faveur de l'hypothèse œnologique, qui la séduirait sans doute, mais dont je ne lui dis rien : je veux lui en faire la surprise quand elle lira les épreuves. Et comme je m'excuse de lui avoir donné tant de mal, elle proteste joyeusement. Non seulement c'était drôle, mais beaucoup de ses informateurs y ont trouvé l'occasion de renouer des liens. Un tel a consulté un ancien camarade d'école, une telle a bavardé avec une grand-tante qu'elle n'appelait jamais, bref, la famille Mendelssohn a contribué pendant dix jours à consolider le tissu social entre Bayonne, Toulouse et Bagnères-de-Luchon.

Je m'en réjouis. N'est-ce pas ce que je voulais dès le départ : tisser de la toile, fabriquer de mes doigts un filet à envelopper le monde, avec de larges mailles pour gagner en étendue, mais aussi des mailles fines et serrées pour que le poisson ne passe pas à travers, pour que jamais plus rien ne se perde, ne s'oublie, ne disparaisse au fil de l'eau et sans laisser de trace ? Bien sûr qu'il me faut aussi traiter l'infiniment petit ; il n'y a pas lieu d'avoir peur, d'ailleurs à cette date j'ai cessé d'avoir peur. J'ai derrière moi une vingtaine de chapitres, mon roman a pris forme sans que je reste perdue à l'intérieur, tout va bien. Si mon instinct me dicte de m'attarder sur certains détails infimes, il y a sûrement une bonne raison à ça : la trame à cet endroit était trop lâche, aurait craqué à la première tension.

Et puis, un prénom aussi porté dans la famille peut-il vraiment être qualifié d'« infime détail » ? Car enfin, récapitulons. Il y a donc eu Énole Biarnez (1827-1889), mariée d'abord à Adolph Mendelssohn − une union si fugitive que mon site tchèque d'héraldique ne la mentionne même pas −, puis à son beau-frère Franz Mendelssohn. Le schéma s'inverse chez sa nièce par alliance Énole Oppenheim (1855-1939) : celle-ci, on vient de le voir, épouse à dix-huit ans le veuf de sa grande sœur, Paul Mendelssohn Bartholdy, qui était au surplus leur arrière-petit-cousin à toutes deux.

Cette consanguinité explique que les Énole essaiment ensuite dans le bloc Abraham comme dans le bloc Joseph. La suivante est en effet une petite-fille de l'austère banquier

Paul, et j'en ai déjà touché mot : c'est cette Énole von
Mendelssohn-Bartholdy (1879-1947) qui a épousé le jeune
juriste Albert von Schwerin, peut-être un descendant du souverain de Schwerin que Moses, en 1773, engageait à assou-
plir sa nouvelle législation sur les délais d'ensevelissement.

Énole von Mendelssohn (1891-1982), elle, est une fille de
Franz von Mendelssohn II, c'est-à-dire une petite-fille de la
toute première Énole. Elle épouse le baron Theodor von
Haimberger, ingénieur de son métier, qu'elle perd en 1931 ; à
la suite de quoi elle émigre au Canada où font souche
plusieurs de ses enfants, mais que quitte sa benjamine Énole
von Haimberger (1925-1965) pour revenir en Allemagne.

Parmi les descendantes de Fanny Hensel, voici Énole Du
Bois-Reymond (1894-1977), dont j'ai l'honneur de vous
apprendre qu'elle était la grand-tante de Thomas Lackmann.
Et que son prénom ne devait pas lui plaire, car elle se faisait
appeler Lola. Question de génération ? À la même époque,
Marie Énole Gilbert (1903-1976) se faisait appeler Mämi −
mais oui, c'est bien la sœur de Felix Gilbert, avec laquelle il
partagea un fou rire le jour où deux apprentis chanteurs leur
interprétèrent à la suite, sans s'être donné le mot, la même
aria de l'oratorio *Elias*.

Nous revenons à la source avec Énole Witt (1915-1954),
une arrière-petite-fille de Mlle Biarnez. Ce prénom semble
prédisposer aux unions consanguines, car pour la troisième
fois une Énole s'en va chercher époux dans sa famille
élargie : ce sera Just Boedeker, dont la grand-mère était la
sœur d'Adolph et de Franz.

Citons encore Énole Nielsen et Énole Boedeker, les
deux jeunes femmes qui en octobre 2007 s'étaient prises en
photo à la Mendelssohn-Remise devant le portrait de leur

bisaïeule et homonyme. S'il y en a d'autres, je ne les connais pas.

Alors, au bout du compte, d'où venait ce prénom ? Ce n'est que la semaine dernière, en reconstituant les étapes de mon enquête pour rédiger le présent chapitre, que j'en ai eu le fin mot. Ayant retrouvé l'hagiographie de 1722 où apparaissait une Énole, j'ai relu calmement le passage, et je suis restée stupéfaite. Étrange outil qu'Internet : il nous donne tous les moyens pour trouver, mais nous abrutit tellement que nous n'accordons au résultat qu'un regard distrait, pressés de voir s'il n'y en a pas encore un autre ou, de préférence, trente autres. Comment avais-je pu, voici dix-huit mois, lâcher si vite cette piste prometteuse ?

« Son pere se nomoit Eurice, & étoit d'une famille noble ; sa mere qui étoit d'Huesca, se nomoit Énole [5]. *»*

Huesca ou Huescas est tout au nord de l'Espagne, pas si loin du Béarn. Et le saint en question est Vincent de Saragosse, condamné en l'an 404 par le gouverneur romain Dacien à rôtir sur des braises arrosées de graisse et de sel.

Le plus beau, je l'ai appris par un simple clic de plus – le dernier, je le jure. Probablement en raison d'un plat calembour (VIN-SANG), saint Vincent de Saragosse est le patron des vignerons français.

Le prénom Vincent se féminisant mal, il était logique que l'œnologue Pierre Biarnez choisisse celui de la mère du martyr : Énole, qui signifiait peut-être « jeune fille noble aimant le vin » en bas-latin ibérique.

« ... On finit aussi par brûler des hommes[1]. » C'est Heine qui émet cette mise en garde dans sa tragédie *Almansor*, laquelle nous fait faire un petit saut dans l'espace – de la nordique Saragosse à la méridionale Grenade –, et un grand bond dans le temps : aux chrétiens suppliciés par des gouverneurs romains ont succédé les derniers Maures chassés d'Espagne par les Rois Catholiques, en 1492.

En évoquant les Corans brûlés sur le marché de Grenade, Heine ne pouvait prévoir l'écho que trouverait sa phrase en mai 1933, date des premiers autodafés nazis. Devant l'Opéra de Berlin sont alors brûlés dix mille livres d'auteurs marxistes, anarchistes, pacifistes, « décadents ». Moses Mendelssohn ne figure pas dans cette liste noire. Ni dans la « Liste des écrits nocifs et indésirables[2] » interdits deux ans plus tard. Était-il un auteur trop ancien pour être encore nocif ? La plupart des autres sont contemporains ou presque. On y trouve pourtant Heine lui-même, et notre bon vieux Ferdinand Lassalle.

C'est l'époque où, dans les manuels scolaires allemands, la *Lorelei* de Heine est présentée comme un « chant populaire, d'auteur inconnu ». C'est l'époque où cesse d'être réédité *Der*

König de Gustav Mendelssohn-Bartholdy, jusque-là un succès de librairie ; où se suspend après sept volumes l'édition jubilaire des œuvres de Moses Mendelssohn. Lorsqu'elle reprendra dans les années 1970, les éditeurs (parmi lesquels Eva Engel) devront, pour reproduire les premiers volumes en fac-similé, se faire prêter les rares exemplaires subsistants de l'édition originale : la Gestapo a en effet méthodiquement achevé la tâche d'épuration laissée incomplète par les autodafés de 1933.

Outre les livres à brûler, il y a la musique, qui ne brûle pas mais qu'on peut empêcher de retentir. Dans ce domaine, le vent avait commencé à tourner dès 1928, quand un certain Schünemann (nazi notoire par la suite) avait insinué que, dans la résurrection de Bach à la *Sing-Akademie*, le prétendu génie Felix Mendelssohn n'était pas pour grand-chose : c'est Zelter qui avait tout fait [3].

Une thèse contestée à l'époque ; mais ensuite, les choses changent vite. En 1936, à Hambourg, on retire la plaque posée par Jenny Lind sur la maison natale du compositeur pour le soixantième anniversaire de sa naissance. La même année, dans la nuit du 9 au 10 novembre, sa statue en pied qui trônait depuis quarante-quatre ans devant le *Gewandhaus* de Leipzig est démontée, remplacée par des plates-bandes, et entreposée dans un lieu tenu secret. Malgré la consternation des habitants, malgré les offres de plusieurs organismes prêts à verser une somme importante pour l'acquérir, elle reste enfouie dans sa cachette. Il semblerait que Felix Wach (un petit-fils de Felix) ait écrit au maire de Leipzig pour s'en émouvoir, car ce dernier lui répond en février 1937 :

> *Je suis surpris [...] qu'aujourd'hui encore, il y ait en Allemagne des gens qui demandent pourquoi le monument à Felix*

> *Mendelssohn Bartholdy a été supprimé, alors que vous savez très bien que Felix Mendelssohn Bartholdy était juif. En tant que descendant d'un Juif, vous êtes bien placé pour savoir que depuis 1933 nous avons en Allemagne un État national-socialiste dont la base essentielle est la question raciale et donc l'antisémitisme.*
> *Leipzig est une ville de la musique. Les générations passées n'ont pas été capables d'élever un monument au plus grand musicien et poète de cette ville, Richard Wagner, qui par bonheur était aussi un antisémite ardent. À cette place d'honneur devant le célèbre* Gewandhaus, *on a en revanche élevé un monument à un Juif. Pour tout national-socialiste, c'était intolérable. [...] La question de savoir si Mendelssohn Bartholdy avait ou non du talent n'entre pas en ligne de compte* [4].

Peut-on déduire de la dernière phrase, à vrai dire superflue, que le maire de Leipzig avait autrefois aimé la musique de Mendelssohn, avait peut-être fredonné le lied *Frage* à l'époque lointaine où il était amoureux ? Quoi qu'il en soit, les occasions de regret ou de réminiscence se raréfient. Fin 1937, la Chambre de musique du Reich édicte à son tour un arrêté sur la musique « nocive et indésirable » où sont rappelées à l'ordre les maisons de disques diffusant encore des œuvres d'Offenbach, de Meyerbeer et de Mendelssohn. Pour enfoncer le clou, on réédite l'année suivante le venimeux essai de Wagner sur « Le Judaïsme dans la musique [5] ».

Il n'y en a pas que pour les lettres et les sons. Peu après, le conservateur de l'*Alte Nationalgalerie* juge bon de dissimuler les fresques de la Casa Bartholdy ; non pas à cause des origines suspectes de Philipp Veit (qui n'est qu'un de leurs quatre auteurs), mais à cause de leur thématique empruntée à l'Ancien Testament. Une thématique dans laquelle a au contraire choisi de se plonger Thomas Mann, en exil politique depuis 1933, et qui passera presque les douze années de la période nazie à édifier l'énorme tétralogie biblique qu'est *Joseph et ses frères*.

Poursuivons. En 1935 est dissoute la « Société des amis » fondée en 1792 par le jeune Joseph Mendelssohn et devenue entre-temps un club économique. Est également dissoute la ligue « Avant-garde allemande » *(Deutscher Vortrupp)*, une institution beaucoup plus récente : elle avait été créée courant 1933 par l'historien ultraconservateur Hans-Joachim Schoeps pour rassembler la jeunesse juive exclue des Jeunesses hitlériennes. Malgré ses réserves sur le nouveau régime, bien trop à gauche pour son goût (il en dénonçait dès l'été 1933 l'« impulsion prolétarienne », la « touche de bolchévisme[6] » inhérente à tout mouvement de masse), l'historien avait adressé au nom de la ligue un mémoire à la Chancellerie, proposant que les juifs de vieille souche allemande soient organisés en corporation au sein de l'État nazi. La Chancellerie avait poliment décliné sa demande d'entrevue avec le Führer, surchargé de travail. Ses amis du Stahlhelm n'avaient pas davantage réussi à appuyer sa proposition. Dès mars 1935, ses illusions s'effondraient avec l'interdiction faite aux juifs (même « de vieille souche allemande ») d'accomplir leur service militaire, et la dissolution de son mouvement.

Devenu dès lors un opposant, Hans-Joachim Schoeps finit en 1938 par s'enfuir en Suède grâce à ses contacts au ministère des Affaires étrangères. Et c'est là, à Stockholm, après une conférence où il avait parlé négativement de Moses Mendelssohn, qu'il fait la connaissance de la jeune réfugiée Dorothee Busch, une étudiante en histoire de l'art devenue femme de chambre. Dorothee Busch, qui est une petite-fille d'Ernst von Mendelssohn-Bartholdy, reproche à l'historien ses propos sur Moses, ils entrent en discussion, et il s'ensuit une fragile histoire d'amour puis un bref mariage, dont naît en juin 1942 ce Julius Schoeps dont j'aurai tant entendu parler pendant mon séjour berlinois, sans jamais réussir à le rencontrer[7].

De l'autre côté du spectre politique, nous avons Felix Gilbert, qui, membre depuis longtemps du SPD (et anglais par son père), décide de ne pas rentrer d'Italie où il se trouve en janvier 1933, puis passe directement en Angleterre où vivait déjà sa sœur Mämi. Ou encore Albrecht Mendelssohn Bartholdy, fils du malheureux Karl : connu pour son pacifisme et ses positions libérales, il perd dès septembre 1933 sa chaire à l'université de Hambourg et passe aussi en Angleterre, où il meurt en 1936.

Parmi les exils politiques – du moins ceux dont j'ai connaissance, car la population mendelssohnienne en Allemagne compte alors plusieurs centaines d'individus aux situations, professions et opinions aussi diverses que sur une population *lambda* de plusieurs centaines d'individus –, il faut évoquer le cas de Francesco von Mendelssohn et de sa sœur Eleonora.

Enfants de Robert von Mendelssohn I et d'une mère italienne devenue après son veuvage une fasciste fervente, ils incarnent jusque-là toute la trépidation artiste de la République de Weimar. Actrice, l'exquise et fragile Eleonora, morphinomane, enchaîne mariages et liaisons. Francesco, qui a renoncé au violoncelle pour devenir metteur en scène, affiche son homosexualité dans des bars où son penchant pour l'alcool provoque souvent des rixes. Leurs rapports avec leur mère sont exécrables.

Ils ne se trouvent pourtant pas en Allemagne en janvier 1933. Francesco, domicilié entre Paris et Venise, est temporairement à Broadway où il monte *L'Opéra de quat' sous.* Sa sœur, alors mariée à un propriétaire terrien hongrois, vit dans son petit château sur l'Attersee quand elle n'est pas en tournée. Et dans les années suivantes, bien que leur centre de gravité se déplace vers les États-Unis, ils retraversent fréquemment l'Atlantique : Francesco pour monter la pièce de Brecht à Paris, Eleonora pour assister à des festivals et retrouver Toscanini (dont elle sera plus tard la maîtresse).

Thomas Lackmann fait observer que, malgré le mot d'Eleonora – « On ne peut pas s'appeler Mendelssohn et ne pas être juive [8] » –, ils ne sont pas menacés pour raisons raciales dans l'Allemagne nazie, étant seulement des « métis de second degré ». C'est donc plutôt par refus de cette Allemagne nouvelle que Francesco s'achète à New York une maison dans l'East 83rd Street, où l'on voit défiler, au milieu d'un étonnant chaos d'assiettes sales et de tableaux précieux, des célébrités comme Greta Garbo et John Latouche.

En 1938 cependant, la situation s'aggrave pour les deux descendants d'Énole Biarnez. La banque Mendelssohn est aryanisée et intégrée à la Deutsche Bank, le château sur l'Attersee est saisi par la Gestapo après l'Anschluß. Il est ensuite restitué à sa propriétaire, grâce à une intervention d'Eleonor Roosevelt auprès de Ribbentrop ; mais il n'est plus question pour l'actrice d'y vivre, d'ailleurs elle a déjà divorcé de son mari hongrois pour épouser son collègue Rudolf Forster à Santa Ana, Californie.

Le frère et la sœur restent capables d'aider d'autres émigrés, Francesco notamment garde disponible une somme de 10 000 dollars qu'il vire sur le compte de qui en a besoin pour obtenir des papiers, et qu'il reprend quand l'intéressé a pu prouver aux autorités américaines sa solidité financière, pour passer au suivant. Eleonora joue à Broadway dans une pièce adaptée du *Job* de Joseph Roth, qui tourne ensuite au Canada.

Mais, peu à peu, ils perdent pied. Rudolf Forster est rentré en Allemagne, un événement que la propagande nazie exploite abondamment. Francesco multiplie les cures de désintoxication et les séjours en psychiatrie, amenant Klaus Mann à noter dans son journal :

> *J'ai reçu de macabres nouvelles de Francesco Mendelssohn qui a sombré dans la folie.* « He is locked in » ; *cela devait finir par arriver... Avec la force du désespoir il a soudain franchi la frontière — flottante — entre l'excentricité snob et la folie pathologique* [9]...

Eleonora s'épuise à trouver des rôles, de la morphine ou (par Toscanini) des engagements pour son frère, qui s'est remis au violoncelle mais se fait successivement exclure de deux orchestres pour mauvaise tenue et ébriété pendant les répétitions ; pendant que les gestionnaires de la fortune familiale en Suisse maugréent devant leurs exorbitantes demandes d'argent. L'exil américain est devenu pour eux triste descente sans remontée, même quand le cours de la guerre bascule et que les puissances de l'Axe marchent vers leur défaite. Pour ces deux enfants terribles, il n'y a plus de remontée possible, leurs ressorts sont brisés.

J'aimerais pousser jusqu'au saisissant suicide d'Eleonora, retrouvée morte dans son appartement de l'East 73rd Street entre des seringues, un flacon de somnifères et une bouteille d'éther vidée plus qu'à demi. Mais cela me mènerait trop loin : en 1951, et je suis loin d'avoir fait le tour de mon *Mendelssohn-Komplex* pendant la tourmente des douze années de nazisme. Un kaléidoscope, un assemblage de petits aperçus partiels, sans contexte et parfois sans explication, que je livre tel quel à partir de ma Chronologie :

Le juriste Albert Hensel se réfugie dès 1933 à Pavie, où il meurt dans l'année d'une maladie de cœur.

La châtelaine de Börnicke, après la mort de son mari en 1935, reprend son nom de jeune fille de Lavergne-Peguilhen.

L'éditeur berlinois Schocken décide en 1936 de publier les lettres de Moses Mendelssohn à sa fiancée Fromet.

Le Balte Werner Bergengruen, mari de Charlotte Hensel, est radié de la Chambre des écrivains du Reich et interdit de publication.

À Erlangen après la Nuit de cristal, la lycéenne Cécile Hensel (future épouse Lowenthal et fondatrice de la *Mendelssohn-Gesellschaft*) est exclue de son établissement et doit se procurer de faux papiers pour s'inscrire en auditrice libre à l'université.

L'État belge acquiert cette même année 1938 le 52 de la Jägerstraße, ancienne propriété de la banque Mendelssohn : l'ambassade de Belgique à Berlin s'agrandit.

À Sigmaringen, une descendante de Dorothea Schlegel se rend coupable de je ne saurai jamais quoi.

La vieille Marie Westphal émigre le plus tard possible, en 1943.

Mais il y a aussi les innombrables qui poursuivent leur vie, baptisent leur bébé Gustav-Adolf, commencent à voir leurs grands fils partir au front, où la série des *Gef.* tracera bientôt la carte des victoires puis des défaites allemandes : Harald Baum (France, 1940), Helmut Knaus (Crimée, 1942), Ernst Mendelssohn (Russie, 1942), Friedrich von Elbe (Russie, 1942), Günther Schwarz (Kiev, 1942), Dieter Mendelssohn (Plzen, 1944), Sebastian Mendelssohn-Bartholdy (Aix-la-Chapelle, 1944), Tycho Du Bois-Reymond (Vosges, 1944). Sans compter tous les militaires de carrière, généralement hauts officiers, qui poursuivent leur carrière.

Pendant ce temps, Charlotte et Marie Hensel ont dû entreprendre de clarifier leur généalogie. Leurs deux maris font donc un voyage en Lituanie, d'où ils rapportent la bonne nouvelle que Fanny von Adelson, belle-mère de Sebastian Hensel, n'était pas la vraie fille du rabbin Loewenstam. Elle serait l'enfant illégitime d'un aristocrate russe, née de « patronyme inconnu[10] » et de religion non spécifiée. Ces éléments, transmis à l'Office du Reich en recherches familiales, permettront à une autre parente d'éviter la déportation.

On s'étonne que l'origine exacte d'une aïeule née dans les premières années du XIXe siècle puisse revêtir une telle importance ? On a tort de s'étonner. Au sein de la SS, c'est encore plus strict. Pour le recrutement de ses hommes, Himmler envisage un moment d'exiger un arbre généalogique pur jusqu'en 1650, avant de revenir à plus de réalisme en s'en tenant à 1800. Il scrute avec autant d'attention le pedigree des dames que souhaitent épouser les officiers SS. Germano-cubaine, une candidate au mariage avec un Untersturmführer manque rater l'affaire à cause d'une ancêtre américaine au douteux prénom de Sarah, et de la possibilité de « sang nègre » chez certains de ses ascendants cubains. Le mariage a finalement lieu, en dépit de « zones d'ombre [11] ».

Car c'est aussi l'époque où, pour juguler la « pollution nègre du sang allemand [12] », on stérilise plusieurs centaines de métis nés pendant l'occupation de la Rhénanie par des troupes françaises en partie coloniales ; où l'on commence à supprimer les malades mentaux, qui, non contents de souiller la race, sont des bouches inutiles à nourrir. De quoi est morte en novembre 1938 Dora Mendelssohn, fille d'Arnold Mendelssohn II, internée depuis sa jeunesse pour les séquelles d'une méningite ? La campagne officielle d'euthanasie ne commencera qu'une bonne année plus tard, mais on ne peut exclure auparavant des initiatives médicales isolées.

En revanche, on sait à peu près de quoi est morte Marie-Luise Hensel en août 1942 : arrêtée pendant qu'elle tentait de faire passer la frontière suisse à des amis, elle n'a pas survécu à l'instruction.

En bref, c'est un tableau infiniment confus qu'offre ma Chronologie. Je ne m'arrêterai que sur un événement qui résume tous les autres. Le 16 octobre 1941 à Prague, dans ce qui est devenu le protectorat de Bohême-Moravie, le bâtiment du Rudolfinum qui abritait naguère le Parlement tchécoslovaque est solennellement rendu à sa fonction de salle de concert, en tant que « Maison de l'art allemand ». Reinhardt Heydrich, gouverneur du protectorat, assiste à l'inauguration. Dans un roman tchèque de Jiří Weil, cette inauguration donne lieu à une scène mémorable. Sorti prendre l'air, Heydrich lève les yeux et manque s'étrangler en apercevant, parmi toutes les statues de compositeurs qui ornent le pignon du toit, celle de Felix Mendelssohn. *Mendelssohn est sur le toit !* Récemment chargé d'élaborer une « solution d'ensemble de la question juive dans la sphère d'influence allemande en Europe [13] », déjà en train d'appliquer un programme de nettoyage ethnique dans le territoire qui lui est confié, le gouverneur Heydrich ressent cela comme un affront personnel. Séance tenante, il ordonne qu'on ôte cette verrue déparant la Maison de l'art allemand.

Dans la réalité, il semble que la mission ait été volontairement sabotée par des ouvriers tchèques : un menu acte de résistance, donc, dans un pays qui en a connu d'illustres (à commencer par l'assassinat de Heydrich, quelques mois seulement après ces faits). Chez Jiří Weil, les choses se passent autrement. L'ordre du gouverneur, après avoir dégringolé le long de la chaîne hiérarchique, finit par échoir au SS Schlesinger, qui s'en défausse à son tour sur deux employés tchèques de la mairie. Monter sur le toit lui-même ? Non merci.

Mais, là-haut, les deux Tchèques restent perplexes : les statues ne portent pas de noms.

« Faites encore une fois le tour et regardez bien les nez. La statue qui a le plus grand nez, ce sera le Juif [14] », leur lance Schlesinger, qui a suivi les cours de science raciale du parti et en a retiré quelques principes simples. Les deux ont vite fait de trouver :

« Tiens, celui-là avec le béret, il a un de ces tarins. Qu'est-ce que t'en dis, Pepík ? Je lui mets la corde au cou [15] ? » Ils tirent déjà et la statue vacille, quand Schlesinger pousse un cri d'horreur. Qu'ils arrêtent tout ! Ce monsieur en béret et au nez formidable n'est autre que Wagner.

Dans les jours suivants, pendant que Heydrich s'impatiente, on fait alors appel aux lumières d'un « Juif savant », le très pieux Dr Rabinovič. Traîné de force sur le toit du bâtiment, le vieillard lutte contre la terreur, le vertige, et un sentiment d'absurdité. Lui demander à lui de s'y connaître en statues, une abomination au moins depuis le Veau d'or ?

> *Bien sûr, le nom Mendelssohn ne lui était pas inconnu. Moïse Mendelssohn, promoteur de la réforme, l'homme qui était à l'origine de tout le mal, celui dont les idées éclairées avaient détourné les Juifs du bon chemin, les avaient mis dans les voies couronnées à présent par les violences, les injustices et le massacre des égarés. [...] Il avait eu des enfants et des petits-enfants, mais ce n'étaient plus des Juifs, ils s'étaient fait baptiser et avaient épousé des goyim. [...]. L'un d'eux était compositeur et avait eu deux noms. C'était sans doute celui-là que cherchaient les fonctionnaires de la mairie. Il s'adressa respectueusement à Krug en qui il devinait le supérieur hiérarchique : « Veuillez m'excuser, je ne peux pas identifier la statue. Le compositeur que vous cherchez n'était pas juif* [16]. »*

Mais quand Heydrich « dit que quelqu'un est juif, il est juif, un point c'est tout ». Dans le roman comme dans la réalité historique, Felix Mendelssohn finit par être identifié. Jiří Weil raconte dans une préface comment, monté après la guerre sur le toit du Rudolfinum avec la directrice du Conservatoire, il a trouvé la statue couchée à plat pour être soustraite aux regards. Hasard ou intention, elle était pourtant restée intacte : « seule une main avait été cassée [17] ».

Là où l'on brûle des livres, où l'on abat des statues, où l'on s'est mis aussi à brûler des hommes, même les morts ne reposent plus en paix. Au cours de l'hiver 1943-1944, dans un pays clairement en train de perdre sa guerre, la Gestapo est chargée d'une mission stratégiquement cruciale et urgente entre toutes : profaner le vieux cimetière de la Große Hamburger Straße, qui ne servait plus depuis 1827. Les stèles sont brisées ou réutilisées pour des travaux de maçonnerie, les ossements sont dispersés.

Adieu rabbi Fränkel qui fut le premier maître de Moses, adieu Marcus Herz l'ami fidèle, et sa femme Henriette à qui Dorothea aimait tant se confier : il ne reste rien d'eux. Rien de Moses non plus. Le monument à sa mémoire qu'on y voit aujourd'hui ne recouvre aucun corps.

CHAPITRE 27

SŒUR BERNADETTE ET SŒUR SIMON

DE LONGUES SEMAINES après mon retour du Pont-d'Oye, j'ai eu la surprise de recevoir une réponse à la « Question d'archives » que j'avais postée sur le site des ursulines de l'Union romaine. Une charmante Sœur Annie, de Mons, me déclarait n'avoir rien trouvé sur Margarethe Longard *alias* Mère Hélène, mais m'indiquait plusieurs noms de responsables au généralat belge.

À la vue des adresses, toutes en région flamande, un nouveau problème m'est apparu. En quelle langue formuler ma requête ? Le faire en français me semblait cavalier, mais, depuis vingt-six ans que j'avais quitté la Belgique, mes compétences en néerlandais s'étaient hélas perdues. J'étais encore capable de déchiffrer tant bien que mal un texte, non de rédiger une lettre digne de ce nom. Comme l'une des sœurs s'appelait O'Brien, j'ai donc opté pour l'anglais et tourné la plus impersonnelle et la plus globalisée des *Archival Queries, around 1900.*

Cette fois, la réponse ne tarde pas. Elle me vient − en anglais toujours − d'une Sœur Bernadette, de Tildonk, à qui ma demande a été transmise et qui a effectivement trouvé dans ses registres une Hélène Longard morte le 7 novembre

1925 à Londerzeel, site d'un ancien couvent d'ursulines alors fermé depuis dix ans.

À vrai dire, je n'en reviens pas. Partie sur les traces de cette obscure ressortissante de la zone orange, je m'étais peu à peu persuadée que c'était là une chasse à la licorne dont je reviendrais forcément bredouille. La notice sur le CD-ROM généalogique était si lapidaire qu'on pouvait plutôt croire à un assemblage de vagues souvenirs recueillis par l'archiviste chargé d'établir l'arbre, au début des années 1930.

« Ah oui, la tante Margarethe... Il me semble qu'elle est devenue feuillantine en Belgique.

– Feuillantine, tu crois ? J'aurais dit ursuline.

– Tu as peut-être raison. En tout cas c'était en Suisse ou en Belgique, j'en suis presque sûre.

– Absolument. D'ailleurs, papa parlait toujours d'elle en lui donnant son nom français : *Mère... Mère...*

– Aline.

– Hélène.

– *Mère Hélène*, c'est ça. »

En face des deux dames mûres (que je viens d'inventer), l'archiviste hoche la tête, écarte sa tasse de thé et – il faut bien en finir – note dans ses tablettes : « Margarethe Longard, ursuline en Belgique, Mère Hélène. »

Et voilà que tout cela se révèle exact. Quoique mille questions demeurent. Quand Margarethe Longard est-elle devenue sœur puis mère ? Si le couvent de Londerzeel avait fermé vers 1915, qu'a-t-elle fait là-bas jusqu'à sa mort en 1925 ? Quel pouvait être le statut, en pleine guerre mondiale, d'une religieuse allemande installée en Belgique ? Je doute d'en apprendre plus un jour ; cependant j'engage Sœur Bernadette à me communiquer toute information complémentaire, et à m'écrire en néerlandais si cela lui est plus commode.

Après coup, je regrette les excuses maladroites dont j'ai assorti cette offre linguistique. En aurais-je trop fait ? Sœur Bernadette ne répond plus.

Mais je cesse vite d'y penser. Nous sommes alors en octobre 2013, je peine sur le *Bi'ur* et les ennuis de Hartwig Wessely dont des rabbins polonais brûlent les œuvres en place publique, je m'empêtre dans un chapitre beaucoup trop long qu'il faut ensuite retailler, enfin je suis si prise que je donne à peine des nouvelles à mon entourage. J'en donne tout au plus à Jacques – pas le mari de Sabine, non, un autre Jacques, qui est mon collègue, voisin et ami. Jacques qui figurait déjà dans l'index de *La Vie mode d'emploi* entre Léda et Lédignan et (c'est son destin, il faut qu'il s'y fasse) va se retrouver dans le mien entre Lavoisier et Leibniz.

Mon collègue, voisin et ami, que je tiens au courant de ma tâche d'écriture, soupçonne que je travaille trop et que j'en oublie de manger : nous tombons d'accord sur un déjeuner chez lui, où il veillera à ce que je termine mon assiette.

Le jour venu, je m'assieds à ma place habituelle, grignote une tomate, nous bavardons de choses et d'autres. Jacques veut savoir où j'en suis de mon chagrin d'amour. (Lequel ? me direz-vous. Tsss. Si je me suis donné tant de mal pour brouiller les pistes, ce n'est pas pour répondre maintenant à des questions directes.) Je réponds en peu de mots. Orphelin de la Shoah, mon hôte n'aime pas les pleurnicheries sur des sujets futiles, et sa devise est : « Le blues, d'accord, mais pas plus de douze mesures. » Ensuite nous passons à Thomas Mann, au temps étonnamment doux pour la saison, aux films que nous avons vus. Et, au détour d'une phrase, j'apprends que Jacques passera une semaine de décembre à Jérusalem pour rendre visite à une tante dans sa maison de retraite : la dernière personne au monde qui l'ait connu enfant.

C'est dans les jours suivants que la tentation germe. Contrairement à Dominique Bourel dont me parlait Patrice Veit au Centre Marc-Bloch de Berlin, Jacques est un de mes familiers, à qui je pourrais raisonnablement demander un petit service. Si je l'envoyais en reportage à l'hôpital Saint-Louis ?

À titre préparatoire, je commence par lui faire une retape éhontée pour Arnold Mendelssohn I. Un quarante-huitard ! (Arnold l'aurait sûrement été, s'il ne s'était pas trouvé en prison à ce moment-là.) Il a presque connu Marx ! (Oui, par Moses Hess.) Et Kossuth a failli lui prêter cinq cents piastres ! (Jacques est d'origine hongroise.) Arrivant là-dessus, ma demande est accueillie sans trop de réticence.

En attendant, le mois de novembre se passe. Moses Mendelssohn est mort depuis longtemps, je cavale sur les traces d'Abraham et de son ombre perdue, tout en cherchant quelques renseignements de plus pour Jacques, que je sens un peu sceptique.

Ma moisson est maigre. À part l'adresse exacte de l'hôpital Saint-Louis et quelques photos du bâtiment – blanc, de style mauresque, entouré de palmiers –, je ne trouve en ligne qu'un article de quotidien gratuit où j'ai la tristesse de lire que l'établissement a été « fondé par un philanthrope français ». Et Arnold, alors ? Oublié, éclipsé par le chancelier consulaire Lequeux. J'y apprends en revanche que c'est aujourd'hui un centre de soins palliatifs, tenu par des sœurs, mais rigoureusement œcuménique dans l'accueil des patients :

> *Avec le temps, l'hôpital Saint-Louis de Jérusalem est devenu ce lieu rare où se retrouvent des habitants en quête de dialogue. La guerre que se livrent les deux camps pour le contrôle de la Ville sainte reste à l'entrée de l'établissement. [Il] abrite cinquante patients, dont la moitié sont juifs – essentiellement des immigrés originaires de l'ex-URSS – et un quart sont arabes. Les autres sont pour la plupart des étrangers résidant à Jérusalem et qui souhaitent y vivre leurs derniers instants* [1].

Toutes les sœurs parlent hébreu, arabe et anglais. Les patients peuvent se faire servir des repas casher ou hallal, et l'on croise dans les couloirs autant d'émigrées russes ou polonaises « aux cheveux teints en roux » que de Palestiniennes ayant bravé les check-points israéliens pour venir au chevet d'un proche. J'en suis heureuse pour Arnold. Petit-fils d'un « savant israélite » (comme disait Athanase Coquerel), fils de franc-maçon, lui-même protestant converti au catholicisme et vaguement tenté par l'islam tcherkesse, il aura laissé sa marque entre ces murs, à défaut de son nom.

Cependant, j'hésite de plus en plus à y envoyer Jacques. Son séjour à Jérusalem s'annonce mélancolique, il n'y va que pour rencontrer une parente âgée. De plus, il a déjà vu agoniser par le passé Georges Perec, Michèle Desbordes, et peut-être d'autres encore dont il ne m'a pas parlé. L'obliger à présent de visiter un centre de soins palliatifs pour moribonds monothéistes, à la recherche d'un fondateur qui y a exercé de novembre 1851 à mai 1852 ? C'est déplacé, et je le lui écris. Son silence me confirme que j'ai touché juste : je vais faire une croix sur cette histoire.

Mais à cinq jours de son départ, voilà que Jacques m'adresse un message tout guilleret. La veille, il se trouvait au rassemblement de soutien à Mumia Abu-Jamal, un rendez-vous mensuel dont il est un pilier, et y a croisé Mgr Gaillot. Comme il lui parlait de son prochain voyage en Terre sainte et du fameux hôpital, l'évêque a eu un sourire : l'hôpital Saint-Louis ? il voit très bien, sa cousine y est religieuse !... Depuis que je vois l'histoire des Mendelssohn comme une histoire du monde, je mesure à quel point ce dernier est petit. Infiniment riche à observer, mais vraiment tout petit. Et je sens que cela commence aussi à amuser Jacques. Il ira ! Muni de la recommandation de Mgr Gaillot, il ne craint plus d'être reçu là-bas comme un chien dans un jeu de quilles.

Accaparée par cette affaire, je n'étais pas préparée à recevoir le message d'outre-tombe qui me parvient au même moment et m'arrache un « Oh ! » assez sonore pour passer le seuil de mon bureau. Mon fils aîné s'approche et me demande ce qui m'arrive.

« Tu te souviens de la descendante de Dorothea Schlegel que je cherchais en Belgique ? Lis ça. » Il se penche vers l'écran. Sœur Bernadette m'a déniché un document d'époque dans les archives de Londerzeel :

Décès de Mère M. Hélène, 7 novembre 1925
Le 7 novembre 1925, le bon Dieu rappela à Lui Mère Marie Hélène de la Sainte Croix, dans le monde Marguerite Longard, née à Sigmaringen (Allemagne) le 14 mai 1859.

Entrée au couvent en 1891, elle s'y consacra à Dieu par les vœux de religion, le 19 avril 1893.

Artiste musicienne, sa vie s'écoula à donner des leçons de piano, et rendit par là de grands services à la maison. Chargée de la direction du chant religieux, la bonne Mère s'appliqua à obtenir des chantres, l'exécution parfaite du chant grégorien. Elle sut aussi rehausser l'éclat de nos cérémonies religieuses par des morceaux tout-à-fait liturgiques qui contribuaient à élever les pensées et les cœurs vers le Ciel.

En 1914, ne pouvant nous suivre en Angleterre, Mère Hélène partit pour la Hollande, et passa les années de la guerre chez les Ursulines de Venray, où ses talents furent appréciés.

Rentrée en Belgique en 1920, elle reprit ses fonctions d'organiste, jusqu'au jour où, frappée par la maladie, elle fut forcée de se retirer. On l'installa à l'infirmerie, mais au bout d'un certain temps, se sentant mieux, elle avait l'intention de demander la permission de retourner dans sa cellule, lorsque pendant la nuit du 6 au 7 novembre, pour ainsi dire subitement, elle rendit sa belle âme à Dieu, après avoir reçu les derniers sacrements.

R.I.P. [2]

Une musicienne, donc. Se savait-elle la petite-cousine de Felix et Fanny Mendelssohn Bartholdy ? Sans doute. Nul Allemand de l'époque n'ignorait que Dorothea Schlegel était la tante de ces deux génies musicaux. Et dans une famille aussi chrétienne, on n'avait aucune raison de cacher à Margarethe qu'elle avait pour arrière-grand-mère une égérie du romantisme catholique.

Absorbée par mes suppositions, je lâche à l'étourdie :

« J'aimerais quand même savoir qui était le mystérieux R.I.P. qui a signé ce texte.

– Maman !... » gémit mon fils.

C'est terrible. J'ai pourtant fait bien plus de latin que lui. Cette épuisante recherche me ramollit le cerveau. Encore rouge, et lui ayant signifié qu'il n'entendait pas la plaisanterie, je m'attelle à un mot de remerciement pour l'épatante Sœur Bernadette.

« *Dear Miss Diane* », me répondra courant décembre cette dernière, qui, à son tour, a une question à me poser. Aurais-je une explication au fait que tant d'Allemandes soient venues prendre le voile en Belgique ? Il y en avait plus de dix dans sa communauté de Tildonk, et elle regrette à présent de ne jamais les avoir interrogées à ce propos. Entre-temps j'y ai réfléchi, moi aussi. Je n'ai trouvé qu'une amorce de réponse, que je lui livre pour ce qu'elle vaut :

> *Vous savez peut-être qu'après 1871, un conflit a éclaté entre l'Empire allemand et la papauté qui, sous le nom de* Kultur-kampf, *a conduit à la fermeture de nombreux couvents en Allemagne. Plusieurs ont alors été transplantés en Belgique ou aux Pays-Bas. À vrai dire, le* Kulturkampf *a pris fin dès 1888 ; mais il en est peut-être resté une tradition, chez les jeunes Allemandes de Rhénanie, d'aller prendre le voile dans ces deux pays voisins* [3] ?

Cette énigme mise à part, j'y vois maintenant beaucoup plus clair dans la vie de Margarethe Longard. Si l'on récapitule, elle était le cinquième enfant de Jean Claude Longard et de Theresia née Veit. À onze ans, elle perd sa mère ; dans les semaines qui suivent, la sœur cadette de Theresia quitte sa congrégation du Pauvre Enfant Jésus à Aix-la-Chapelle pour venir s'occuper à Sigmaringen de ses huit neveux et nièces.

Élevée par cette tante puis belle-mère qui avait derrière elle deux décennies de vie monacale, Margarethe décide à trente-trois ans de marcher dans ses pas. La suite, c'est R.I.P. qui nous l'apprend.

Je sais enfin tout ce que je voulais savoir.

Il y a maintenant plusieurs mois que j'ai eu mon échange avec Sœur Bernadette, qui n'a jamais renoncé à m'écrire en anglais. Depuis, plusieurs autres menus faits se sont conjugués pour provoquer en moi un sursaut. Que diable ! moi qui suis traductrice de profession, qui m'intéresse aux langues et, plus généralement, à l'infinie diversité du monde, moi qui tiens tant à ce que rien ne s'oublie, ne s'efface, ne se perde, etc. – comment ai-je pu laisser ainsi se perdre mon néerlandais, appris bien avant que je n'apprenne l'allemand ?

Et comme des bulles à la surface de ma mémoire, me sont revenus des mots : *mœilijk, altijd, het laatste ordeel*. À l'heure où j'écris ces lignes, je me suis racheté un dictionnaire de poche. Et si j'ai encore à correspondre avec ma religieuse de Tildonk, je n'exclus pas de le faire dans sa langue, quand même le résultat serait chancelant, incertain, comme les premières notes tirées d'un instrument dont on n'a plus joué depuis longtemps.

Pour mon petit Noël 2013, Jacques m'avait préparé une surprise : vingt et une photos de l'hôpital Saint-Louis. Peu après son retour, il m'invite donc à venir les regarder chez lui sur son portable.

Mais il commence par me relater son séjour à Jérusalem, qui n'a pas été de tout repos. Il y a connu une succession d'embûches et de mésaventures, la plus frappante étant une tempête de neige qui l'a bloqué plusieurs heures dans le quartier très excentré de la maison de retraite. En l'écoutant, j'éprouve une sensation de déjà-vu. Comme c'est curieux. Cette tempête de neige, surtout !... Combien doit-on en voir par siècle sous de telles latitudes ? Et soudain je mets le doigt sur ce que cela m'évoque. Des berlinades, voilà. Jérusalem a traité Jacques comme Berlin m'avait traitée, en pire. Car je n'avais pas eu à me plaindre des Berlinois, dont j'appréciais au contraire la gouaille et la décontraction ; tandis que mon ami n'a pas du tout aimé les Hiérosolymites, revêches et mal élevés.

Sauf Sœur Simon, notre contact à l'hôpital Saint-Louis.

« Une personnalité merveilleuse. Une femme adorable, et en même temps forte, droite, pleine de dignité. » Je suis impressionnée. La dernière fois que Jacques m'a parlé de quelqu'un avec autant d'émotion, il s'agissait de Mumia Abu-Jamal, qu'il est allé rencontrer dans son couloir de la mort il y a de longues années. Est-ce qu'il aurait une photo de cette Sœur Simon à me montrer ? Bien sûr que oui. Sur l'écran de son portable, je découvre une dame âgée au sourire serein, toute menue sous son châle, à côté d'un aide-soignant arabe qui me rappelle le Christian d'Eva Engel : aucune ressemblance physique, mais le même air de gentillesse native.

« Tu veux voir le reste ? Je ne savais pas très bien ce que tu cherchais, alors j'ai canardé. »

En effet, la série de photos est un inventaire à la Prévert. Une icône sur un radiateur. Un couloir bien ciré avec un téléphone mural. L'inscription SEIGNEUR BÉNISSEZ NOTRE MAISON brodée au point de croix. Un placard contenant des bocaux de confiture et des casseroles (à moins que ce ne soient des autoclaves et des produits pharmaceutiques). Les armoiries de croisés français dont je déchiffre quelques noms : Bertrand Porcelet, Ulric de Bauge, Anselme de Ribeaumont, Robert de Sourdeval. Une fresque représentant un farouche Hospitalier, les yeux à l'horizon et le poing sur la hanche : j'aurai désormais du mal à me représenter autrement le Templier de *Nathan le Sage*. Enfin, sur un panneau, un montage de portraits en noir et blanc qui est un pêle-mêle d'époques et de styles. De quoi s'agit-il ? Jacques ne s'en souvient plus.

Pendant qu'il va lancer un café, je scrute l'image pour tenter de comprendre. Il y a là comme des échantillons de l'humanité entière : des héroïnes de tragédie et des ouvriers en casquette, de saintes femmes au doux profil et des prélats barbus, des savants en turban et des messieurs en fez, un vieillard étique berçant un nouveau-né. Et, plus grand que les autres, un visage qui me rappelle quelqu'un. Ce front dégagé, ce sourire malicieux... La légende est très floue, j'agrandis fiévreusement l'image... Ce n'est tout de même pas – mais si : c'est Moses Mendelssohn.

Ce qu'il fabrique au milieu de ce résumé du monde, sur le mur d'un hôpital dont plus personne ne sait qu'il avait été fondé par un de ses petits-fils, je ne parviens pas à le comprendre, mais c'est inespéré.

« Évidemment que tu ne peux pas parler de tout, observait Sabine la dernière fois que nous avons déjeuné ensemble. Mais quand même, on aimerait bien savoir à quoi ressemblait cette laiterie Bartholdi dont tu nous rebats les oreilles.

– Sabine, écoute, il ne reste rien de cet endroit. Aujourd'hui c'est le 28-34 Schlesische Straße, en plein Kreuzberg. Comment veux-tu que...

– C'est toi qui me dis ça ? »

D'accord. J'ai mis la main sur une petite image de 5 x 3 cm dans un dépliant de la *Mendelssohn-Gesellschaft*. La laiterie Bartholdi au xviiie siècle : un bout de campagne sous quelques nuages blancs, des arbres touffus et, derrière une palissade, un joli bâtiment à colombages flanqué d'un moulin à vent. Au premier plan, trois silhouettes manient des râteaux. Ça sent le foin coupé, le tilleul en fleur, l'eau de rivière, car la Sprée n'est pas loin. Les ombres sont longues, il ne doit pas encore faire trop chaud.

« À part ça, tu vas prendre un peu de vacances, cet été ?

– Quand j'aurai terminé. »

Mais je ne peux pas terminer sans avoir touché mot de Felix Bartholdy Mendelssohn (1911-1952), un étrange personnage dont Thomas Lackmann a retrouvé la trace et même une nièce encore vivante. Sa position sur la carte est des plus indécises. D'après la nièce, il descendrait de Saül Dessau, c'est-à-dire du frère de Moses. D'après Lackmann, qui lui a déniché un aïeul hambourgeois, il faudrait plutôt creuser du côté de Fromet et des Gugenheim. Tout cela n'explique pas le patronyme Bartholdy, et je propose une troisième piste : le frère de Lea Salomon, ce diplomate allergique au mariage qui, loin de ne pas aimer les femmes comme j'avais d'abord cru, avait laissé à Rome une collection de maîtresses et d'enfants naturels dont l'un, peut-être, a plus tard repris son nom.

En tout cas, le parcours de Felix Bartholdy Mendelssohn est digne d'attention. Fils d'un broker londonien, passé un temps par la marine marchande, devenu journaliste et directeur de night-club, il s'est également produit en tant que crooner sous le label « *Felix Mendelssohn & His Hawaiian Serenaders* [1] ». J'avais prévu de le faire intervenir à l'AG transgénérationnelle de mon chapitre 17. Il n'aurait pas eu de convocation, se serait imposé avec son orchestre hawaiien, aurait troublé les débats en voulant à toute force interpréter un de ses lamentables tubes. Mais on aurait cru à une invention de ma part, à une plaisanterie douteuse, n'est-ce pas ? Or, après m'être donné la peine de parcourir intégralement *Machiavel et Guichardin* de Felix Gilbert à la recherche d'une citation qui ferait mouche, je ne voulais pas qu'on me soupçonne de manquer de sérieux.

Non, ce n'est pas une plaisanterie. Felix Bartholdy Mendelssohn a bel et bien existé, on devrait même trouver des informations à son sujet sur le site de la *Hawaiian Steel Guitar Association* [2]. Je dis « on devrait », car il faut pour y accéder

faire une demande d'adhésion et je n'en ai pas eu la patience.
Je commence à être fatiguée, vous savez.

Quand j'y pense, il y a de quoi. Voici deux ans que je
m'embarquais dans cette expédition avec, en soute, quelques
concertos de Felix Mendelssohn et une certitude : Moses
Mendelssohn, c'était celui qui avait coécrit l'essai *Qu'est-ce que
les Lumières ?* avec Immanuel Kant. Entre-temps, j'ai accumulé 1 kg 975 de documents papier, enregistré 76 onglets,
écumé cinq ou six bibliothèques, rempli quatre cahiers A5
de mes hiéroglyphes, massacré six bristols de 65 x 55 cm et
deux de 70 x 55 cm, deux rouleaux de colle fixe, deux
rouleaux de colle repositionnable, et un gros feutre gris qui
ne m'appartenait pas.

J'ai traversé tant d'époques que ma coque, comme une
antique épave, doit être prise dans une gangue de coquillages
et de végétaux marins. J'ai longé mille côtes, rencontré
tour à tour des rois, des empereurs, des manufacturiers, des
médecins de quarantaine, des tisserands, des esclaves ; des
reines, des cantatrices, des conseillères privées, des religieuses, des ramasseuses de tourbe, de jeunes mères au foyer.

J'ai aussi perdu des compagnons en route, pour certains
définitivement. Eva Engel, mon bon ange aux souvenirs
épars, s'est éteinte le 30 août 2013 à Göttingen. Je ne pourrai
pas tenir ma promesse de retourner la voir, je ne verrai
même pas sa tombe. Comme me l'a appris Stephen Tree, elle
avait demandé à être incinérée.

C'est bien avec Martha Camfield qu'elle était allée en
classe : née Martha Kempner, et devenue paléontologue à
Ottawa. Ce jour-là à Wolfenbüttel, sur la table basse dans le
salon d'Eva, j'ai soigneusement copié l'adresse et le numéro

de téléphone canadiens d'une femme qui était déjà morte depuis deux ans et demi.

Certaines mailles ont donc lâché dans mon grand filet à envelopper le monde. D'autres, chaque jour, continuent pourtant de se nouer. On m'a suggéré qu'*Enola* pouvait être du basque, il serait intéressant d'aller regarder l'étude sur la langue basque de Wilhelm von Humboldt. Philipp Veit détestait David Strauss, auteur d'une *Vie de Jésus* qui inspirera beaucoup Renan. Wagner a eu pour amie Malwida von Meysenbug, qui avait très bien connu à Londres Gottfried Kinkel et son épouse. « La Dernière Épiphanie [3] », poème de Werner Bergengruen, a été lu à Jérusalem pendant le procès Eichmann. Edward Said consacre de belles pages à Thomas Mann dans son essai *Du style tardif*, où il est aussi question de Toscanini. Tezer Özlü fréquentait à Berlin un M. Sartorius que fait apparaître Édouard Glissant dans un de ses romans...

« Méfie-toi, ma fille, me disait récemment un ami qui aime me taquiner. Quand on commence à croire que tout est lié dans le monde, il est temps d'aller voir un psychiatre.

– Mais non, lui ai-je répondu même pas fâchée. Bien sûr que dans le monde tout est lié. La seule folie, c'est de se croire au centre. »

Lors de ce déjeuner, Sabine m'avait aussi demandé sur quoi je comptais finir. Un bilan ? On ne saurait tirer le bilan d'un matériau aussi hétéroclite. Un épilogue ? Pas d'épilogue possible à ces 765 histoires dont certaines sont loin d'être finies. Sortir de mon récit sur la pointe des pieds, laissant le lecteur rêver devant une image ou un destin particuliers ? J'ai déjà essayé dans les pages précédentes, sans parvenir à un quelconque sentiment de clôture. Et puis, s'en aller comme ça en lâchant la barre alors qu'il reste des passagers à bord, ce n'est pas honorable : j'ai lu *Lord Jim*, avant de lire *Doktor Faustus*.

Doutes, scrupules, fatigue m'ont minée ces dernières semaines, chassant le sommeil et l'appétit. Je traversais une passe délicate, expliquais-je pudiquement à Haïm pour décliner un rendez-vous.

« Chère Diane, dans les passes délicates on navigue à vue. *Go straight on. Vorwärts.* Je t'embrasse. »

Telle fut sa réponse, et je vais l'écouter. D'abord lever mon filet, laisser tranquilles les Basques et les brokers londoniens, cesser d'ajouter des signes à ma Chronologie dont je ne ferai plus rien : il y a un temps pour pêcher, un temps pour retrouver sa route. Lever mon filet et, à la place, jeter la sonde dans les noires eaux arctiques. Ouvrir l'œil, garder mon sang-froid.

> *Le labyrinthe global du parcours se reproduit, chaque matin, sous la proue du navire, au parage local. Vous négociez la casse de la banquise, l'icefield mouvant, les icebergs flottants, les bourguignons, les cygnes. Petits golfes, chenaux étroits, bassins peu profonds, détroits resserrés. La carte s'étrangle, la théorie des plaques s'amenuise* [4].

Ma carte à moi, je n'ai pas eu besoin de la ressortir. Je ne sais que trop où je suis : dans le passage du Nord-Ouest, là où le bristol rose du bloc Nathan (n° 8) vient s'adosser au bristol gris du bloc Brendel (n° 1), sans que leurs bandes générationnelles se rejoignent. Quelque part sur ce trait oblique. Il y a dix-huit mois, je m'étais interrogée sur lui. Si ma carte était bien une carte, que représentait-il ? Une amorce de spirale, m'étais-je dit, la possibilité que Moses et Fromet aient encore eu d'autres descendants. Et la matérialisation du passage du temps, qui faisait que le cadet pouvait se trouver à côté de l'aînée, mais sans que la boucle se referme.

Aujourd'hui je m'en rends compte, ce lieu ne représente rien. Il n'est qu'une faille dans mon modèle spatial. Une faille salutaire, ouvrant sur le vrai monde. Vite, me glisser dedans, prendre cet étroit chenal où il est encore tout juste temps de passer.

$$1 \diagdown \begin{matrix} 8 & 7 & 6 \\ & & & 5 \\ 2 & 3 & 4 \end{matrix}$$

« Alors, sur quoi comptes-tu finir ? Tu ne m'as toujours pas dit. »

J'expliquais à Sabine : dans un roman qui racontait sa propre histoire, en était venu à se confondre avec ma vie – tout l'enjeu étant d'aller plus vite qu'elle, de gagner du terrain –, j'aurais fini quand il ne me resterait plus qu'à raconter ce que j'avais fait la veille. Mais Sabine, qui a été professeur de lettres classiques dans une vie antérieure, a sûrement entendu parler de Zénon d'Élée :

« Ça n'ira pas comme ça. Trouve autre chose. »

Assurément, ça n'irait pas. Jamais je ne parviendrais à sauter par-dessus mon ombre, chose aussi impossible que pour Nathan, de sauter par-dessus la fente pour aller se placer devant Brendel. Jamais je n'atteindrais dans mon récit un point où je pourrais me dire : Me voilà arrivée.

Il fallait que je renonce à arriver quelque part et envisage plutôt de revenir en arrière. Pas de revenir à l'origine, ah non ! j'en avais terminé avec les origines, la source des fleuves, les choses ou les gens dont tout était venu. Mais revenir à la jonction, trouver l'axe de symétrie, le point exact où ma vie avait commencé de se refléter dans ce roman à venir. Ou le roman, de projeter sur ma vie son ombre avant-courrière.

Ce point avait à voir avec des eaux, lieu de reflet par excellence. Des eaux dormantes, sans courants ni marées, qui n'étaient ni la Baltique, ni le Danube, ni la Sprée. Ni la Havel vue du vapeur *Gustav*, ou du restaurant-bateau *Vieil amour* au large de Grunewald. Les étangs du Pont-d'Oye ? Je brûlais, mais c'était trop récent : j'entrevoyais quelque chose de plus reculé, sans être vraiment lointain.

Avant le retour en France. Pendant les dernières semaines de notre séjour à Berlin.

Un dimanche, un couple d'amis et leur petit garçon nous avaient invités à les rejoindre dans une maison qu'on leur prêtait près de Potsdam. Il avait beaucoup plu pendant les jours précédents, les bords de la route étaient gorgés de vert, le ciel encore voilé. La table mise sous les arbres, le pain et l'eau restant à apporter. Les propriétaires venaient de replanter de l'herbe, il valait mieux retirer ses chaussures et marcher tout doucement. Repas sur les chaises instables, cris des trois garçons attirés par le lac en contrebas, qui retroussaient déjà leurs pantalons pour construire un barrage. Nostalgie sans tristesse de ces deux années où nous nous étions souvent vus et dont nous évoquions les moments forts en sirotant un café...

Dans les jours suivants, j'en avais tiré un poème pour un éditeur qui me demandait un texte court à publier. Et maintenant que je le relis, je sais : c'était là.

Un long jardin en pente descendant vers le lac
L'herbe humide où l'on va pieds nus
Un ponton tout au bout
Comme un chemin qui commence et ne continue pas

Les yeux s'imprègnent de calme
Gris
Une carpe
Potsdam au-dessus des arbres
Tout le vide des lieux qu'on va bientôt quitter

Un friselis noir sur l'eau vole comme le vent
Trois beaux canards s'en vont nageant
Pourquoi penser à L'Île des morts ? Je ne vois aucune île
Toutes les eaux se ressemblent parfois

Trois garçons creusent la rive avec des pelles
Un barrage pour rire au milieu des roseaux
Une vague l'emporte et ils exultent
Deux sont mes fils et le troisième non

Un barrage contre le temps qui passe
Et rire et rire quand une vague l'emporte

Une goutte
J'avais dû m'endormir
Le bois chaud vibre sous ma nuque
Parce qu'à l'autre bout on y a posé un pied
Je sais que vous êtes là

Pluie rieuse
Ils s'enfuient
Un pêcheur ne bouge pas

Certains lieux portent en eux un monde
Encore à faire
Un monde
De roman
Mais on ne le sait qu'ensuite

Des pelles sur la berge oubliées

Je remonte à pas lents

Lac de Schwielow, 24 juin 2012 – Belleville, 7 août 2014

Sources

Chapitre 1 : Au commencement

1. Moses Mendelssohn à J. J. Spiess, 1ᵉʳ mars 1774, in M. Mendelssohn, *Gesammelte Schriften. Jubiläumausgabe*, Stuttgart-Bad Cannstatt, Friedrich Frommann Verlag, 1971- (désormais : *JubA*), vol. 12/2, p. 44. Sauf mention contraire, les traductions sont de nous.
2. S. Tree, *Moses Mendelssohn*, Reinbek, Rowohlt, 2007, p. 10.
3. S. Halberstadt à Moses Mendelssohn, novembre 1777, *JubA* 20/2, p. 350.
4. *Ibid.*, p. 348-349.

Chapitre 2 : Rencontres sur le chemin

1. A. Weill, *Ma Jeunesse*, vol. 1 : *Mon Enfance*, Paris, Dentu, 1870, p. 12.
2. *Ibid.*, p. 103.
3. S. Maïmon, *Histoire de ma vie*, tr. M.-R. Hayoun, Paris, Berg International, 1984, p. 164-165.
4. M. Kayserling, *Moses Mendelssohn, sein Leben und Wirken*, 2ᵉ éd. Leipzig, Hermann Mendelssohn, 1888, vol. 1, p. 7.
5. S. Maïmon, *op. cit.*, p. 178.
6. *Ibid.*, p. 184.

Chapitre 3 : Dans la forêt obscure

1. Moses Mendelssohn à Thomas Abbt, 16 février 1765, in *JubA* 12/1, p. 75.
2. A. de Chamisso, *Pierre Schlemihl*, tr. de l'auteur, Paris, Dentu, 1893, p. 141.
3. *Briefe, die neueste Literatur betreffend*, 24 avril 1760, lettre 98, in *JubA* 5/1, p. 188.

Chapitre 4 : Le philosophe amoureux

1. B. Auerbach, *Zur guten Stunde. Gesammelte Volkserzählungen*, Stuttgart, Hoffmann, 1872, vol. 1, p. 34.
2. Moses Mendelssohn à Fromet Gugenheim, 24 octobre 1761, in M. Mendelssohn, *Brautbriefe*, Berlin, Schocken, 1936, p. 93-94. (Les mots suivis d'un astérisque figurent en français dans l'original.)

3. Moses à Fromet, 27 avril 1762, *ibid.*, p. 133.
4. Moses à G. E. Lessing, mi-mai 1761, *ibid.*, p. 18.
5. Moses à Fromet, 15 mai 1761, *ibid.*, p. 19.
6. Moses à Vogel Gugenheim, 2 juin 1761, *ibid.*, p. 26.
7. Moses à Fromet, 2 juin 1761, *ibid.*, p. 29.
8. Moses à Brendel Gugenheim, 16 juin 1761, *ibid.*, p. 38.
9. Moses à Fromet, *ibid.*, p. 21.
10. *Ibid.*, p. 57.
11. *Ibid.*, p. 58.
12. *Ibid.*, p. 66.
13. Moses à Fromet, 29 décembre 1761, *ibid.*, p. 103-104.
14. Moses à Vogel Gugenheim, 29 décembre 1761, *ibid.*, p. 105.
15. Moses à Fromet, 7 juillet 1761, *ibid.*, p. 50.
16. Moses à Fromet, 14 mai 1762, *ibid.*, p. 139.
17. Moses à Fromet, 7 mai 1762, *ibid.*, p. 136-137.
18. Fromet à Moses, juillet 1773, *ibid.*, p. 150.

CHAPITRE 5 : SEPT, PLUS OU MOINS DEUX

1. Moses Mendelssohn, *Gesammelte Schriften* 5, Leipzig, Brockhaus, 1844, p. 674.
2. J. L. Borges, « Funes et la mémoire », in *Fictions*, tr. P. Verdevoye, N. Ibarra et R. Caillois, Paris, Gallimard, « Folio », 1965, p. 114.

CHAPITRE 6 : L'AFFAIRE LAVATER

1. Moses Mendelssohn à Thomas Abbt, 4 juillet 1762, in *Brautbriefe, op. cit.*, p. 145.
2. *Ibid.*, note 1.
3. Moses Mendelssohn, « Friedenspredigt », *JubA* 10/1, p. 289-290.
4. S. Tree, *Moses Mendelssohn, op. cit.*, p. 47.
5. *Ibid.*, p. 49.
6. Voir chapitre 2, note 5.
7. « Dédicace du diacre Lavater », in *Lettres juives du célèbre Mendelssohn, philosophe de Berlin*, Francfort-La Haye, aux dépens de la Compagnie, 1771, p. 7 (original allemand dans *JubA* 7).
8. « Réponse du Juif philosophe, Moyse Mendelssohn, à l'épître dédicatoire précédente », in *Lettres juives, op. cit.*, p. 14 (original allemand dans *JubA* 7).
9. *Lettres juives, op. cit.*, note p. 15.
10. *Ibid.*, p. 142 et 150.
11. Moritz Oppenheim, *Der Lavater-Streit* (1856), tableau reproduit dans S. Tree, *op. cit.*, p. 63.
12. Moses Mendelssohn, « Psychologische Betrachtungen auf Veranlassung einer von dem Herrn Oberkonsistorialrath Spalding an sich selbst gemachten Erfahrung », in *JubA* 6/1, p. 177.

13. S. Tree, *op. cit.*, p. 140, note 143.

14. F. Nicolai, *Anekdoten von König Friedrich II. von Preussen und von einigen Personen, die um Ihn waren*, 3ᵉ vol., Berlin-Stettin, 1789, p. 278-280.

15. Reproduit dans S. Tree, *op. cit.*, p. 74.

16. Dessin de Hans-Joachim Petzak, reproduit dans Heinz Knobloch, *Herr Moses in Berlin. Auf den Spuren eines Menschenfreundes* (1979), rééd. Francfort s/Main, Fischer, 1996.

17. E. Engel-Holland, « Lessing, Mendelssohn, Friedrich II. – Das Jahr 1771 », in *Mendelssohn-Studien* 7 (1990), p. 21-38, ici p. 37.

Chapitre 7 : Signes apparents de la mort

1. Moses Mendelssohn à Thomas Abbt, 1ᵉʳ mai 1764, in *JubA* 12/1, p. 43.

2. M. Mendelssohn, *Phédon ou Entretiens sur la spiritualité et l'immortalité de l'âme*, tr. M. Junker, Paris-Bayeux, Saillant et Lepelley, 1772, p. 144-145 et 146-147.

3. Reproduit dans S. Tree, *op. cit.*, p. 54-55.

4. « Comment les Anciens représentaient la Mort », in G. E. Lessing, *Laocoon*, tr. A. Courtin, Paris, Hermann, 1990, p. 206.

5. *Ibid.*, p. 217.

6. *Ibid.*, p. 218 et 217.

7. Moses Mendelssohn à la communauté juive de Schwerin, 9 juin 1772, in *JubA* 20/2, p. 224-225.

8. *Ibid.*, p. 226.

9. *Ibid.*

10. Jakob Emden à Moses Mendelssohn, 3 juillet 1772, *ibid.*, p. 238.

11. *Ibid.*, p. 234.

12. Jakob Emden à Moses Mendelssohn, 14 août 1772, *ibid.*, p. 246.

13. *Ibid.*, p. 248.

14. Vignette de W. Chodowiecki dans M. Herz, *Über die frühe Beerdigung der Juden*, Berlin, Voss, 1788 ; reproduite dans S. Tree, *op. cit.*, p. 130.

Chapitre 8 : Visite de famille

1. Dorothea à Friedrich Schlegel, 19 avril 1807, in J. Körner (éd.), *Krisenjahre der Frühromantik. Briefe aus dem Schlegelkreis*, vol. 1, Brno-Vienne-Leipzig, Rohrer, 1936, p. 395.

2. Dorothea Veit à Carl Gustaf Brinckmann, 25 décembre 1791, in F. Deibel, *Dorothea Schlegel als Schriftstellerin*, Berlin, Mayer & Müller, 1905, p. 157.

Chapitre 9 : Le Luther juif ?

1. Ézéchiel Landau, rapport d'imprimatur du 21 juillet 1785, cité dans *JubA* 15/1, Introduction, p. XCI.

2. M. Mendelssohn, *Gesammelte Schriften* 6, Leipzig, Brockhaus, 1845, p. 130.

3. H. Heine, *Histoire de la religion et de la philosophie en Allemagne* (1852), tr. J.-P. Lefebvre, Paris, Imprimerie nationale, 1993, p. 134.

4. Ézéchiel Landau à Hirschel Lewin, juin 1782, cité dans S. Feiner, tr. *Haskala – Jüdische Aufklärung. Geschichte einer kulturellen Revolution*, Hildesheim-Zurich-New York, Olms, 2007, p. 194.

5. M. Mendelssohn, *Jérusalem ou Pouvoir religieux et judaïsme*, tr. D. Bourel, Paris, Les Presses d'aujourd'hui, 1982, p. 136.

6. *Ibid.*, p. 86.

7. *Ibid.*, p. 106.

8. *Ibid.*, p. 139.

9. Immanuel Kant à Moses Mendelssohn, 16 août 1783, in *JubA* 13, p. 129.

10. D. Jenisch, prédicateur à la Marienkirche, in M. Mendelssohn, *Kleine philosophische Schriften*, Berlin, Vieweg, 1789, p. 7. (Nous soulignons.)

CHAPITRE 10 : MOURIR POUR LESSING

1. E. Engel-Holland, « Lessing, Mendelssohn, Friedrich II. – Das Jahr 1771 », article cité, p. 30.

2. Reproduit dans S. Tree, *op. cit.*, p. 95.

3. *Lessing und Moses Mendelssohn*, 1875, dessin de F. Werner. Reproduit dans *Vom Herrn Leßing, Kleinigkeiten zu Leben und Werk*, Wolfenbüttel, Lessing-Akademie, 2010, illustration de couverture.

4. Lettre du 16 février 1781, in *Kirchenbote für Religionsfreunde aller Kirche*, 1782, n° 5 (sept.-oct.), p. 576-578.

5. *Ibid.*, p. 578.

6. Lettre du 21 mars 1781, *ibid.*, p. 579.

7. Lettre du 25 avril 1781, *ibid.*, p. 579.

8. Lettre du 31 mai 1781, *ibid.*, p. 580-581.

9. Friedrich Heinrich Jacobi à Elise Reimarus, 21 juillet 1783, in *JubA* 13, p. 122.

10. Moses Mendelssohn à Immanuel Kant, 16 octobre 1785, *ibid.*, p. 313.

11. Johann Georg Hamann à F. H. Jacobi, 29 octobre 1785, in J. G. Hamann, *Briefwechsel* 6, Francfort s/Main, Insel, 1975, p. 110.

12. J. W. Goethe à F. H. Jacobi, 1ᵉʳ décembre 1785, in *JubA* 22, p. 280.

13. S. Tree, *op. cit.*, p. 127.

14. Marcus Herz, cité dans l'avant-propos à M. Mendelssohn, *An die Freunde Lessings*, *JubA* 3/2, p. 184.

CHAPITRE 11 : CELUI DE QUI TOUT EST VENU

1. Abraham Mendelssohn à K. F. Zelter, 1ᵉʳ septembre 1797, in T. Lackmann, *Der Sohn meines Vaters. Biographische Studie über Abraham Mendelssohn Bartholdy* [désormais : *Der Sohn*], Göttingen, Wallstein, 2008, p. 453-454.

2. Dorothea Veit à K. F. Zelter, 11 avril 1800, reproduite dans J. Körner, *Briefe von und an Friedrich und Dorothea Schlegel*, Berlin, Im Askanischen Verlag, 1926, p. 27.

3. Jette à Abraham Mendelssohn, 17 septembre 1803, citée dans T. Lackmann, *Der Sohn*, p. 227.

4. Dorothea Schlegel à F. Schleiermacher, 16 janvier 1800, in J. M. Raich, *D. von Schlegels Briefwechsel*, Mayence, Kirchheim, 1881, vol. 1, p. 26.

5. Dorothea Schlegel à F. Schleiermacher, 21 novembre 1802, in *Mitteilungen aus dem Litteraturarchive in Berlin, Neue Folge, 7. Briefe von Dorothea Schlegel an Friedrich Schleiermacher*, Berlin, 1913, cité dans R. Larry Todd, *Mendelssohn. A Life in Music*, Oxford, Oxford University Press, 2003, p. 22.

6. Dorothea Schlegel à Helmina von Hastfer, 12 juin 1804, in J. Körner, *Krisenjahre der Frühromantik, op. cit.*, vol. 1, p. 109.

7. H. Heine, *Romancero*, tr. I. Kalinowski, Paris, Le Cerf, 1997, « Yehuda ben Halevy », p. 180.

8. R. Larry Todd, *Mendelssohn, op. cit.*, p. 29 ; T. Lackmann, *Der Sohn*, p. 642, note 15.

CHAPITRE 12 : LE BLOC JOSEPH

1. Joseph à Arnold Mendelssohn, 12 janvier 1845, citée dans T. Lackmann, *Das Glück der Mendelssohns. Geschichte einer deutschen Familie* [désormais *Das Glück*], Berlin, Aufbau-Verlag, 2005, p. 79.

2. J. Mendelssohn, *Bericht über Rossetti's Ideen zu einer neuen Erläuterung des Dante und der Dichter seiner Zeit, in zwei Vorlesungen*, Berlin, Duncker, 1840.

3. Moses Mendelssohn à Elise Reimarus, 4 octobre 1785, *JubA* 13, p. 308.

4. Alexander von Humboldt à Georg Benjamin Mendelssohn, 29 janvier 1846, citée dans Lackmann, *Das Glück*, p. 253.

5. http://answers.google.com/answers/threadview ?id=148331

6. P. Biarnez, *Les Grands Vins de Bordeaux*, Paris, Plon, 1849, p. 13-14.

CHAPITRE 13 : L'HOMME QUI A VENDU SON OMBRE

1. Voir chapitre 11, note 3.

2. Adelbert von Chamisso à Julius Eduard Hitzig, 16 février 1810, in A. von Chamisso, *Werke*, Leipzig, Weidmann, 1842, vol. 5, p. 277.

3. A. von Chamisso à J. E. Hitzig, 27 septembre 1813, in *Histoire merveilleuse de Pierre Schlémihl*, tr. A. Dietrich, Plan-de-la-Tour, Éditions d'aujourd'hui, 1982, p. 5.

4. A. von Chamisso à Hippolyte de Chamissot, 17 mars 1821, in K. Fulda, *Chamisso und seine Zeit*, Leipzig, Reißner, 1881, p. 133.

5. A. von Chamisso à Germaine de Staël, billet de « petite poste » (1810), in A. von Chamisso, *Werke, op. cit.*, vol. 6, p. 271.

6. M. Serres, *Hermès V : Le Passage du Nord-Ouest*, Paris, Minuit, 1980, p. 15.

7. Maximilian Heine, *Erinnerungen an Heinrich Heine und seine Familie*, Berlin, Dümmler, 1868, p. 245.

8. Cité dans T. Lackmann, *Der Sohn*, p. 538.

9. Jacob Ludwig Salomon Bartholdy à Abraham Mendelssohn, sans date, citée dans T. Lackmann, *Der Sohn*, p. 462.

10. *Ibid.*, p. 463.

11. Abraham à Fanny Mendelssohn, 24 mai 1820, citée dans T. Lackmann, *Der Sohn*, p. 395.

12. *Ibid.*, autre extrait cité dans T. Lackmann, *Der Sohn*, p. 367.

13. Lea Mendelssohn à Henriette von Pereira-Arnstein, 25 novembre 1822, *ibid.*, p. 51.

14. Lea Mendelssohn à une amie, 19 mars 1823, *ibid.*, p. 52.

15. Fanny à Felix Mendelssohn, 7 juillet 1829, citée dans T. Lackmann, *ibid.*, p. 638, note 202.

16. Abraham à Felix Mendelssohn, 8 juillet 1829 (fonds privé), *ibid.*, p. 495.

17. *Ibid.*

18. *Ibid.*, p. 496.

19. *Ibid.*, p. 496-497 et 217-218.

20. Heinrich Heine à Ferdinand Lassalle, 11 février 1846, in H. Heine, *Werke*, vol. 22 : *Briefe 1842-1849*, Berlin, Akademie-Verlag, 1972, p. 194.

21. Raconté par Eduard Devrient in *Meine Erinnerungen an Felix Mendelssohn-Bartholdy und seine Briefe an mich*, Leipzig, Weber, 1869, p. 149.

22. K. F. Zelter à Goethe, 26 octobre 1821, in J. W. Goethe, *Sämtliche Werke*, vol. 20/1 : *Briefwechsel zwischen Goethe und Zelter*, Munich, Hanser, 1991, p. 679.

23. T. Lackmann, *Der Sohn*, p. 408.

CHAPITRE 14 : LA CARTE DES MENDELSSOHN

1. H.-G. Klein et R. Wolff, *Die Familie Mendelssohn. Stammbaum von Moses Mendelssohn bis zur siebenten Generation*, réédition en CD-ROM réalisée par R. Schmidt-Hensel, B.-M. Wolter et C. Baur, Berlin, Staatsbibliothek zu Berlin – Preußischer Kulturbesitz, 2007.

CHAPITRE 15 : LA ZONE ORANGE

1. Dorothea Schlegel à Jonas et Philipp Veit, fin octobre 1808, in J. M. Raich, *op. cit.*, vol. 1, p. 306.

2. *Dorothea Schlegel*, huile d'Anton Graff, vers 1790, in T. Lackmann, *Das Glück der Mendelssohns*, *op. cit.*, première de couverture.

3. *Dorothea Veit*, pastel anonyme, vers 1798, in J. Körner, *Briefe von und an Friedrich und Dorothea Schlegel*, *op. cit.*, p. 26-27.

4. *Dorothea Schlegel née Mendelssohn*, dessin au crayon de la collection Varnhagen, *ibid.*, p. 24-25.

5. *Friedrich Schlegel*, dessin anonyme du 4 mars 1798, *ibid.*, p. 20-21.

6. *Dorothea Schlegel*, dessin de Philipp Veit, 1813, *ibid.*, pp. 182-183.

7. *Dorothea Schlegel*, huile de Johannes Veit, vers 1818, in J. Körner, *Krisenjahre der Frühromantik*, *op. cit.*, vol. 1, p. 400-401.

8. *Dorothea Schlegel et la famille de Philipp Veit*, dessin de Franz Brentano, *ibid.*, vol. 2, p. 384-385.

9. *Ibid.*, vol. 2, p. 400-401.

10. *Ibid.*, p. 425.

11. *Ibid.*, p. 427-428.

12. *Ibid.*, p. 437.

13. Dorothea à Friedrich Schlegel, 3 juillet 1818, in H. Finke (éd.), *Der Briefwechsel Friedrich und Dorothea Schlegels 1818-1820*, Munich, Kösel & Pustet, 1923, p. 59.

14. Sebastian [pseudonyme de P. Veit], « Liebessehnen », publié dans *Ölzweige* 5 (1823), p. 116, reproduit dans J. M. Raich, *op. cit.*, vol. 2, p. 454.

15. Dorothea Schlegel à Sophie Schlosser, 23 octobre 1831, in J. Körner, *Krisenjahre der Frühromantik*, *op. cit.*, vol. 2, p. 469.

16. A. Sampers, « Der Hl. Klemens und die Frauen. Mit einem Brief von Dorothea Schlegel und einem Brief von Philipp Veit », *Spicilegium Historicum* 7 (1959), p. 68-86, ici p. 80, note 89.

CHAPITRE 16 : SCHERZO D'ELFES

1. Abraham à Fanny Mendelssohn, 16 juillet 1820, in T. Lackmann, *Der Sohn meines Vaters*, *op. cit.*, p. 306.

2. Cité dans T. Lackmann, *Der Sohn*, p. 303.

3. E. Devrient, *Meine Erinnerungen an Felix Mendelssohn-Bartholdy und seine Briefe an mich*, Leipzig, Weber, 1869, p. 15.

4. R. Larry Todd, *Mendelssohn : A Life in Music*, *op. cit.*, p. 363.

5. Cité dans I. Rabien, « Die Mendelssohns in Bad Reinerz », *Mendelssohn-Studien* 7 (1990), p. 153-170, ici p. 163.

6. Patrice Veit, « Bach à Berlin en 1829, une "redécouverte" ? », *Annales HSS* 62 (2007), p. 1347-1386, ici p. 1370.

7. Sebastian Hensel, *Die Familie Mendelssohn 1729-1847*, vol. 1, 2ᵉ éd. Berlin, Behr, 1880, p. 139.

8. Lettre du 6 mars 1825, in F. Mendelssohn Bartholdy, *Sämtliche Briefe*, Cassel, Bärenreiter, vol. 1, 2008, p. 155-156 (en français dans l'original).

9. Fanny Mendelssohn à Wilhelm Hensel, 20 février 1829, in T. Lackmann, *Das Glück der Mendelssohns*, *op. cit.*, p. 228.

10. Fanny Mendelssohn à Wilhelm Hensel, 23 août 1829, *ibid.*, p. 229.

CHAPITRE 17 : UNE NUIT DE WALPURGIS

1. F. Gilbert, citant les *pratiche* de Florence dans *Machiavel et Guichardin. Politique et histoire à Florence au XVIᵉ siècle*, tr. J. Viviès, Paris, Seuil, 1996, p. 37.

2. J.-J. Rousseau, *Discours sur l'origine et les fondements de l'inégalité parmi les hommes*, Paris, Flammarion, 2008, p. 70 (citation adaptée) ; p. 119 et 109 pour les deux citations suivantes.

CHAPITRE 18 : L'ÂGE D'OR ET COMMENT IL S'ACHEVA

1. Felix Mendelssohn à Ferdinand David, 13 avril 1830, in F. Mendelssohn Bartholdy, *Sämtliche Briefe*, *op. cit.*, vol. 1, p. 519.

2. Felix à sa famille, lettre de Weimar, 25 mai 1830, in F. Mendelssohn, *Voyage de jeunesse. Lettres européennes*, tr. A.-A. Rolland, Paris, Stock, 1980, p. 39 (traduction retouchée, ainsi que dans les citations suivantes).

3. Sebastian Hensel, *Ein Lebensbild aus Deutschlands Lehrjahren*, Berlin, Behr, 1903, p. 14.

4. Lettres de Rome, 17 janvier, 6 juin et 1er mars 1831, in F. Mendelssohn, *Voyage de jeunesse*, *op. cit.*, p. 124, 193 et 145.

5. Rome, 4 avril 1831, *ibid.*, p. 160.

6. Naples, 27 avril 1831, *ibid.*, p. 175.

7. Rome, 1er février 1831, *ibid.*, p. 134.

8. Rome, 7 décembre 1830, *ibid.*, p. 101.

9. Rome, 16 novembre 1830, *ibid.*, p. 88.

10. Wyler, 9 août 1831, *ibid.*, p. 255.

11. Paris, 21 janvier 1832, *ibid.*, p. 349.

12. *Ibid.*, p. 346.

13. *Ibid.*, p. 349.

14. Wallenstadt, 2 septembre 1831, *ibid.*, p. 297.

15. Londres, 11 mai 1832, *ibid.*, p. 365.

16. Voir chapitre 13, note 21.

17. Lea à Felix Mendelssohn, 11 janvier 1834, cité dans T. Lackmann, *Der Sohn meines Vaters*, p. 330.

18. Abraham à Felix Mendelssohn, 10 mars 1835, *ibid.*, p. 308.

19. Fanny à Felix Mendelssohn, 22 novembre 1836, in F. Hensel et F. Mendelssohn Bartholdy, « *Die Musik will gar nicht rutschen ohne Dich* ». *Briefwechsel 1821 bis 1846*, Berlin, Propyläen, 1997, p. 393.

20. Felix Mendelssohn à Julius Schubring, 27 février 1841, in F. Mendelssohn Bartholdy, *Sämtliche Briefe*, vol. 7, Cassel, Bärenreiter, 2013, p. 474.

21. G. R. Marek, *Gentle Genius : The Story of Felix Mendelssohn*, New York, 1972, p. 293 ; cité dans Larry Todd, *op. cit.*, p. 439.

22. Cosima Wagner, *Journal III (1878-1880)*, tr. M.-F. Demet, Paris, Gallimard, 1977, p. 175 (traduction adaptée).

23. Felix à Paul Mendelssohn, 1er janvier 1845, Fonds Mendelssohn de la New York Public Library, cité par R. Larry Todd, *op. cit.*, p. 486.

24. Fanny Hensel à Felix Mendelssohn, 9 juillet 1846, in *Briefwechsel 1821 bis 1846*, *op. cit.*, p. 391-392.

25. Felix Mendelssohn à Fanny Hensel, 12 août 1846, *ibid.*, p. 393.
26. *Ibid.*, p. 566.

CHAPITRE 19 : LA FÊTE DE LA CARTE

1. K. Freigedank [pseudonyme de R. Wagner], « Das Judentum in der Musik », *Leipziger Musikzeitung* (3 et 6 septembre 1850). Ici « Le Judaïsme dans la musique », in R. Wagner, *Œuvres en prose*, tr. J.-G. Prod'homme et F. Caillé, Plan-de-la-Tour, Éditions d'aujourd'hui, 1976, t. VII, p. 111 et 121.
2. W. Kohrt, « Eine große Familie », *Berliner Zeitung*, 15 octobre 2007.
3. *Ibid.*
4. K. Fulda, *Chamisso und seine Zeit, op. cit.*, p. 133-134.

CHAPITRE 20 : JOURNAL DE BERLIN

1. S. Tree, *Moses Mendelssohn, op. cit.*, p. 154 : « Elektronische Stadtansichten ».
2. C. Trützschler von Falkenstein, *Die Lösung der Judenfrage im Deutschen Reiche*, 2ᵉ éd. Darmstadt, Falken-Verlag, 1917, p. 14-15 et 17.
3. *Ibid.*, p. 18-19.
4. *Ibid.*, p. 22-23.
5. *Ibid.*, p. 26.
6. Arnold Mendelssohn [II], Avant-propos, *ibid.*, p. 5-6.
7. *Ibid.*, p. 6-7.
8. *Ibid.*, p. 7.
9. Voir chap. 6, note 4.
10. A[lbrecht] Mendelssohn Bartholdy, « Felix Mendelssohn Bartholdy. Beiträge zur Geschichte seiner Familie und seines Lebens », in *Frankfurter Zeitung und Handelsblatt*, 31 janvier 1909.
11. Voir chap. 13, note 19.
12. F. Gilbert, *A European Past. Memoirs 1905-1945*, New York-Londres, Norton & Co., 1988, p. 4.
13. *Ibid.*, p. 5.
14. *Ibid.*, p. 11.
15. *Ibid.*, p. 9.
16. *Ibid.*, p. 26.
17. *Ibid.*, p. 23-24.
18. *Ibid.*, p. 18.

CHAPITRE 21 : EXIL À JÉRUSALEM

1. Dorothea Schlegel à Joseph Mendelssohn, 10 octobre 1838, in F. Gilbert (éd.), *Bankiers, Künstler und Gelehrte. Unveröffentlichte Briefe der Familie Mendelssohn*, Tübingen, Mohr, 1975, p. 126.

2. Reproduit en couleurs dans les *Mendelssohn-Studien* 7 (1990), frontispice.

3. Arnold à Nathan Mendelssohn, 22 avril 1849, in F. Gilbert (éd.), *Bankiers, Künstler und Gelehrte, op. cit.*, pp. 154-161, ici p. 155.

4. *Ibid.*, p. 156.

5. *Ibid.*, p. 157.

6. Arnold Mendelssohn à Eduard Kummer, 9 mars 1845, in I. Rabien, « Arnold und Wilhelm Mendelssohn : Zur Biographie zweier bemerkenswerter Brüder », *Mendelssohn-Studien* 7 (1990), p. 295-328, ici p. 298.

7. *Ibid.*, p. 298-299.

8. Acte d'accusation reproduit dans F. Lassalle, *Der Criminal-Prozeß wider mich wegen Verleitung zum Cassetten-Diebstahl*, Cologne, 1848.

9. Arnold Mendelssohn à Heinrich Heine, 23 septembre 1846, in H. Heine, *Säkularausgabe*, vol. 26 : *Briefe an Heine 1842-1851*, Berlin, Akademie-Verlag, 1975, p. 177.

10. F. Lassalle à Arnold Mendelssohn, 28 septembre 1846, in F. Lassalle, *Nachgelassene Briefe und Schriften*, vol. 1, p. 267.

11. T. Lackmann, *Das Glück der Mendelssohns, op. cit.*, p. 277.

12. Arnold Mendelssohn à Sophie von Hatzfeld, 24 juin 1850, in F. Lassalle, *Nachgelassene Briefe und Schriften*, vol. 2, p. 43-44, original en français.

13. *Ibid.*, p. 43.

14. Lettre de Jérusalem, 15 août 1851 (fonds privé Cauer), in I. Rabien, « Arnold und Wilhelm Mendelssohn », art. cité, p. 313.

15. *Ibid.*, p. 315.

16. *Ibid.*, p. 314.

17. *Ibid.*, p. 315.

18. Arnold à Nathan Mendelssohn, 21 décembre 1851, *ibid.*, p. 316.

19. Arnold à Nathan Mendelssohn, 13 janvier 1852, *ibid.*

20. Arnold Mendelssohn à une parente, lettre de Kars, 21 décembre 1853, *ibid.*, p. 320.

21. Arnold à Wilhelm Mendelssohn, fin décembre 1854, in I. Rabien, « Dr. med. Arnold Mendelssohn und seine "Levantinische Briefe" », in *Mendelssohn-Studien* 13 (2003), p. 177-219, ici p. 219.

22. I. Rabien, « Arnold und Wilhelm Mendelssohn », p. 321.

23. Ferdinand Lassalle à Sophie von Hatzfeld, 7 novembre 1856, in *Nachgelassene Briefe und Schriften*, vol. 4, p. 103.

24. *Ibid.*

CHAPITRE 22 : JOURNAL DE BERLIN (SUITE)

1. F. Gilbert, *A European Past. Memoirs 1905-1945, op. cit.*, p. 64.

2. *Ibid.*, p. 170.

3. *Ibid.*, p. 188-189.

CHAPITRE 23 : ENLISEMENTS

1. Julius Helfft, aquarelle de 1849 reproduite dans T. Lackmann, *Das Glück der Mendelssohns*, illustration de couverture.
2. T. Fontane, *Wanderungen durch die Mark Brandenburg*, vol. 2, Munich, Hanser, 1987, p. 860.
3. *Ibid.*, p. 861.
4. *Ibid.*, p. 865.
5. *Ibid.*, p. 866.
6. G. E. Lessing, *Nathan le Sage*, acte III, scène 7, vers 541 et 544.
7. S. Hensel, *Ein Lebensbild aus Deutschlands Lehrjahren*, *op. cit.*, p. 66.
8. *Ibid.*, p. 75.

CHAPITRE 24 : LE SIÈGE DE PARIS

1. Journal de Fanny Hensel, cité par S. Hensel dans *Ein Lebensbild aus Deutschlands Lehrjahren*, *op. cit.*, p. 32.
2. E. von Nieding, « Die unbekannte Tochter », in *Mendelssohn-Studien* 13 (2003), p. 221-225, ici p. 224. Les portraits de Pauline Mendelssohn-Bartholdy sont également reproduits dans cet article.
3. Carl Martius à Paul Mendelssohn Bartholdy, 23 septembre 1870, cité dans T. Lackmann, *Das Glück der Mendelssohns*, p. 314-315.
4. Adolf Wach à Paul Mendelssohn Bartholdy, 6 novembre 1870, *ibid.*, p. 319-320.
5. A. Coquerel fils, *Mendelssohn et la Réformation. Discours prononcé au Concert populaire de M. Pasdeloup le 6 novembre 1870 (353ᵉ anniversaire de la Réformation)*, Paris, Cherbuliez, 1870, p. 3 et 4.
6. *Ibid.*, p. 4.
7. *Ibid.*
8. *Ibid.*, p. 12.
9. *Ibid.*, p. 9 et 10.
10. *Ibid.*, p. 15.
11. Otto à Paul Mendelssohn Bartholdy, 9 décembre 1870, in T. Lackmann, *Das Glück der Mendelssohns*, p. 321.
12. Paul Mendelssohn-Bartholdy à Karl Mendelssohn Bartholdy, 14 janvier 1871, in F. Gilbert (éd.), *Bankiers, Künstler und Gelehrte*, *op. cit.*, p. 214.
13. K. Mendelssohn Bartholdy, *Goethe und Felix Mendelssohn Bartholdy*, Leipzig, Hirzel, 1871, p. 51.
14. T. Lackmann, *Das Glück der Mendelssohns*, p. 337.
15. Cosima Wagner, *Journal*, vol. 2, tr. M.-F. Demet, Paris, Gallimard, 1977, p. 229, entrée du 18 avril 1874 : « Ces derniers jours, R. a fait un rêve étrange au sujet de Mendelssohn : celui-ci ne voulait plus rien écrire pour Mᵐᵉ Schröder-Devrient parce qu'elle n'avait pas chanté à son enterrement. »
16. *Ibid.*, p. 337.

CHAPITRE 25 : PRÉNOM ÉNOLE

1. P. Van Tieghem, *Ossian en France*, Paris, Rieder, 1917, p. 460-461, citant Hippolyte Taine.
2. É. Levy, *Le Manuel des prénoms*, Paris, Rousseau & Cie, 1922, p. 24.
3. *Ibid.*, p. 148.
4. http://www.heraldika-erby.com/ ?cz_rodova-heraldika-mendelssohn,111.
5. *Les Vies des saints pour chaque jour de l'année, avec une priere à la fin de chaque vie & un Martyrologe*, Paris, Desprez et Desessartz, 1722, p. 103.

CHAPITRE 26 : « LÀ OÙ L'ON BRÛLE DES LIVRES... »

1. H. Heine, *Almansor*, vers 243-244, in *Sämtliche Werke* 5, Hambourg, Hoffmann & Campe, 1994, p. 16.
2. http://www.berlin.de/rubrik/hauptstadt/verbannte_buecher/anordnung.php
3. G. Schünemann, « Die Bachpflege der Berliner Singakademie », *Bach-Jahrbuch* 1928, p. 138-171 ; cité dans R. Larry Todd, *Mendelssohn. A Life in Music, op. cit.*, p. 198.
4. Rudolf Haake à Felix Wach, 5 février 1937, in T. Schinköth, « Felix Mendelssohn Bartholdy im NS-Staat », *Mendelssohn-Studien 11* (1999), p. 178.
5. Voir chapitre 19, note 1.
6. « Das neue Gesicht der Politik », tiré-à-part de la revue *Ring* distribué aux membres du Herrenklub (été 1933), reproduit dans H.-J. Schoeps, *« Bereit für Deutschland !» Der Patriotismus deutscher Juden und der Nationalsozialismus*, Berlin, Haude & Spener, 1970, p. 92.
7. H.-J. Schoeps, *Rückblicke. Die letzten dreißig Jahre (1925-1955) und danach*, Hildesheim-Zurich-New York, Olms, 2005, p. 89-95.
8. Sans date, rapporté par le mari hongrois d'Eleonora von Mendelssohn dans un manuscrit inédit (Nachlass E. von Jeszensky, Kammer am Attersee). Cf. T. Blubacher, « Die Geschwister Eleonora und Francesco von Mendelssohn », *Mendelssohn-Studien 13* (2003), p. 259-289, ici p. 269. Voir aussi T. Lackmann, *Das Glück der Mendelssohns*, p. 475-476.
9. K. Mann, *Journal. Les années d'exil, 1937-1949*, tr. P.-F. Kaempf et F. Weinmann, Paris, Grasset, 1998, p. 192, entrée du 9 janvier 1940.
10. L. Hackelsberger, « Werner Bergengruen. Zum neunzigsten Geburtstag des Dichters », in *Mendelssohn-Studien 5* (1982), p. 181-191, ici p. 185.
11. S. Friedländer, *L'Allemagne nazie et les Juifs*, vol. 1 : *1933-1939*, tr. M.-F. de Paloméra, Paris, Le Seuil, 2008, p. 249.
12. *Ibid.*, p. 263.
13. H. Göring à R. Heydrich, 31 juillet 1941, cité dans S. Friedländer, *L'Allemagne nazie et les Juifs*, vol. 2 : *1939-1945*, tr. P.-E. Dauzat, Paris, Le Seuil, 2008, p. 309.
14. Jiří Weil, *Mendelssohn est sur le toit*, tr. E. Abrams, Denoël, collection 10/18, 1993, p. 18.
15. *Ibid.*, p. 19.

16. *Ibid.*, p. 96-97, ainsi que la citation suivante.
17. Jiří Weil, projet de préface pour l'édition de 1959, cité par E. Abrams, « Note liminaire », *ibid.*, p. 9.

CHAPITRE 27 : SŒUR BERNADETTE ET SŒUR SIMON

1. « Un hospice réunit Juifs et Arabes à Jérusalem », *20 Minutes* (5 avril 2008), consultable en ligne sur :
http://www.20min.ch/ro/news/monde/story/15323841
2. Annalen van de Zusters Ursulinen van Tildonk, Archief Londerzeel : Over-lijdensberichten Jaar 1925.
3. D. Meur à Sœur Bernadette, 10 décembre 2013, fonds privé.

CHAPITRE 28 : LE PASSAGE DU NORD-OUEST

1. T. Lackmann, *Der Sohn meines Vaters*, p. 527.
2. http://www.hsga.org/thetalkstory.htm
3. Réquisitoire du procureur général Hausner, 10 août 1961, in *The Trial of Adolf Eichmann*, « Record of Proceedings in the District Court of Jerusalem », The Nizkor Project, 1991-2012, vol. 5, session 113, 2/6.
4. M. Serres, *Le Passage du Nord-Ouest*, *op. cit.*, p. 15.

INDEX DES PERSONNES

Les astérisques signalent un descendant de Moses Mendelssohn ; les parenthèses, une modification de patronyme.

CATALOGUE

ACHEVÉ D'IMPRIMER
EN AVRIL 2015
SUR LES PRESSES
DE
L'IMPRIMERIE F. PAILLART
À ABBEVILLE
POUR LE COMPTE
DE SABINE WESPIESER ÉDITEUR

IMPRIMÉ EN FRANCE
NUMÉRO D'ÉDITEUR : 140
ISBN : 978-2-84805-191-8
DÉPÔT LÉGAL : AOÛT 2015